苏州大学中国史重点学科建设经费资助出版

中国红十字运动史料选编

（第四辑）

池子华　阎智海　主编

合肥工业大学出版社

《红十字文化丛书》编辑委员会

总　　序

150 年前，高举人道主义旗帜，旨在促进人类持久和平的红十字运动在欧洲兴起并迅速走向世界。一百多年来，红十字会为世界和平与发展做出的巨大贡献有目共睹，因而日益受到世界各国、各地区的欢迎，已发展成为与联合国、奥委会并称的世界三大国际组织之一。究其原因，乃其所奉行的七项基本原则——也是红十字文化的内核——涵盖了世界上各种不同文化的共同点，能为文化和制度不同的国家所接受，故而具有强大的生命力。

100 年前，红十字运动东渐登陆中国。在其中国化的发展过程中，红十字会不断吸取中国传统文化的精髓，茁壮成长，逐步形成了“人道、博爱、奉献”的文化内涵，并成为中华文化的瑰宝之一。

百余年来，红十字运动在波澜壮阔的实践中积累了丰富的经验，也留下了许多教训。经验与教训需要上升为理论；也只有理论才能更好地指导红十字事业持续、健康发展。学界、业界对此都进行了持续的关注。

2005 年 12 月 7 日，苏州大学社会学院与苏州市红十字会携手合作，成立全国首家红十字运动研究中心，旨在通过学界和业界的联合，推动和加强红十字运动的理论研究，探究红十字运动中国化的过程与特色，凝练红十字文化价值，探求红十字运动在构建国家软实力和促进中华民族伟大复兴中的地位与作用。同年 12 月 9 日，中国红十字会总会也提出，“确定一批研究课题，组织专家学者开展对国际红十字运动及中国红十字运动的深入研究”[①]。由此，学界、业界共同开展了对红十字运动

① 中国红十字会总会：《关于加强和改进宣传工作的意见》，红总字［2005］19 号。

的学术研究与理论探讨。

多年来，红十字运动研究中心除通过专业网站（http：//www.hszyj.net）发布和交流学界、业界动态外，已出版研究成果数十部；帮助一些地方红十字会建立与高校的合作，搭建平台，共同开展研究；举办了首届红十字运动与慈善文化国际学术研讨会；培养了一批专门研究红十字运动的生力军；积累了大量的学术资料。中心主要研究人员还借助在各地讲学的机会，传播重视红十字运动研究的理念。正是在红十字运动研究中心的引领之下，红十字运动研究在中华大地上呈现出生机勃勃的发展态势，并取得了丰硕的成果，“新红学”[①] 呼之欲出。仅以2011年为例，各地以纪念辛亥革命一百周年为契机，纷纷整理、编辑出版了地方红会百年史；有的红会还与高校合作组建相关研究中心，等等，[②] 这些方式有力地推动了红十字运动研究向更深更广的方向发展。

当今世界正处于大发展大变革大调整时期，多极化、经济全球化深入发展，科学技术日新月异，各种思想文化交流交融交锋更加频繁，文化在综合国力竞争中的地位和作用更加凸显。2011年10月18日，党的十七届六中全会通过的《中共中央关于深化文化体制改革推动社会主义文化大发展大繁荣若干重大问题的决定》，提出要推动社会主义文化大发展大繁荣。11月7日，教育部发布了《高等学校哲学社会科学繁荣计划（2011—2020年）》，提出要大力提升高等学校人才培养、科学研究、社会服务、文化传承创新的能力和水平。12月7日，全国人大常委会副委员长、中国红十字会会长华建敏在中国红十字会九届三次理事会上提出，“要深化理论研究，充分挖掘红十字文化内涵，推进红十字文化中国化，广泛传播人道理念，在全社会推动形成良好的道德风尚。”[③] 红十

---

① 在2009年4月于苏州大学召开的“红十字运动与慈善文化”国际学术研讨会上，红十字运动研究中心主任、江苏红十字运动研究基地负责人、苏州大学教授池子华指出，经过一百多年波澜壮阔的实践发展和学术界呕心沥血的开拓性研究，在人文社科领域构建一门“新红学”——红十字学，条件已经具备，时机已经成熟。见池子华：《创建“红十字学”刍议》，《中国红十字报》2009年4月17日。

② 池子华、郝如一：《2011年红十字理论研究之回顾》，《中国红十字报》2012年1月3日。

③ 《中国红十字会九届三次理事会召开》，《中国红十字报》2011年12月9日。

字“文化工程”已然成为红十字会总体建设目标之一[①]。进一步加强与拓展红十字运动理论研究，尤其是对红十字文化中国化的研究，已成为历史与现实的呼唤。

有鉴于此，红十字运动研究中心继续发挥高等学校与业界合作的优势，汇聚研究队伍，科学选题，出版一套“红十字文化丛书”，弘扬有利于国家富强、民族振兴、人民幸福、社会和谐的思想和精神，凸显红十字文化在中国文化园地中的地位，使红十字文化在神州大地上更加枝繁叶茂，促进中国红十字事业可持续发展，推动红十字文化的国际交流。

“红十字文化丛书”的出版，得到了中国红十字基金会、江苏省红十字会、苏州大学社会学院、上海市嘉定区红十字会、浙江省嘉兴市红十字会、江苏省盐城市盐都区红十字会等单位的鼎力支持，也得到红十字国际委员会东亚代表处及中国红十字会总会的关心和指导，在此谨致衷心感谢。

池子华

2012年6月于苏州大学

① 池子华：《“文化工程”应成为红十字会总体建设目标之一》，《中国红十字报》2009年12月11日。

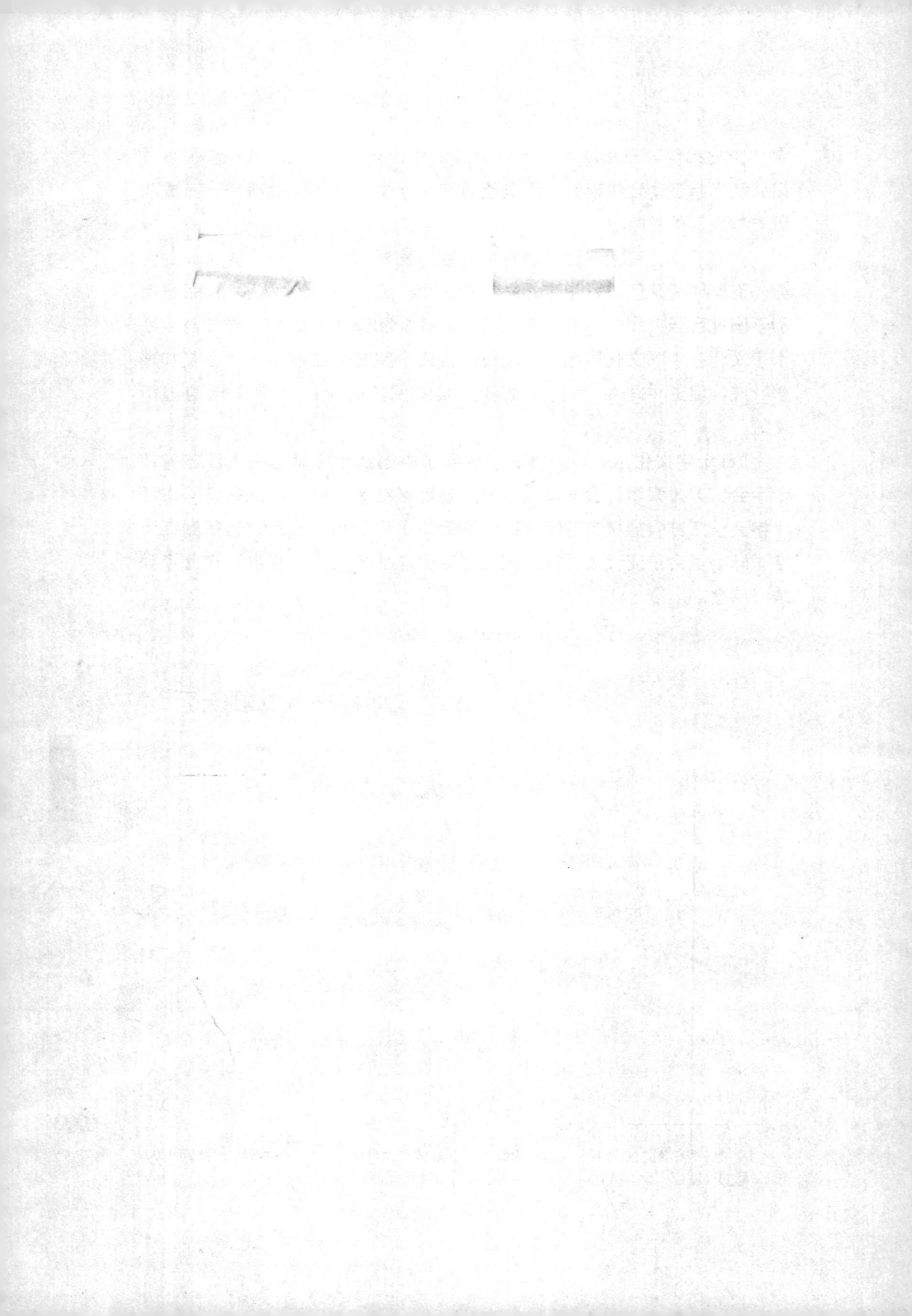

前　　言

近代以降，中国报业日渐繁荣，涌现出一批有着全国影响力的报纸，如上海的《申报》《新闻报》、天津的《大公报》等。自20世纪初至20年代，在上海报业的辐射和影响下，周边市县如苏州、无锡等地，也先后创办了多种颇有影响力的地方报纸。与行销全国的大报不同的是，地方报纸在报道全国发生的重大事件的同时，其关注的重点更倾向于本地新闻，尤其是对于本地红十字会成立后开展的人道活动，其报道更为细致详尽。1937年全面抗战爆发后不久，苏州、无锡相继沦陷，当地报纸如《吴语》《锡报》等亦先后停刊。这一时期，国民政府西迁武汉、重庆，全国各地报人亦纷纷汇聚两地，由此推动了武汉、重庆报业的发展和繁荣。值得一提的是，中国共产党于1938年初在武汉创办了《新华日报》，后移至重庆，该报不仅对中国全民族抗战的史实有浓墨重彩的报道，而且对于红十字会在抗战期间的人道活动也多有记录。

本书特择取晚清、民国时期沪、苏、锡、渝四地报纸数种，辑录其中有关红十字会人道活动的资料，作为《中国红十字运动史料选编》(第四辑)，以期进一步丰富红十字运动研究的史料宝库，推动红十字运动研究的长足发展。择选的主要报纸简介如下：

《民立报》，1910年10月11日在上海创刊，于右任为社长，宋教仁、范光启、景耀月、章士钊等曾先后参与编辑。该报系资产阶级革命派所办报纸，于右任喻其为“植立于风霜之表，经秋而弥茂”的“晚节黄花”。该报主张国民应精神自立、思想独立，并以“独立之民族”“卫其独立之国家”。自创刊以来，该报针砭时弊，抨击专制，谴责侵略，鼓吹革命，从而成为清末民初宣传革命的有力工具。1913年，该报因披露宋教仁案真相而遭袁世凯政府查禁，被迫于9月4日停刊。

《锡报》，1912 年在无锡创刊，是民国时期无锡出版时间最久的一份地方报纸。其前身为《锡金日报》，由秦毓鎏、孙保圻等集资创办。1911 年辛亥革命以后，秦毓鎏出任锡金军政分府总理，《锡金日报》遂由蒋哲卿、钱湘伯接办，并于次年改组为《锡报》。该报主笔为杨寿枃，编辑为鲍仲枚、华西岳，另有李柏森、秦平甫、吴观蠡、龚葆诚等骨干。该报办刊中途曾两度停刊，第一次停刊于 1913 年 8 月，后于 1916 年 7 月复刊，并由吴观蠡经营接办；第二次停刊于 1937 年 11 月，抗战胜利后由徐赤子接办，并于 1946 年 3 月再次复刊，直至 1948 年 10 月最终停刊。

《新无锡》，1913 年 9 月 11 日在无锡创刊，由杨寿枃创办，李柏森为新闻部总编辑，宋痴萍、吴观蠡为编辑。该报形式、内容均仿照《锡报》，注重刊载本地新闻。1937 年抗战爆发，该报于是年 10 月停刊。

《吴语》，1916 年 10 月在苏州创刊，总理马飞黄，总编辑胡秀龙。1920 年以来，因戚饭牛、胡觉民等编辑协助，《吴语》的办刊风格有所改变，尤其是对本地新闻的报道迅速而翔实。1928 年，《吴语》更名为《吴县日报》，原报名《吴语》作为副刊，日出一张，由胡觉民任总编辑，改革后的《吴县日报》成为 20 世纪 30 年代苏州销量最大的民办报纸。1937 年苏州沦陷后，报社被焚，报纸遂停办。

《无锡新报》，1922 年 9 月 1 日在无锡创刊，李柏森为社长兼主笔，冯云初为报社经理。该报除所办日刊外，还附设有 3 种增刊，分别为《思潮月刊》《文学月刊》《星期增刊》，其中《思潮月刊》和《文学月刊》均由钱基博担任“主干”。《无锡新报》的办刊宗旨为“贯彻社会教育”，“祛其旧染之污，而促之日新焉”。该报既提倡国粹，也传播西学，虽办刊时间短暂，但在无锡地区出版的报纸中颇有特色。1925 年江浙战争期间，该报因直言时弊，得罪地方豪绅，被迫于 1 月 18 日停刊。

《新华日报》，1938 年 1 月 11 日在汉口创刊，同年 10 月 25 日迁至重庆出版，系第二次国共合作期间中国共产党在国统区公开出版的机关报。该报在汉口期间，由中共长江局领导，潘梓年为社长；报社迁至重庆后，由中共南方局领导。在世界反法西斯战争和中国全民族抗战的背景下，该报始终坚持抗日民族统一战线的方针，“尽其所能为巩固与扩大抗日民族统一战线而效力”。一如其《发刊词》所宣称的，“本报愿在争取民族生存独立的伟大战斗中作一个鼓励前进的号角”，该报宣传了中共坚持抗战、坚持团结、坚持进步的主张，报道了抗日战争期间中华民族浴血奋战的伟大史实，也记录了在日军铁蹄蹂躏下中国同胞流离失所的惨状。抗战胜利后，国共重庆谈判最终破裂。1947 年 2 月 28 日，该报被国民党政府查封停刊。

本书辑录原则如下：

一、辑录资料按时间先后顺序排列，每条资料后注明原载报刊名称和刊载日期。

二、辑录资料的标题按照原标题照录，尽可能不做改动，仅对原标题过长者做必要的精简。原文无标题者酌加标题，以便检索。

三、辑录的资料按原意分段并按现行规范进行标点。对于前后顺序颠倒的词语，直接进行改正；对于明显的错字，在“（ ）”中予以纠正；对于缺漏之字，在“[ ]”中予以注明；对于模糊不清之字，则以“□”表示。但原文本身有误，无从核对，只好照旧，不免留有遗憾。

四、同一人名、地名的不同写法，一律遵从原文，未做统一。人名：如普仁医院院长美国人李克乐，亦作李克洛；美国红十字会来华代表韦思礼，亦作魏斯柳、韦斯娄；蔡缄三，亦作蔡兼三；华艺珊，亦作华艺三；杨少云，亦作杨少芸。地名：如无锡惠山，亦作慧山，等等。

五、对于同一份报纸中完全重复的资料，辑录刊载日期最早者，其余从略；对于不同报纸中内容雷同的资料，则仅存目。

需要说明的是，本书是集体劳动的结晶，其中，《民立报》《吴语》《新华日报》上的资料系李欣栩、徐璐、袁玲、池子华选编，《锡报》《新无锡》《无锡新报》上的资料系阎智海选编。全书由池子华、阎智海审稿、定稿。由于编者水平有限，疏漏之处在所难免，敬祈读者批评指正。

目　　录

《民立报》上的红十字

1911 年

中国赤十字会第二次广告

前日开会时，承诸大义士热心赞助，或认输将，或任劝募，敝会同人非常感激。惟是出发期近，急须筹备物件，请认捐认募者统于日内送款至上海医院，掣取医院收据为凭。认捐诸君姓字及数目谨录如下：朱芑臣五十元，张贤清五十元，六如同、苏雯一百元，曹式如二十两，杨了公一百元，周毓瑞一元，黄质扶一百元，沈琴如五元，袁君十元。以上计共四百十六元，又银二十两。此外有乐成本会愿解囊相助者，概请送至上海医院，无任盼祷。

会长张竹君谨启

原载《民立报》1911 年 10 月 23 日

中国赤十字会第二团广告

武汉用兵，伤痍必惨，敝同人心焉悯之，正在联合团体前往救疗，只以种种困难，未及即时成立。适张竹君女士亦发起中国赤十字会，以第一团出发，尽女子看护救伤之职。敝同人力薄能鲜，益滋惭沮。惟以战事剧烈，战地散漫，断非一团足以济事，不得不组织男子第二团，即日起程，同赴战地，普救受伤之人。所需经费筹备无多，尚拟续编至第十团，将来款项更巨，伏乞海内外大慈善家慷慨布施，俾得集腋成裘，襄此盛举，其功德当倍于赈荒恤贫矣。如荷赞助，请向民立报馆东方君取阅章程可也。事务所暂借大马路泥城桥自新医院。

原载《民立报》1911 年 10 月 23 日

赤十字会出发记

中国赤十字会自开发起会后，前、昨两日连开职员会，议定上海设事务所两处，一在南市上海医院，一在北市寰球中国学生会。会员自留沪办事及募捐者外，男会员六十九人，内医生二十六人，看护四十人，书记二人，会计一人；女会员五十四人，内医生十四人，看护四十人。此外，又雇用男女役人数人，拟于今日乘怡和、瑞和轮船往汉，昨日已将该船官舱全包，闻尚有位置，须□会员添□，其资斧□□各人自备，每人约需七十元，为出发后四十五天之用。此外，一切药料物品等费用已由会长张竹君女士筹得二千五百元。至应用物件，有向上海医院及防疫医院两处□用者，有会员捐助者。闻昨开职员会时，张女士宣言，凡出发之人，□男女役人系出钱雇用，男工每月八元，女工每月六元，然因会中经费毫无，并不发给安家费，□出发至战地受伤而死，则由会中抚恤二百元；医生或不幸受伤陨（殒）命，则由会中抚恤二万元，学生五千元；惟因违背本会章程因而致毙者，不在此例。会中临时章程昨已通过，不日即可印发。今日尚须在寰球学生会开出发会，会员全体悉用赤十字会装束，同摄一影云。

原载《民立报》1911 年 10 月 24 日

中国赤十字会第三次广告

本会定于本月（九月初三日）由怡和、瑞和轮船出发，船票已由会中买定，凡会员愿出发者，统请于本日午后二时聚集派克路育贤女学堂，届时须随同介绍人签名方得出发，备用资斧亦请一律交付。

此布。

会长张竹君谨启

原载《民立报》1911年10月25日

中国赤十字会第四次广告

本会第一队已于初三日出发，现尚须续招通解西国医术之员二十人，每员月送零用五十元，随第二队出发。有愿任此义务者，请至上海医院与事务所长王维□君接洽。又招看护员二百人，女看护员二百人，皆须有普通学根底。愿入会者，南市至上海医院，北市至派克路育贤女学堂报名，即随同介绍人亲具愿书。此布。

上海干事部启

原载《民立报》1911年10月25日

张竹君启事

鄙人已于初三日率同学生等乘瑞和出发，临行匆促，不及遍辞，亲故有赐函者，亦多未复，歉仄实深。用特登报奉闻，以代辞复，伏惟见亮（谅）。

此启

原载《民立报》1911年10月25日

欢送赤十字会

昨日午后，中国赤十字会会员男女数十人在派克路育贤女学堂聚集，后至寰球中国学生会，列坐草地，同摄一影。即由会长张女士及男女医生率同至怡和码头，登瑞和轮船。方途行时，道旁观者皆惊为未见，而西人皆肃然尊敬。闻第二队尚须续招四百二十人，招齐后即择日出发往战地云。

原载《民立报》1911年10月25日

中国赤十字会临时章程

川鄂事起，同人仓促组成赤十字会，急于出发以救同胞，暂定临时章程细则如左：

第一章　宗旨

第一条　本人道主义，救护因战受伤之人，不论何方面人，视同一体。

第二章　会员［及］入会规则

第二条　凡自年十六以上，有第一条宗旨，不背第三、第四、第五条者，皆得入会为会员。

第三条　凡入会者，须亲具愿书。

第四条　凡入会者，须有确实介绍人。

第五条　凡入会者，须强健能耐劳苦，无一切特别嗜好。

（未完）

原载《民立报》1911年10月27日

中国赤十字会临时章程（续）

第三章　职员

第六条　会长一人，指挥会员，主持一切，代表全会。

第七条　事务所长二人，一驻上海，一驻汉口，各司所中事务。

第八条　会董事若干人，无定额，提倡、指导、协助本会经费。

第九条　会计一人，总司出入；书记二人，记录及通讯干事二人，筹办会中一切事务。

第十条　凡职员，皆不支薪水，力任义务。

第四章　事务所

第十一条　上海事务所二，一设南市上海医院，一设北市中国学生会。又汉口事务所一，设地未定。

原载《民立报》1911 年 10 月 28 日

中国赤十字会临时章程（续）

第五章　经费

第十二条　凡会员，宜竭力筹募经费。

第十三条　会方创始，经费未充，愿出发至战地者，皆自备资斧，如力不能自备，由本会斟酌津贴。

第六章　出发

第十四条　会员除留沪办事者外，分数队出发，第一队至汉口（第二队以下临时酌设）。

第十五条　出发员分任医药、任看护、任劳役三种。

第十六条　右三种男女皆可任之。

第七章　装束及记号

第十七条　男子常服左臂以赤十字为标识，女子一律素冠、玄衣、革履，由会中代制，左臂亦以赤十字为标识。

第八章　捐输及劝募

第十八条　凡愿捐输者，请送至就近本会事务所，掣取本会收条为凭。

第十九条　凡代本会劝募者，亦请陆续送事务所，捐款人姓名一一清列报告本会，即分别将收条交去。

第二十条　凡捐助药品及会中应用之器物品，与捐助资金同。

第二十一条　凡捐助资金物品人姓字数□，随时登报布告。

原载《民立报》1911 年 10 月 29 日

赤十字社之历史

十九世纪之各国竞唱人道主义，汲汲于博爱慈善之事业，如贫民病院、贫民学校之设立，其显著者也。因此等事业之发达，遂有赤十字社之组织。其目的在看护医疗战场之负伤兵士，以期减削战争之惨祸，是亦人道之功臣已。初克利姆战争时，生长意大利之英吉利女士兰丁格耳，亲赴战地看护伤病之兵，成绩颇著，遂唤起世界人民之注意。及意大利统一战争时，瑞西国雪来布市之慈善家启南，悯苏苏非尼之激战，著成一书，纪述战场四万负伤兵之痛苦，通告于各国热心家。瑞西之公益协会恻然感动，遂起而以救护疮痍自任。又得拿破仑第三、威廉第四、亚历山大第二之同意，发布肯挚之通告于各国政府。一千八百六十三年十月二十三日，开伤兵救护协会于瑞西之雪来布市，各国赴会代表共三十六人，推举公益会长摩利尔及会员志富耳为议长，提出议案如左：

一、无彼我之别，以救助伤兵为目的（公益协会提出）；

二、救护人、被救护人、绷带、所战地病院等均作为中立，交战国之两方面应互相尊重（巴黎政府提出）。

（未完）

原载《民立报》1911 年 10 月 29 日

赤十字社之历史（续）

十月二十九日讨论，可决其中立之标识，议定采用瑞士国旗之形式，易赤质白十字形而为白质赤十字形，是为赤十字社之起原（源）。其后，会员公议欲加入此规约于成文战规，由摩利尔、志富耳、启南诸人之尽心筹划，得普鲁士王及其王后、法兰西帝及其皇后之赞成。瑞西联邦会议乃发通知于各国政府，以一千八百六十四年八月四日开列国列会于雪来布市，除俄罗斯、奥大利外，派全权委员与会者共十六国，讨论议决之结果如下：

一、改良负伤军人之状态；

二、关于赤十字社之各国相互间之条约。

此外，又议定关于救护等诸般之手续。未几，俄罗斯、奥大利亦各派委员入会。亚洲之日本国于一千八百八十六年亦加入盟约，今则计算先后加入者达三十六国。当讨论上之二条约时，有雪来苏司及屋司太恩二公国之战争。越二年，而有普奥战争，此条约之实行又增加几多实际之经验。唯尼萨海战，威廉帝号与意大利号因冲突而生惨害，各国慈善家遂发抒议论，谓此赤十字条约不仅限于陆战，更当适用于海战。一千八百六十八年，雪来布市之万国委员会追加约文十五条于赤十字条约。一千八百九十九年，海牙万国平和会议之诸国亦均赞同，自是赤十字条约于海陆战争均适用之。

以上所言为欧洲诸国间赤十字社之设置，此外如北美合众国，亦有国立赤十字社之创设，其创设之原因实由克兰巴尔敦女士之唱道（倡导），今之合众国赤十字社长即此女士也。女士之慈善事业不独于战争见之，他如饥馔（馑）、水害、火难、震灾、疫病等，凡社会之一切祸患，无不力任救济，并制定规约，与瑞西雪来布市之赤十字会东西对峙，亦可谓合众国家之特色矣。

译者曰：战争之事与人道主义相背驰，然处今之世曾无术以弭之，不得已而谋救济之方策，此赤十字之所以兴也。欧洲之兰丁格尔，美洲之克兰巴耳敦，以一念之慈悲，为人道之保障，可谓奇女子矣。抑我亚洲至今日而有张竹君女士者出，又谁谓古今人之不相及也。

原载《民立报》1911 年 10 月 30 日

中国赤十字会捐启

川鄂事起，战状至惨，同人等恻焉悯之，爰约同志发起赤十字会，拟前往救护。幸藉上海医院女子医校之协赞，四方仁人义士之匡助，得以成立，既集合一队于九月三日出洋赴汉。惟是同人等预（愿）宏力薄，伤痍者之待极（救）孔亟，出发地之需用至繁，而经费未充，至令队员皆自备资斧，当为世界所共矜矣。然药料、械具多未筹给，而战事非数日可了，疮痍在目，羁旅动心，况同胞乎！伏望海内外大君子、大善人本恻隐之怀，发慈惠之愿，慷慨输捐，俾底于成，则不特本会之幸，抑亦同胞之福也。

敬启

本会收捐处：上海下列南市马家厂上海医院，又北市二马路花旗银行，又北市白克路寰球学生会，慷慨捐［助］之款请交以上诸处，掣取本会收条为凭。

中国赤十字会会董伍廷芳、李钟珏、虞和德、李登辉、杨了公、王震、顾履桂、沈懋昭、陈致远、武曾进、胡琪、莫锡纶、吴馨、王植善，会长张竹君。

原载《民立报》1911 年 11 月 3 日

上海大革命（四）——医院救伤

十三日午后，敢死团攻制造局，伤数人，即用车载往上海医院救治，该院自发起赤十字会后即为赤十字会医院，门前升挂赤十字旗。十四日午前三时起，民军及敢死团再攻制造局，伤者又数十人，亦多载往该院，院中医士及学生看护人等皆竭力救疗。十五日，攻火药局，又伤数人，亦载往该院，计前后三十余人，因伤死者三人，其余或已治愈出院，或尚在院中。闻该院中医士及看护人多半派往汉口，故甚形忙碌。各处男女志士纷纷愿为助理，院中医士择其尝学医术者留之院中，皆系担任医务，不支薪水。

原载《民立报》1911 年 11 月 7 日

救伤社笔记

……

十六日，杭垣盛传嘉兴沈棋山意图抵抗义师，禾民人心惶惶。故十七［日］，浙军政府命管带顾迺平、队管郭应荣派步兵五百人、炮兵七十人，随带四寸径炮四尊、开花弹数箱向嘉兴进发。上海救伤社及赤十字会第二团同赴嘉兴，以备战后救伤之事。行至硖石，硖石商团犒赏军士，并馈赠食品与救伤社暨赤十字会。沿途观者如堵，军民及社员精神倍增，勇气益勃。途中有周君、查君、杨君三人愿入救伤社，跟随民军同赴战地。军士对于本社社员亦殷勤备至，谈论在杭攻围旗城，勇奋异常，后赠火药布袋及药块少许留作纪念。该布袋为贮藏火药之用，开炮时必须（需）之物也。后在日晖桥分途前进，顾管带另派兵一小队在后保护社员，以防清兵之野蛮举动。及抵嘉兴，乃知沈已逃亡，清兵投诚降服，城内外多树白旗，嘉郡民政部部长方君青箱欢迎民军与社员于府署旧址，人心大定。

原载《民立报》1911年11月8日

救伤社笔记二

……

在客栈内，嘉善赤十字代表据云，分政府已即夕派兵由内河快船前往，败满挟带军火甚多，由海塘至乍浦沿途掳掠，故乍浦盼望民军确似云霓。

……

李管带云，隶属清政府时，军人受伤，惟自己疗治，不知疗法，则任其残废、殒命而已。无赤十字社，亦无正式军医。五人为敢死队，前往杀敌，一犯受伤死，则四人之保举优，而死者踏作泥絮，无丝毫价值，此军人不肯死之原因也。

原载《民立报》1911年11月8日

女士热心十字会

张竹君女士发起中国赤十字会以来，热心慨助者大不乏人，本埠各舞台艺员颇多慨助。自丹桂第一台观剧助捐后，今又得中国赤十字会报告，有迎贵茶园诸艺员热心义举，定二十一日晚间演剧，即以所售券资，除开支外，悉数捐给。

原载《民立报》1911年11月11日

女艺员热心十字会

翁梅倩女艺员以中国赤十字、普济善会医治受伤兵士，救济失所士商，需费浩繁。际此物力维艰之际，募捐非易，念自己亦为国民之一，不忍坐视。遂约同众女艺员，于二十二日晚借宝善街丹桂茶园演剧，除开支外，悉数捐助云。

原载《民立报》1911 年 11 月 11 日

扩充红十字会

中国赤十字会自八月念七日成立后，已分派各队赴各战地医救受伤兵士，历见报告。日来战地愈广，掩埋、普济等部未及举办，现由发起同人议商于陆纯伯君等，将其发起之普济善会归并一起，扩充中国赤十字会范围，除医治受伤者外，兼及掩埋、普济二事。定本月二十二日下午两时在康脱路五号徐园开会集议，以举三部部长，后推定经济、庶务、医药各主任，请发起同人会董事职员及全体会员准时莅会云。

原载《民立报》1911 年 11 月 11 日

东京之革命潮——赤十字队

留东医学生热心祖国，组织红十字队。兹悉该团著著进行，已渐成立，日纸亦多赞其热心，竭力表扬，外人赞成者极多。日前该团接本国来电，促其赶紧回国，愈速愈妙。故现已决议由千叶医学专门学校留学生先行回国，余俟器械材料赶办齐全即行动身，兹千叶学校学生已动身乘轮回国矣。

原载《民立报》1911 年 11 月 11 日

赤十字社大会纪

本埠赤十字会及普济善会在徐园开会，两会发起人暨赞成人均列席。先由杨千里君报告开会宗旨，大致谓二会宗旨相同，惟办法不同，历史不同，现拟合并办理，扩充范围。除本部医药之外，添设普济、掩埋二部，所有经费亦应归入赤十字会。后经众举杨千里君为临时主席，主席即请汪惕予君报告赤十字会成绩，大致谓本会原因张竹君女士发起赤十字会，是以组织赤十字会第二团，已经医治上海制造局受伤之人，又苏州、嘉兴、杭州、崇明、乍浦等处各已出发医队，现在南京战剧，亦拟出发□□□□□□□□五百元，并除开办供□□□□□□□□报告。

陆纯伯君报告开办普济善会情形，略谓武汉事起，张竹君女士开办赤十字会，甚为欢迎。鄙人于庚子年创办救济善会，本用红十字旗，此次仍邀集同志开办普济善会，适汪、田二君有合办之意，因宗旨相同，愿为赞助，已向太古洋行订定杭州轮船，拟开往长江各埠救援失所士商回沪，付过轮船银三百两。各善士所认捐款共有数千元尚未收取，事当会商赶紧进行方法，来宾吴少珊君当场捐助本会经费五百元。杨千里君宣言，今日之合并者必消纳一名，义成一会名，吾人以良心并合，以后即共同任事，为赤十字会尽力，自无意见之可言，现在应请先举职员。（未完）

原载《民立报》1911 年 11 月 15 日

赤十字会大会记（续）

众举胡二梅君为本会会长，又举费朴安君为副会长，众皆起立赞成。又举陆纯伯君为普济部部长，郑普一君为掩埋部部长，陆叔桐君为会计部部长，姚一指君为交通部部长，汪惕宇君为医药部部长，冯聃生君为庶务部部长。又以两会发起人、赞成人能当时到会者为驻会议董，余则均推为名誉议董。众会友约定，自此次集会后将普济善会并于赤十字会，又约次日在本会总事务所再议进行方法。

第二日在事务所继续开会，副会长费朴安君有事赴苏，通函辞职，众议俟费君回沪再行议留。又因本会扩充范围，举杨千里君为本会总董事。又因田北湖君、郑普一君等无意合并，自愿仍办中国赤十字会第二团，公议本会更名赤十字社，以免混淆。复又改举部长如下：

姚一指君为会计部长，葛久香君为账目员；张望岂君为交通部长，周又仿君、沈节甫君副之；孙询刍君为掩埋部长，石亮丞君副之；又添举沈季璜君为医药部副长；又举冯聃生为驻社理事；董事吴少珊君为庶务部长，徐怡堂君副之。

又议捐款存储妥协处所，胡会长拟存华比银行。又分设收捐处，拟请会董担任代收，各置给黑地白字牌，一面并发收条以资凭信，俟商妥登报宣布，并报告本社办事人员，概尽义务。驻会理事应否送薪水，请公决众议。现在本社甫经成立，拟俟经费充足再行提议，惟本社办事社员均应赠给徽章、制服、执照，决议应照红十字会、赤十字会略加改换，以示区别，捐助经费诸社员亦应赠金、银徽章及执照章程，决议参观红十字会、赤十字会章程，再行酌办。是日，会长胡二梅先生捐助本会经费洋二百元。

原载《民立报》1911 年 11 月 16 日

来鸿去雁

启者，今日贵报新闻载有赤十字会社大会记一则，当时会场情形记载甚详，中有未尽之处谨详颠末，乞登入来函。一、是日之会，系由汪、陆二君召集，敝会会员赴会傍（旁）听，并非中国赤十字会第二团之开会。二、中国赤十字会第二团、中国普济善会并合为赤十字社，系由千里先生主持其说，敝会员虽极赞成而未认可，所举职员系属赤十字社办事之人。至赤十字会第二团并不改易名义，敝会同人当场宣布即行退出会场，将旧事务所移至新闸路江宁公所，其赤十字社则由汪、陆二君另行自办，不与敝团相涉矣。此次宣布，千里先生已先归矣。其最后情形如是，合亟声明。

中国赤十字会第二团同人公启

原载《民立报》1911 年 11 月 16 日

赤十字社收捐广告

九月二十四日，锐进学堂捐洋一百元；九月二十五日，刘福标君捐洋七十元，张承樵君捐洋二十元，李冰君捐洋二元，龚央君捐洋二元，张渊君捐洋二元，吴鹏君捐洋二元，杨文通君捐洋二元，曹镜澄君捐洋二元。

原载《民立报》1911年11月18日

大陆春秋——热血滂（磅）礴之女国民

血　儿

女子从军本属罕事，盖女子天职上无军事之能力也。今光女国民之欲舍身于疆场者纷纷不已，足见我女国民爱国［磅］礴，亦新世纪中未有之盛事也。

然而记者有不敢赞同者，盖爱国之途多至千万，固不必尽人以战死为荣。幸而女国民之从军，以事实言之又多窒碍，盖女子之武力，断不能与莽男儿较，用非所长，徒死无益也。

女子之天性温柔，其长而莫善于赤十字会之看护，而其功之大，较之仅以战死者万万。盖以一女子能看护受伤之军士，愈十人则得十人之用，愈百人则得百人之用，其所以间接有功于国者岂鲜乎？然则女国民可不必徒务名高，以自放弃其天职上之任务也。女国民其审之。

原载《民立报》1911年11月18日

中国赤十字会第二团敬谢

广潮诸大慈善家二十七八两夜鸣盛梨园演剧助款，承萧松庵、蔡尔德、姜云侠、苏荔裳四君热心提倡，感动看客，以故戏资捐款为数甚巨。特此敬谢看戏诸大善士，客串姜、郑、苏、蔡、徐诸君，鸣盛园主及合班艺员，并谢慨掷银元、金饰诸大善士及血心女士。

原载《民立报》1911 年 11 月 20 日

十字会纪事——赤十字赴镇记

中国赤十字会自本月初三日由张竹君女医士率第一队赴汉口后，在汉救疗受伤战士数百人，队中男女医士及看护员皆热心任事，饥渴劳瘁，虽苦不厌，军士感之，至为泣下。昨日又组织第二队乘沪宁第一次车前赴镇江，将往战地。该处战机已近，受伤军士当众，该队之福不小也。闻赴镇者男队员二十人，女队员二十一人，昨日黎明时由南市上海医院乘马车十余辆至沪宁车站，车站中人为之特备车厢，招待周至云。

原载《民立报》1911 年 11 月 21 日

驻苏赤十字社

驻苏赤十字社有迁至孤儿院之议，以留园作为苏州公园。

原载《民立报》1911 年 11 月 21 日

赤十字会纪事——第二团董事会

廿九日下午二时在事务所（即新闸江宁公所）开董事会，到会者张梅谷、程鸿宾、张骏良、郑锦峰、周颂屏、程松卿、丁夔生、张道庵、王翰伯、郁彪如、陈子斌、李悦生、周树三、徐宇君、余子涵、谢俊臣、郁葆生、孙大年、华瀛庭、陈汉三诸君。先由田君北湖报告办事状况及开会秩序，当即公推章君仲卿主席。辛君请郑君普一代表，众皆赞成。所有议决事件：（一）函请全体董事推举领袖；（二）每星期日下午三时在事务所开董事常会，今日到会诸人均须常川来所办事；（三）公推夏君逸斋为经济主任；（四）到会诸人均签字担任极力劝募。旋由主席提议，慨捐二十元及二百元以上者，分别赠给金、银、铜质徽章。又议另择医院地址，众者［皆］赞成。及散会时，当场交捐者陶君凤山五十元，徐君宇君二十元，郁君彪如五十元，丁夔生认捐洋一百元，陈君汉三一百元。

原载《民立报》1911 年 11 月 21 日

赤十字会纪事——慈善事业之赞助

新社会筹助赤十字会第二团启云：大汉义旅，不得已而用兵，战斗所及，伤痍必多。中国赤十字会第二团首先组织团体，出发医队，稍尽人民之义务，先后分赴苏杭、嘉兴、乍浦、崇明、镇江等处，尚有成绩可观。崇明、松江、绍兴、枫泾又复设立支部，辛苦经营，日渐发达。其总事务所由大马路泥城桥移至新闸路江宁公所，极力扩充，期能始终其事务，达慈善事业之目的。惟是继续进行，需费正钜，值此物力艰难，捐募尤非易易，同人等担任义举，惄焉忧之。用特公恳学界新社会诸君，于十月初五、初六日下午二时至十二时，假老靶子路一百十号赵氏扆虹园演剧二日，佐以赛菊大会、改良滩簧，娱我嘉宾。其入场券每位售洋一元，全数充作赤十字会第二团经费，所有一切费用概由发起人与新社会诸君自行担任，不另开支，届时务乞慈善大家、闺阁仁媛惠然贲临，襄此盛举，同人等当为受伤兵民九顿首以谢。

发起人顾敬斋、祝伊才、陈可扬、赵灼臣同启

原载《民立报》1911 年 11 月 22 日

赤十字社志谢

本社现由本会会长胡二梅君捐洋二百元，潘秀甫君十元，陈张氏女士四元，麦氏女善士一元，特登以扬仁风。

原载《民立报》1911 年 11 月 23 日

赤十字会报告书

本社自成立后，指定自新医院为养病院。凡受伤兵士到本社就视者，莫不悉心医治，以副调护之实意。前月上海战事，发现有敢死队队长刘福彪、队官胡元奎、正月（目）刘强姜、兵士胡当福攻制造局时均被炸弱，轰伤颇剧，迭经本社医生诊治，日渐痊愈。又海军、陆军队驻扎吴淞以来，患病兵士日有十数，本埠各处军队亦复如是，均经本社医生竭诚调治，力尽义务，用敢（特）登报，以告海内，伏维公鉴。

赤十字社会长胡琪、医药部长汪惕予同启

原载《民立报》1911 年 11 月 25 日

赤十字会第四次收捐

许公馆捐五元，顾棣三、王佐仁、源记、胡公馆、宁波胡公馆、杭州陆源、来兴、黄公馆各捐二元，元亨、黄鸿、元昌、义泰、恒顺号、乾源泰、傅德裕、陆兴鸿、许润泉、钱公馆、徐太太、谭公馆、周公馆、许小姐、严文蔚、叶公馆、张公馆、朱公馆、刘公馆、陈松生、孙次吾、过菉村、过衡村、卫生旅馆、谢德修、郑明骏、昌竹、时新祥、叶树德、孟渊旅馆、新鹿鸣、常熟钱广昌、杨福礼、湖南谢江西、徐一言堂各捐洋一元，预祥李、至美斋各捐六角，兴泰昌、兴丰升、唐元亨、兴乐屠、天然楼、升泰、长发、沪台旅馆、松□孙燕华、楼合丰、张裕丰衣庄、大吉祥、孙竹安、居燕庆楼、大昌祥、永兴昌黄、福泰沈各捐五角，琛泰、瑞泰衣庄各捐洋三角，王升泰、雅叙园、吴祥元各捐洋二角，源昌刘各捐洋一角，丸三药房捐药三种。用特登报，以扬仁风。

赤十字社启

原载《民立报》1911 年 11 月 25 日

赤十字社广告

自战事发现以来，受伤兵士待救甚迫。我国除沈仲礼先生前组红十字会，暨张竹君女善士发起之赤十字会及田北湖诸君发起之赤十字会第二团外，别无组织救伤医队以赴前敌。但匝月以来，民军恢复已有十余省之广，若专恃红十字等会，恐难普及救护。是以同人等亟亟发起赤十字社，联络留学东西洋医界诸同志，成一完全救伤大团体，分派各战地，设立野战及临时医院，并设立普［济］、掩埋两部，援战地失所人民，埋葬暴露尸骸。以实日（事）求是，不务医救各处为主，并拟俟经费稍足，再行推广种种慈善事业，以成宏举。特此登报广告，伏祈公鉴。

原载《民立报》1911 年 11 月 26 日

赤十字会第五次收捐广告

高寿峰君捐洋二十元；协盛和、丰泰萃、合仁成、元久合煤号各捐洋十元；毕先礼君、李福海君各捐洋六元；坤元、陈仰京君、乾泰、俞民森、陈公馆、何瑞堂、福安德泰煤号、森盛和公茂煤号各捐洋五元；无名氏捐洋四元；义昌承德祥公、开谦泰各捐洋三元；郑富润、存余行、乾丰行、方福和、捷昌、厚生行、泰昌、何瑞丰、仁昌、老大□、太源祥、时和、方九霞、粤瑞祥、广发源、广成合各捐洋二元；日新行、慎成陈亮□、同人江长庚君、集益沈子良君、履泰、瑞泰、申茂、荣昌祥、道信、何保丰、公顺陈学坚君、裕祥典、新利公司、费文元、宝豫协、□□泰王显□君、协丰永、永同昌、公□、信义公、万升、新甡、泰广生长、黄达三、黄协和、泰来朱秉章君、罗致生君、周于永君、广茂隆、徐先生、胡公馆、英公馆、沈先生、江先生、□□□□、何公馆、长泰栈、朱永兴、朱太太、汪四奶奶、叶子云君、张古一君、福德昌、振记、翁文藻君各捐洋一元；陈先生、卢先生各捐洋十一角；文群，苏、汪太太各捐洋十角；宁绍客栈、煜生、无名氏、瑞章各捐洋六角；宁绍裘君、大同昶、嘉泰裕、天寿、全泰、葆和堂、集成无名氏、荣华晋祥协、王顺昌、恒丰裕、瀛洲易安、杨庆和、万金记、恒余庄、盈记、庄瑞泰、慎和、德大祥、泰庄、张昌记、孙峻隆、利兴、鸿泰、鼎盛各捐洋五角；庆元巩华明药、无名氏、新昌协华洋印刷公司、群贤旅馆、徐濮生、李君、陈先生各捐洋四角；守拙生君、笃信堂、泰亨王仲冠君、刘先生、孙先生、戴先生、信益公司各捐洋二角。特此布告，以扬仁风。

赤十字社会长胡琪、总董杨天骥谨启

原载《民立报》1911 年 11 月 26 日

赤十字社募捐广告

本社自开办以来，武汉、上海、苏州、杭州、嘉兴、崇明、镇江等处均已派遣医队前往救护，除上海开办总医院外，苏州、镇江亦已设立临时医院，如敢死队、民军先锋队等及司令部送来伤残手足之兵士，已皆将次医痊，现在拟将租赁之杭州轮船驶赴长江各埠救援失所人民来沪，分送回籍。惟是范围既广，需款浩繁，非广筹经费，不能垂诸久远，务求海内外大慈善君子竭力捐助，俾得源源接济，次第举行。如蒙赐款，请交上海英大马路泥城桥西 A 字十二号门牌，本社总事务所会计长姚一指君经收，当即掣奉收条，一面登报广告，以扬仁风，而征信实。

原载《民立报》1911 年 11 月 26 日

第六次收捐报告

本社兹承合茂宝号捐洋十元；杨叶候捐洋三十元；无名氏捐洋六元；赓裕、福康、林丁汪三君、广永盛、裕楚顺、无名氏、合泰各捐洋五元；宝泰、无名氏、王余锡三君各捐洋四元；徐镜心、浙江元大丰各捐洋三元；袁潜之君捐二元，又捐银镯一双、银环一付；谢翌元、瑞康、怡泰兴、承裕、思义子、和盛同君、黄君、老庆裕、大和、久记、聚成锦、元润、大康、泰记、立大元记、苏和、太振和、同仁和、林子和、益丰、景东源、林楚斋、海记、王正和、甘棣初、泰昌、何壁垣、沈君、陈南舟、凌一枝、叶瑞园、高君各捐洋二元；谭氏、王先生、耐园夏先生、陈如伯、王邕、杨鹤池、李先生、潘裕庆、恒茂昌、老鹿鸣旅馆、万家新群旅馆、沈姓逸、高逸名、源安庄方椒伯、光昌无名氏、寿康、裕昌、绥厚堂、茂和兴、朱栋公记、沈栋罗梁氏、同盛休勤堂、兆丰无名氏、利伯川源錩、铁崖灵、公兴、宝兴、永生瑞、陆伯良、谈树生、陆文中、高树荣、赵光臣、蔡建卿、李秀远、董文案、易新、孙记、王正实、周成芝、孙蔚农、卢兆生、顾东保、林增叶、陈君、朱君、叶惠元、徽州余润之、邵文栋、于弢、史惟记、吴锡庚君各捐洋一（元）正；晋陞栈沈职公捐洋十元；无名氏捐洋十角；霍兆生、沙老太太、禾青各捐洋一元；一家春董祖祥、恒泰祥严翘步、远昌隆吴良臣、范师春各捐洋五角；古今图书馆、朱金生号各捐洋四角；永盛昌、海天村各捐洋三角；瑞昌稻香村、永泰、怡康、王振成各捐洋两角；谢君、周驾六各捐洋一角。特此登报，以扬仁风。

赤十字社谨启

原载《民立报》1911 年 11 月 27 日

赤十字会第七次收捐志谢

本社兹承陆纪先君捐洋五十元；纲记君捐洋十元；存心程增绮、丰裕账房大班皮福文、东方银行范宝记诸君各捐洋五元；成德丰赵际宵、华法洋行丁俊明、兴昌祥、南洋药房、安吉广同昌、嘉纶、无名氏诸君各捐洋两元；冯王蕃、王子衡、潘一山、何泽溥、朱耀庭、源茂盛木号、陈湘湄、庞怡泰、元昌成源长布号、怡盛昶、百利波弥文、汾阳氏、周桂记、奚良济、鼎和、洪盛、怡珍居、同芳居、科学仪器馆、益和堂、广利安、普泰和、孙广兴、祥丰、均益、恒丰□诸君各捐洋一元；中永和两宜公司、黄雨□诸君各捐洋五角；宝源银楼、陈非诸君各捐洋四角。特此登报，以扬仁风。

赤十字社理捐处谨启

原载《民立报》1911 年 11 月 29 日

中国赤十字会第二团敬谢广告

初五、初六二日，扆红公园慈善筹款大会发起人顾君敬斋、赵君灼臣、陈君可扬、祝君伊才四君捐助会场一切用费，并谢学界新社赵君云台、刘君如林二君与全体会员暨商界客串诸君热心演剧，又蒙陈君可扬特别捐助洋酒，陈君炳谦特香（别）捐助粤乐、丝巾、香水、肥皂、纽花，汤君心源特别捐助贫儿院全体音乐队，万和木器店特别捐助枱櫈租费。是会两日所售入场券及各种售品，悉数捐充本会经费，俟收清单，容即登报广告。又初六□由会员苏君荔裳报告本会办事情形，当蒙诸大善士即时捐款，敬列台衔如左：计开吴君麟书助洋一百元，颜君鑫虎助洋一百元，董君仲生助洋二十元，许君绶臣勉（助）洋二十元，陆君翥双助洋二十元，金君稷臣助洋十元，程君德荪助洋十元，惟善助洋十元，见笑助洋五元，陆庆来助洋五元，荃助洋十元，杜定有、邓叔珍合助洋七元，程太太助洋一元，钱蔚助洋一元，扆虹园戏台现助捐洋七十四元八角。以上共收捐洋三百八十八元，小洋八角。

陶梅生、夏逸溪（斋）、田北湖、郑普一同启

原载《民立报》1911年11月30日

中国赤十字会第二团广告

（一）本团募捐除蒙各会董担任分发捐册外，并无在本埠挨户募捐情事，特此声明，以杜流弊。（二）本团每逢星期日下午二点钟至五点钟，在新闸路江宁公所内总事务所为会董常期会，又自十月初十日起每日下午五点钟后（在大马路巡捕房东首三百四十五号门牌楼上陶植之牙科医室，电话一千二百十六号）会议事件。如蒙本会员董惠临，请至该处为盼。

中国赤十字会第二团总事务所谨启

原载《民立报》1911年11月30日

赤十字社广告

本社探悉镇江、龙潭一带连日开战，受伤兵士甚夥，昨又派出医队二十一人、看护妇六人前往战地，分配医治。深恐战地未及周知，用特布告。

赤十字社谨启

原载《民立报》1911年11月30日

赤十字会第八次收捐志谢

本社兹承陆鸣九君捐洋五十元；杨筱园、王杰、王邦鉴、王小圃、王达三女士、陆安贞女士、陆静贞女士各捐洋二十元；刘松记、礼昌洋、蔡业广公司、孙廷焕、天福洋行、王可方、新沙逊账房（李荣记、尧记、孝记、泉孙记共）（许尹堂、谢春山、龚绍庭共）（正记、炳记、黎本堂）诸君各捐洋五元；吉林王立氏、麦君、王氏、胡君、胡菊潭、正金银行、郭康记、王茂堂、成茂、蜜采里、德丰客、胡君、四川银行诸君各捐洋二元；公记号君捐洋三元；四川陈郭君、无名氏、李君（张君、夏君）、朱式、沈慎之、仲记、吴君、慎昌洋行、仁记、鲁麟洋行、施东容、禅臣军械间、禅臣丝头房、禅臣总账房、信泰洋行、竺獬臣、复兴昌、韩李杨、立安栈、源德号、德丰、无名氏、莫华银楼、春生荣号、同益号、冯先生、孙小姐、孙先生、德大生、黄少陈、秦裕泰、丰泰、昌和、兴源、同盛、宝康、万泰源、恒大、张崇新、大方栈、广大栈、元益庄、林君、沈瑞孙、王君、沈君、寿君、郑君、王君、朱君、楼君、吴君、桂君、林君、鼎庸、鼎峰、钟君、天来栈、裕丰、永庆源、源盛、谷君、益元甡、娄君、陈君、王君、何君、冉君、陈君、李君、裴君、恒泰诸君各捐洋一元；孙君、张益君捐洋十角；姚君、盛隆原、康庄诸君捐洋六角；宝盛号、恒记康太太、泰和堂张颐新、汇新号、聚昌祥、同顺号、华丰、德兴馆、鼎丰号、杨招于、汪君、程君、萃和、成泰、协源载阳、方作杨、新万生、王一仿、徐子美、杨君、杨君、陈君、汪君、杨君、胡君、德昌、庆昌恒、徐君、刘君、朱君、万君、戴君、德泰诸君各捐洋五角；朱君、隐名、无名氏、锦椿号、陈明君、隐名、赵君、侯君、朱君、黄君、石君、归君、浣君各捐洋四角；同鸿德、万生、万生和、德隆昌、郑君、张君、周君、吴君各捐洋三角；茂兴号、邵同裕、苏其昌、冯成春、宝震、叶大昌、万顺、晋康号、李君、俞君、朱君、俞君、董君、赵君各捐洋二角。特此登报，以扬仁风。

赤十字社理捐处谨启

原载《民立报》1911 年 11 月 30 日

赤十字会员欲入城

赤十字会员欲入城，张军不许，其无辫者则杀之，以是相戒不敢往。故城内积尸如山，无敢收者。其后又令居民出城者，每人须购小黄龙旗一面，购价二十元。以故出城者，必中产以上之人，其无力者，皆不得出。至十月初五日，则城门紧闭，出入全断矣。呜呼吁！

原载《民立报》1911 年 12 月 1 日

十字社纪事——赤十字社演戏捐助

本社开办后竭力进行，惟经费浩繁，必须广筹捐款，以资接济。兹承大富贵园主慨允，下礼拜三演古［戏］一夕，所得券资除一切开支外，悉数充本社善举。用特登报，伏维热心慈善诸君子公鉴。

赤十字社谨启

原载《民立报》1911 年 12 月 1 日

赤十字社第二团志谢

兹承杭州爱国子捐助皮肤针药一打；欧阳君烈之助银十元；陈君彦清助银十元；严君少亭助银二十元；又由枫泾分事务所经理人郁颂谷、

谢俊人、郁彪如三君募来捐款，诸大善士台衔列左：郁明伯二十元，顾怡如十元，叶同叔五十元，程颂音十元，程观光十元，李禹门十元，杨起凡二十元，程颂清十元，蔡楚珩十元，许叔丰十元，汪幼臣十元，郁继先五元。

原载《民立报》1911 年 12 月 1 日

第九次收捐志谢

本社兹承交通公司郑兼斋可炽诸君各捐洋十元；森盛恒、公春号诸君各捐洋六元；蔡小香、培而花旗账房、源昌、德华账房、道胜账房、汇丰账房、升昌诸君捐洋五元；四君、瑞记诸君各捐洋四元；信成银行君捐银三元（某宇许公亮）；黄石陈志鹏、华英厂、徐源兴、德润、李汉民一份、姚信义、戴生昌、大东局、内河招商局、怡昌、庆昌、通济号、裕泰源、丰源、义成、任君、瑞记纱账房诸君各捐洋二元；广和三井洋行、钟天和、承和、邵府张娘娘、胡义茂、元茂、信通德、大源、倪顺和、康永记、鸿泰祥、乾元、芳茹转运公司、信泰、王堪李、沈式之、倪楚乔、长泰兴、沈德融、殷仪廷、恒康、征昌、培昌、怡大东、泰和、万森、陆鼎森、严恒升、德大、万和顺、周泰和、鼎茂、元裕、同孚账房、罗楚材、徐秀记、宝顺、泰隆、许志大行、义成祥、泳泰行、穗和行、张财宝、荣大公、永茂、聚源、益泰、西泰和、恒裕、吴永和、怡和、复大、王老善、无名氏、郑洪年、又无名氏、李赞成、陈同凡、王寿荫、刘步臣、又无名氏、赵奶奶、晋记、复盛、赵宝诸君各捐洋一元；老东和君捐洋一元五角；源盛、曹永泰、公和坊、公和周长成诸君各捐洋八角；合义春记、德元、芳甡、长祥诸君各捐洋六角；王君捐洋六角，又铜元三枚；协顺、郭渔舟诸君各捐洋五角；泰来极、刘祥瑞、无名氏、张文才诸君各捐洋四角；喻绛生、永盛泰两君各捐洋三角；许君南鼎、丰栈无名氏、天兴、纶华泰、永吉祥、合茂昌、黄义隆、震太祥诸君各捐洋□□；□□祥、杨小山、吴万成、王茂兴、何丰昌、丰□□□□各捐洋一角。特此布告，以扬仁风。

赤十字社募捐处谨启

原载《民立报》1911 年 12 月 1 日

游日长崎大阪学生赤十字团

游日长崎、大阪学生赤十字团定于今日由沪赴宁。

原载《民立报》1911 年 12 月 2 日

金陵战地见闻录

民军得幕府山、乌龙山后，连日由幕府山炮击狮子山。张贼守狮子山甚固，其所用炮亦猛烈，民军一时不能得手。

民军于某夜潜至城根埋设地雷，为张贼兵所觉，自城上放掷炸弹，民军急附城墙，立死伤二十人。

张贼兵在马群西五里之孝陵卫为军民所败，退入城中残杀百姓以泄愤，死者约八百人。

赤十字会队多在马群，其女医队则在麒麟门，军政府派兵四十人为之守卫，受伤战士分别轻重，送马群、麒麟门两处疗治，须开刀者多送麒麟门。

此次救疗兵士者有上海赤十字会到战地最先。次之为红十字会，曾受张贼兵开炮轰击，幸未中，现亦在龙潭。又次即为赤十字社，派遣之前后两队皆留东千叶医学校之毕业得业生也。

赤十字会中有女医，有看护女士，皆曾受高等教育，由龙潭前赴马群时皆步行，不辞艰苦。现在龙潭、镇江两处医院中，伤兵住满，共约三百余人，分布三处，而以镇江之泰西医院为尤多。每一看护人约服侍三四病人，喂汤喂水，跪而就之，医士则忙迫更甚。

除上三慈善会社外，又有医士自尽义务，亲赴战地者。一为唐乃安，一为俞凤宾，皆自备药品、扎布、夹板等，及棉袄裤、棉被，至战地设施救治，今亦联合通筹救护，赤十字社会之得其助力者正非鲜也。

原载《民立报》1911 年 12 月 2 日

汉阳战地日记

……

昨日（初二日）我军马队（均步行）与敌军大队战于梅子山一带，敌军管带被我军马队二标二营管带祁国钧击死，并夺敌军机关炮二尊（系由湘军与鄂军马队同获）。梅子山仍为我军所有，蔡甸一带敌军被我军击死无算，复由湘军追击，尽死于水中。

……

又赤十字会报告，我军大战三昼夜，死者约四百余人，伤者约五百余人，敌军则死伤约四千余人。

原载《民立报》1911 年 12 月 2 日

赤十字社特别广告

本社承新舞台诸君垂念经费浩繁，定于十二日即礼拜六夜演剧襄助。所售券资，除开销外，悉数拨充本社经费。前登广告，谅蒙诸君子早经鉴及。刻已届期，特将戏目开列，伏祈早临，共襄义举。计开：破采石矶、七子八婿、阴访白袍、空城计、夫妻元帅、小金钱豹、新荡湖船、五六本新茶花。

原载《民立报》1911 年 12 月 2 日

赤十字社第十次收捐广告

交通银行同人、大清银行同人诸君各捐洋三十元；通商银行捐洋二十元；大清银行胡稑芗、又宋汉章、胡寄梅、正金银行账房黎集云和大洋行诸君各捐洋十元；吕岳泉等八君捐洋八元二角；三省轩恒小元生行、阜成宋仙洲、安连浦、张泽舫、于乐堂、义泰、双合成、成泰义、成发刘、张瑞春、徐乾麟诸君各捐洋五元；隐名君捐洋三元；（赵墉、严子松），陈义康、茂成账房、吴鉴光、周升泰、信昌、鸿盛号、广义、无名氏、义盛荣、永裕泰、元昌、又无名氏、沈君、台惟洋行、新瑞和德先生诸君各捐洋二元；张先生、王君、康先生、新利公司、裕祥当、郑灼臣待时、张君、庄君、华昌、祥和、无名氏、陆君、李君、汪君、又无名氏、蔡君、金元令、张君、泰利、顾春卿、（陆阿五、姜升亭）、周卿山、周云卿、又无名氏、赵少珊、杨卜堂、惠洁身、卜君、翰子玉、李品德、昌合、利元、裘锡九、捷茂、日新、乾丰、王渭记、许甡祥、敦和、巨泰、巨源、湘豫公、恒大、四明、姜公馆、鼎昌、正福、三泰号、宝源、源泰、义大、洽源、申源、恒祥同、义记洋行、张先生、康先生、哈味洋行、又无名氏、龙东、协源、朱诗图、好时洋行、信亨洋行诸君各捐洋一元；何汉章、叶国贞、顺泰昌、王先生诸君各捐洋十角；刘太太捐洋六角；蔡耿瑞、沈君、许春樵、余荣叶诸君各洋五角；袁梅荪、明华公司、张渤、姚懋章、陈蕙卿、王师恺、刘君、位记诸君、何女士各捐洋四角；陈青士君、李君［诸］君各捐洋三角；熊君、黄［君］、刘君、朱君、丁君、李君、丁度、杨君、经君、沈君、无名氏、周君曾、陈先生、宝丰楼诸君、屠太太各捐洋二角；秦君、日本山卜陈君莫、汤子敏、沈君、胡君、董樾、陈君、给君各捐洋一角；无名氏捐洋一角，又铜捐（元）四枚。特此布告，以扬仁风。

赤十字社理捐处谨启

原载《民立报》1911 年 12 月 3 日

南京观战记

有医士投函记者云：幕府山连日开大炮轰狮子山，今晨（十一日），狮子山悬白旗并三色旗，民军开炮，彼不回击，张军并由狮子山开炮，自轰城墙。上述情形，余（医士自称）在幕府山亲见。

今日（十一日）传闻太平门已开，张勋请美国人出城议和，民军政府未允。

民军自初二起至十一晨连日攻夺天保山，昨晨六钟占领。惟伤者甚多，死者不少，经余医疗者有五十人。马群一带有赤十字社三十人驻扎，均甚踊跃。幕府山有日本人组织红十字会一小团窥测炮台形势，似非我国□福。盖医员可在山下施救，原可不上炮台，如某国人者，均登炮台观察一切，虽属十字会，亦不可不防。倘其他各国亦欲窥测，岂非更难谢绝？英属直波罗多炮台亦不准人伺察，并禁摄影也。

……

原载《民立报》1911 年 12 月 4 日

十字会纪事——赤十字会第二团救疗记

本团于九月念六日医队出发，由镇江随联军前进。初五日由龙潭步行抵姚坊门（即尧化门），在□会中最称先至□，是以后逐日救护战伤兵士□□三百余人，医生十五员异常忙碌，救护员三□余人亦复不敷分配。当□□会陆续加□前往，并赶运药品及病人衣服，其中伤轻□皆□□战□院救治，伤重者二百余人□会员张钧堂送往镇江医院，最重者八人经会员□杨送□上海同仁医院。十二日上午四时，经会员周邦杰乘专车护送□克天保□之重伤八人至上海铁路医院，内有张门营兵三名，先后救到伤兵，仅三人医治无效，余皆可望痊愈。其十二日送沪之兵，一人不及医治而死，所有已死四人为具衣棺，郑□收殓，以表尊崇军人之意，并妥为存厝，当查明营队、姓名、籍贯，俟其家属领葬。

附镇、沪医院名单：十月初七、八、九等日所送受伤军士至镇江泰西医院数目表，游击队二营管带董国祥，一二营正副目兵蔡得标、王超、张正才、王荣清、芮全凤、牛镇清、方能农、陈文清、陈南表、蔡才标、吕翠玉、许子清、徐德标、章昌荣、董国全、章得鸿、叶时表、童大、阮以长、胡玉林、陈云骏、周良全、吴□青、潘北周、叶得胜、李士坤、周林光、高海标、孙纯兴、何宝森、何连城、洪金标、陈德和、周洪才、戴生；又初八日送入同仁医院者许子清、章昌荣、王超、蔡瑞标；十二日早三点钟送入铁路医院者罗胜之、洪品元、仲德胜、童锡光、范文则、夏禹云、张年胜、黄大荣、方国江，留住同仁医院疗治者吴志明、尹希贤，二人系前日由崇明救来。附识于此。

原载《民立报》1911 年 12 月 4 日

赤十字社广告

本社开办以来，范围既广，需费浩繁，非多筹捐款，源源接济，不足以利进行。兹承丹桂第一台诸君热心善举，允于礼拜四晚演古［戏］一夕，所得券资，除开支一切外，悉充本社经费。用特登报，伏维慈善诸公届期惠临，不胜感祷之至。

原载《民立报》1911 年 12 月 5 日

战地之赤十字队

中国赤十字会于九月念九日由沪至镇男女会员共四十一人，以京畿岭近仁善堂为驻扎所。

十月初三日，又续拨男女会员十余人赴镇。时两军尚未激战，有因小战受伤者数人，由金陵车载至近仁堂疗治。

初五日，分全队三分之二由镇乘车至龙潭，明日步行至麒麟门，男会员进至马群，其三分之一留驻镇江，盖以近仁堂为临时医院，可收容养伤之战士也。

自初八至十二日，连日大战，死伤甚众，会中救疗者计及千人，其医治稍可者送至上海会所。

初十日，安徽统带杨少蔚由六合派小火轮一艘至镇江近仁堂，请赤十字会队前往，遂分男女医员数人赴六合，一切住所饭食均由司令部供给。

十二日，南京［光］复，赤十字会队即由太平门入，时午后三时也。当晚宿第一旅馆，明日人（入）督署，暂置事务所，镇江临时医院亦移设署中，即在署中疗治。

当两军酣战时，马群医员常随军队□退，张兵炮弹多自头上掠过。时或伏行数里□马群，时或终日不得一食，而精神不觉疲顿。

原载《民立报》1911 年 12 月 6 日

赤十字会第二团广告

兹由本团会员苏君荔裳经募唐建昌堂捐助英洋二十五元；又承会董徐宇君君经募刘树仁君念元、王仁泰君十元、朱新记君念元；又会董冯仰山君经募顾兰舟君念元、张杏村君念元、张竹生君十元、谢植清君五元、毛履泰君五元、陈志濂君五元。特此登报鸣谢。

原载《民立报》1911 年 12 月 6 日

赤十字社十二晚新舞台收捐广告

本社于十二晚新舞台演剧，承观剧诸君慨捐鲜花、大洋十七元、小洋二十二角、金戒指一只、铜元十八枚，丝绢大洋十七元、小洋六十角、铜元十一枚。并承姚幕莲君捐洋三十元，司法长王鼎记捐洋十五元，周女士洋十元，吴培积五元，舒君、蔡君、李辅臣、马奶奶、陆君各二元，沈君、蔡君、杨君、丁君、沈君、朱君、沈君、周君、朱君、戴君、曹君、徐太太、徐君、蒋太太、王君、沈君、周君、杜君、王君、李君、王子松、方君、章君、郑君、（漆、吴君共）、（俞、汪君共）、沈君、盛君、赵君、郑君、黄君、蔡君、陈君、叶君、倪君、无名氏、张太太、薛君、许君、无名氏、黄荣元、叶郑氏、屈瑶彬、王君、无名氏、蔡剑北、秦君、陈氏、杨氏、陆君、张君、陈君、金君、李君、王君、叶太太、俞君、钟君、蔡君、林君、许君、俞君、朱君、廖君、蒋君各一元，徐君、陈君小洋十角，王君八角，许君、杨太太六角，孙君、朱君、高君、李君五角，许君、韩君、张君、王君、杨君、王太太、钱君、无名氏四角，莫君三角，王麒麟、吴女士、孙君、徐君、许君二角，陆承衡铜元二枚。特此登报，以扬仁风。

赤十字社理捐处谨登

原载《民立报》1911 年 12 月 6 日

第十三次收捐清单

本社兹承沈垂裕君捐洋十元；葆和、莫子英、瑞生祥、沈鹤芬女士、陈云诸君各捐洋五元；东顺记、采芝掌（斋）、童精一、姚泰山、童涵春、王君、豫丰泰、泰来、徐君、刘子鸿、公来、同泰裕、义兴公、积顺昶、郑瑞星、王□甫、晋太丰、德昌成、无名氏、又无名氏、又无名氏、大盛享、同兴、周铸民、胡燮、王声诸君各捐洋二元；杨翅腾、叶如圭、顾继方、陈志慵、曹余馨、朱君、方有智、周佩蘅、李游记、陆增祥、□英齐君、余惠民、赵南椒、范仰乔、陈文洲、一分子、俞金英、谢君、林德曲、百禄、谭报声、王慎卿、和聚公、王恩溥、无名氏、又无名氏、胡名、杨卜君、无名氏、韩君、吴君、张君、王君、无名氏、又无名氏、李君、周君、顾敦甫、吴君、陈君、应君、张君、又张君、刘君、严君、毕君、秦君、李裕顺、顺康、同盛恒、马敦和、庆成祥、天成、李柏、绍兴参谋蒋荣白、孙海波、汪晴初、朱金生、李根生、金赵君、郁琴川、朱福垣、陈铭斋、唐子云、陈备三、徐仲乔、岑子实、姚□□、郑蔚文、冯仁、许松、洪德诸君各捐洋一元；吴君捐小洋一百角；钱小峰君捐洋十角；谢君、王质臣君各捐［洋］七角；叶君、邱承基、汪君、韩君各捐洋六角；无名氏、瓣香庐、□立生、陈宝泉、范鹤年、吴鸿逵、朱君各捐洋五角；陈仰华、黄吉生、李锦、余大秉、永退思轩、许君、杨君、施君、杨见山、李楚才、马久成、洋申各捐洋四角；胡君、屠君、唐君、赵君各捐洋三角；施君、周太太、富君、王醒华、沈君、金纯卿、陆君、魏君、王君、史君、张君、傅秀亭、沈君、汪君、罗君、宋君、王君、程君、密君、徐君、沈君、米君、张君、屠君、朱君、彭君、朱维亚女士、汪君、戴君、祝君、夏君、周君、无名氏、□源各捐洋二角；无名氏、不留名、朱士新、孙君、耕叟、马君、陶君、谭君、黄君、陈君、李君、朱君、沈君、李君、东洋太太、史君、魏君、陈君、又陈君、朱君、又朱君、盛君、林君、赵君、王君、卢项芬、□一百文各捐洋一角；张念祖捐铜元二十四枚，又王太太十枚，无名氏两枚，张君、吃饭人各一百文，姚退思一百七十文，周君四十文。特此志谢，以扬仁风。

赤十字社理捐处启

原载《民立报》1911年12月6日

赤十字社广告

本社承虹口北四川路维多利亚大戏园演剧捐助经费，现准本礼拜六即十九日午后开演影剧及种种外国著名新剧，伏祈海内外慈善家惠临赞助，以襄善举。特此布告。

原载《民立报》1911 年 12 月 8 日

中国赤十字会第二团广告

兹承敝团会董祝伊才君经募朱二贞君助洋二百元，陆季春君经募沈杏孙君五元，苏荔裳君经募德生堂念元，会员张锦文君自助两元。特此登报鸣谢。

中国赤十字会第二团办事处

原载《民立报》1911 年 12 月 8 日

第十四次收捐清单

本社兹承李慎初君捐洋卅元；周玉记女士、陈尔达君各捐洋念元；信和土栈、军械科长章士嘉君各捐洋十元；张君、无名氏、万亨通、安和牲、郑代先诸君各捐洋五元；鄂省军政府长江稽查赵泽生、崇隐记诸君各捐洋四元；泰丰公司、陆永程、义昌成诸君各捐洋三元；裕亭（亨）通、丰顺公、周城福、吴君、汪京伯、周遂庐、胡冠庭、金肯堂倾君、吴君诸君各捐洋二元；易安万春银楼，温君永和，章乐山，杨岚青，胡锡安，王襄良，赵、洪两君不留名，陆景章，楼昌钊，黄铨、马楼两君，王仲章，邵敷先，高儒淑，亨泰，程拙继，余朵云、余梅鹤两女士，裘君，无名氏，应君，金英记，外国女士，李君，夏斌儒，唐德发，池辰君，陆忠楼，李君，钱靖臣，张元昭，火车客，洋太太，无名氏，又无名氏，陈君，陈祥栋，火车客两位，朱君，陈君，桑伯尹，沙傅思，张君，赵恪九，无名氏，吴君，葛君，童君，陶君，项君，协丰，永升，利鸿和同庆，永□，易记，东阳，正泰祥，采章宁，顺泰，慎大，福新公，万新公，北□茂，同泰，永庆，成全，徐会顺，佘君，沈君诸君各捐洋一元；殷君捐洋一元，小洋四角；魏春源君、孙君各捐洋十角；高君、童毅盦、沈君、□郎和尚、何以君、火车客、李君、陈□福、张君诸君各捐洋五角；厚昌、尧生、方君、绍君、沈君、汪君、郑君、吴君、俞君、洋太太、胡沄、邱君、施君、顾君、徐君、梅益臣君、王君、无名氏共四位诸君各捐洋四角；火车客二位、无名氏、蒋君、章君各捐洋三角；周君、金君、黄君、方君、朱君、观我方外人、王君、姚太太、瞿君、陈君、□不留名、张君、陈君、陈君、洋人耐庐、华君、钱君、屠君、潘君、毛君、王君、梁君、黄君、吴君、杨君、沙君、王君、王涂泉汉水君、孙君、唐子修君、余君、周君、孙君、刘君、叶培基君、姚君、王君、无名氏共十五位、火车客共十一位各捐洋二角；陈君、张君、王君、胡君、无名氏共十七位、凌君、吴君、宣君、周君、沈君、范君、戴君、章君、赵君、陈君、周君、李君、俞君、高君、沈君、火车客共十二位、周庆余、王君、裘君、朱君、莫君、王君、陈君、阮君、赵君、钱君、刘君、丁君、陈君、余君、董君、周君、王君、陈君、顾君、戴君、周君、钟君、李君、庞君、范君、孙君、俞君、李君、梁君、顾君、陈君、陈女士、李君、葛女士、康君诸君各捐洋一角；无名氏捐钱四百五十文；镇江商团同志联合会助饼干六箱。特此登报，以扬仁风。

赤十字社理捐处谨启

原载《民立报》1911 年 12 月 8 日

赤十字社声谢广告

本社开办以来，经费浩繁，特派会员来往沪杭一带劝募捐款。兹据会员回社报告，沪杭火车既承给予免费车票，又蒙管理车务诸君格外优待，并饬茶房照呼周至，同人倍深感激。由特登报申谢，并表诸君子乐善不倦之至意。

原载《民立报》1911 年 12 月 10 日

中国赤十字会第二团收款广告

兹承本团会董谭海秋君经募永丰庄捐助英洋一百元，姚颂南君一百元，沈子衡君十元，劳敬修君十元，劳瀚泉君五元；又承会董祝伊才君敬（经）募包赞卿君念元，王季谋君十五元，陆庆翁君五元；又承会董顾仲恺君经募稽洛如君洋十元，朱丙君、润记、无名字三户各五元，无名字三元，无名字二元，又二元；又承会员鲍子昂君经募沈和甫二元，承泰号、陈海荣、张藕庄、沈宾夫、宝生典、倪先生、曹先生、毕仔水、王憩亭九户各一元，袁黼臣、宜昌号各六角，马阿金、蕙景芳、管阿狗、蒋郎珊、蔡先生、曹先生、王先生、张先生、阮枢九户各五角，周金祥、王根秋、张金华、金锡大、石大二、沈根泉、张阿全、邓阿金、张阿关、陈阿四十户各三角，沈先生、巨先生、汪先生、张先生、朱先生、凌先生、杨先生、陈先生、王二先生、仰柴正高、王小福、王波澜、王福粱、庆三、裘贤、王锦杨、蔡协油、周暖十八户各捐洋二角。以上共收大洋三百零八元，小洋一百二十三角。特此登报鸣谢。

中国赤十字会第二团办事处

又兹承本团会董陶凤山君自助捐洋五十元，丁子乾二十元，洪盛号十元，永昌号、祥泰号、何元通、俞戟门四户各五元，泰生堂二元，张信记一元；又承会董孙蔼人君经募孙杨氏、袁杨氏、陈杨氏三户各十元，金孙氏、郁敏如女士、席德蕴三户各五元，王孙氏、孙徐氏、杨黄氏、陈文青、郭静公、郑郎卿六户各洋二元，孙琼华、孙琼英、孙惠明女士、王孙氏、袁徐氏、袁赵氏、袁严氏、袁陈氏、树滋堂、庄同顺十户各洋一元，孙铭誉、孙铭传合洋一元；又承会董张善甫君经募泰隆号捐银十两，匡仲谋君二十元，吴义轩君十元，朱吟江君十元，施才隼君十元，张曾氏、陈桂春、郁葆青、李柏葆、吴礼门、富振远、陆企贤、张少莲、徐寿生、谢峙渟、宋荣生十一户各洋五元，许永梁四元，包子振、周仲若、王良臣、徐震生、顾杏卿、李子青、佑记、陈志方、赵济渊、竺锦章十户各洋二元，陈瑞美女士、陈四太太、张宝森、张宝玉女士、全安号、袁慕安、房仰松、西商培而沙、石琼司、赵景贤、李志方、顾琢如、吴冰如、李慕堂、曹式如、顾吉生、江老三、郁藻辅、徐莲舫、老字司、陆菊亭二十二户各洋一元；又另户大洋一元，小洋十六角；张公馆□□小洋十角，陈公馆婢□四角，张鼎新七角，荣明泉、周升昌各洋五角。以上共收大洋二百七十四元，小洋四十七角，又规银十两。特此登报鸣谢。

中国赤十字会第二团办事处

原载《民立报》1911年12月10日

赤十字社第十五次收捐广告

兹承董蕚卿十元；义盛五元；洽信三元；聚丰、隆泰、葆泰、久记、姜宾舫、钱逸卿、胡阿安、李财生、李宝廷、王修甫、舒观捕、遏子冯诸君各捐洋二元；无名氏、张春麟、张叶少、王旦在、金高京昭、吴炳宁、章神亚女士、寿耐哉、谢无名，又无名、吴、潘、王、汉、冯、许、香，又朱、沈、刘、蜀、钱、孙、申、祁诸君均捐洋一元；三和堂、黄子生、徐三发、关具庆、丰太沅、董通行、叶廉以、晋泰、福泰和、元昌义、裕源成、容大恒、永康、赵文君、大章、万春、徐春记、戎东发、林潮州、张春生、余包门氏、源升公、邱泰渠、潘利棠、福履祥、华昌泰、老□基笑、徐方成、刘坤山、张聚德、王凤来、黄小生、德维新，以上各捐湖北票一元；张□安十角；姚君半元；二梅氏六角；孙安、许方燦域五角；会稽包雷、俞晋臣、盛君、汪君、万君、黄臣，以上各捐四角；刘君、姚炳卿、廖君、顾君、尹君，以上各捐三角；返客、黄幼轩、毛志清、徐君、万君、召君、吴君、六小馆、禹卿、钱君、陶德堂、金君、张少轩、陆君、董君、王君、姚君、材君、马君、叶君、张君、李君、黄君、满君、曹君、徐君、许君、李君、黄君、马君、陈君、周君、邵君、钱君，以上各捐二角；无名氏，叶燮，叶迪耕，汪、高、徐、蒋、陈公同无名氏，王无名氏，无名氏，朱和韡，刘无名氏，钱无名氏，丁宝华，沈、夏无名氏，张、罗、曹、唐无名氏，无名氏，郑、钟、高、秦、邱、赵、赵、顾、查无名氏，无名氏，何无名氏，朱、陆无名氏，丁、符、祝、方无名氏四位，沈、王、吴、沈、闭、高过客，无名氏，徐无名氏，吴、童、丁、朱、陆，以上各捐一角；又承十六晚，大富贵女子劝募鲜花大洋五十九元，小洋一百四十二角，铜元二十二枚；香山陈可扬售香水连本助费共大洋五元，小洋十三角；又十六晚本会各会友劝募鲜花九角，茶叶二元，手巾大洋一元，小洋二十二角，洋货大洋二元，小洋十四角。特此登报声明，以扬仁风。

原载《民立报》1911年12月10日

赤十字会豫晋秦陇分会募捐公启

武汉军兴，战云如沸，暴骨草野者不知日几何人，裹伤呻吟者更不知日几何人。海内外慈善之士惄焉伤之，于是有组织赤十字会之举，分赴战地，尽心救济，拯此日之疮痍，即以弭他年之疢疠，艰险之巨，愿力之宏，诚有非平时种种慈善诸事业所可同日而语者也。今汉皋、白下以至江北之浦口、维扬，皆有中外会员跋涉驰驱，不辞况瘁，扶伤掩胔，成效卓著。独河南、山西、陕西三省，自战事既起以来，远者已匝两月，近者亦阅数旬。焚烧杀戮之烈，曾不亚于武汉、金陵，而绌于交通阻绝之故，虽有缨冠被发之怀，而无从施援溺救焚之计，此则仁人志士所为北望，伤心不啻己饥己溺者矣。同人等蒿目乡国，寝馈难安，爰亟发起赤十字会分会，遵照定章，纠合同志，广聘名医，分赴豫晋秦陇各战地从事救护，以少尽国民之天职。惟是需费浩繁，筹集非易，仰谂海内外诸君子博施有术，胞与为怀。当此风云惨澹（淡）之辰，孰无广厦大裘之愿，所望慨输巨款，润泽焦枯，岂唯本社所祷求，抑亦同胞之幸福也。

原载《民立报》1911年12月11日

附赤十字社简章

宗旨：

以博爱为主义，凡关于两军受伤兵士及一般同胞商民，概行救护医治，为纯粹之慈善事业。立于战争国体之外，于两方军事无涉，其办法遵守万国赤十字公共章程。

组织：

赤十字会内分医药部、卫生队、普济队、掩埋队四部。

一、医药部医治战争受伤军士及一般同胞之有伤病者，无论民官两方受伤军士，本会一视同仁，尽力治疗。

二、卫生队专司搬运，受伤者送至医药部受其治疗。

三、掩埋队为掩埋战地尸骸，免致暴露，又内属医师二员，为随时检察尸骸中有带传染性之微生物者，分别火葬，预防战地传染病因，以免疫疠大作，有害军士身体健康，特以为伤病者谋健康，为健康者犹谋其免伤病也。

办法：

一、设临时事务所，置办事员。

二、延聘医师、药剂师、看护妇，□救伤助手。

三、备办医学各种器具。

干部：

总理一人，正、副会长二人，会计二人，书记二人，医药部长一人，医员□□□，看护妇若干人，卫生队长一人，干员无定数，临时酌量多寡，普济队长一人，干员无定数，掩埋队长一人，干员临时增加。

筹办手续：

一、□□□□。

二、通告外交□□□□□□□□□□□□□□。

三、□□□□□□□。

四、通告本国各法团。

五、联合商界、学界。

六、募集经费。

此属草章，临时略就规模而已，至如详细规则，拟开大会讨论之后再行布告。

原载《民立报》1911年12月11日

赤十字会收捐报告

第十六次收捐清单：本社兹承孙询刍君捐洋三十元；林渭川君捐洋二十元；蔡子民君捐洋五元；无名氏捐洋四元；天益、永盛、永兴、兴盛、源记（郑、林、张三君）各捐洋三元；裕泰永、雪记、张弁群、朱希祖、延月斋、无名氏诸君各捐洋二元；天发、骆氏、无名氏、孔君、庄泽轩、陈君、冯干臣、沈小园、屈瑞麟、楼木安、陶东昌、喻伯钦、陶俊卿、吴禄卿、李文雄、钱南樛、何莲僧、孙禧、洪共安、王梦生、章佩生、娄仲安、王君、朱麟、无名氏、贺斐安、钟树堂诸君各捐洋一元；周君、叶君、沈君、陈君各捐洋五角；无名氏、查仁斋、孙禹先、杨君、吕君、文泰昌、屠君各捐洋四角；不留名客二位、无名氏三位各捐洋三角；胡君、无名氏客十二位、又无名、陆君、潘君、程君、陈君、无名氏、陈君、陈君、陈君、郁君、黄君、郑君、黄君、无名氏、李君、陆君、吴君、周君、朱达君、王君、无力子、吴君、斯君、纪君、不留名、无名氏、陆君、汪君、张秀氏、姚方苏女士、贾君、蒋君、周君、孟君、卫君、吴君、何君、姜君、郑君、义君、许君、董君、黄君、任君、王君、莫君、魏君、钟君、李君各捐洋二角；客十六位、陈君、沈君、不留名、陈君、陆君、无名氏太太、无名、胡君、赵君、李君、张君、黄君、胡君、陈君、无名氏、沈君、高石隐、阮君、周君、无名氏、莫君、胡君、徐君、王君、任君、无名氏、应君、沈君、不留名、秦君、陈君、孙君、黄君、蒋君、张君、黄君、俞君、王君、秦君、瞿君、朱君、周君、杨君、方君、不留名、顾君、汤君、邵君、王君、孙君、诸君、郑君；又承丹桂第一台观剧诸君捐助鲜花洋九元，小洋九十六角，铜元念二枚，手巾捐洋九元，小洋二十二角，茶叶二元，京货二元，小洋十七角，铜元十枚，又十三角，铜元十二枚；又承葛久香、邓君、不留名、汪君各捐洋二元；吴［君］、马君、杨君、吴君、李君、无名氏、盛剑星、费君（马哲臣、胡颂年二君）、廖君各捐洋一元；陈君、范君、傅君、赵君、无名、又无名、周君、无名各捐洋四角；又汪君四角；□君捐洋一角。共计大洋一百五十八元，小洋四百角，铜元四十四枚。特此登报，以扬仁风，而志谢忱。

赤十字社理捐处谨启

第十七次收捐广告：兹承王积廷君捐洋二十元；符君、王君、松□二郎君捐洋二元；骆氏二龄童子、吴荣寅、杜君、陆菊生君、许君、美国先生、潘无名、张联绶、顾子方、冯鸣一、陆芬松、陶游、路企强、陈源夫、张咏辉、成观先、李君、范君各捐洋一元；法英和尚、胡君、梁君、王君各捐洋五角；彭君、盛君、赵君、无名、董君、无名氏、徐君、黄子城、顾敬余、应启林、于雪樵、李砚成、钱勋、潘女士、引玉、冯明诸君各捐洋四角；施君、孙君、丁君、余君、张君、陈君、无名、刘君、无名、侯君、栗君、无名氏、徐君、丁君、无名、周徐太太、钟君、花提法、居君、章光明、金阔卿、张守轩、言炳炎、钮君、鸮君、陈墨番、沈德滋、蒋伯英、刘震山、王名安、车荣棠、程绍平、□君、林君、金卓儒、唐澄中、许君、董君、褚又申诸君各捐洋二角；

朱君、无名各捐洋三角；朱君、陆君、无名、刘君、马君、朱君、英君、周君、汪君、朱君、蔡君、许君、丁君、莫君、胡君、钱［君］、夏君、章君、李君、沈君、陈君、无名、周君、张君、王君、方君、无名、黄君、朱君、孙君、陈君、无名、倪君、高君、无名、邵君、无名、李君、无名、黄君、张君、无名、无名、马君、无名氏、陆君、王君、徐君、无名、赵君、章君、周少铭、陈少卿、施君、许君、曾雒生、陆名、胡春江、管君、静发、马君、蔡君、曹君、缪君、周君、杨君、朱君、唐纯东、吴氏、王君、无名、曹林九、无名、汤君、张子和、过路人、孙良存、无名、不留名、程君、王君、无力子、袁祖万、无名、唐定杨君、陈君，以上各捐洋一角。特此登报声明，共收大洋六十一元，小洋二百五十一角。

赤十字社理捐处启

原载于1911年12月14日

赤十字会救治人数

中国赤十字会第二团经救攻宁一役重伤兵士、平民，护送镇江医院救治者计六十九人，就近留宁医治者计三十七人，详登姓名及标营队排棚数于后，病状俟后汇报。尚有宁地轻伤兵民先后来就门诊，并未留入医院者，人数繁夥，另再汇总报告。

原载《民立报》1911年12月15日

中国赤十字会第二团女子协会广告

人生天地间，为圆颅，为方趾，有个人之担负，即有公共之维持，义务所在，无可推诿。男子固当如是，女界亦应如是。当此兵凶战危之秋，所有受伤军兵，颠卧战线，咻噢呻吟，惨不忍觏。若任其存亡生灭，不施救护，固非人道之主义，亦非公共维持之初心，此上海士夫所以有赤十字会第二救伤团之组织也。惟是前敌救护，裹创扶伤，本属男子较长，但病院之看护，经费之劝募，与及病人所需被褥、衣履之缝纫，汤药之供给，女子皆可分男子之责，且性情柔淑，操作耐劳，更较男子为胜，此为女界赤十字会第二团协助会所由发起者也。此会之设，以补助赤十字会第二团为宗旨。我父老子弟诸姑姐妹，其亦有闻而兴起者乎？能者助力，富者捐金，凡力之所及，有裨益赤十字会第二团者，无分厚薄，一律欢迎，以尽国民一分之义务。昔汲黯、卜式两财输边，千载后犹称其贤。瑞士博爱家安里鸠南二氏，发起赤十字会，救治军人病伤，万国利赖至今。想我女界同胞，痌瘝在抱，具有天良，宁使独让专美于前乎？责任所在，义不容辞，我知同志者必不乏人。如愿入会，则请移玉至本会事务所，接洽一切是幸。新垃圾桥北首北长康里赤十字会第二团女界协助会事务所。敝会敬登发起人芳名：张善甫夫人、何蕙培夫人、梁炼伯夫人、孙蔼人夫人、苏荔裳夫人、冯仰山夫人、何荣西女士、孔庆玶女士、田思平女士、江桐士女士、瞿志争女士。

原载《民立报》1911年12月17日

中华民国陆军卫生部缘起

今世界重人道主义矣。交战时，孰者惨杀，孰者戒惨杀，而仁暴之名定；孰者卫生，孰者非卫生，而文野之度异。自义师光鄂，即以戒惨杀闻，其所以占优胜于北军者在此。然而，战时卫生之则未讲，固无可讳者也。兹者东南组定，共和初建，然虏廷未捣，来日大难，祸结兵连，实为万无可逃之劫运。我伯叔兄弟将更冒锋镝，踏冰□，入猛兽穴□死物，在其或死或伤或病危，必有进而愈甚之势，固不仅汉阳绝命、金陵溅血而已也。然则将何以重人道乎？曰："战时卫生不可以不讲，民国陆军卫生部不可不亟使成立。"军兴以来，海内外仁人义士以救人为目的，组织赤十字社者，殆奉（不）下数十，亦所以重人道耳。顾第就重人道而论，赤十字社与卫生部同，而卫生部之性质，则大有与赤十字社异者。试略言之，卫生部属于陆军司令部，受司令官之指挥，赤十字社则不然，其异一；卫生部之救护队可入战线内，以救护伤者，赤十字社则不然，其异二；卫生部专为自国之军人军属而设，其对于敌人之伤病者，虽有时亦可救护，然该费用必取偿于敌国，赤十字社则不然，其异三；卫生部之法令及一切卫生材料之准备，有宜守秘密者，赤十字社则不然，其异四；卫生部虽亦具中立之资格，然有时不得受治那伯条约之保护，赤十字社则不然，其异五；卫生部为军医及曾受卫生教育之兵士而成，凡军中关于卫生一切皆责成之，赤十字社则不然，其异六；综观以上诸点，卫生部之特有性质可明，且更得约而言之，曰："以非中立之人，行中立之事业者，则卫生部；是以中立之人，行中立之事业者，则赤十字社。"是故对于陆军一方面而观，卫生部之较赤十字社尤为不可缓亦明。浙军汤都督，当北伐伊始，亟亟焉以编制中华民国陆军卫生部为任，而许君仰卿复慷慨解囊，捐助巨款，以为之倡。呜呼！二公之用心，固各有不同，而其重人道主义则一也。虽然，此陆军卫生部固将统民国全国陆军而为之，由是合而宁、而苏、而沪、而其余各省之力，成一完全陆军卫生部，而统之于陆军总司令，吾国陆军卫生部虽谓滥觞于此可也。夫□此人道主义，始而戒惨杀，继而讲卫生，死者可安，生者以慰，星旗所指，将炳焉与日月争光。

中华民国陆军卫生部启

（总章续登）

原载《民立报》1911 年 12 月 17 日

中国赤十字会第二团分设扬州事务所广告

本团现承驻扬浙绅金君友芝热心担任，在扬分设事务所，募助经费，业经全体公认为扬州分事务所经理员。除照会扬州军政分府暨扬州商会协力筹助外，特此登报广告。

原载《民立报》1911 年 12 月 17 日

赤十字社志谢

本社前承虹口维多利亚大戏园演剧助费，兹将所收剧资如数交到，一切开销盖由园主担任，并承译文印刷局捐助印券费，同深感佩。特此登报，以扬仁风。

原载《民立报》1911 年 12 月 18 日

中国赤十字会第二团报告

兹承本团会董方治平君经募凌兰畦、裕成典诸君、新昌当诸君三户各洋十元，吴李氏五元，洪盛号三元，恒德典、福昌典、裕新当、恒泰典、吴吟山、济丰号、五龙日升茶楼、永安居、文明集贤楼、褚德斋十户各洋二元，胡钧记一元；又承会董陆云荪君经募詹从六君洋念元；又承会董陆季春君经募倪少亭君洋廿元；又承会董周清泉君自助洋念元；又承会董屠景山君自助洋五十元；又承会董张克铭君经募沈实甫、海太太两户各洋五元，朱光华、赵太太、许镜宏三户各洋二元，倪鸿林、王阿二、张海忠、倪焕章、俞太太、杨二太太、杨季仙、陈春生、朱元音、杨春泉、二小姐、包文德、许新江，以上十三户各洋一元，俞葆生娘娘、章世恩、戴太太三户各洋五角，沈大小姐、叶娘娘、沈勉之、朱老太太、倪关荣、朱金生，以上六户各洋四角，俞葆生三角，陈妙泉、陈贵全合助洋一元。特此鸣谢。

兹承本团名誉会长张子标君自助捐洋三十元，又经募张谢氏、远昌号、建昌号三户各洋十元，陈黄氏、张王氏、黄氏、刑荣四户各五元，张官锦、张官泉、张晴浦、张孙氏、程燮文五户各二元，张官垣、张官炳、张官燊、张官森、张官林、张官燦、张官迟、张官安、张宝华女士、梁氏、邱氏、李汤氏、谢兆麒、黄霖衍、余□、黄张氏、□澧庭、恒兴米号、庞埇南、蔡仁茂、详茂、陈大桂廿二户各洋一元；又承会董冯仰山经募冯永康君十元，蔡麟卿五元，沈润清君念元；又承会董郑干卿自助捐洋廿元，经募张昌记君十元，林泽民君四元；又承会董郭龙光君经募姚棚材君十元；又承会董王筱春君经募无名氏规银三十七两；又承会董郑锦峰君经募金振声君念元，徐受逊君五元，朱丕显君三元，钱庠元君二元，陈振声君二元，周芝山君一元，又承不留名助洋十元，丰盛号五元，任益和三元，方湛堂二元，政平君、马盛开、薛四、陈泽航、马氏、古氏、冯礼堂七户各洋一元；又承会董张善甫君经募崔福庄君念元，大丰号、宝泰号、钱庆和三户各五元，寿镜臣君四元，郁女士芬三元，郁二小姐、成大号、周渭若三户各二元，胡湘甫、葛佐良、吴仁之、李克成四户各一元，雪泉君五角；又承会董孙蔼人君经募求平安士一元；又会员陶植之君经募谦信洋行五元。以上共收大洋三百零九元，小洋五角，规银三十七两。又承布道团陈金镛君经募圣公会承助天路指南百本，各种劝世单三千张，为本团发给伤兵阅看之用。统此登报鸣谢。

兹承本团会董方治平君经募鼎成记蒋春溪君、金谦德堂二户各洋念元，泰昌典五元，周德泰四元，杨宝华、周惠生、不留名、蕙芳店四户各洋二元，朱泽明、陈苐堂二户各洋一元，程子青、程行之合洋一元，朱伯华、朱仲蕊合洋一元。特此登报鸣谢。

本月初五、六两日，承商学界热心诸君发起，在赵氏展虹园特开慈善游览大会，新售入场券、茶券及各种售品，悉数捐充本团经费等情，前已备登各报。现计两日共收入场券洋一千六百念八元；又新社会另捐助洋六十元；赵太太捐助洋三十元；陈炳谦君捐助香水、肥皂、钮花计售大洋三十三元，小洋一百四十六角；陈可扬君捐助洋酒计售大洋十三元；展虹园大菜除本计售大洋十四元，小洋六角三分，童仆半价券计售小洋二百十角，收茶票大洋八元，钱七百五十二文；又收蔡尔德君钮花洋三元，小洋四十一角。以上共收大洋一千八百零九元，小洋一千一百五十五角，钱四十文。本拟早日登谢，因初旬左右，宁地战事方殷，敝团加派医队出发，近又在宁添设病所，诸务忙迫，致稽时日。特此道歉，并布谢忱。

兹承本团会董周颂屏君经募陆维镛君、张雨若君两户各捐助洋二十元，赵贡芝君、俞佐臣君、朱鉴堂君三户各捐洋十元，欧玉南、倪庆云、符家元三户各捐洋五元，王佐禹、潘国良、张芝兰、张树瑾、朱裕生五户各捐洋二元；又承同盛号、德盛号二户各捐洋五元，凌云洲君捐洋二元。特此登报鸣谢。

原载《民立报》1911 年 12 月 18 日

张竹君启事

鄙人于九月三日率同中国赤十字会队员赴汉，驻彼地者几及两月。兹因两军停战，鄙人回沪备办冬衣、药料，承亲故纷来存问，并洵（询）战地情形，爰于初六日午后二时，在张园特别大会报告战地会事，当世慈善家幸临听焉。

原载《民立报》1911 年 12 月 23 日

赤十字社驻宁之成绩

赤十字社自派队驻宁后，即在洋务局组织临时医院，选举职员，迭由先锋队指挥部伤兵来治，先后不下百人。宁军差遣周伯英铳伤右腿，弹痕直径一寺（寸），流血狼藉。镇军兵士左骏荪铳伤左臂，凡四处，经社员竭诚施治，均著成效。十七日，旗城弹药库爆裂，有两脚受弹者，有头面烧毁者，有全身焦烂者。当时分别轻重，内外兼治，咸感激致谢而去。兹将职员照录如下：（治疗部医长）蒋可宗，（副医长）韩兴，（医员）黄实存、盛在衔、何积根、胡澄、张敝卿、田丙午、周伯、郑鸣镇，（助医员）蒋志新、冯祖昭、萧蔚露、朱荣锦、江衡、陈宪、赵翰恩、刘炎、余岩、江圣钧、汪芍美、瞿钧、汪于冈、帅葆镕、王秉钺、夏建安、焦焕混、萧翌庚、崔炽黄、徐樵青、赵铸，（药剂长）金体，（选药剂员）戚学绣、李寿康、张楷、丁维屏、周军声、张银海、蔡东贤、薛先钊，（看护妇长）孙志英，（看护妇）王沪筠、胡宛、李爱芳、汪鹤符、孙铭坤、严振坤，（理事部理事长）蒋可宗，（庶务员）朱荣锦、汪于冈、黄实存、郑鸣镇、胡澄，（书记员）汪芍美、余岩、蒋志新、张楷，（会计员）刘炎、王秉钺。

赤十字社交通部启

原载《民立报》1911 年 12 月 23 日

中国赤十字会捐款第三次报告

郭仲良先生四元，又经募郭德顺号五十元，合茂号五十元，鸿泰号五十元，郭盛记三十元，敦和号三十元，鼎昌土行三十元，元尧臣念五元，来远公司五元，周祖培五元，信和土行五十元，林增元五元，张梦生五元，郭诚大土行三十元，郭煜兴土行二十元，郭炳辉五元，恒通号五元，德源号二十元，郭辉记十元，元利号五元，郭循生十元，吴朝五五元，马星岩五元，郭子明五元，洪炳章十元，鸿盛号十元，浃炳甲五十元，和裕号十五元，许文记十元，同盛号二十五元，德华号十元，聚安号十元，恒大号洋十五元，增大押十元，郭辅庭三十元，协丰号二十二元，阜成号二十元，高实之十五元，源裕糖栈十元，源大糖栈十元，吴益德五元，源来号十元，郑仁记三十元，和源号十元。

会董伍廷芳、李钟珏等谨布

原载《民立报》1911 年 12 月 23 日

扬州赤十字社成立

赤十字社在扬州设立分社，兹已组织完备，举定职员，现正竭力进行，籍广善举。各员姓名如左：理事汪纶瀛，干事金鳌、蒋景缄、谭济、郭荣椿，募捐王庆钟、汪纶瀛、华链、周景琪、周鑫，书记王维松、方镜蓉，看护刘舜英女士、蒋慎傅女士，庶务刘辅臣、周锦珍，招待陈文斌、吴永锡。

原载《民立报》1911 年 12 月 24 日

南京电报

上海赤十字社派男女医士多人，昨日至宁并入第一师团组织随军卫生队。（以上南京发）

原载《民立报》1911 年 12 月 25 日

晋赤十字会

晋赤十字会系徐君一清等所组织，药料颇佳，一切均甚完备。

原载《民立报》1911 年 12 月 25 日

十字会纪事——赤十字开大会

本埠南市上海医院自武汉事起，即行组织赤十字会，以院长张竹君为会长。九月三日，由会长率同第一队赴汉口，继复分队驻汉阳，计两月中两处救疗受伤战士一千三百余人。事务殷繁，常至不遑寝食。两军战酣时，每出入枪林弹雨之中，亲舁伤者至病院，耐劳冒险，中外人皆称道不置，西人至屡载报章以颂扬之。九月二十九日，该医院续发第二队赴镇江，旋即随先锋队入南京，所救疗亦千余人，其勤劳亦为中外人所赞叹。第一队在汉口，汉口俄领事拟组织俄国医院，欲以委托该会会长张竹君，而武昌军政府亦欲设立医院于武昌，城中极力邀致，张该会之为人所欢迎可知已（矣）。顷闻该会长以积劳致两手尽肿，而两军适又停战，因暂回沪上，略为休养，且采办冬衣、药料。张之亲友多往存问，乃定于本日午后二时，借张园开大会报告一切，凡欲审知该会内容及战地情形者，盍往临焉。

原载《民立报》1911 年 12 月 25 日

赤十字常会记

冬月初五日，中国赤十字会第二团星期常会议案纪要：

一件，夏君逸斋宣布，上星期提议女界协助会会员拟来本会旁听常会议案全件，兹已认可，再请会长定夺，若正会长许其旁听，此后常会另列女席。

一件，夏君逸斋宣布，经济正长顾祖荫君因患喉恶，遂尔身故，拟请全体公举替人为正会长，拟即举顾君之弟仲恺君接任经济正长，众皆举手赞成。

原载《民立报》1911 年 12 月 25 日

中国赤十字会捐款第四次报告

鲍丰泰号念元，福康号六元，振余十元，鼎泰仁号五元，宋耀如五元，梦草主五元，谢芝庭一元，袁永康一元，潘绳祖一元，潘君十元，袁恒之十元，陆祥鸿一元，席伯虞一元，陈景文八十五元，铭义堂五角，陈馨裁念元，陈鸿飞十元，张晓卿十元，黄筠记、俞炳记十元，黄展记十元，戚纯记十元，戚选民五元，过荣林五元，孙廷烓五元，俞功君五元，戚水闰五元，史蕙记五元，俞子岩五元，王震记五元，戚又庵五元，俞蔚儒五元，周长春四元，邬烈忠二元，唐和芗二元，陈翰芬二元，孙隆益二元，杨骏发二元，叶和生二元，周义容二元，胡如隆一元，楼志记一元，陈永贵二元，王继成二元，永丰号二元，蔡丰记二元，孙庭福二元，赵锡田二元，沈寀一元，浦镜清一元，郑定球一元，徐俊甫一元，周联康一元，袁松藩一元，吴茂记一元，贾洪发一元，戚伩贵一元，赵俊甫一元，陈宝林一元，汪景福一元，胡杏生一元，戚如康一元，戚肇康一元，戚月英一元，戚寿康一元，戚正康一元，戚瑞生一元，戚鸿康一元，东海氏五十元，祥盛湧号二元，鲍生泰号洋六元。

会董伍廷芳、李钟珏谨布

原载《民立报》1911年12月25日

十字会纪事——赤十字大会记

本埠南市上海医院赤十字会，□日午后借张园安垲第开大会。到者除该会男女会员外，中外男女来宾四五百人。二时四十五分开会，会长张竹君君登坛演说该会在汉口、汉阳战地情形，每至劳苦危险之处，闻者皆为鼓掌（其演说稿另登）。继由该会南京临时会长张祥仲君演说该会第二队至南京情形，张祥仲君说毕，有粤人徐茂君君以粤语演说，由张竹君女弟为译沪语，大致言该会热心办事，可为中国四万万人模范。徐君下坛，张竹君又续言，本会冒险至战地救伤，实为人道主义，非假借赤十字以沽名黩货，并言货利至轻，名誉至重，故欲劝凡徒求货利不顾名誉者，勿以至轻失重，且害世界最纯洁之赤十字。语毕，闻者皆鼓掌，遂下坛，散会时钟已五下矣。

原载《民立报》1911 年 12 月 26 日

赤十字社第三十二次募捐广告十一月初六日

本社兹承周子丹、徐君各捐洋二元，沈季和、方青相、无名氏、洋人、无名氏、又无名氏、洋人、又无名氏各捐一元，共计捐洋十二元。又承诸善士共捐小洋一百九十一角。特此登报，以扬仁风。

谨启

原载《民立报》1911 年 12 月 26 日

赤十字会纪事——赤十字社之成绩

赤十字社普济部长陆莼伯君闻南京被难人众，特筹棉衣、饼干运往施放，连日在皇城一带及难民生计所查得大小近四千名，类皆啼饥号寒，惨不忍睹。先就最苦者发去衣裤一千套，余亦按名给票，分日领取。又上海贫儿院亦正派员往救，收回孤儿百余名，半皆无衣履，因向社领去数十套代为分给，严寒得此，咸欣欣然有更生之庆云。

原载《民立报》1911 年 12 月 29 日

中国赤十字会捐款第五次报告

吴任之先生洋六元，又经募王钱香君十元，章稚铭十元，荣若湖十元，黄佐廷十元，杨介眉十元，王阁臣十元，刘子颖十元，王显臣十元，西字十元，西字十元，升昌铁五元，源昌铁五元，唐晋斋十元，潘毓初十元，徐善庆十元，颜仲山十元，邓骏声十元；又郑少峰先生四元，经募孙益谦念元，刘寿甫五元，鼎记二元，张芷芳二元，谭许氏二元，金承鲁二元，张一涛二元，谭耕愚十元，谭启明二元，华新公司三元；葛吉翁经募杨丹霞十元，童涵春堂十五元，于周氏洋四十元，蔡周氏十元，无名氏二元，公记洋三元，药业公所四十元。

会董伍廷芳、李钟珏谨布

原载《民立报》1911年12月29日

1912年

赤十字社启事

本社劝募员杨春年、叶乃航两君，昨乘宁沪火车回申，行至昆山地方，遗失皮包一只，内系本社募捐备查底册一本，计一万六千一百五十一号至一万六千三百十七号，共六十三纸，又六千零五十一号一纸，并洋七十四元，小洋一百五十三角。如有拾得，望将备查送回本社，所有失洋由该募捐员赔填，特此登报广告。

原载《民立报》1912年1月2日

赤十字社收捐报告

第三十四次：本社兹承苏州土业捐洋二十元；苏州绸业、油业及唐永成君各捐洋十元；苏州妇孺医院、苏州麻业及鹿君各捐洋五元；唐太太、王汝德、吴太太各捐洋二元；仇岳、徐佛英、徐师母、杨师母、朱太太、鲁太太、李叔明、杨文斋、西人某君、潘君、西人某君，又西人某君、唐太太、杨太太，又杨太太、顾太太、杨太太、西人某君、胡任陞诸君各捐洋一元；王鉴如、王须青、孙小姐、徐小姐各捐洋半元；以上共洋九十二元，又承诸善士共捐小洋四十七角。特此登报，奉扬仁风。

第三十五次：陈申伯、王伯稚各捐洋二十元；毛干生、金圣清、春和祥各捐洋十元；洋人传教士、沈宰熙、周湛伯、程周氏、李楚臣各捐洋五元；洋人、蔡振候各捐洋三元；范棋征、王瀛耕、朱川远、许兰生、钱衡伯、佘太太、张成夫、郭东泉、成手高、钱士镒、源庄、鲍问槎、汝承启、保记、邱□生、陶六团、汝祥生、徐子经、汝祥生、柳寅伯、黄鹤来、屠伯英、程子良、万洁泉、朱景翁各捐洋二元；凌子山、汪晋臣、泽记、王源太、蔡鼎兴、裕顺王子、徐尔安、公裕、汝叔笆、丁永、吴振元、沈梅卿、蒯允候、汤雷生、汤青孝女士、载君、杨厥贻、钟稚蕃、豫和庄、王慕庐、鲍德泉、鲍少甫、鲍星明、蔡鼎和、沈维团、民团队长邱起贤、王子蕃、佣妇钮妈、民团排长程宗梁、金九龄、佣妇张妈、马义成、陶子彤、沈舟秋、朱昂若、毛大源、问心堂、源丰、徐社臣、王恒源、蒋同盛、沈仲英、徐子良、生禄斋、徐橘生、徐斌子、徐指湘、陶藉舲、蔡侣生、朱行恕、沈养、沈峦青、陈女士、赵申伯、孔庆澄、庄泽轩、潘竹斐、陆阿隐、精勤、马耐安、陆来青、方氏、杨永康、敦夷堂、沈履夷、张桐生、张选青、徐念慈、失名、陈君、庄君、徐陈氏、史君、李东升、褚汝端、张孝友、张缉安、王君、沈源昌、卢范氏、王太太、陆子宣、陆埋顺堂、童李氏、谢郁氏、郑陈氏、周然青、同亨协、源继行、沈竹贤、周君、王太太、沈菊清、沈王氏、葛太太、潘太太、徐太太、王筠眉、会丰、勉力子、西洋周桂卿、易胡二位、贾君、甘春霖、程郁二位、孙绵裳、无名氏、李雁、陈君、戴君、无名氏、樊君、无名氏二位各捐洋一元；共捐大洋二百七十八元，又承诸善士共捐小洋九百另五角，镀金手钏一对，银件七钱一分；殷佩六金戒指一对计三钱三分，又洋一元。

第三十六次：洋人捐洋二元，吴君、洋人、何君、无名、黄君、无名各捐洋一元；共捐大洋八元，又承诸善士共捐小洋二百三十一角。特此登报，以扬仁风。

第三十七次：胡道文捐洋二十元，杨君捐洋二元，王福富、周君、王医生、宋麟阁、张恩仁、杨望澜、钱玉卿、冯太太、无名氏、陈太太、苏太和、李氏、郑君各捐洋一元；共捐大洋三十五元，承诸善士共捐小洋三百八十六角，钱二百文，铜元八十四个。特此登报，以扬仁风。

原载《民立报》1912 年 1 月 2 日

中国赤十字会捐款第六次报告

旧金山中国少年社银二千两；何兆丰卫生衣一百件；吴仕之先生经募邱道生二元，恒康四元，培昌五元，何履平二元，马丽堂一元，郑友轩一元，谢蔚誉二元，杨侣夔二元；王申悌经募尹仰伊一元，庄祖升四角，蔡东根五角，沈润景二角，杨江秋四角，张先士二元，胡兰生十元，魏甫章一元，蒋耀廷一元，戎允朝一元，唐僧培二元，徐福二元，徐王氏二元，华英一元，陈钟茂四元，张、沈、邬、宋氏十一角，王宝庆一元，浸会医院十元，孙康宁十元，税务司柯君十元，倪根如二元，周子衡、李允升二元，石献琛一元，丁炽庭一元，顾元琛五元，陈展常、隐名氏五元，升街野猪一元，养性轩二元，坤裕、洪登赋十角，丁太太一元，钱太太一元，巴显荣二元，马金恩一元，高云山五元，章杏林一元，何梦翘一元，应培元一元，张月记二元，张筱钧一元，顾鼎峰一元，江芝心一元，沈剑岚一元，吴作宰二元，陈鸿藻一元，蒋臣熙一元，虞春潜一元，陈风三一元。

会董伍廷芳、李钟珏谨布

原载《民立报》1912 年 1 月 5 日

中国赤十字会第二团敬谢广告

兹承本团名誉会长辛仲卿君经募袁子文助洋十元；又会董孙蔼人君经募郭先生十元，沈俊卿三元，徐宝善、陈子言、爱莲室三户各洋二元，瞿晋卿、张周氏、廖晋珊、瞿绥君、郭襄如五户各一元，马周氏五角，陆女士四角；又会董冯仰山君经募洽生记五元，恒裕昌、徐顺兴、公义成、周云甫、孙荣生、何兆庭、罗森记、福泰号、殷耐庵、徐桂庭、沈秀山、夏金、卓琴章、赵桂生、张恒昌、董全音、永生米行，以上十七户各洋二元，又源盛号、叶先生合洋二元，金玉堂、李文炯、王书田、顾桂秀、姚文藻、芮仲甫、协兴、过焜溪、朱友明、田炳年、唐启初、生大源、范金记，以上十三户各洋一元；又会董陶凤山君经募宝盛米号五元，来陆稿荐、唐森昌二户各二元；又会员李芝亭君自助二十元。以上共收大洋一百十七元，小洋九角。统此登报鸣谢。

原载《民立报》1912 年 1 月 5 日

赤十字社收捐报告

第三十八次：芸心堂捐二元；庄文珪、陆宗献、周家枚、震元堂、天福丰、汪受清、张君、杭辛斋、汪尔伯、洋太太、洋先生、顾乃德、刘君、施君、万铁如、徐君、张紫松、陈君、高君、陈君、恒如、钱颂如、德昌行、洋先生、朱先明、军官毛存义、刘理章、褚家先各捐洋一元；共捐大洋三十元，又承诸善士共捐小洋二百八十七角。特此登报，以扬仁风。

第三十九次：钱天冲捐洋三元；钱选之、钱叔篪、钱介眉、钱养廉、钱留仙、耿拜言各捐洋二元；钱子香、戚一葵、戚幼波、陆名山、钱新猷、钱蕴诸、朱昌福、钱诼之、钱屏候、杨守勤、钱文卿、姚养竹、薛子寅、邵保良、杨西楼、蔡汝霖、金兆桢、无名、沈春恒、吴纾之、程薇生、汪文伯、陈敬天、陈尤文、高佩衢、城西学堂各捐洋一元，又小洋二十五角；马文涛、柯铃一千共捐大洋四十一元，内有信义银行票一张，计洋五元，又铜洋一元；又承诸善士共捐小洋二百另一角，钱一千二百文。特此登报，以扬仁风。

第四十次：日清汽船捐洋十元，无名三位、唐君、潘君、朱鲁各捐洋一元，共捐大洋十六元；又承诸善士共捐小洋二百三十三角。特此登报，以扬仁风。

原载《民立报》1912 年 1 月 6 日

赤十字社第四十四次、四十五次志谢

本社兹承巨鹿氏慨捐洋三十元，又金戒一只，计重一钱三分；张研农二十元；朱学勤十元；朱正修五元；韩石生五元；张稼道四元；毕大太太、温广兴、张善富、双甫、侯一鸣、马宗训、章荣生、金子良各二元；熊月泉、陆荣贵、张位孚、正丰、朱裕成、源隆泰、乾大道、恒和文、陆顺和、曹幼芳、曹大娘娘、贾三娘娘、毕二娘、毕维新、毕炳元、丁一大、温福、温延龄、黄树材、黄九、李荣、刘德寿、雷贵、桂才丙、福云坤、阿福、瑞龙、小方、阿奎、明山、阿成、阿林、云生、远达、宽裕、玉其忻、富林、何庆祥、杨三□、顾怡伯、姚存诚、金冠英、吴锦记、延寿堂、王佩三、恒泰庄、沈晋甫、周公记各一元。以上共洋一百三十四元，金戒一钱三分，铜洋五元；又承诸善士共捐小洋三十角。特此登报，奉扬仁风。

原载《民立报》1912 年 1 月 9 日

赤十字社敬谢

本社承旧金山少年中国社代募捐助规元二千两，具见热心慈善，钦感无似。

赤十字社谨启

原载《民立报》1912 年 1 月 10 日

中国赤十字会捐款第七次报告

徐乙黎二元，吴雨仓二元，又经募顾椒荪八角，张元良六角，施振新一元，张学昆五角，承裕堂六角，大有堂三角，黄继湘五角，黄一夔五角，黄任民一元，昌记行一元，裕和生行一元，乾泰裕一元，寄庐一元，雪文氏三角，颂记三角，汪云记四角，恒昌泰八角，方万生二十角，太兴昌一元，大成昌一元，江元和二元，梦景记三角，黄丽记三角，元吉昌五角，三益五角，德泰四角，元记四角，陈公盛一元，何恒昌五角，协顺公新号一元，松翁五角，德仁三角，洪修渠五角，许骏庵二角，陆云舫一元，锦升六角，陈乾丰三角，同益三角，杨恒榕四角，恒德二角，叶长泰三角，万丰祥二角，恒生大二角，施永和三角，余天吉二角，留余堂三角，黄玫二角，黄守鹤三角，王富谷三角，盛黄氏一元，盛振家一元，张子宣一元，黄孙吉二角，张汝明三角，钱誉宣五角，钱宏泰四角，黄镇陶二角，黄国宰五角，秦士英五角，陆宪聪一元，黄应记三角，黄焕记三角，刘余庆三角，晋丰二角，恒升一角，永顺祥三角，祥茂二角，和记二角，天德昌二角，汤敏岿一元，汤益卿五角，吴同顺一元，陈龙章一元，朱正德八角，李积善五角，李希才二角，黄令隆一角，曹同兴一角，礼记亨一角，顾牲记二角，陆树槐三角，周裕初一角，蔡雨生四角，沙鸿祥一角，徐振茂五角，张馥堂半元，盛兰舫半元，施兆清三角，施守三四角，顾剑波一元，李兆荣四角，李效忠三角，施守愚二角，黄寿先六角，季叔梅半元，顾佑之六角，彭志贤四角，钱圮乔二角，复盛金四角，万丰二角，沈万茂二角，三春泰四角，荣昌泰二角，杨同丰二角，樊永兴二角，卡长泰二角，大同丰二百文，税房三角，德大昌行半元，陈梅村一元，杨铸九二元，范洪山二角，陶菊泉二元，龚树本一元。

会董伍廷芳、李钟珏谨布

原载《民立报》1912 年 1 月 11 日

中国赤十字会敬谢

本会蒙旧金山中国少年社代募捐银二千两，除电覆及报告外，敬再申谢。会董伍廷芳、李钟珏同叩。

本会蒙内务总长程捐银二百元，清议和使唐捐银一百元。除函复及报告外，敬再申谢。伍廷芳、李钟珏同叩。

原载《民立报》1912 年 1 月 17 日

赤十字社志谢

敝社前托日清公司大利轮船由沪运送棉衣到汉，乃蒙慈惠，免收运费，热诚可感，特此鸣谢。

赤十字社谨启

原载《民立报》1912 年 1 月 17 日

江宁王君顺昌答谢中国赤十字会第二团驻宁医员来函

鄙人有子家庭，年十八岁，在雨花台附近嬉戏，误触炸弹，右手碎如齑粉，左足损去其半，头部及身体被伤三处，血肉狼藉，气息奄奄，见之者均以为虽遇华佗再世，莫可救药矣。鄙人于无可设法之时，姑招赴中国赤十字会第二团临时医院，当蒙大医士吕守白、杨子羽、瞿缦云、赵汉江、阮其煜、倪伦元、陈凤翩、张之佩、董国贤、崔贤增、虞心炎、董鼎松悉心疗治，刀药并施，已日就痊可。起死生而肉白骨，其吕、杨、瞿、阮、倪、陈、赵、张、董、崔、虞、董诸大医士之谓乎?小儿受此再造之恩，无可以报，用特登报，以扬仁风，而志不忘。

中华民国王顺昌启

原载《民立报》1912 年 1 月 21 日

中国赤十字会第二团驻宁医员经收书函汇登

中国赤十字会第二团驻宁医员先后经救浙、宁、粤军伤兵，治愈送回各原营，所有往还书函汇登于后：

一、贵营兵张明胜前因左手受伤，来敝会临时医院医治，现已痊可，但未大愈。该兵不愿安逸，情愿归营效力。兹特给与药物遣人伴送，请即查照，即此敬请粤军总司令部长台览。中国赤十字会第二团吕守白顿首。十二日。

二、敝营受伤兵张明胜在贵处已承治愈，并给药物遣人伴送归营，无任感激之至，用特复函谢谢。此达。粤军管带颜德胜顿首复。十二日。

三、顷接来字种种，费神一切后，报贵［会］遣人来敝营，留洪勤之病养愈到营，勿念。此致中国赤十字会第二团诸先生照。十一日十三日，浙军步队第一标一营前队队官顿首。

四、顷接敝队副目金岩宣叩感诊愈，即日承蒙送回是荷。十一月十四日，浙军第一标一营前队队官顿首。

五、顷接贵院送回兵士二名，已蒙诊愈，感恩重谢。十一月十四日，浙军步队第一标一营前队队官顿首。

六、敝队兵高殿清左腿之弹伤已蒙医好，不胜感激。又承遣人伴归，更加感谢。现该兵已于本月十四午前归队，特书回字，伏望放心。宁军三一标二营前队管带小弟袁开科顿首。

原载《民立报》1912 年 1 月 21 日

赤十字会第二团收捐志谢

兹承本团会董屠景三君自助洋五十元，又王荫亭君自助洋三十元，又林莲溪君自助洋念元，经募林成记、马宝泰二户各洋十元，周敬之君五元，续募马协顺土行清淮君、林树滋君、林韩文君、周永年号敬之君、蔡仁寿君五户各洋念元，郑耕辛、郑照初、王照态、林王光、李莲芳、陆兰芳、郑耀光、周香山八户各洋二元，许耀蟠、林照亭、鱼文藻、陈逸珊四户各洋一元，范铭允、同泰号二户合洋一元；又承本团名誉会董陈官一君自助洋一百五十元，经募滕九初、姜斗垣二户各洋念元，盛少鸿十元，袁日初、张乙照、章宝楚、潘俊臣、忻玉发、顾梧卿、吴星显、张予扬八户各洋五元，谢阿立、蒋生财、王铭桂三户各洋三元，周广全、陶光裕、林文治、庄志熙、冯顺详、暴汉臣六户各洋二元，顾志舟、王莲生、白锦华、黄文舫、吴日如、陈桂标、唐云程、严振卿、许长发、盛少鸿九户各洋一元；又承会董祝伊才君经募尚久逊君念元，会董陆季春君经募张特寿君念元，郑仲敬君经募张汝舟夫人二元，黄幼翔夫人、张莲道、陈理居、林喜堂四户各洋一元；又会董郑星洲君自助洋五元。以上共收大洋五百六十七元，统此登报。

原载《民立报》1912 年 1 月 21 日

中国赤十字会第二团敬谢

兹承本团会董席秉生君经募协丰土栈洋十元，曹业记、同盛土栈二户各五元；又承会董林莲溪君经募益利行十元，顺记行、聚丰发、全行三户各四元，德丰行、同和行、黎德麟三户各二元，郑奇楠、吴利、源盛行、源兴行、全顺行五户各一元；又承会董吴镜秋君经募汪寿卿君二十元；又承会董陈金镛君经募战事布道团洋五十元；又承会董陈云程君自助洋十元；合记、福安、金氏、星氏、陈业生、广兴六户各洋五元，无名氏四元，无名氏、王阿茂二户各三元，王阿三、何文记二户各洋二元，张宝、张福、何顺记、□富、陈锦荣、陈辉荣六户各一元；又承会员张钧堂君经募张莲溪五元，韩诚忠三元，曾东林二元，张鉴堂、林再生、缪洪泉、谢小成、陈志冈、董云锦、陈林茂、林莲根、夏瀛洲、林孝根、任鲍来，以上十一户各洋一元。以上共收大洋二百另四元，统此登报鸣谢。

中国赤十字会第二团办［事］处

原载《民立报》1912年1月21日

中国赤十字会敬谢

本会蒙驻日清使汪捐银五百元，横滨华商捐银五百元，大阪华商捐银二百元。除将诸君台衔及细数另行报告外，敬此申谢。

会董伍廷芳、李钟珏同叩

原载《民立报》1912年1月22日

中国赤十字会捐款第八次报告

汪伯唐五百元，大阪北帮公所二百元，普济善会一百元，邵子怡二十四元，吴小亭十元，沈子培五十元，朱丙君二十元，谢凤孙四元，黄岱松十元，李醒庵二十元，许君日币十元，胡若云日币十元，刘子楷日币五元，郭东泉日币五元，陶亭予日币五元，汪绶丞日币五元，高旦初日币五元，张象时日币五元，林铁争日币五元，吴桢恒日币二十元，卢棣生日币二十元，关德林日币五元，周□臣日币五元，□□日币五元，□□□日币十元，又李蒙琴日币五元，成昌楼日币五元，陈大焯日币五元，郭日新日币五元，梁凤芳日币五元，梁勤三日币五元，永乐楼日币五元，协盛号日币五元，万福号日币二十元，招清相日币一百元，李仲彭日币五元，黄友达日币五元，郑宗荣日币二十元，缪小迟日币二十元，郭外峰日币十元，孔云生日币十元，永大裕日币五元，同源泰日币五元，兴隆号日币三十元，同义昌日币十五元，同义昌云记日币十元，合顺兴日币十元，泰昌日币五元，云记号日币二十元，姚赞亭日币三元，源泰号日币五元，万泰号日币五元，祥泰日币三元。

会董李钟珏、伍廷芳谨布

原载《民立报》1912年1月23日

浙军驻宁司令官朱照复中国赤十字会第二团文

为照复事，顷准贵团照会，送到敝军八十一标一营前队一排二棚医愈目兵章昌荣一名，足见贵团救护同胞不遗余力，钦感莫名。除饬回原队供差外，相应照复贵团，请烦查照施行。

原载《民立报》1912年1月23日

赤十字社收捐志谢

第四十一次：本社兹承昆山商务总会捐洋三十元，昆山民政长代募十元，宋与之三元，王誉善三元，王国铨二元，殷伯雯一元，同丰提庄一元，孙秋槎一元，万源兴一元，王桐叔一元，张源丰一元，蒋秉云一元，陈敦礼堂一元，同和典一元，萧秉礼一元，吉泰一元，吴荣卿一元，源昌信一元，新大一元，永义一元，沈存德一元，同泰典一元，同丰典一元，许锡藩一元，公信行一元，协顺一元，永吉一元，万和一元，朱君一元，悔过氏一元，李协一元，陈振声一元，瑞泰一元，沈茂庄一元，万成生一元，西万顺一元，沈成号一元，公记一元。以上共承诸君捐洋八十一元，又承诸善士共捐小洋三百五十一角。

第四十二次：本社兹承海东恨人曹晴襄、申睆观合捐二十元，宁波商会十元，钱业公所十元，北帮公所十元，禁烟公所十五［元］，晋恒庄十元，庄谦信十元，慎丰庄五元，余芷津五元，陆炳章五元，大有恒五元，老源龙五元，美益五元，蔡镒芷五元，王宝甫五元，中日五元，张义记五元，南号四元，包介甫四元，蒋馀娄三元，罗坤记三元，黄丰记三元，孙佑甫二元，嘉泰二元，黄嵋青二元，蒋和汀二元，凤宝二元，成昌二元，裕新二元……沈报叔二元，方九霞一元，纬成一元，双翔一元，熊馀丰祥一元，张葭卿一元，汪梓甫一元，戚霞林一元，王震黼一元，陈生才一元，协生一元，祥丰一元，恒丰一元，一枝春一元，张君一元，孙鲁卿一元，洪女士一元，胡君一元，沈君一元，黄君一元，谭君一元，失名一元，秦君一元，王在凌一元，钱女士一元，陈泰山一元，陈永记一元，李兴记一元，陈大亨一元，林晋裕一元，张华盛一元，陈敦记一元，吴王村一元，陈南□一元，施小樵一元，陈幼圆一元，黄子希一元，志记一元，周润卿一元，林顺来一元，南颐记一元，黄梯青一元，陆有权一元，炳记一元，洪鼎乐一元，陈松年一元，钊记一元，王福记一元，王育一元，朱君一元。以上共计洋二百念八元，又承诸君共捐小洋三百九十八角。

第四十三次：本社兹承施君捐洋二元，美洋人一元，进化子一元，杭君一元，张子昂一元，余君一元，洋先生一元，洋先生一元，张菊人一元，洋先生一元，景维新一元，谢鼎一元。以上共捐洋十五元，又承诸善士共捐小洋三百另四角。

第四十六次：本社兹承余姚戚铭三十五元，冯炳核十元，冯学三十元，冯日华十元，邵阜十元，成希侠十元，徐增贤五元，徐增鎏五元，夏星楼五元，姚岳桂五元，施务本堂五元，王仁佑五元，夏孔记五元，夏忠记五元，夏俊记四元，夏松记四元，致和三元，谢伯勤二元，豫德堂二元，王后悌二元，黄肇文二元，邵燮阴二元，王品三二元，冯竹亭二元，发来祥二元，永盛兴二元，王又汕二元，陈鉴顺号二元，园济生堂二元，惜阴氏二元，叶仲诰一元，叶楚翘一元，邵立材一元，韩永兴一元，胡慎泰一元，黄陞记一元，沈庆林一元，章广裕一元，仁镜堂一元，夏选卿一元，韩济生一元。以上共计洋一百五十五元，又承诸善士共捐小洋三十三角。

第四十七次：本社前经募胡贵文募得邱莘农慨助一百元，业经登报声谢。兹又承邱莘农续捐一百元，具见热心公益，乐善不倦，同人钦感。

第四十八次：……日省堂二元，杨载楼二元，朱剑芝二元，吴寿甫一元，殷宝铭一元，丁介堂一元，吴俊哉一元，陈陶甫一元，无名氏一元，王槐新一元，陈佑庆一元，陈葆儒一元，林友芗一元，阮海福一元，赵君一元，模一天一元，谈安一元，梁蔚田军官一元，张心柏一元，章陈严一元，钟需斋军官一元，徐叔芙一元，鲍子祥一元，黄秉甫军官一元，王鹤龄一元，黄军官一元，竹维桢一元。以上共计洋六十八元，又承诸善士共捐小洋一百二十二角。

第四十九次：本社兹承万和祥十元，裕丰恒六元，孙琴如五元，仁和祥四元，泰源典三元，怀玉山房三元，胡培之三元，陞泰隆三元，张静远三元，唐云翔三元，永和典二元，周恒裕二元，顾小汀二元，周馥九二元，陶琴生二元，朱万泰二元，东昌泰二元，西昌泰二元，程棣一元，邵达顺一元，凌宝泽一元，唐耕馀一元，凌靖安一元，黄凤辉一元，晋源一元，字子龙一元，源昌裕一元，沈廿堂一元，凌卓云一元，范彬怡一元，沈雪峰一元，赵礼耕一元，吴同昌一元，公信一元，赵书记一元，凌世泽一元，德和恒一元，祥泰申一元，懋昌一元，龚代澄一元，龚惠人一元，协昌祥一元，陈雁秋一元，朱恒益一元，汪裕泰一元，周兆云一元，周荪云一元，施云记一元，叶寿青一元，王合茂一元，蔡子元一元，周礼记一元，王士元一元，杨子岩一元，夏莲生一元，唐春生一元，余柄卿一元，恒顺信一元，朱晋卿一元，峻德堂一元，叶叔平一元，鸿泰一元，永康一元，王莘田一元，董鹤林一元，泰和祥一元，戴隆盛一元，永和泰一元，孙锦堂一元，龚明如一元。以上共洋一百十一元。

又承平望自治公所经募大洋三元，小洋一百四十五角，铜元一百三十枚；又承诸善士共捐小洋一百另一角；又补登江阴长泾镇恒济典、张敬文合洋五元，韦养初三元，宋成记一元，宋楚英一元，宋广受一元，李国良一元，张芝受一元，无名氏二位八元；又无名氏十位十元，王君二元，蔡君二元，无名氏二元，洋人二元，长沙散人郑味痴一元，黄景文一元，叶君一元，秦君一元，合并登报。特此登报声谢，以扬仁风。

原载《民立报》1912 年 1 月 24 日

赤十字社第五十五次收捐志谢

本社兹承江阴民政长捐助洋五十元，方怀荫君经募生记、恒源各十元，阜记、谦记各二元，苏稼秋君经募苏梦安洋二十元，德泰新四元，香山集同人、林仁和、赖德兴、林三和、林升甫、仁新和、赖万顺、熊大成各二元，余纶章、同太和义、杭小轩、马赠章、洪顺昌、永茂祥各二元，王鸿宾、程文卿、徐浩然、汪巨川、蔡晋伯、陈菊生、高秋槎、韩封翁、孙植品、张辅之、王少丹、董敏伯、李友石、蔡伯侯、无名氏各一元，以上共计洋一百四十九元。合并登报，以扬仁风。

赤十字社总事务所启

原载《民立报》1912 年 1 月 26 日

中国赤十字会招女看护生广告

年龄：十八至念六岁；资格：粗通文字，身体强壮，向无宿疾；学额：暂收六十名，三年毕业，膳宿学费一概免收，惟半途弃业者，须补缴膳宿费洋每月八元方能出校；开学：新历三月一日（即旧历正月十三日）；校址：南市上海医院路积谷仓旧址。有志于学者须具志愿书及保证人来校报名。

张竹君启

原载《民立报》1912 年 1 月 27 日

中国赤十字会通告

凡我同胞，如任随营看护，领有本省都督或军政府执照，路经上海、南京、汉口等处者，本会特为招待。招待分所列下：一设上海英租界派克路十八号育贤女学校，一设南市外滩上海医院，一设南市上海医院路积谷仓旧址，一设南京三牌楼本会内，一设汉口俄租界鄂哈街本会。此布。

张竹君启

原载《民立报》1912 年 1 月 27 日

汉口之中立问题

警察外交团接汉口函：英国总领事以官民两军既皆撤退，地方商场之治安问题亟须设法筹划，现经领事团议决，特在汉口组织一中立警察队，其警士皆由华洋赤十字会选派，听华洋各善董指挥，而对于两方交战团体绝对的，无权利义务之关系云。

原载《民立报》1912 年 1 月 27 日

追悼中国赤十字会朱竹生女医士开会广告

泰兴朱竹生女士毕业于女子医学校，本年为上海医院女医。九月中上海光复，民军攻击制造局，受伤来医，女士为治愈者甚众。十月攻南京，女士以中国赤十字会女医，率同男女会友往来于镇江、金陵间，不辞劳瘁，医愈受伤军士尤多。新历一月念七目（日），随同赤十字会长张竹君乘夜车赴宁，将往临淮。至下关，喉痛发热，竹君力劝回沪。念八日返医院，病竟不治。三十一晚八时遽殁，同人哀之，爰定二月十一日（即旧历十二月廿四日）下午二时在南市上海医院开追悼会，特此广告。

中国赤十字会、上海医院、女子医学校、育贤女学校同启

原载《民立报》1912 年 1 月 28 日

苦儿院之佳况

上海赤十字社在□州原设有分医院一所，现因南京乱后，所收贫苦小孩甚多，由马相伯先生与赤十字社主任汤君、沈君等商□惰儿院□由该□筹款开办，禀请苏州庄都督立案，并拨阊门盛氏原造之贫儿院□院址，又经庄都督定名为赤十字社苦儿院。日内陆续由宁运□之小孩已有数十人，不日择期行开院□。兹将庄都督教令录下：

□代理江阴□□庄□□□及简章阅悉，我国无业游民仰衣食于他人者，当十居其四，□□□拟从举办惰儿院为入手□法矣。经□充□徐图推广，将来国无游民，未始非该社首创之力□，请□拨苏州阊门外沿马路前清盛宣怀所建之贫儿院房屋及对面平屋□场暨烟花□别墅作□开办之所，应准照□候□令指拨，并由警局出示晓谕，□该院名称，兹□以惰儿院改为苦儿院，仰即□□。此令。

原载《民立报》1912年1月28日

赤十字社申谢

本社兹承大富贵茶园演剧助捐，兹已由张敏农君交到洋一百七十三元。特此登报广告，以志谢忱。

原载《民立报》1912年1月28日

赤十字会第五十六次收捐志谢

本社兹承吴少珊君经募高秋荃君洋十元，崔少棠君四元，孙贻谷、王香圃、薛金、林文君、李献庭、宣星臣、冯金生、卞庭桢君各二元，顾君、胡君、高廷梁、宰厚存、徐汝薰、浦金才、孙开来、宋兰亭、张君、杨家鼎、孙广才、张和尚、江阿福、王菊亭君各一元，又经募诸善士共捐小洋五十九角；李振亚君经募郑子记洋二元，彭少奶［奶］、凤公、李二媛、闵君、胡叔英、蒋平安、蒋凤梧、袁吴慧、朱小姐、蔡小姐各洋一元，又诸善士小洋六十二角；施仲芳君经募杜留名、汪鸣凤、李姓各二元，范荩臣、张子安、唐碧仙、俞少秋、蒋文祺、陈怡安、张信来、祥泰丰、孔伯生、严燮臣、雷仲隐、奚叔平君各一元，又诸善士小洋一百二十五角。以上统共大洋七十四元，小洋二百四十六角。合并登报，以扬仁风，而志谢忱。

上海赤十字社总事务所启

原载《民立报》1912年1月29日

赤十字社收捐志谢

第五十次：承王继文三十元，冯织文女士经募蒋焕庭二元，王先生一元，许恭士一元，沈阶平一元，蒋太太一元，蒋太太一元，卢少奶奶一元，吴新之一元，吴三少奶奶一元，王琴斋一元，张太太一元，并诸善士合八十三角；叶葵臣经募金荣伯二元，蒋锦堂一元，徐方伯一元，张吉人一元，王瑞甫一元，沈希仲一元，石安卿一元，刘云洲一元，褚□川一元，金端伯一元，陆益堂一元，葛子忻一元，并诸善士合六十三角。以上共捐大洋五十五元，小洋一百四十六角。

第五十一次：兹承常昭商会代募大洋六百元；又戚少卿经募沈月英一元，朱太太一元，沈太太一元，张友梅一元，坚素斋一元，周德芬一元，并诸善士合十角。以上共收大洋六百零六元，小洋十角。

第五十二次：兹承宝成银楼经募丁天福十元，老宝成十元，许桂英十元，老庆云五元，张坤福一元，罗以培一元；又国学扶轮社经募南恒和六元，东恒和四元，怡泰四元，南恒裕五元，张恒泰二元，庞元记二元，刘雨记二元，仁兴行二元，沈吟记二元，沈德镕一元，凌禄绶一元，承泰新一元，同利一元；又周成龙经募廖诒安堂三元，济丰二元，公顺昌一元，仁记一元，诸善士合并三十四角。以上共收大洋七十七元，小洋三十四角。

第五十三次：兹承上海电报同人经募郭良甫十元，江仲钦十元，郭世铄九元，颜玉璋七元五角，周家义七元，朱宗禄七元，金元奎六元，陈彝煜六元，朱叔云五元，徐子成五元，胡树棠五元，王尔益五元，吴文卿四元，卓耀章四元，施丹钦三元五角，朱树启三元，李谋道三元，陈联棠三元，黄寿萱二元，袁家宝二元，王憩棠二元，沈绍基二元，顾德成二元，沈子长二元，陆维藩二元，庄福根二元，张敬祁二元，俞庆元二元，袁成二元，张廷庆二元，徐映奎二元，茅家璋二元，黄林润一元，钱慈生一元，黄学谦一元，钱其祥一元，袁福庆一元，王月笙一元，严琳经一元，嘉泰一元，梁国元一元，冯奎一元，唐士劳一元，范益生一元，陈翀一元，徐福耕一元，李金裕一元，唐在孚一元，严梅笙一元，余林生一元，许鸿儒一元，王书绅一元，李福官一元，钱家龙一元，吴江生一元，汪鸣镛一元，成瑞生一元，洪家勋一元，袁宝熊一元，余敏文一元，乔子昌一元，傅义方一元，汉金元一元，张兆鼎一元，谢龙生一元，舒桂馨一元，张麟书一元，邹文华一元，梁惠田一元，蒋琴仙一元，王寿鹤一元，吴苏生一元，白云汀一元，高应侯一元，林玉书一元，顾鸿翔一元，裘文炳一元，李志余一元，朱彬五角；又陈契兰君经募王渔记五元，潘希吉五元，傅经堂三元，陈簪廷二元，孙太太一元，莫位东一元，孙镜湖一元，李雨亭一元，戈宜伯一元。以上共收捐洋一百九十六元，小洋十五角。

原载《民立报》1912年2月7日

赤十字社收捐志谢

第五十七次：兹承柴殿君经募同裕典六元，同福兴六元，祥泰典六元，公泰三元，益隆三元，堃记三元，绍隆二元，福泰二元，协丰二元，信大义二元，钱裕亨二元，恒昌二元，丰泰裕二元，乾号一元，恒昌一元，萃泰一元，裕源一元，震丰一元，顾万隆一元，正兴裕一元，□丙合一元，钱桐生一元，永润兴一元，春记一元，正源通一元，范信义一元，乾泰昌一元，德大一元，德昌一元，马宝和一元，祥馨泰一元，公泰隆一元，张吉夫一元，永兴一元；张荣瑀君经募钱印霞五元，华孟英二元，严小卿二元，大年堂二元，陈鸿升一元，陈鸿璋一元，陈宝琪一元，陈国安一元，陈宝琨一元，蒋廷甫一元，蒋芝甫一元，周维仁一元，姚庚扬一元，姚振家一元，蒋明斋一元，蒋吉甫一元；潘季鼎君经募丝业公所五元，张恒和四元，源和二元，有成典一元，丁嘉一元，晋德裕一元，资生典一元，德昌一元，潘士钊一元，大丰一元，悦来一元，寿丰一元，安豫一元，韩慕斋一元，瑞源一元，信成一元，德源一元，安源一元，锦华祥一元，诵力丰一元，周锦泰一元，慎益一元，瑞益一元，同春一元，乾源一元，乾丰一元，恒裕一元，济成一元，亚细亚一元，协升昌一元，诸善士合一百九十三角；樊震伯君经募周文访一元，宋幼竹一元，张冯君一元，刘南宾一元，王卿生一元；沈肤云君自助银表一只，经募沈咏绍十元，柳已仲五元，同裕典二元，戴苹生二元，朱坚伯二元，费养和二元，吴公裕二元，沈咏梅二元，沈三本堂二元，柳萃泰二元，凌秀常二元，同成二元，凌兰畦二元，凌太太二元，戴佩之一元，王义和一元，恒升顺一元，周孚先一元，朱锡唐一元，沈晓云一元，陈月卿一元，程保之一元，郁邠农一元，袁任君一元，沈慰劬一元，沈维泰一元，南义和一元，仁茂泰一元，沈立群一元，南德和一元，王成德一元，唐廷藩一元，怡源一元，陞号一元，裕隆生一元，凌景堂一元，凌寿松一元，凌福英一元，王德钟一元，鼎兴一元，柳小轩一元，郑宝书一元，沈祥之一元，沈醒史一元，发茂一元五角，沈体兰铜洋一元，任衡君洋金戒指二只，诸善士合二百另二角，钱九百文。以上共捐大洋一百九十八元半，小洋三百九十四角，银表一只，洋金戒指二只，铜洋一元，钱九百文。又承苏州圣公会长朱佩芳君捐助敝社苏州分医院绒衫裤八套，卷布五十六卷。

第五十八次：本社承洪炳申五十元，洪炳章十元，鸿盛土栈十元，撒辅□五元；扬州松寿药号许叔娱君经募李玉鸿十元，乙和祥二元，庆和二元，赵生富二元，孙晓和三元，李家才三元，贾大生一元，信昌行一元，德昌一元，万兴一元，泳源一元，恒升一元，恒春一元，恒丰一元，徐泰源一元，裕丰一元，复和一元，李宝生一元，德福三十角，恒源兴三十角，春森行二十角，恒有二十角，恒马二十角，张炳荣念角，恒兴念角，顺兴廿角，福源祥廿角，源和念角，恒昌廿角，梁鹤龄二十角，鸿兴十五角，炳生十四角，孙正荣十角，源隆典十角，柴乙青十角，王志藩十角，蒋镕卿十角，裕昌十角，马荣昌十角，吴锦泰十角，马恒鑫十角，亿和十角，恒茂十角，恒裕昌十角，李元有十角，顺和八角；南京庆余典黄元甫君经募黄韵记十元，黄冠记一元，黄竹君一元，无名氏一元；豫昌典经募朱永记十元，朱蕃记四元；又庞女士京同经募十八角，钱四百文。以上共计大洋一百三十六元，小洋四百廿五角。合并登报，以扬仁风。

赤十字社谨启

原载《民立报》1912年2月8日

赤十字社第五十九次收捐清单

本社兹承顾君经收敦本堂五十元，清勤斋五十元，殷平章三十五元，章朴诚三十元，谦大号三十元，伍子英二十元，耀贞女士二十元，敦大号二十元，陈子敬十元，孙得之十元，汪丽生十元，许立甫十元，王涵甫十元，何伯堂十五元，不书名六元，山东野樵五元，徐姓半室五元，余伯铭三元，福记二元，勤记二元，寿记二元，成记二元，钱汝庆二元，李松记二元，李沈氏二元，福元君二元，张谢氏二元，赵芳女士规元三十两，豫隆号铜洋十元；褚寿之君经募招花庵二元，小洋共八角；横沙黄君经募何子诒二元，黄兆禄二元，张朗云一元，黄鼐荣一元，沈澜臣一元，钱同兴一元，袁拜言一元，陈同盛一元，戴鲤庭一元，黄甫廷一元，徐用仙一元，黄竹琴一元，汤纪清一元，叶志禄一元；又诸善士合小洋二百十二角，钱三千零九十文；门捐又无名氏二元。以上共捐大洋三百八十二元，小洋二百二十角，规元三十两，钱三千零九十文，铜洋十元。合并登报，以扬仁风。

原载《民立报》1912 年 2 月 9 日

留日大阪、长崎医学界赤十字团广告

本团归国以来，由上海赤十字社招待入社，开赴镇江救治，复随联军入金陵，在洋务局内设赤十字社临时病院，至今两月有余，诊治病伤兵士六千余人。今以徐、宿等处已有各十字团体驻扎，西北一方战祸最惨，又无十字团救护，故从豫、晋、秦、陇红十字会之招待，已于二月十二号全体出发，开往河南、陕西等处。金陵之病院已由赤十字社另派医生接办矣。

原载《民立报》1912 年 2 月 12 日

女医生追悼会

昨日午后，南市上海医院为该院女医士朱竹生君开追悼会。女士本该院医学校毕业生，毕业后留院，助院医治病人。光复军起，女士在院治愈伤兵甚众。及民军攻南京，该院发赤十字队赴战地，女士实率之。民军入南京城，女士即率全队随民军先锋继进，在城中所治伤病千余人，经女士手者居多，返沪后仍在上海医院为军中人治病。一月廿七日，南京电召该院赤十字队，该院长张竹君再率队至宁，女士欣然愿随往。及下关，喉病发热，遂归，越三日而逝。故昨日特开追悼会，会中来宾甚众，述行状时，多泣下者。会场内外，遍悬挽联。该院总董李平书君联文曰：以弱女子任救护军人之职分，伊古未尝闻也；于毕业后尽医院义务而勤劬，此去复谁赖哉！张竹君联曰：中邦救病藉良材，培养六年仅乃得此；医界乏人况女子，又弱一个伤如之何！是日，陈都督遣代表至会致诔言，市政厅长莫子经君亲莅致诔。来宾登坛致诔者数人，皆表哀敬之意。女医学生及育贤女生皆作歌以悼，歌声凄恻动人。及闭会，合院中人摄一影，以为纪念云。

原载《民立报》1912 年 2 月 12 日

特别广告

赤十字社承陈都督拨助经费五百元，敬登报志谢。

原载《民立报》1912 年 3 月 3 日

赤十字社成绩

赤十字社经杨君千里、汪君惕予、陆君纯伯、黄君朴安等发起，于去年阴历九月初成立。内分医药、普济、掩埋三部，各设部长，即先后支配医队，出发苏州、杭州、嘉兴、湖州、崇明、汉口、镇江各处。南京剧战，复遣派东洋留学组织之医药团联络进行，并于苏州、南京设立完全医院，镇江曾设临时医院。战祸停止，即切实举办掩埋、普济等事。计在南京收尸二百余具，汉口、南京、镇江各发棉衣万余件，饼干等数千磅。近于苏州开办苦儿院，收养被难男女幼孩百数十名，施以相当之教育。南京、镇江并各设留养所，以便陆续收留，俾无失所。现已造具成绩表册，分别呈送内务、陆军等部存案矣。

原载《民立报》1912 年 3 月 11 日

来鸿去雁

自武昌起义以来，风云日急，淮上相继光复，议和阁内，吾颍民军与清军屡启战端，伤兵乏人医治。于去年十二月初十日激战更剧，两□相持两昼夜之久，死伤遍野，惨不忍睹。□经颍郡西教士伏格思君联合上海红十字总会，在颍邀请会员成立红十字分会，即设临时医院二处，安置受伤军民七十余人。奈上海派来医士行抵正阳，因医治军民、伤兵不暇分身，□颍众会员束手无策，虽即协商邀请赤十字会第二团医士赵君汉江、王君元林到颍救治伤兵，溯自开战以来，所治兵民不下百人，成效卓著。迄今计算，获痊而得庆更生者已有大半，如二君之不惮劳悴加惠于颍□者，实可钦佩之至也。

颍州府红十字分会全体会员公具

原载《民立报》1912 年 3 月 14 日

赤十字社志谢

兹承杭州商务总会□□洋五十元，□女士代募三十六元，阜□参□三十元，王子□□二十元，□草主人二十五元四角，汇丰银行写字间十二元、小□四十□，□□溪□□号、谢韵山、同丰永、□丰永各十元，中和号、吴省三各六元，大生庄沈君、□泰□康泰、庆正、昌□、裕丰永、正丰永、□静如□□□□□□丰□□□、陆镜秋、□□□、孙朗甫、石寅生各五元，颐性室四元，洋名二位各三元，大阜号、恒丰祥、宝旗、无名氏、沪军□队二营四队王君、黄育甲、杨万丰、尹□才、诸友梅、□□□□高裕、李裕记、鸿盛、于少炎、□□、同顺典各二元，曹安寿、忻成炳、顾瑞林、徐辅卿、牛秉耀、蔡兼三、王绍先、江顾记、童谷臣、董□芳、杨楚材、徐□礼、张志渊、朱之椿、徐嘉□、俞濬□、曹子云、孙清泉、司□德、俞止斋、陈生羌、邵雨棠、丁仲甫、许慕臣、陶仲良、许升舟、马燮廷、金谷园、豫亨、黄亦政、丰记、鼎升诸君各一元。又诸善士三十一位，共捐小洋一百四十四角。以上共计大洋三百八十三元四角，小洋一百九十一角。又承杨万丰捐助本社苦儿院小衣两提，沈君小棉衣十四件。合并登报，以扬仁风。

赤十字社谨上

原载《民立报》1912 年 3 月 25 日

南京兵变后视察记

本社记者有家族旅留南京者，兹得特函记载南京兵变后情形，节录如下：

此次兵变，民间损失之资财与军界损失之生命大约相等。计自十一夜间起事以来，有为乱兵拒捕而殉难者，为广军八人。当场格毙之乱兵，如白门桥前后左右横巷口，几乎每巷有之。鼓楼街一带直至三牌楼到处皆有，劝业会场内、模范马路中亦皆有之。至十二天明以后，为留守府各司令部捕获正法者约计二、三百名。赤十字社经理之沿路尸首，穷三日之力，三家棺铺之赶制，尚有不及，而用被席卷裹者，其多可知矣。内有一名在狮子桥外交部门口者，系骑兵第一联队二百四十二号兵士李开发者，死得真冤。盖是人本驻浦口数日，前因无钱洗澡，向连长借洋三角。此时正值关饷，带有小洋四十八角，过江寻熟人觅寄家信，正值乱起，中枪身死。赤十字社收尸时，身畔搜出符号一张，向连长借洋三角之笔据一纸，并洋四十八角。已经埋葬后，乃有其表兄陶义清由该兵士之同营许由义、芮春山介绍来社，问其葬处，遂将尸身、遗物一律交与陶义清收去，并指示其埋棺之所。据陶云，其家中尚有老母，已三日断粮，开发为安家而误死，其母得信，恐不能保其余年矣！言罢痛哭，匍匐不起，社员亦为之下泪。此最足伤心惨目者也。通计埋葬尸首七八十具，皆系格毙路旁者。营中正法之尸尚未动手，亦有由队官招呼代葬。然此三日内，社员四、五人，小工十数名，寅出戌归，通身臭汗，沿途以大饼充饥，亦劳悴极矣。

按：右函为杨粹卿先生家报中所述，先生以上月杪自苏至宁，拟办贫女习艺所，适值兵变，乃急办掩埋事。穷日之力，奔走不遑。今苏州之苦儿院亦先生手造，今将开院。先生须发皓然矣，尤实心任慈善事，读其言，如见其恻隐之怀，又可见南京此次兵乱之大概矣。记者志。

原载《民立报》1912 年 4 月 16 日

苏州电报——同盟会支部借用盛氏住屋报告

《民立报》转陈、程两都督，南京黄留守暨同盟会本部、各省支部、各报馆均鉴：拓殖学校原定宁城李祠为校舍，嗣以赣军事变，该祠所驻军队留为警备，一时未能迁让。现今议妥，改设苏支部。内部屋在阊门外，本为充公盛氏住宅，业蒙都督允许，借用有凭，敝支部应有完全主权且担负保护之责。乃赤十字社并未来部接洽，辄将一般苦儿任意搬入，强行侵占，所有器具毁损不少。昨以开学在即，需屋孔殷，再四熟商，恳其迁让，置若罔闻，反率众干涉，并令苦儿数十骚扰办公处，晚宿办公处。蹂躏至此，公理何存？查赤十字社本为慈善事业，不应藉名慈善，一味恃蛮。况该院另有巨屋，定欲占据敝支部，不知其意何居？今请以两言决之，倘不以都督拨借手谕为凭，则敝支部自当立即消灭，若确认为敝支部借用，则该社亦应立刻搬让。为此据实报告，伏乞迅予维持，以伸公理，并希电复，毋任叩祷。

苏州同盟会支部闵浩、杨刚、黄家本等叩（自苏州发）

原载《民立报》1912 年 4 月 22 日

苏州通信——分医院即日迁让

苏州阊门外留园原为盛宣怀氏之产，其旁又建住宅一所，光复之际即经军政府查封。时适上海赤十字社随兵队驻苏，□程都督指令，借该屋设置治疗医院。后庄都督莅苏，参谋厅同人组织同盟会支部，亦借该宅为事务所。两方同居一处，以致时有纷争。现在同盟会支部已经开会成立，又因拓殖学校无□开学，又拟以该宅为校址。同盟会中人遂持此令，立逼医院他迁，前日竟有持刀恫吓病人之举。两方均有电呈黄留守，而留守复电医院，仍主和平中解。兹闻赤十字社董事等均以长此纷争，决非办理慈善事业之本旨，已决议迁让，想从此争端可息矣。特将其公呈程都督函稿录下：

赤十字社在苏董事杨天骥、陆树藩、冯敩彭、沈濬青谨呈雪楼都督阁下：天骥等因苦儿院开院来苏，适值赤十字社分医院与同盟会支部因两方借屋，同在一处，致有纷争之事。查从前盛氏住屋查封后，大局未定，财产区处尚无通令。赤十字分医院以借用名义暂在该屋设置病房，救疗伤兵及驻苏军队之有病者，原非久远之计。后因同盟会支部亦借该宅为事务所，时有纷争。天骥等均以同是公共事业，无不可和平中解。现在叠据分医院报告，逼迫日甚，驻院病兵及苦儿院寄疗之病儿惊扰不安，且社旗被毁，办事为难，长此纠葛，似不相宜。用是公同集议，决请都督另指可以暂借敷衍之房屋，立将赤十字分医院即日迁让。至于从前两方屡次交涉，节经报告庄前都督，今可俱作已事，免于两团感情有碍。是否有当，伏乞都督指令遵行，不胜急切待命之至。谨呈。

原载《民立报》1912 年 4 月 24 日

南京通信——江淮救济队出发

赤十字社驻宁社员因滨淮一带连年荒歉加兵灾，沟壑余生，待援孔亟。广军凯旋时，携带男女孩童数以千计，闻彼处尚有无数髫年求人携出灾区而不可得。均是同胞，能无悯恻？乃发愿派员前往救济。承江苏都督府内务司马相伯先生移请财政司蒋奂亭先生拨款资助，并蒙津浦铁路南段总局赞成善举，免收出发员并所救难儿车费，业已派出普济部干事员杨君德范协同万君子清、孙女士漱钦于五月六号渡江首途矣。

原载《民立报》1912 年 5 月 8 日

赤十字社江淮难儿救济会缘起并简章

偏灾流行，连年不息，又经兵燹，民间生计益艰。南自宁垣，北至皖省，强壮流离，羸弱坐毙。本社同人办理普济，目击心伤，首先汇资开办苦儿教育院于苏州，继创贫女工艺厂于南京，又奉江苏都督内务司令，以淮北一带饥疲之民待拯尤急，该社员等于募集资金，如已足敷办理工厂之用，则公家借拨之款即专作拯救淮北一带难儿之用，尤属两得，仰即自行酌办可也。等因。同人等仰体当道慈爱之心，筹急则治标之策，遵即遴派妥员，搭坐津浦火车，前往临淮一带，沿途援救，运还苏浙余米之乡，择差可温饱之户，准其认领，或作儿女，或为媳妇，俾得出死入生，并免流入下贱。一面筹募善捐，源源接济，定名为江淮难儿救济会，所有办法列之简章。

第一章　往来运送办法

一、请都督府给发护照，申明宗旨，俾沿送民政长，尽保护之责任。

二、请都督府咨商津浦铁路南段总理，凡本会会员来往运送难儿，一律免收运资，庶少儿许旅费，多救几人性命。

三、沿津浦南段车站，见灾民麕集之处，即在此间设局收运，作节节进行之计。

第二章　收养章程

四、设局收运之地，先向民政长呈验护照，请其拨借，局所派警保护，并出示晓谕。

五、年在八九岁以上、十四五岁以下无力自存者，由女干事验明身无恶疾、废疾，本会均得运出灾区，妥筹安置。

六、本会收运之难儿，如有家属亲族，均须填明证书。

七、难儿既经本会收运，其父母或祖父母，并酌给抚恤。

第三章　安置章程

八、所收难儿运至苏、常、嘉、湖一带余米之乡，择乡民之安分营业者，准其领养，惟只准作为子女或媳妇。

九、安置难儿之处，先借［育］婴堂、抚恤局等善会之地为屯留之所。

十、愿领作子女者，先具愿书，并觅的实妥保出具保证书，声明不虐待、不作仆妾、不转给他人。

十一、愿领作媳妇者，先带其子来局查验，无恶疾，无废疾，大致诚实，然后指配年岁相当之女子，双方合意，由主婚人具婚书，并邀的实妥保具介绍书，声明与领作子女者同。

十二、凡来局认领，均须调查确系土著，安分营业，方许领养，一年之内，派人往各家调查两次，如有病故及意外之事，须即报明本会，以便稽查登记。

十三、本会收放之难儿作为赤十字社之子女，负家族一切责任。

第四章　募捐章程

十四、凡领养难儿之家，劝令量力捐助，以资循环救济。

十五、刊印捐册，广募各慈善家，并设救济会募捐桶，置之闹市殷实铺家，十日一开。

十六、募得各项捐款，一律登《民立报》鸣谢。

十七、收支款项除核实登报声明外，并印征信录遍送各捐户，以昭信用。

第五章　附则

十八、此项章程系就大概拟定，所有未尽周密之处，由出发员随时斟酌增订，报告本会总事务所办理。

原载《民立报》1912 年 5 月 8 日

临淮通信——江淮难儿救济会

赤十字社发起江淮救济会办法、章程曾纪本报。自派员至临淮关设局救济已经数日，不料先有一种匪徒，来自广东汕头、扬州、上海等处，结成团体，秘密贩运，男作猪仔，女为娼妓。该处人情素无远见，曾经关员以形迹可疑，严加盘诘，此等灾民反为啰唣，谓我等留在本地，立将饿死，随彼等他往，尚得苟延生命。关员不得已，只得放行。以上由出发员报告到宁。经杨甦民先生商之马相伯先生，函请黄留守、程都督设法筹款，以冀扩充范围，抵制人贩团，并拟就地留养，俟秋熟后仍送还其家，令骨肉团聚云。

又函云：江淮救济会在临淮设局，昨有临邳人高廷玉携一七岁男孩到会，云：为其戚，郭姓，已无父母，求为援救。会中已允收留，高又索洋四元，会员以既无父母，所索之洋究为何人所要？高忽转口，谓：母则已亡，父实病在。邻近会员以其言语支吾，勒令携同该孩同至其父卧病之所。至则第屋一所，铺设整齐，一老妇自云：陈姓，此孩系彼二月间用洋四元所买，如要领去，但须还我四元。其旁尚有女孩一名，年约十二三岁，形迹亦颇可疑。会员谓：尔既出洋，当有卖契，取出一验即可照付。高云：请爷们先携孩去，立刻取契来验。约半时许，果携契来，书名买主陈凤全，卖主郭龙同妻杨氏，下书民国元年五月十六号。破锭（绽）已露，严加驳诘，据供，陈凤全当与杨姓妇及马龙与己同为一党，已由火车运出几批，遂由会中送交警务局彻查拟办。

原载《民立报》1912 年 5 月 19 日

南京通信——医学界继长增高

南京居民繁众，家庭卫生素不讲求，故医学一道人多轻视之。前清时仅二日本人组织之二三家医院及教会医院而已，我国人之习西医者皆寂寂无闻，有识者颇为隐忧。光复之时，红十字及赤十字两会以慈惠心怀，行博爱事业，大为世人所欢迎。际陆军部成立，以军医为重职，薪饷优厚，一般热心者，遂纷纷组织医院与学校。今将其著名者录之如下（外医不在此限）：

赤十字医院：赤十字会医院系战后宁医员组织者，取值极廉，专救劳动社会诸人。

红十字病院：设□在碑亭巷，内容布置尚为妥洽，医官亦尚不恶。

共和病院：（略）。

中华病院：（略）。

原载《民立报》1912 年 6 月 13 日

淮徐救运难儿记

赤十字社在南京所办之江淮难儿救济会，于十五日由徐州解来男女幼孩三十一名。适值北京幼幼会会员、贫儿院院长臧君佑宸由苏州苦儿院参观后，寻来南京参观该社所办之贫女工艺厂，因悉本日有救济会解来难儿，特地逗留一日，同赴浦口，兼承照料进城，并愿分领一半至北京留院教养，以后尚有联络一气之约。似此热心社会，为国家培植基础，倘得各处多有如臧君其人，何患教育不普及，而国民程度不日进文明耶！

原载《民立报》1912 年 6 月 18 日

中华赤十字会张竹君启事

敬启者，在本会受治之伤兵，因其得庆更生，特制旗屏联额等□赠本会，以铭诸公大德。谨请去年曾捐款大善士于九月二十八号午后二时半一定时刻，驾临南市上海医院，同欢迎之，不胜翘盼。

原载《民立报》1912年9月28日

1913年

赤十字会无妄之灾

赤十字会会长王利用君，字巽伯，兼法政专科学校教务长。十二日午前，忽被都督派人至十字会内将王君捉获，并来宾熊国粹一律细（捆）缚，解送警厅收押，至下午复行释出。其个中情形爰探录于后，以供众览。（逮捕之原因）都督府顷得秘密信函一封，内云：王利用君有潜谋不轨行为，十字会藏有枪弹若干，故出此举。（搜获之情形）都督得信，即派调查，彭义华、孔玉山、柳正祥等八人赴警察五署，会同该署长派警士多名至十字会内，将王、熊二人捆缚，搜查往来信件，详加检阅，并无不正当的行为，而且枪弹毫无，遂将王等解送警厅而去。（释放之情形）王君等押厅之后，都督见无证据，知属诬枉，然不便遽释，遂请王安澜君排解。（王现住汉口）王当派军械官朱汉卿渡江，将王君等保出，并说明此次搜拿之理由，而后以肩舆送二君归。（事后之波澜）王君因无辜被辱，愤不欲生，且会中金银牌所存银钱大受损失，三月赴高等检察厅起诉，一面将此事通电万国赤十字会及参议院，不知若何结局也。

原载《民立报》1913年2月13日

张竹君定要赔偿

上海医院院长张竹君女士以前在本医院医治之湖北铁血军胡天云等三十余人正在伤痊，拟欲会鄂之际，适因细故与巡士冲突，致被警局各巡士殴伤之后，因此迄今仍在本院医治。且前被打落之橡皮假手等物重复购佩，以致本医院损失医药、膳宿等费甚巨。此项损失皆由警局凶殴致伤该军人等所致，累及本医院受此糜费。惟查两造互殴之后，而检察厅并不断令警局赔偿，遽行送请混成第三旅司令部安置，是以当时仍由李旅长转送来院，则本医院所有损失之医膳等费应向李旅长索偿，否则应由李旅长转请检察厅如数偿还，业于日前函致混成第三旅司令部核办。李旅长以该军人等受伤之后系由检察厅送来，现既索偿医膳等费，自应要求检察厅归还。曾经据情转函该厅□照去后，兹因检察厅亦不承认，以致李旅长对于此事甚为掣肘，现拟再行商请检察厅略为贴补，以便解决云。

原载《民立报》1913 年 3 月 15 日

王利用被捕记

鄂省赤十字会会员王利用被捕略志昨报，兹据武昌函，详述始末如下：

王君利用留学日本法政大学，初渡东时即投身同盟会，归国侧身报界，鼓吹革命甚力，复历充湖北自治研究所、法政学堂及各法官养成所管教各职。前岁起义时，曾经多数同志推为司法局局长。阳夏战争剧烈之险，复充军政府秘书官。迨南北统一以后，又代理司法司篆务，卒以湖北政界黑暗已达极点，遂决计辞职，专从事于教育。刻下屏除一切，任法律专科学校教务长一席，置理乱于不闻，不谓日前竟有天外飞来之奇祸。

王君原系赤十字会会计，一切存款均在会中，故居于内以便照料。讵日前十二日上午九时，有前自治研究所学员熊国祥君到会探视谈次，突来军警数十人，手执枪械，势甚汹汹。甫入门，声称：“何人是王利用?”王君正拟起答，梁等即不由分说，蜂拥上前，拉住领口，当有多人遍体摸索。搜毕，问曰：“汝是王利用否?”答曰：“是。”复曰：“你是国民党员否?”答曰：“是。”渠等曰：“是国民党就可以拿。”于是将王君及来客熊国祥一并绸绑牵去。

未几，行至警察署，王君云：“何不向都督府去?在此何为?”渠等厉声曰：“在此坐坐，何必性急，将息精神，好为自己辩护。”王君曰：“杀则杀耳，何辩之有?处此黑暗世界，虽生何益?”复问曰：“究犯何罪，请明白示我。”答曰：“汝是号民一否?以前无此名字，起义后始改为民一，是否?”王君曰：“诚号民一，但民一两字在京津、武汉各报作文即署此名，不自今日始也。”言毕，即见渠等以电话告都督府云：“王利用已拿获。”闻电话内云：“抄得子弹炸药否?”答云：“未。”又云：“天楼板上亦无有。”言毕，数十人狰狞如夜叉，将王君牵往巡警厅而去。

至巡警厅后，即拘至看守所管押。迨下午二时，突有王君同乡朱君由都督府持第三师师长王君安澜函而来，谓王君曰：“刻下师长已在都督府，特嘱予来取保。”王君应声曰：“贵师长何来之巧也。”朱君曰：“师长系都督电召之来，此函即在都督府所写云。”少焉，即同赴第三师司令部而去。王君见师长曰：“鄙人被捕，倘搜有何项证据，蒙贵师长取保，诚为感激，但多方搜索并未有何禁物，殊不敢劳动大驾。”师长曰：“有强权无公理，君何执拗为言次。”即由衣袋中取出信函二纸（函附后），信尾署名“正肃”字样。所谓名“正肃”者，必另有名刺在。试问究系何人，都督故不交出，且系何处，投递何信封，亦不与观。既而师长复问王君曰：“君曾有函致都督乎?”复云：“他说你骂他。”王君曰：“致函（函摘录于后）则有之，唾骂则未有也。”师长又曰：“有函内君亡国之大夫不足以图存，败兵之将不足以言勇。果何人招之来，而令政界黑暗一至于此云云。都督谓：谁招来?招谁来?”王君曰：“锻炼周内，罗织成狱，不图文字之狱复见于今日也。”师长复再三劝慰，遂著人送王君归。归时途中人相顾而语曰：“上午所谓捕盗犯，今则胡为乎坐官轿而来?大是奇事!大是奇事!”

□附名正肃函一件：

（按：此函不仅倾陷王君一人，实污蔑国民党全体，奸人之作恶乃至如此。呜呼!）

副总统宋卿先生台前：吾楚自共和告成，而乱机时止时发，国民党之原动力甚多。近日，党中首恶枣阳人，姓王名利用，又字民一，住某某街赤十字会内，前充此会会员，后充司法科科长并法律专将（科）学校校监。今春自解司法职后，怨公甚深，鼓吹骚动。前日，震旦报载之新四书，及昨九日所载东墨荪之七绝诗，心象已见。然此尤细者，近两月以来，常开秘密会，对党外人则曰讨论十字会中之事。此人善辞辩，心计则令人莫测。现今三大部起事，京师、上海、湖北，此人为湖北一部之主谋长，各处往来不轨之函均在后宅书簏，药弹分藏天楼板壁中。昨已派同主谋者至德使，勾引同乡某师长，去冬并密约吾辈入党，因肄业门下，阳为承诺，实藉以观渠之动静。不知，必责我辈为同类相残，要知周公诛管蔡，为报怨计乎？为天下计乎？不求官不求赏，即相残不过不利于一人，而非同伊等扰□治安。且近数日暗集同谋者发信各部，恐不出旬日，鄂中不止前岁之祸。因事关重大，势迫情急，潜将为首之王利用禀报查核，早除乱苗之莠，不胜惶恐待命之至。专肃，静请钧安。

摘录王君致黎元洪函：

宋卿都督麾下：别麾下久矣！曩者阳夏鏖战之际，曾蒙麾下召为记室，待遇优渥，曷胜感佩。讵受命未匝月，而咯血之疾复作，遂辞职去，心尚怏怏，未能报麾下于万一也。其后麾下位益高、望益隆，而伺候于左右者日益进，因是而稍有风节者遂日益隔。利用戆拙成性，淡泊自甘，厌世之念深，而疏狂之名日著。夫厌世之念深，则为君子所弃；疏狂之名著，则为同僚所嫉。黄钟毁弃，瓦缶雷鸣，由是麾下之庭遂无利用之足迹矣。今者共和成立已一周年，熙熙攘攘，居然太平景象。不审麾下于酒阑灯灺时，犹忆及炮火横飞之际，都督府中有一秘书王某其人焉否耶？迩时同事诸人，至今得勋章者有人，受上赏者有人，其次腰缠万贯团团作富家翁者亦有人。夫赏果当其功，禄果当其位，利用固不敢有所訾议，而惟日见夫不言禄而亦弗及者仍多如鲫也，区区若利用者又何足道哉！不宁惟是当大局未定时，各机关人皆一时革命之士，及事定后，兔走狗烹，鸟尽弓藏，而卑鄙龌龊之州县候补道均徐徐然出现矣。至革命稍有功绩者，率皆束之高阁，揆之事理，岂可谓平？不特此也。前清政治之所以腐败者，一般官吏实尸其咎，革命者革除政治上之障碍物也。今则障碍物仍布满天下，欲得政治上之良好结果，能乎不能？语云：亡国之大夫不足以图存，败兵之将不足以言勇。果何人招之来，而今（令）政界之黑暗一至于此，吾窃百思不得其解。下略。

原载《民立报》1913 年 4 月 21 日

赤十字会之出发

赤十字会张竹君函：敝处迭由南京总司令驻沪总司令暨吴芝瑛女士转徐州电，敦速派员开赴战地救护伤军，经于二十号夜车赴宁直到徐州战地。所有办事人员均系上海医院医士及医学校学生，看护生并无在外招收，至于经费一节亦无在外募捐。兹将开赴战地人员名单附后：（会长）张竹君，（医士）王文昭、温兵肃，（女医士）吴彝珠，（学生）吴杰、莫家全、汪邦元、徐鸿熙、居然、张世楷、陈主戡、卓仲通、吕苏、卞章，（女学生）徐伦、张湘纹、黄璧如，（看护生）秦馥宝、杨宝生，（女看护生）陈光珍、蔡熙敏，（药剂师）邬志贤，（干事）宣俊侯、张湘伯、张熊祥、马瑞卿、吴桢、孟宗德。

原载《民立报》1913 年 7 月 22 日

黎督之疑心病

汉口人道会以两军交战，不免互有损伤，组织临时赤十字会前往救护。一面筹办一切，一面添招会友。黎督据侦探报告，以为江西军来汉招兵，派侦探长出而干涉，由该会会长胡某赴军政府说明，乃罢查。该会于上年成立，黎氏亦在名誉会长之列，遗书褒美，何亦善忘乃尔？

原载《民立报》1913 年 7 月 29 日

大有为之芜湖——保护赤十字会

柏文蔚都督日昨保护赤十字会出示文略，谓：照得东西各国，文明愈进，人道愈尊。每当兵争剧烈之地，特组织慈悲救护□军，扬十字之赤旗，收西方之白骨，出入枪林弹雨，调扶巨创轻伤。本博爱之怀，无分畛域；守平等之义，不论尊卑。愿力最宏，推行已遍。当辛亥革命之秋，得斯会救济之力，活者万千，死经三世，功德昭彰，在人耳目。哀吾民国再使甲兵政治，演流血之悲观，总统为祸国之元恶。东南各省声罪挞伐，长江流域夷为战场，牺牲多数生灵，拥护独夫权位。本总司令深忧民命，难挽却流，每对三军潸然出涕。况值烈日炎蒸，驱我荷戈息战之兵，汗透征衣，血流沙砾。谁招申浦之魂，空洒长江之泪。北走燕云，益增悲愤。幸赖红十字会广设医院，救护伤亡兵，据芜湖分会函称，业已组织就绪，假定湖南会馆为医院地点，亟应出示保护，以崇善举云。

原载《民立报》1913 年 8 月 21 日

《新无锡》上的红十字

1924年

组织红十字会锡分会

近有陈尔同、刘士敏等三十人，因鉴于江浙风云日趋险恶，特将昔年已与上海红十字会磋议设立无锡分会之案旧事重提，倡议组织中国红十字会无锡分会。邑人之赞成者有薛南溟、孙鹤卿、杨翰西、华艺珊、蔡兼三、高映川、蒋遇春、李克洛、邓范卿、王克循、单绍闻、钱孙卿、华叔琴、冯云初、杨拱辰、蔡有容、江焕卿、王恂安等一百余人，假定光复门外大洋桥沿河瑞昶润茧栈设立分会，并借瑞昶润间壁长康里空地搭盖棚屋，筹设临时医院，定于八月二十七日（夏历七月二十七日）上午十时，在瑞昶润茧栈开会，照章公举正、副会长及干事，邑中各界如有愿意入会者，可至瑞昶润茧栈取阅章程，随时报名云。

原载《新无锡》1924年8月26日

红十字会选举会纪事

本邑瑞昶润银号经理陈尔同、协济医院院长刘士敏等发起组织之中国红十字会无锡分会，业于昨日上午十句钟在通运桥沿河瑞昶润丝茧堆栈内开选举大会，到会者有昔年已加入会员及各界人士计有二百余人，公推华艺珊君为临时主席，王恂安君为临时书记。首由主席报告开会宗旨，述明组织红十字会无锡分会之四大理由，毕即行讨论章程。是时会场中因见解不同，颇有争执，最后始决定由书记将红十字会上海总会所订之分会通则逐条宣读。继将无锡分会简章草案逐条宣读，至第三条时，薛明剑根据总会通则声请修正，书记即将第三条加以修正。旋将简章草案宣读完毕，再将签名正会员逐一报告，除旧会员三十人外，当场签名，经会员公决，加入者一百人，共计会员一百三十人，然后依法执行选举。先由蔡有容、王恂安、冯天农等诸君将正会员姓名揭示黑板后，即由主席监视散票，由各会员领票后，纷至投票处选举议事长一人，副议事长一人，议事员二十二人，时已钟鸣两下矣。

三点半钟选举告竣，即行开匭报告。当选议事长薛南溟，副议事长华叔琴，议事员杨翰西、荣德生、蔡兼三、蒋遇春、单绍闻、王克循、唐保谦、戴鹿芩（岑）、唐水成、方寿颐、张趾卿、江焕卿、钱镜生、杨干卿、赵子新、夏伯周、杨少云、顾彬生、苏养斋、秦效鲁、钱孙卿、王峻崖等二十二人。后由议事员推举正副会长、理事长、副理事长、职员等，揭晓如左。会长孙鹤卿，副会长华艺珊、高映川，理事长蒋哲卿，副理事长陈尔同，理事陈湛如、吴侍梅、冯云初、程敬堂、孙见初、李克乐、沈锡君、孙应高、葛菊人、蔡有容、杨拱辰、王恂安、程炳若，文牍主任钱湘伯，文牍员王启周、陈进立，会计主任施企彭，会计员王翰申、陈尔榆，交际主任严伯寅，庶务主任薛明剑，庶务员李石安、张子明。

当晚各职员复讨论组织会所、办事处，进行医院、医队、看护场、留养所等，均已略有头绪。伤兵收容所已议决设在第三师范，即由三师留校学生组织看护队，并定于今日上午成立办事处，正式报告总会成立。至入会会员之徽章，已当夜派员驰往上海总办事处缴费领回矣。

原载《新无锡》1924 年 8 月 28 日

紧要来函

《新无锡》报馆主笔先生大鉴：谨启者，战祸将迫，群情惶骇，连日车载出疆实以妇孺为多，若辈能力薄弱，易为浮言所动，地方秩序因之大受影响。鄙意红十字会本以救济伤兵，然何妨广厥范围，设立妇孺收（容）处若干所，使若辈知生命有托，不致无故自扰。大君子胞与为怀，定荷赞同，乞尽力提倡。如蒙吾邑采用邻县仿行，功德真无量也。谨献刍荛，顺颂慈安。

程宏远谨启　八月廿七日

原载《新无锡》1924 年 8 月 28 日

中国红十字会无锡分会通告

本会办事处设在光复门外通运桥东瑞昶润堆栈楼上，电话第五百五十号，各界如有接洽事件，请迳临本处可也。

原载《新无锡》1924 年 8 月 29 日

地方新闻——和平略有希望乎？

此次风云起后，苏浙人士奔走呼吁，不遗余力。……再本社记者昨晤由沪归锡之邑人单崇礼君，据称渠在上海红十字会总办事处得到消息，谓卢督办对于退前线作缓冲之调停主张非常赞成，且宣言浙兵决不先自开衅。诸巨绅如能保证苏方前线果能约退，则浙军先行约退若干里亦无不可等语。果尔此退兵办法实行以后，战事或能消灭于从容谈判之中，诚我苏民于九死一生中之返魂香、救命丹也。

原载《新无锡》1924 年 8 月 29 日

战谣中之两公团

江浙风云日趋险恶，地方防务设备尤急。昨日商团公会、救火联合［会］两公团以对于防务方面均有发展，兹特采录于下：

商团公会长杨翰西君因救火联合会组织消防队之用，并以一部份房屋借与红十字会为会所，昨特迁入竹场巷钱业公所内，以便指挥各方。……

原载《新无锡》1924年8月29日

红会办事处纪事（一）

本邑各界人士共同组织之中国红十字会无锡支会业于感日（二十七）由正会员举定正副会长、理事长、议事长、理事、议员及各部职员后，复于昨日组织分会于商团公会原址，设立办事处于梁溪路瑞昶润丝茧堆栈内。自蒋理事长（哲卿）以次，各理事、职员终日在办事处从事筹备，规定以普仁医院为第一代用医院，大同医院为第二代用医院，协济医院为第三代用医院，医学会各西医担任治疗事宜，并订于今日下午七时在办事处开会筹商救护治疗各问题云。

办事处昨日已将组织成立及正会员姓名，会长、理事、议长、议员姓名等分别电告函致上海总办事处，并通函各报馆、各医院等。兹特择要录下：

致各报馆电云：江浙战云突起，本会应时势之需要，于感日组织成立，举定孙鸣圻为会长，华文川、高汝琳为副会长，蒋曾燠为理事长，陈寿章为副理事长，即日筹备协助救护伤病兵士及救济当地居民避免危害等事务。设会所于车站救火联合会内，假通运桥东瑞昶润堆栈楼上为办事处，除报告总会并通电各报馆外，特闻。中国红十字会无锡分会。勘。

致各医院函云：迳启者，准无锡医学研究会函开："准贵会函开：'江浙风云日紧，所有组织医院医队等重要问题，不得不先事准备，以免临时仓皇。'等情。准此。敝会当即召集全团会员共同讨论，佥以事关慈善，同人理当共襄盛举，决由普仁、大同、协济三医院担任临时救护医院事宜。"等情到会。敝会查贵医院热心救护，注重人道，无任钦佩。敝会愿宏力薄，诸赖赞襄，现经决定请贵医院担任敝会第□临时代用医院事务，除先奉预备药品、扩充临时病房等津贴洋一百元外，所有将来救护送院伤病，与敝会临时各医院比较号数多寡再行酌量补助，聊分负担。至贵医院原有病房暨临时扩充处所，尽量究能容纳伤病额数若干，至祈示复，俾资稽考，而便分配。院名木牌暨开办津贴费随奉，旗

帜俟总会发到另送。（下略）

覆医学会函云：迳启者，准大复开："收容负伤军民由普仁、大同、协济三医院酌量担任，至救护所治疗事宜，由贵会各医士分任，惟救护队应由敝会另行组织办理。"等情，除关于临时医院事宜迳由敝会直接函商普仁、大同、协济三医院外，至救护所治疗应用药品应请贵会担任。治疗各医士准明日下午七时驾临敝会办事处，赐教一切，以便预备相当药品，所有救护队敝会当另行组织，惟遇于医务上之必要时，仍希随时酌量协助，俾资因应。（下略）

致普仁、大同两医院院长函：迳启者，敝会函请贵院担任第一（二）临时代用医院各节谅已察入，所有临时代用医院院长职务祗恳执事担任，至关于医院外救护所治疗事宜，为医学研究会医院外各医士合力担任，尚祈执事随时指教，藉资南针。敝会已订于明日下午七时在敝会办事处约集各医士商量救护所治疗各问题，务盼拨冗驾临，俾亲教益。（下略）

原载《新无锡》1924年8月29日

中国红十字会无锡分会启事

本分会仓猝成立，愿宏力薄，所有救济各事，诸赖各界赞襄。吾邑不乏乐善君子，倘蒙慷慨解囊，集腋成裘，本分会谨代蒙难黎庶九顿首以谢。专此吁恳，统希谅鉴。

中国红十字会无锡分会会长孙鸣圻，副会长华文川、高汝琳，理事长蒋曾燠，副理事长陈寿章谨启

原载《新无锡》1924年8月30日

红会办事处纪事（二）

梁溪路瑞昶润丝茧堆栈内红十字会无锡分会办事处昨日仍形忙碌，各理事及文牍、庶务、会计三股职员全体到处办事，布置一切。除通函全县十七市乡领袖、公私各机关主任外，并先行指定救济妇孺安置所三

处，兹特探录于下：

第一安置所：学前街第三师范学校，所长陈谷芩（岑）；第二安置所：学前街县立乙种实验学校，所长邹同一；第三安置所：小娄巷底县立女子师范学校，所长诸希贤女士。已经拟定尚未公布者为：第四安置所，拟设连元街县立一高；第五安置所，拟设苏家街县立二高；第六安置所，拟设北禅寺巷竞志女学；第七安置所，拟设大王庙街女子职业；第八安置所，拟设刘抚院宅；惟各该所长姓名须容明日续告云。

蒋理事长（哲卿）昨特知照庶务股，通告本会各议员、各理事、各职员及正会员等，均从今日上午十时起填就志愿书，持该会收据换取徽章凭照云。

下午七时又开治疗会议，出席医士有王海涛、刘士敏、卫质文、秦秉衡（以上皆医学研究会会员）、王颂芬、高时良、施亦临、华寿岐等（以上为旁听）。由蒋理事长主席，李克乐理事亦出席与议讨论治疗问题。会议结果：第一代用医院（普仁）允予收容伤兵伤民二百名，第二代用医院（大同）允予收容伤兵六十名，第三代用医院（协济）尚未约定；次议购置药品问题，推定刘士敏君赴沪采办，八时散会云。

原载《新无锡》1924 年 8 月 30 日

地方新闻——苏浙战谣中之邑闻（十）

……

县公署昨接上海红十字会总办事处代电云：无锡县冯知事公鉴：苏浙战局重开，本会职责所在，已嘱该处红十字会照章办理救护，组织救护队、疗伤所、妇孺收容所多处，以备地方男女避难之用。惟所在地司令官未详姓名，无从通电请求按照万国公法保护，敬祈贵知事俯赐，据情录电转达，深为德便，并望见复。县署昨奉督军公署来电，令速派汽油船二艘、民船五十艘，立刻开赴常州交与毕团长接收备用。县署以汽船无处招雇，民船亦一时不能足额，遂将前日留住之永顺小轮拖带民船十六艘，于下午启椗赴常。押送之法警携带封条十四纸，以便沿途封船。嗣闻又封得四艘，即一并由永顺轮拖带而去。

原载《新无锡》1924 年 8 月 31 日

红会办事处纪事（三）

中国红十字会无锡分会办事处昨日已将各理事长、各职员、各会员之徽章凭证分别发给，至办事员之臂章，已由交际路陆四宝成衣店承办，先制八百个，限明日交齐云。

又该会组织之救护队已经着手组织，并举定金子英君为队长。昨日复行函致县公署、警察所、水警第二区、军事盘查所等四机关云：迳启者，敝分会所发旗帜、袖章均经盖有分会正式图记，至职员送队等制服，除服色、帽袖金线、帽章、领章均经照章分别等差外，凡旗帜无总、分会关防图记及穿用红十字会衣服者，非特敝会概不承认，且有碍红会信用，应请贵所迅赐示禁，俾资识别，而便保护，至纫公谊。（下略）

原载《新无锡》1924 年 8 月 31 日

女学界热心看护

本邑女界社会服务团系三师附属县立女师、荣氏女学、圣婴女学、德慧女学、竞志女学、济阳女学、振秀女子职业、志成女学等十校女教习及圣公会各女传道所组织，对于地方公益事宜，向来热心服务。昨又函致红十字会云：敬启，江浙战汛传来，人心惶惑，危在旦夕，贵会对于救护伤兵、收容妇孺早已定有办法，敝团能力虽薄，但事关社会安宁，苟力所及，颇愿追随贵会之后，协助种切。如关于看护等事，敝团当全体出席，以助义举，而尽天职。即希示复，以便转告同人也。（下略）

原载《新无锡》1924 年 8 月 31 日

广勤市民公社评议会纪略

昨日下午三时，广勤区市民公社特在于胥乐公园开评议会，列席者有副议长许子赓、杨蔚章，议员沈聘三、陈品三、朱鉴珊等十人。许子赓主席讨论巡逻队所订规则，主张严格审慎，队员既为日给制（每日每人四角），不可取放任主义。嗣由书记冯天农将拟定规则逐条宣读，付表决通过。次钱勤甫提议广勤区现有警察署岗警及商团第八支队及本社组织之巡逻队，又广勤纱厂之保卫队等治安方面无庸悫忧，但妇孺收容所未曾成立，可否具函红十字会，要求在本区筹设，众以开办经费一时难以筹措，未能解决而散。

原载《新无锡》1924 年 8 月 31 日

红会办事处纪事（四）

中国红十字会无锡分会办事处昨又决定第四安置所设在连元街县立一高，所长孙克明；第五安置所设在苏家街县立二高，所长辛柏森；第六安置所设在北禅寺巷代用女中，所长侯夏冰兰女士；第七安置所设在大王庙街女子职业，所长吴干卿；第八安置所设在棋杆下荣氏女学，所长荣张浣芬女士；第九安置所设在崇安寺锡市第一，所长陶达三。

分办事处先行设定两处：第一在延寿司殿启明学校原址，主任冯云初，总务干事周渠清；第二在驻驄桥四乡公所（主任未定）。

治疗处已由医学会决定，甲组医长卫质文，医员朱缙卿、薛省庵、周仲尧、秦秉衡、史维达；乙组医长张季勉，医员许松泉、钱保华、陆陶庵、俞卓初、周磐士；甲、乙两组值夜员华缙伯。

救护队亦经医生自行推定：第一队队长孙蟾卿，救护员陈克敏；第二队队长沈景华（队员未定）；第三队队长余宗祥（队员未定）。

救济队由会中指派：第一队队长蒋仲良，第二队队长张公威。调查队队长严伯寅，掩埋队队长王晋六云。

该会又于昨日由上海银行汇往上海总办事处银洋一千二百五十元，续领徽章、凭照一百五十份云。

原载《新无锡》1924 年 9 月 1 日

红会办事处纪事（五）

中国红十字会无锡分会办事处昨已指定通运桥沿河乾甡丝厂为救护队第一队办事处，无锡饭店为输送队第一队办事处，推定程敬堂君为运输长，宋俊生君为副运输长。

该会原定调查队长为严君伯寅，现在已将严君调为卫队长，而以龚葆诚君为调查队长，设办事处于新世界旅社二号，至掩埋队则已择定南门外保安寺为办事处矣。

昨日理事部接得甲组医长卫质文之建议案，请于办事处庭中搭盖天棚，上加巨大之红十字为标识，以防空中战争时之意外危险云。

东河头巷底陈氏小学校主陈湛如君近特划出梅轩先生遗产若干元，就陈氏校址设一妇孺收容所，救济附近妇孺，所有膳宿等等，概不取资，并与办事处订明作为第十安置所云。

原载《新无锡》1924年9月2日

红会办事处纪事（六）

梁溪路瑞昶润堆栈内之无锡红十字会办事处昨因筹备治疗救护各问题，以故各办事员自理事长以次益形忙碌。理事程敬堂已在无锡饭店组织运输处，招募夫役从事运输矣。

该会救护队第二队队长原定沈景华，现已改由岳锡圭君担任，办事处附设于东门外延寿司殿内云。

第一队救济队办事处设于福裕栈，队长为蒋仲良；第二队救济队办事处设于乾益栈，队长为张公威；以故今日梁溪路上之红十字旗几于触目皆是矣。

蒋理事长因讨论扩充妇孺安置所名额问题，订于今日上午十时在城内驻骢桥四乡公所第二分办事处开会研究云。

各理事、各职员及正会员之门条昨已开始发给，由第一分办事处（延寿司殿）主任冯云初君主理其事。

该会昨又接到苏常道尹蔡师愚君公函云：本年八月三十一日，准中国红十字会总办事处函开："地方凡有兵疫、水旱等灾，悉依中国红十字会章程及中国在日来弗保和会签押之红十字条约执行一切职务。设总会于中央政府所在地，设总办事处于上海，并设分会于全国各县及繁盛之市镇，以社会团结之力，收指臂联络之助。兹据中国红十字会无锡分会会长孙鸣圻函称，业已遵章组织开幕成立，请即转陈京外主管各官厅立案，并请所在地方军民长官一体出示保护等情，具报前来。除核准并分函外，相应据情转呈，敬祈察照，俯准施行。"等因。准此。兹将布告一张函送贵分会会长，即希查收（下略）。

原载《新无锡》1924 年 9 月 4 日

红会办事处纪事（七）

本邑红十字分会总办事处前派刘士敏、陈尔榆二君赴沪，续领会员徽章及药品等件。刘君等到沪后，当向总办事处领得普通会员暨学生会员徽章，以及治疗药品多件，惟以铁路交通中断，爰即改乘长江轮船至江阴，转雇民船开驶来锡，业已将所领各件交与总办事处矣。

总办事处以会员报名者日益踊跃，此次刘君等所领回之徽章尚不敷用，故又续派沈叔良、徐焕泉二君于昨日乘车赴镇江，转搭江轮赴沪，向总会续领徽章若干云。

该会第一分办事处设驻东门延寿司殿，主任冯云初君；第二分办事处设驻骢桥四乡公所，主任孙见初君；昨日添设第三分办事处，设驻南门外永泰隆茧行，推周廉生君为主任，业已开始办公矣。

昨日各界之往延寿司殿第一分办事处报名入会者仍络绎不绝。

总办事处昨特函请戴鹿苓［岑］君为分驻西水关救济指导员，俾可指导太湖方面避难之流民投所安置云。

原载《新无锡》1924 年 9 月 5 日

妇孺安置所所长会议纪

中国红十字会无锡分会各安置所长因苏浙战谣愈传愈真，对于救济问题亟应未雨绸缪，特于昨日上午在四乡公所第二分办事处开一联席会议。到会者第一安置所长陈谷岑，第二安置所长邹同一，第三安置所代表李康复，第四安置所代表徐东屏，第五安置所长孙克明，第六安置所长辛柏森，第七安置所长吴干卿，第八安置所代表桑凤九，第九安置所长陶达三，第十安置所长陈湛如等，总办事处特派吴侍梅、孙见初两理事到会陈述一切。先议收容人数问题，当由各所长承认收容人数：第一、三百五十名；第二、二百五十名；第三、二百名；第四、二百名；第五、一百五十名；第六、一百五十名；第七、一百五十名；第八、一百五十名；第九、一百五十名；第十、一百名。次议卫兵问题，公决每处派四名，共计四十二名。次议饮食问题，公决每日发给面包两次。次议发给入所凭证问题，非至必要时，不必开所收容，须认为时机已迫，然后发给。最后由某所长临时动议添辟后门，以防意外案，公决就各安置所无后门者从事添辟（计荣氏、东林、竢实三校）。议毕即行散会，时已十二句钟矣。

原载《新无锡》1924 年 9 月 5 日

无锡协会会员热心救护

本邑无锡协会会员蔡虎臣、周含茹、裘维琳、石清麟、华仲芬、冯天农、祝庚先、石天民、王实恨、邓光泰、潘耀祖、魏光钊、计云翔、施子祥等，因红十字会已开始组织救护治疗救济掩埋等队，一经出发，需人必多，曾于前日函询该会能否保送优秀会员若干人，同尽救护义务，实践互助主义。昨日已得该会办事处复函云：顷奉大函，具悉一是。诸公热心救护，敝会同人无任欢迎。所有救护队队长业已推定孙君蟾卿、岳君锡圭担任，事务所设在乾姓丝厂暨启明学校，请即就近分别接洽为盼。至职员身体问题，照章地方官厅妥为保护，合并奉闻（下略）。

原载《新无锡》1924 年 9 月 5 日

红会办事处纪事（八）

中国红十字会无锡分会办事处昨因尊重战时职员及保护会员安全起见，特行函致县公署云：迳启者，查红十字会以博爱恤兵为宗旨，凡战时各职员冒险服务，无论军民人等，自应一体尊重，应请钧署分别咨函并通饬所属，凡遇本会穿着制服职员，一体致敬，其佩有袖章各职员及佩挂徽章各会员，务宜一律保护，俾免危险（下略）。

该会各办事机关除已详载前报外，近又添辟第三救济队，事务所在东门外亭子桥义盛元丝厂，队长方文卿。第二掩埋队事务所并设于南门外保安寺内，队长徐荐叔。救护队临时分驻所设在大河池沿积余学校，救济队临时分驻所设在书院弄锡成印刷所，伤病第一临时治疗所设在救火联合会，第二临时治疗所设在梁溪路瑞昶润旁隙地云。

救护第二队队长岳锡圭因病辞职，业由总办事处请由第一队队长孙蟾卿兼任，并推定沈景华君为副队长，办事处仍在延寿司殿，除由总办事处函致孙队长外，并分行知照第一分办事处主任冯云初接洽矣。

上海总办事处昨已印就万国红十字会取缔违用红十字旗帜、红十字袖章之条例数千份，寄交本邑分会分送各会员。兹将原文转录于下：（第八章）（第二十七条）凡红十字会公产及输运红十字救护队应用药料器械等件之时，并为红十字会服务时等外，概不得挂用红十字旗，即红会会长及上级职员之各种私产上，亦不得挂用红十字旗（若此项私产有急用时转借与红十字会公用，即不在此例）。（第二十八条）除为红十字会服务之人员外，别人不得乱用红十字袖章。（第二十九条）凡有一切商机或为发展商业起见，冒用红十字样者，倘经查出，则重罚不贷。

调查队长龚葆诚君前日乘早车赴苏州，调查苏地红会情形，乘夜车返锡。昨日又经蒋理事长派往昆山实地调查，并闻该队办事处有于日内移往宜兴北新桥之说云。

原载《新无锡》1924 年 9 月 6 日

伤病治疗处之进行谈

本邑红十字会所设之救护伤病临时治疗处自日前举定卫质文、张季勉二君为医长后，即会同医务主任王君海涛竭力进行，业经组织完备。内分医员廿二人，职员十一人，职务分文书、会计、庶务三科，医务分医员、药剂两项，并配置服务时间，按单、双日昼夜分组担任，倘遇事□及紧急时期，全体出席，协力从事。药品等等亦由分会购置齐备，分发到处，职员亦配置安帖，兹录于下：医务主任王海涛，医长卫质文、张季勉，医员秦秉衡、薛省庵、史维达、朱缙卿、周复培、龚鸿图、游周庠、孙祖烈、朱凤培、王颂芬、杨子华、周磐士、许松泉、陆陶庵、钱保华、顾伯甸、俞卓初、马国荣、金梅卿、吴献可、邓同庆、高直云，药剂员侯建之、边慕远、张行刚，文牍员邓传若、邓荷农，会计员丁亮祖、范勋臣，庶务员孙兆运、孙宗枢、薛叔良、吴省吾云。

原载《新无锡》1924 年 9 月 6 日

红会办事会纪事（九）

中国红十字会无锡分会总办事处调查队队长龚葆诚君，前由蒋理事长（哲卿）派往昆山方面实地调查后，已于前日夜半乘空兵车回锡，昨日早晨即至总办事处报告一切云。

附设救火联合会内之治疗处及指定第一、第二、第三等临时代用医院，因前线已经交绥，伤兵亦络绎过境，深恐苏、常等埠不能容纳后势必在锡治疗，故已积极布置矣。

卫队长严伯寅因卫队兵士出发在在迩，特于昨日薄暮召集各棚队士，在总办事处演说守卫风纪及服务职责，历半小时始已。

原载《新无锡》1924 年 9 月 7 日

红会所得之前敌消息

本邑红十字会总办事处曾于四日特派专员驰往昆山一带调查前敌消息，该员业于五日早晨返锡。据云，曾向昆山红十字会方面探得战地消息，略谓苏浙两军于三日拂晓，双方步哨即已接触，八时实行开仗。苏军放一排枪，浙军还击一炮，旋即不支，退至安亭。苏军乘胜前进，安亭遂为苏军占领，是时该处车站站长已告失踪，苏军方面即电告南京车站，立派站长、车守及电报生等来安办事，于是昆、安交通始达。下午一时，苏方下令进攻，浙方不支，又退至黄渡。苏军乘胜追击，黄渡遂为苏军所得。当夜一点钟，苏方用探海灯向南翔方面窥探敌情，见南翔车站停有兵车一列，即开大炮轰击，中该列车机头，于是浙军大惧，旋即停息。四日上午四时，苏军向南翔进发，继续开火，双方胜负尚未得悉云。

前敌救护事宜由苏、皖、赣巡阅使署医务科担任，由代理科长杨松泉君主理一切，业已组织军用野战病院，内分救护、治疗、掩埋三队，会同上海红十字会总办事处派往昆山组织之红会理事长倪君办理一切，所有后方救护、掩埋事宜，悉由杨、倪二君共同办理云。

原载《新无锡》1924 年 9 月 7 日

红会办事处纪事（十）

中国红十字会无锡分会总办事处以各安置所容留多数妇孺，非有女监察员驻所接洽，殊多不便，故已决定聘请女监察员十余名，分赴各安置所实行监察。兹将致各监察员函稿照录于下：（上略）本会筹设救济妇孺安置所，刻已次第成立十处，兹特推定贵女士为救济妇孺第□安置所监察员，请会同所长将所内事务妥慎规划，并经指定城中四乡公所本会第二分办事处为各所监察员会议地点，准每日下午三时在彼会议一次，藉兹接洽（下略）。又致各安置所所长函云：查妇孺安置所容留多数妇孺，非有女监察员驻所接洽，殊多不便。兹经推定□□□女士为贵所监察员，请即会同筹划，至纫公谊（下略）。

今日赴总办事处报名入会者纷至沓来，惟自苏浙交绥以后，沪宁路交通已断，所有各项会员之章照均不能赴沪会领取，故对于报名会员只发袖章一枚，名为救济指导员，待交通恢复、章照到锡后，再将袖章持赴总办事处倒换云。

蒋理事长（哲卿）昨日又派调查队长龚葆诚君驰赴常州刺探宜兴方面战事消息云。

原载《新无锡》1924 年 9 月 8 日

红会治疗处会议纪事

附设火车站南救火联合会内红会第一临时治疗处组织及进行情形业经两志本报，兹悉医长卫质文、张季勉二君于日昨午后召集全日（体）医生职员开一成立会，并商榷进行手续，当时公推卫君为主席，报告本处组织已大致楚楚，恐有伤兵到锡，即日实行服务。当即提议手续如下：一、病状用中文处方药名，中西并用，统归一律；二、送来病志表仅有六册，每医员认定一册，更番交代时悬挂手术室壁间，以便授受，至某与某合志一册，听各医员自行择定；三、治疗标准以临时救急为主，若救护队业经包扎过者，再须检查伤病轻重，分别护送各代用医院；四、医员遇万不得已事故缺席时，用电话通知本处，设法与他组医员临时对调；五、制服未齐以前，服务时一律着手术衣。以上五条均经各医员全体通过云。

原载《新无锡》1924年9月9日

战云弥漫中之红会（一）

苏浙交绥已六日，前线伤兵络续运赴苏、昆、常、宁各埠红会疗治。本邑红十字分会则于昨日电致南京报告组织成立，兹将原文照录于下：

南京齐巡阅使崇鉴：敝会组成救护队两队，准备分赴昆山、宜兴两方前线协助救护，乞发通行证，并令饬前敌司令一体保护，伫候钧命。中国红十字会无锡分会。庚。本邑办事处于昨日午后三时接得宜兴红十字分会来电一通，原文云：无锡红会，敝处阳早即有战事，乞贵会来宜协助。宜兴红会。庚。

蒋理事长（哲卿）据电后，即令第一救护队队长孙蟾卿君速即召集本队救护员生准备出发，所有药品亦限即日配齐，使通行证寄到，即立刻首途，闻孙队长已分头办理矣。

下午五时，总办事处电覆宜兴分会云：庚电悉，已电宁请发通行证，寄到即派队来宜协助救护。无锡分会。齐。

第一救护队救护生已派定赵宗贤、汪佐卿、王执中、薛仁源、刘时雄、薛景庚等六人，第二救护队救护生已派定高文化、刘兆芳、高宗璜、薛耀基等四人。

该会输送队应需之船舶已经指定中华小轮为运输船只，昨日特由卫队长严伯寅君派卫队四名赴苏属黄埭将该轮驶回无锡云。

原载《新无锡》1924年9月9日

战云弥漫中之红会（二）

梁溪路红十字分会总办事处因接得宜兴分会来电，请速派员协助等情，业经通知救护队长孙蟾卿，召集救护员生预备一切，以便准备出发等情业志昨报。兹悉督军公署方面之通行证尚未寄到，惟蒋理事长因宜兴方面战事方殷，后方救护刻不待缓，故已通知救护队总队长孙蟾卿、第一队队长杨少云、第二队队长沈景华、掩埋队第一队队长王晋禄、第二队队长徐荐叔等，召集各队救护员、救护生、文牍、庶务、夫役、卫兵等，一律于今日上午准备出发赴宜服务云。

原载《新无锡》1924年9月10日

商团盘获假红十字会

近数月来，本邑社会上常见一中等身材，蓄有八字须，身穿白帆布制服，袖缀红十字徽章，左胁挟一布囊，中贮各项药品，背后雇一苦力，肩荷不乌不白、方方正正、上书“法国红十字会驻汉分会”之旗帜一方，招摇过市之李四印者。近因苏浙风云发动后，本邑红十字分会业经组织成立，邑人之入会者甚众，因即乘机伪造印信，制就白布小旗，在城厢内外各茶肆向无智愚民兜售。每方小旗售价五元、三元、两元不等，旗之上端横书“法国”二大字，下书“驻汉红十字分会”，此七字亦横写，字体较小，其下中间即直书两行，第一行为“胡（湖）北第一分会”、第二行为“通行江苏全省”等十二字，右方书买旗人姓名、籍贯，左方书号码。昨日下午一时许，李又在北塘小泗房弄口中华第一楼茶肆向山货行客人朱怀则、吴永福、徐怀泰等兜售此项小旗。该客等初疑须纳费二十五元，章即声言对于贫苦者可以减收二折，保护力量与二十五元者同等语。最后始以每方两元售与朱等，成交时适为驻防晏公堂商团第一支队团员及驻防永济宫北塘消防队队员某某二君所见，随即将其扭至防守区。章支队长加以盘问后，同至游弄内鼎陞客栈搜出“中华红十字会钤记”之长方印信一颗，似铅非铅，椭圆形之白色徽章一枚，中镌一红十字，两旁有嘉禾两株，旗帜三方（号头二十三、二十四、二十五等），袖章一枚，上书李四印字样之白布符号一方（上盖之印与搜出者同），并红丸烟枪等物。随由章支队长连同人证报告司令部，由杨总司令发交军纪股略讯一过，立命通讯队长王少泉率团员三名，将李四印连同供词、证物备函报送梁溪路红十字分会总办事处请究。原函云：迳启者，顷据敝团第一支队长章念祖报告，有李四印，直隶天津人，自称法国红十字会汉口分会驻锡会员，制备红十字旗，盖用中华红十字会图记，沿途出售，合将人证送请调查等情到部。查万国红十字会定有取缔旗章条例，该员售旗行为是否合法，实属应加调查，合将李四印一名送请贵会查验，即烦查明见复，以凭解送官厅核办，至纫公谊（下略）。

王队长既将李犯解至总办事处，即由蒋理事长（哲卿）加以盘问，语极支吾，且称与居住小泗房街之季老四一同办理此事。询其履历则称在安庆红十字会充医生，又称在汉口医院充院役。自云能看报纸，忽又云不会写字。研询一过，核以在商团之供词及旗章印布，确为假冒无疑。当经蒋君具函连同人证送还商团司令部，杨总司令立即备具公函将人证一并移送县警察所，请即按法惩办云。

原载《新无锡》1924 年 9 月 10 日

战云弥漫中之红会（三）

红十字会无锡分会总办事处昨因救护、救济、运输、掩埋各队纷纷筹备出发，故各职员愈形忙碌，兹将出发情形纪录于下：

上午十时，因第一救护队出发在迩，特行电告宜兴红十字分会云：宜兴红十字分会鉴：已派救护队总队长孙蟾卿率领第一救护队驰宜协助救护，请速转陈前敌总司令通饬保护。孙队何时抵宜，并盼电覆。锡分会。灰。

十二时，总办事处复用公函通知救护队总队长孙蟾卿君云：兹因宜兴方面来电请求派队协助救护，特指定贵总队长尽本日下午统率第一救护队全队驰赴宜兴协助救护，除知照输送队迅拨轮船一艘、拖船四艘听候贵队出发应用，并电宜兴分会转陈前敌总司令保护外，特此通知贵总队长准时出发（下略）。又通知第一输送队队长程敬堂君云：兹因救护队孙总队长率领第一救护队全队准今日下午二时驰赴宜兴协助救护，希即立刻指拨轮船一艘、拖船四艘停泊第一救护队事务所码头装载出发，并派队员随赴宜兴，听候孙总队长指挥输送伤兵回锡。除前敌战线变动，救护队应行退却，另候孙总队长电告本会核准专电贵队驻宜队员查照办理外，一应出发船只毋得擅自移动，贻误要公，至希查照（下略）。

下午三时，总办事处接得齐巡阅使九日所发一等电报云：无锡红十字分会鉴：庚电悉，发通行证十张，另寄。此复。齐燮元。佳。

四点半钟，第一救护队全体队员、救护生等，一律出发，出发者总队长孙蟾卿，第一队队长杨少芸，队员张东明、张文杓、陶育臣、张彦文，救护生赵宗贤、汪佐卿、秦执中、薛仁源、刘时雍、蒋景庚，书记吴旭初，第一输送队队员某君等，一律一行十四人，又夫役三十名同在事务所码头登船。先由副会长华艺三、高映川，理事长蒋哲卿，副理事长陈尔同，医长卫质文、张季勉与办事处全体职员、治疗处全体医员等，在码头欢送并摄影以留纪念。总办事处因第一救护队即日赴宜，原备船只不敷输送，续行租借中华轮船公司新裕福大轮一艘、广源拖船一艘以便输送，特行函致县公署知照矣。

第一救护队出发后，蒋理事长即命第二救护队沈景华队长召集本队救护员、救护生等预备一切，准于今日下午出发赴昆山协助，所有第一、第三救济队及掩埋队等亦已预备出发矣。

原载《新无锡》1924 年 9 月 11 日

地方新闻——昨日战闻之鳞爪

……

常州通讯：红十字会救护队员某君昨日下午三时由蜀山回常，运来伤兵七十名。据云，宜兴方面于七日拂晓开火，战地在兰石湖汶等处。东南战斗甚为剧烈，两方相持不下，据某营长口称，苏军已攻过杨庄。

又云：苏军司令为杨春普，驻蜀山，有机关枪多架，夜间有探海灯，光烛数里。在前锋迎战者为驻常警备队及十九师某团，浙军司令为陈乐山，两方人数苏军多于浙。

原载《新无锡》1924年9月11日

地方新闻——战事中之各路消息

黄渡消息：上海红十字总会某君昨赴南京公干，在锡过境。有人询以前敌情形，某君云：浙军防守严密，黄渡仍在其掌握。现时苏军阵地尚距黄渡车站六里，两方仍在激战中。苏军某营军需官臧君昨与昆山协源祥面粉贩卖公司伙友江某来锡采办面粉（参观下文），在新世界旅社少憩。记者由县警察所庶务员孙蓉镜君之介绍得就询前敌情形，兹将臧君谈话略述如左。（下略）

原载《新无锡》1924年9月12日

战云弥漫中之红会（四）

本邑红十字分会第二救护队已于昨日下午出发，赴昆山战地协助，三点半钟由第二队队长沈景华统率救护员薛惠灵、华景海、杨立成、周凤旭，救护生高文华、刘兆芳、高宗璜、薛耀基，掩埋队队长王晋禄、徐荐叔，输送队队员宋俊生等一行十二人，又夫役三十名，一同至车站候车。副会长华艺珊、高映川，正、副理事长蒋哲卿、陈尔同，治疗处医务主任王海涛，医长卫质文、张季勉及各医员、职员、办事处各职员等，均一律到站欢送。四时摄影，六时开车，欢送者雁列于月台，迨夫汽笛一鸣，车轮转动后，沈队长率同行者与欢送人员脱帽鞠躬而别。

办事处昨又函致昆山红会分会云：迳启者，真电谅达。敝会兹派救护队第二队队长沈景华统率全队，驰赴贵地协助救护，请即转陈前敌总司令，通饬前线各军一体保护，并介绍与总会救护队接洽。所有沈队支应一切统归敝会发给，但请遇事指导，代为转电，以资呼应，余请毋庸供给（下略）。

原载《新无锡》1924年9月12日

战云弥漫中之红会（五）

本邑红十字分会总办事处前次电请齐巡阅使发给之通行证前日已由督署副官处备函寄到，原函略谓：顷奉督帅交下贵会通行证十张，自十三号至二十二号止。战事结束，仍请缴还，相应一并函送，即希查收备用为荷（下略）。

总办事处又于昨晚电致宜兴分会云：急。宜兴红会孙队长鉴：装运伤病船只已到，即晚原船放宜，希知照敝会杨队长。无锡支会。文。

此次第二救护队出发赴昆时，总办事处曾派总稽查陈尔榆君随同出发，以便襄理沈队长布置一切。陈君既抵昆山，即至上海分昆之红会办事处接洽，不知如何忽被该会拒却，并令吾邑队员开往太仓救护。陈、沈诸君以此次奉命出发，仅指昆山，未云太仓，以故陈尔榆、沈景华、王晋六、徐荐叔等已于昨日上、下午分批回锡，向蒋理事长请示办理矣。

总办事处对于救济指导事宜，除函西关方面已请定戴鹿芩（岑）君担任外，城内方面已请定蔡兼三君担任一切。昨特函致蔡君云：本会办理救济事宜，诸赖同仁热心赞助，除西关推定指导员外，城中急需得人襄助。兹特推定执事为城内救济指导员，除函致第二分办事处孙见初主任遇事随时接洽函商办外，附呈袖章一枚，至祈察收见复为荷（下略）。

该会各安置所稽查已有程颂嘉、秦卓桴二君自愿担任，至女监察仅有志成女学校长陈少云女士一人担任。又第一救济队队员，已派定曹恢、张宝臣、吴少林、王铭三、程云逵、蒋凤安、徐子洲、孙大昌、王纯赓、姚祝椿、贺士钧、李梦菊等。第一掩埋队队员，已派定周景宇、许子桢、王耀吉、朱菊村，又夫役四名；第二掩埋队队员，已派定钟季鹤、顾迪云、秦向陶、姚眉寿，又夫役四名云。

原载《新无锡》1924 年 9 月 13 日

宜兴伤兵运锡纪（一）

吾邑红十字分会第一救护队全体队员赴宜协助后，即由孙总队长

（蟾卿）督率第一队队员将后方伤兵尽力救护，第一批已于前日夜半由宜开船装运，至昨日上午十句钟抵锡，仍为新裕福小轮拖带广源拖船等。既抵事务所码头，先将轻伤之连长一名、兵士三十名、船夫一名舁送救火联合会内治疗所医治，其余三十名则迳送普仁、协济两院治疗。……

原载《新无锡》1924年9月13日

宜兴伤兵运锡纪（二）

自本邑红十字分会第一救护队在宜兴前线救得多数伤兵，由新裕福小轮拖带运锡后，红会治疗处及第一、第二、第三等临时代用医院各医士靡不尽力医治，悉心看护。记者昨晤第一代用医院药剂师曾君芝珊，叩以收容该院之伤兵现状。据曾药剂师云，或有生命危险者，非经过一定时期，恐难遽抱乐观等语。记者闻之，随于下午两时驱车至二下塘普仁（即第一代用）医院侦察伤兵状况，承谭述谟医士导往各病室一一检视。甫入门，即闻呻吟之声，迨一见伤兵之惨痛情形，不仅目怵心伤，□然以悲矣。……

原载《新无锡》1924年9月14日

战云弥漫中之红会（六）

本邑红十字分会因前线伤兵已开始收容，将来痊可后若何处置，尚未有妥善办法，特于昨日电致上海总办事处请示办理。原电云：救护伤病痊可应如何处置？立盼电示。锡分会。元。

办事处因救护事宜头绪纷繁，与各界接洽尤须需人助理，特请高君鸿初为办事处交际员，昨已去函敦请矣。昨日办事处又代电上海总办事处云：敝会第一救护队赴宜救护情形业经灰电陈报在案。兹因昆山前线输送后方伤病络绎不绝，并经昆山分会电询敝会，预备临时医院收容病额前来，即于真日指派第二救护队长沈景华统率全队驰赴昆山前线协助救护。除已电由江苏督军发给野战总司令部通行证外，合行专电奉闻，统希查照为荷（下略）。

第二救护队队长沈景华自前日返锡后，已与蒋理事长磋商妥洽，复于昨日上午乘车赴昆协助救护矣。

各安置所之女监察昨日又有自愿担任者，闻为程华贞、王叶柔、薛马蕙贞、华铭等四女士云。

办事处因接受伤兵需费浩大，昨再致上海无锡旅沪同乡会代电云：荣祝理事长诸位理事均鉴：冬电谅荷察收，江浙战端既开，牵动全国，势必旷日持久。敝会办理救护，业经拨队分赴宜、昆两地，临时医院亦已次第接受伤病。需费巨万，专恃劝募。素稔同乡诸公念切痌瘝，情殷援手，务求立惠宏施，广救灾黎，不第功德无量，同人纫感，亦宁有涯涘。再电吁恳，惟祈慈照（下略）。

总办事处昨接救护队总队长孙蟾卿、第一救护队长杨少芸由宜来电云：红会鉴：今晨抵宜，由杨、陈两司令商请移驻蜀山，设治疗院。前副理事长拟在宜设院，是否可移蜀山，或敝队通往驻蜀？候示进止。蟾、芸。元。

总办事处复孙、杨两队长电云：急。宜兴红会转孙、杨两队长，元电悉。就蜀设院从缓，全队赴蜀救护仍运锡治疗。锡分会。元。

原载《新无锡》1924年9月14日

战云弥漫中之红会（七）

中国红十字会无锡分会因举办救护等一切事宜，需费颇巨，会员留锡半费仅有四千余元，不敷实多。日前曾依据总会章程第六十五条请求补助，总会以无锡绅富较多，请即就地筹款，勉力担任等辞搪塞分会，以故孙会长（鹤卿）特于昨日下午亲赴上海与总办事处庄理事长从长磋商，非达到补助目的不止，并拟再向旅沪锡人广事劝募云。

办事处昨日发出函电多通：（甲）致宜兴分会电云：储铸农君恳商杨、陈司令将留宜中华局通运轮，拨交敝会孙、杨救护队长输送伤病，新裕福轮迅放回锡，以便转昆接应救护。立盼电覆。（乙）致嘉定分会函云：据敝会总稽查陈尔榆、救济队队长蒋仲良报告，同赴安亭调查。除该地方已有贵分会所派救济职员驻在外，尚无救护队在彼守候救护。当经与宫司令参谋处接洽暂定地处，以便本会拨队前往救护等情到会。

兹敝会昨日指派第二救护队长沈景华携带野战军总司令部通行证，率队驰赴安亭办理救护事宜，除陈明宫司令外，相应函达贵会查照接洽，并希随时协助指导，至纫公谊。（丙）致安亭前敌司令宫函云：（上略）除已与贵司令参谋处接洽并自行觅定房屋外，请即拨队驰往救护等情到会。敝会兹特将陈奉督署颁发之野战军总司令部通行证交由第二救护队长沈景华，即日携带全队开赴安亭，协助贵司令统辖各军医队办理救护（下略）。（丁）致第二救护队长沈景华函云：昨晚陈、蒋二君回，已述悉一切。执事抵昆，谅已布置就绪，全队开赴安亭矣。兹附奉公函两件，除宫司令处一函可迳□外，致嘉定分会一函可交该会救济职员带去（须取收条）。如认为不妥，可另行设法。邮寄雨衣置备不及，先借黄包车者二十套暂应急用。诸公热心任事，自当不拘形迹也。篷帐一切已在赶制，工竣即送。余续布。

原载《新无锡》1924 年 9 月 15 日

战云弥漫中之红会（八）

中国红十字会无锡分会办事处昨晚接得上海总办事处元（十三）电云：元电悉。救护伤病应于入院时登记姓名、籍贯、隶何军队，卸除号衣。照公法痊则遣散，死则掩埋。倘有私逃，亦无可如何，其强悍者交警察发落，请查照办理（下略）。

昨晨又得上海总办事处寒（十四）电云：灰电悉，据报救护各节办事妥洽，良慰远念。特覆（下略）。

昨日又得宜兴孙总队长（蟾卿）、第一救护队杨队长（少芸）来电云：元电悉。照行（下略）。（按孙队长等昨日尚在蜀山发电，可见上海某报所载浙军占领蜀山及十二日攻破宜兴东门等说系完全谎话。）

办事处致临时代用医院院长公函云：奉中国红十字会总办事处元电开，救护伤病应于入院时登记姓名、籍贯、隶何军队、卸除号衣等情。奉此。合亟专函贵院长请烦查照，将在院伤病卸除号衣汇交本会。此后续送伤病入院，务请随时卸除号衣，以符定章（下略）。

正副会长、理事长孙鹤卿、华艺珊、高映川、蒋哲卿、陈尔同等诸君昨又联名函致本县冯知事云：（上略）锡地前因兵差络绎，居民恐慌，兼以密迩，宜、昆风声日紧，同人等爰照章组织中国红十字会无锡分会，并将救护、救济各队分别预备。无如愿宏力薄，需款浩繁，非募集巨金，不足以资应付。素仰执事痌瘝在抱，视民如伤，定能慨助巨资，力为提倡，俾被难之余生胥仁人之厚赐。临颖神驰，毋任盼祷（下略）。

孙、华、高三会长，蒋、陈两理事长又联名函致旅沪同乡周肇甫君云：（上略）家乡因宜、昆两地战线接近，同人等照章组织中国红十字会无锡分会，并派救护、救济各队分向宜、昆两处出发。宜兴已有伤兵运锡，由敝会送入临时代用医院疗治。现因战事恐难速了，势非募集巨金，万难蒇事。窃思尊甫京堂公生前对于地方种种善举提倡靡遗，并闻于数年前曾提存巨款，以备非常豪举。际此兵灾奇祸，如得执事首先发起，慨捐巨金，以疗治被难之兵民，当世必共祝为万家生佛，尊甫京堂公九京（泉）有知，定当含笑。执事无量功德，亦造七级浮屠，敝会同人谨九顿首以请（下略）。

办事处昨得第一输送队队长程敬堂君报告谓，安亭方面双方将下总攻击令，但该处尚留有避难妇女二百余名，悉在战线之内，虽有上海、昆山两处红会救济队派人在彼设法救济，无如人多难容，本会应否派队出发等语。蒋理事长据报后，已指定第一救济队队长蒋仲良携带大批干粮率同队员即日出发。蒋君奉命后，业已筹备一切，准于今日上午九时附车赴安，随带面包一千斤，督署颁发野战军司令部通行证一纸，率队员十名驰往救济矣。

原载《新无锡》1924年9月16日

地方新闻——昨日战闻汇志

昨日本邑红会救护队在宜兴前线运回伤病排长、什长、兵士、伙夫等十二名，当抵埠之后，即有前充红会卫队之某队士与其同乡伤兵谈宜兴战况，其时记者亦在旁采访新闻。据某伤兵云：宜兴方面自停战三天期满后，即于阴历十七拂晓向浙军进攻。中路阵线在悬脚岭，左路阵线在兰前山，右路阵线在乌溪关。我（伤兵自称）在中路前线，穆队官（即前驻吾邑之穆映然）亦在那里指挥。第一仗我们死了两个弟兄，伤了十几名同伴，对面死伤亦不多，可惜总预备队里面有一部份弟兄是某师的，先慌了，我们就吃了他很大的亏，并且还伤了几个人。现在指挥官已经把我们调回后方去了，把湖北来的弟兄们调到前线去了，一见就开火，勇得很。记者询以双方阵线有无进展，某伤兵云：和十四那天差不多。旋因该伤兵急欲赴院治疗，谈话遂告中断。

原载《新无锡》1924年9月17日

宜兴伤兵二次运锡纪

中国红十字会无锡分会救护队总队长孙蟾卿君，于昨日上午九时由宜乘新裕福小轮运回伤病第十九师七十四团三营十二连二排排长许芝生，同连三排排长张凤林，二营五连一等兵周宝礼、蒋玉兰，中士盖兴文，三营十二连一等兵翟玉祥，伙夫夏胜昌，二营五连一等兵张占鳌，三营十一连二等兵郭玉琴，警备队一营右队什长黄振卿，二营前队排长曾有绪等十二名，于昨晚八时抵埠。随由蒋理事长（哲卿）令将夏胜昌、张占鳌、蒋玉兰、黄振卿、曾有绪等五人派输送队员宋俊生送往第一代用医院（普仁）治疗，其余许芝生、张凤林、周宝礼、盖兴文、翟玉祥、郭玉琴等由输送队员周仲怡送往第三代用医院（协济）治疗。就中惟曾有绪因巨炮震动脑神经，以致知觉麻痹，张占魁创痕溃烂，黄振卿流血过多，夏胜昌、蒋玉兰伤势亦重，故送普仁治疗，其余送往协济者伤势较轻云。

原载《新无锡》1294年9月17日

战云弥漫中之红会（九）

本邑红十字会办事处昨因本会救护队出发昆、宜两方后露宿救护，不及置备篷帐，特向三师附属、县一、县二、市一、市八、积余、艺芳、广勤等八校借用篷帐以应急需云。

昨日办事处又添请邑人方孟栖君为北区救济指导员，业已去函敦请矣。办事处昨覆第一次由宜来锡收容伤病第十九师七十四团二营六连连长石立山君函云：顷接台函，藉悉一切。查本会救护伤病当经去电中国红十字会总办事处请示，旋奉复电云：（原文见昨日本报）到会。奉此。查伤病军士除入陆军医院疗养应照陆军定章办理外，由红十字会救护治疗当然依万国公法办理，以符博爱恤兵之旨，请即查照。至本会遣散时，自应另给凭证，藉别私逃。遣散后愿否领赏或迳行归农，本会概置不问，但送回军队一节，本会实不敢承认，以致重违公法也（下略）。

该会正副会长孙鹤卿、华艺珊、高映川，正副理事长蒋哲卿、陈尔同等五名昨又函致旅外同乡募集经费，原函与本报所载致旅沪同乡诸理事者相仿佛，兹不录。

原载《新无锡》1924年9月17日

地方新闻——昨日战闻汇志

昨有本邑红会输送队队员某君自昆山回锡，据云，渠在昆山时，即闻人言浏河方面苏浙两军之扼河而守者已十日，步哨每于日间稍有接触，晚间八时以后，即行开始战争，双方炮火甚为猛烈，冲锋呼唤之声亦不绝于耳。十三（阴历中秋）之役战事最烈，福宁桥附近焚毁民房三十余幢，浙军死伤甚多。翌日（阴历十六）苏军乘胜进攻，遂得渡河，现在浙军之第一防御线已为苏军所得等语。特志之以告关心该处战况者。

原载《新无锡》1924年9月18日

战云弥漫中之红会（十）

收容伤病兵士之唯一难题即为供给食宿及痊可后之资遣两项，收容之后虽微至草纸、自来火，亦须收容所购置供给，他如棉衣、被褥、席条、单夹等均须为之置备，是以本邑红十字分会对于供给方面颇觉为难。缘当分会成立之初，除有一部份热心善举之人捐助若干外，只有留锡会员半费四千余元以之购办治疗药品、置备救护器具等，已经支出不少。此次复因宜兴伤兵络绎运锡，普仁、大同、协济三医院已开始收容，昨日特由蒋理事长（哲卿）汇出伤兵伙食费六百六十元，计普仁四百元，规定伤兵二百名，每名每日伙食大洋二角，共计十日，大同一百二十元，规定伤兵六十名之十日伙食，协济一百四十元，规定伤兵七十名之十日伙食云。

办事处昨又汇出购置药品费一千元，交由普仁院长李克乐君代为置办。李君以锡地医务烦剧，一时不克分身，故又转托实中校长万特克君赴申代办云。

该会救护队总队长孙蟾卿君已于昨晨乘原轮赴宜，同行者有办事处总稽查陈尔榆、庶务主任沈锡钧等二人，随带面粉四十包，携往蜀山一带救济被难人民，并拟拨派第三救济队于今、明遄赴蜀山实行救护云。

原载《新无锡》1924 年 9 月 18 日

黄渡伤兵运锡纪

昨晚九点零五分，昆锡客车到锡时，曾由黄渡方面前敌司令宫邦铎函致本邑红十字分会，送来前线伤病兵士三名，计第六师二十一团一营三连兵士姜钦瑞（铜山人）、王振清（丰县人），一营四连兵士胡纪昌（正定人）等，当由蒋理事长（哲卿）派送第二临时代用医院（大同）治疗。

同时浏河方面前敌司令黄振魁亦函送伤病排长一名，系江苏陆军第二混成旅一团三营九连一排排长田德修，伤及额门，势甚沉重，并派同排兵士阎凤翔护送来锡。蒋理事长立命输送队长抬送第一临时代用医院（普仁）治疗云。

原载《新无锡》1924 年 9 月 19 日

战云弥漫中之红会（十一）

中国红十字会无锡分会办事处昨接第一救济队由安亭来长途电话，报告在安亭镇上救出避难妇孺一百五十余名，乘轮来锡，约晚间十二时可到，现由办事处预备一切，以便安置。闻此次救回之妇孺由蒋哲卿君担任一百名，安置于惠山蒋氏宗祠；孙应高担任五十名，安置于马路万前路；所有经费均由蒋、孙两君私人捐资担任，赡养期间以一个月为度。一面又由办事处致函本邑各安置所所长云：迳启者，本会前订救济妇孺安置所规则第四条，有非至作战区域至本邑边境，不得开所之规定等语。兹奉中国红十字会总办事处发下分会通则第十七条，各分会对于救济、救护各事应随时协赞，不分畛域等情。除全文送交邑报披露外，合亟函达贵所长，请烦查照，所取原定办法应即变更。现在宜、昆两方均不日救济妇孺来锡，每到若干，随时分配，通知次第开所，幸各先事准备为荷。

办事处因昆、宜两处运回伤兵，所有代用医院三处恐不敷应用，特于昨日致函江阴分会，拟于额满时请转收伤病，并商借利澄轮船驻锡拨用云。办事处因各代用医院须添购药品及卫生材料，特筹洋一千元交理事李克乐君特请实业中学校长万特克君赴沪购办，昨特致函上海总办事处请为照料，并发给护照。其函云：迳启者，敝会因临时各医院须添购药品及卫生材料，特请无锡实业中学校长、美国万特克先生赴申购办药品，由镇江转道回锡。万君抵申时，务请贵处随时照料返锡携带各件，并请发给护照，俾利进行（下略）。

办事处昨已遣散痊可兵士姜瑞亭、魏占魁、樊树宝、张开骏等四名，悉为十九师七十三四两团军士。比因身无余资，由某慈善家以私资每名给予川资洋两元，俾令回籍。红会方面给予医伤治疗证一纸、新短衫裤各一套，所有各该兵士号衣由卫队长严伯寅君好言安慰，令其除下，当时颇费唇舌云。

第三救济队准于今日出发赴宜兴、蜀山等处从事救济，出发者为队长方文卿，队员毕浩如、祝子坪、张志初、刘晋初、高辅臣、刘伯良、赵文俊等一行八人云。

原载《新无锡》1924年9月19日

红会服务一瞥记

孙祖烈

昊天不吊，江浙忽起战云，吾锡适居沪宁铁路之中枢，当军事范围之区。邑人抱博爱恤兵之宗旨，发起红十字会分会，地址设立于通运桥下瑞昶润堆栈内。原夫红十字会之意，乃战时救护伤亡兵士之会，不分畛域，拯救灾黎，以红十字为徽章，其发源于西历一千七百九十二年，法国兵队中有劳雷 Baron DominiQue I can Larry 氏者，目睹伤兵惨痛，始立战地病院，随战阵专救受伤兵士，拿破仑深赞助之。后此事渐盛，至一千八百六十四年，欧洲各国集议于瑞士国之日内瓦，公认以红十字旗为徽章，盖根据于瑞士国国旗红地白十字，此则为白地红十字也。交战国公共保护，不得伤害。

原载《新无锡》1924年9月19日

巡署特派员来锡慰劳伤兵详志

齐巡阅使因本邑红会已开始收容伤病官长、兵士，特派督军公署军医官何宗青，携带大批现银及罐头、食品来锡慰劳受伤官卒。何君字季澄，浙之湖州人，下榻于新世界旅社二十九号，昨日上午先至红十字会投刺拜谒，当由蒋理事长（哲卿）出而延见。何君先询锡地有无陆军医院及后方病院，蒋君答以仅有红会组织之代用医院，业经收容伤兵官长、兵士数十人等语。何君当即请求代造一花名册，以便按名慰劳，蒋君从之，随令文牍处将伤兵花名册立刻造齐交与何君。何复要求派一妥员导往各医院发给犒赏物品，蒋理事长即派办事处职员陈进立君陪同何军医官，先至第三代用医院（协济）慰劳。该院现有排长三名，以官长论，每名犒赏现银二百元，罐头沙丁鱼两大罐（以下仿此）；兵士十三名，每名犒赏现银十五元，罐头红烧鸡一罐（以下仿此）。犒赏即毕，即与兵士演说，大致谓兵士之天职在于服从，现在大总统为你们劳苦功高，特行派我来犒赏你们罐头食品，巡帅犒赏你们现银，你们应当为国出力等语。继至第二代用医院（大同），该院共有伤兵十名，犒赏亦如上例，惟有曾在前线预支者须即扣去，计发犒赏银八十四元。继至第一代用医院（普仁），该院现在排长一名，兵士二十二名，伙夫一名，输送卒一名（伙夫、输送卒每名犒赏五元），扣去预支，计发犒赏银三百七十元，并悉何君将于今日赴常云。

原载《新无锡》1924年9月20日

出险难民之血泪语

本邑红十字会因鉴于战地难民之流离失所，嗷嗷待哺，情殊可悯，特派救济队长蒋仲良率领队员携带食品乘轮前往安亭等处救济来锡，以重人道，业于前日夜间运到难民二百十余人，妇孺居其多数。昨日有难民名黄伯鸣者，安亭人，年逾六旬，须发俱白，举止龙钟，状甚可怜，就食于红十字会。午饭后该难民索纸笔写家信两封，一与其弟黄体仁，一与其嗣子黄震初，言词悱恻，读之心伤，由该会职员张孟昭将原稿抄寄本报。兹特照登于下，以见骨肉离散之惨痛及感谢红十字会热心救护之一班（斑）也。

原函一：体仁二弟如见。昨日兄于夜间二句钟到无锡，会中之人招待周到，刻下同舟二百余人，均皆平安。今日又派会员专开轮船到安救济我乡人民于水深火热之中，道德之隆，无以复加。默察该会精神，形色两无遗憾，人才之盛，于此可见。震和处已有信去，其妇及子女须时刻训诲，格外谨慎为嘱。再此次兵灾实所罕见，以后如何，一切节省为主。兄现住会中，妇孺均蒙会中收养，周为保护，感激之至。同居诸公谅皆安好，代我道候（下略）。

原函二：余于夏历八月二十日承无锡红十字来安，六时下舟，十时抵菉葭浜米厂。又蒙红十字会派员放轮船来接，拖至无锡，已夜间二句钟矣。同乡出险者二百余人，现汝妻及子女与汝父母在昆山李迈君家，余与内人及二三侄妇、三侄女现住无锡红十字会，该会招待周到，精神形色实所罕见。无锡大善士之多，人才之盛，道德之崇，可胜钦佩。今日又放轮舟到安，救人民于水深火热之中，此恩此德，吾安亭之人当永远不忘也。汝在申须小心谨慎，随时保重为嘱（下略）。

原载《新无锡》1924 年 9 月 20 日

战云弥漫中之红会（十二）

中国红十字会无锡分会第一救济队蒋仲良队长，此次奉命赴昆山、安亭一带救出避难妇孺大小二百十三名口，大都安亭、张家阁、木勺浜、八家村、火烧桥、北市梢、新桥、塔庙、杨家桥、顾家宅、史田头、东沙村、旺家宅等处人民，于前晚一时许抵锡，当由办事处令往无锡饭店及新世界旅社两处休息，并分给晚餐。当夜即宿于该两旅社，至昨日上午始由办事处将男女分别收容，计蒋哲卿君收容一百十四名，孙应高君收容六十七名，钱道士（东埄人）收容十五人，杨四箴君收容四名，余给护照往申者悉为壮年男子。避难妇女中且有产妇沈赵氏一口，姚村人，娩后甫十余天也，现由办事处函送普仁医院为之调养云。

第二次由宜运回之伤兵内有警备队一团二营前队二排排长简国禄、十九师七十四团三营十二连一等兵翟正祥两人，因伤势轻微，急欲赴常，即陈明刘院长（士敏）函送办事处知照后，业于昨日乘车赴常矣。

第二救济队亦于昨日出发，赴安亭救济避难妇孺，同行者为队长张公威，队员顾谷贻、秦宗璐、蒋绍仪、韩其清、黄钟祥、周志勖、马文蔚、施仲威、杨建枢、严兰生，调查队队长龚葆诚，队员苏醒悟、杜俊生、李荣初等十五人云。

蒋理事长因报载商团公会曾因伤兵持械强当事致函地方维持会开会讨论等情，特于前日函致商团公会，请为查究更正。原函云：顷阅报载，贵会长函致地方维持会，有伤兵等因身怀武器，至典中强当军衣、抵押武器等事。查敝会接受伤兵，先经各该军队解除枪械入院医治，复经检查行李，凡属违禁物件，当场留下。节经照办，并无违误。尊函所称虽属得之间接报告，于敝会信用、办事责任均有关系，相应提出抗议，即请贵会长查究更正，至纫公谊（下略）。

办事处前因分会通则第十七条各分会对于救济、救护各事应随时协赞，不分畛域等情，即行函致各安置所长知照（原函已见昨报）。旋接孙克明、辛柏森、侯夏冰兰、吴干卿、诸希贤、陶达三、邹同一、荣张浣芬等八所长复函，略谓：接奉台函，内开（中略），惟敝校等现均照常上课，安置远来妇孺，殊多困难，为特函请贵分会仍照前订救济妇孺安置所规则第四条办理为荷（下略）。办事处据函后，随即复函各所长云：顷展台函，具悉一切。本会办理会务，苟有与总会定章抵触之处，自应随时改正，所请仍照原订开所限制一节碍难承认，即请查照。昨日通函预备开所，勿误为幸（下略）。此间各所长又已函覆办事处再行拒却云。

原载《新无锡》1924 年 9 月 20 日

各医院之伤兵现状

昨日下午记者特至红会指定之第一（普仁）、第二（大同）、第三（协济）等三代用医院访问伤兵现状，兹将各院长及医生谈话记录于下：

普仁医院：由院长李克乐先生令医生谭述谟君陪同记者至内科病室视察一通，据谭医生云，留院伤兵除李鸿春、董春达二人，非再经一个月之治疗尚难痊可外，其余十八人已能络续告痊矣。

大同医院：据华院长（景奭）语记者云，伤兵经过之现状甚好，就中刘得胜亦已创口平复，但各兵之出院时期须俟红会议有具体办法方能出院。现在即由本院毛君（前隶军籍，现充该院庶务）司看护之责，各伤兵均能服从毛君之言云。

协济医院：记者抵该院时，院长刘君士敏适代伤兵盖兴文敷药，据云，盖之左臂骨已经粉碎，所连续者惟筋与皮而已。此兵治疗期非七个星期不可，他如张复元、郭克隆、庄敬产等三人伤势亦重，约需一个月之时间方能告痊。惟十九师七十三团二营六连二棚兵士姜瑞庭已于前日出院，由刘院长（士敏）出具诊断书与之云。

原载《新无锡》1924年9月20日

宜兴伤兵三次运锡纪

本邑红会救护队在宜兴方面运回之伤病官长、兵士已有两批，昨日晚间又有第三次伤兵运锡，为湖北第四混成旅步兵第七团三营十一连八棚副目李凤翔（襄阳人），伤手，同团二营八连正目杨景文（天门人），伤腿，由第一救护队长杨少芸伴同回锡，当由蒋理事长命送第三代用（协济）医院为之治疗矣。

原载《新无锡》1924年9月21日

战云弥漫中之红会（十三）

红十字会办事处因留养救济出险妇孺各处所连日往看者络绎不绝，特规定取缔兼劝募办法，凡各界人士必欲至各处所慰问者，除红十字会佩有袖章各职员外，均须领有慰问券方可入内。此项慰问券由办事处编号、盖章发行，凡经捐助小洋两角，即赠慰问券一张。此项捐款全数收作红会经费，与担任留养经费诸君不涉。此项办法定于今日起实行，并规定入所慰问时间以上午九时至下午六时为止云。

昨日红会救济队又在宜兴方面救回避难人民计有男女大小五十名，其中有朱阿三两人已往北水关桥亲戚处，周根林一名已往东亭访友外，其余则由孙应高君收容于万前路九间头内云。

自蒋哲卿、孙应高二君发起以私资收容战地避难妇孺后，接踵而起者有钱道士、杨四箴等二君，昨日又有陈尔同、施企彭、戴鹿岑等三君各愿收容一百名，荣广明君昆仲合愿收容一百名，溥仁慈善会承认收容二百名，酒业事务所承认收容一百名，九余、世泰盛、协成、懋纶等四绸庄合愿收容五十名，钱业全体募捐得白米十八石、现洋三百余元，若上列诸君可谓勇于为善者矣。

昨晚十一时，宜兴方面又运回避难男子十七人，由瑞昶润堆栈收容于梁溪路红会卫兵营，女子三十七名，由陈尔同君个人收容于万前路孙姓房屋。安亭方面又运回避难男女六十三名，孙鹤卿君个人收容于东门外酒仙殿内。记者亲见一班难民之口碑，咸以栖身有所，莫不感激涕零云。

办事处又接上海总办事处复函云：迳复者，本年九月十七日，接到贵分会公函一件，备悉一切。查总会补助分会一节，照章程原有规定，如果为时势所必要，而分会之力实有不逮，地方情形瘠苦，又无从筹集，本会虽云经费支绌，亦应于无可设法之中特别设法补助，以维慈善，而顾大局。惟此次江浙战事骤然发生，本会出发救护，自常州以至沪埠分布十队，其临时疗养所于原有五医院外，又增设十处，概算开支在十万以外。溯本会自甲辰成立以来，历办日俄及南北各省兵灾与历年救济中外水旱风疫诸灾，用款几及三百万，政府毫无补助基金，毫无储蓄，悉以各方面善士自行捐助及会员会费支应。本会为国际慈善法团，非他种号称慈善者可比。为防弊起见，向不在外劝募分文，区区苦衷，谅贵分会当亦鉴及。兹据前情所陈，自是属实，但以锡邑实业商业而论非常发达，现在贵分会成立，造福地方，保障同胞，当地所有绅富商厂应如何慨解仁囊，通力合作，共谋自卫。时机迫切，尚希贵分会召集同仁，通告绅富商厂，征求协助，是所祷切。若不此之图，而惟望本会之补助，深恐贻误大局，谁负其责？用特率直详陈，诸希见谅为荷。

原载《新无锡》1924 年 9 月 21 日

第一安置所职员会纪

学前街省立第三师范学校原由本邑红十字分会指定为第一妇孺安置所，近因办事处迭函二、三各安置所筹备开所，以便收容外来难民，特于昨日下午召集各职员开一谈话会，由校长陈谷岑为主席。讨论结果，准照办事处来函预备开所，惟参照现时情形，不得不用变通办法，先收外县避难妇孺一百二十五名，余额须收本县妇孺，并提出疑问四条函询红会。兹录原文于下：

（一）天冷被褥、衣服等御寒物须红会负责；（二）收容难民后遇有疾病时，治疗须红会指定；（三）请派定女监察员以资翊助；（四）将来遣散办法是否归红会主理？

原载《新无锡》1924 年 9 月 21 日

本邑红会丛闻（一）

自办事处函请各安置所预备开所后，第一安置所曾去信声明准备开所，惟收容额数暂以一百七十五人为限。第二至第九各安置所因现均照常开课，于收容妇孺一节颇多困难，特由各所合力组织临所（时）安置所于南门外南禅寺内，额数三百人，现已布置一切，准备开所。至各慈善家私人担任收容者，昨日又有贺君君儒来函担任私资收容三十人。至于昨报所载之酒业同人，系酒业许协泰昌许子云君、盛号五家联合担任，并非酒业同人所担任者。广勤纺织厂同人亦担任私资收容五十人。

钱业公会昨致办事处蒋理事长函云：哲卿理事长大鉴：迳启者，兹由陈君尔同、江君焕卿、蔡君有容、施君襄臣转达尊意，贵会自救护队分途出发，迭经救济伤兵、难民来锡，分别疗治安置。惟艰于经济，供养为难，嘱为设法劝募等云。当即邀集敝同业筹商，佥以贵会博爱济众，同声钦仰，敬当勉效微薄，以副善怀。当经敝同业认捐贵会洋三百二十五元，除该洋由施君襄臣面呈外，兹将敝同业认捐细数开单附呈，尚希台察为荷（下略）。又经募人施襄臣君函云：（中略）当经各户认捐贵会白米十八石、银洋十元，除该米、洋由敝［人］面呈外，兹将各户认捐细数开单附呈，尚希台察如（为）荷（下略）。

原载《新无锡》1924 年 9 月 22 日

本邑红会丛闻（二）

红会办事处昨接上海旅沪同乡会哿日（二十）电文云：冬、寒两电均敬悉。诸公爱护桑梓，广救灾黎，莫名纫佩。敝会自当竭尽绵力，勉效涓涘。现正分投劝募，集有成数，即当寄奉，谨先电覆。

昨据办事处报告邑人之以私资留养战地避难妇孺者，又有蔡兼三君担任一百名，丁双盛、丁源盛两绸缎庄担任五十名，苏养斋代表黄泥桥段米业担任一百名，烟纸公司预备分赠难民零用，每人铜元五十枚，孩童减半。

第三救济队长方文卿、调查队长龚葆诚二君昨日已从太仓回锡，据云，该处离浏河较远，炮火所经尚少，虽有少数避难妇孺，已由沪会派人救济等语，故吾邑救济队已可不再出发赴太矣。前次由浏河前线受伤来锡治疗之江苏陆军第二混成旅一团三营九连一排排长田德修，已于前晚夜半两点钟伤重毙命，昨晨红会办事处即备棺赴第一代用医院，将田尸棺殓后由第一掩埋队舁往西门外义塚埋葬。迨午刻田妾刘氏已携其五岁子及田排长之胞妹一同由扬州来锡，随至红会报到后，由红会派人陪往西门，将田棺柩吊起，由其妾购置衣衾等类重行盛殓，预备将棺柩运回家乡安葬云。

原载《新无锡》1924 年 9 月 23 日

本邑红会丛闻（三）

红会办事处因各救济战地妇孺留养所所有难民人多口杂，急须有管理之人，以资指挥。昨特函请范慕亚女士担任交际路孙应高君留养难民处女监察员，程华贞女士担任酒仙殿孙鹤卿君留养难民处女监察员，二女士均允即日到所任事矣。

孙正会长昨日已由上海函致蒋理事长，略谓近日宜兴战事已了，会中救护队可移至浏河方面。据该处避难来沪者言，战地小孩抛弃甚多，大约均系三四五岁，因肩负太重，不得不弃之而行，所以到处皆有，比之伤兵尤惨。最好嘱会中救济队诸君迅临战地救济，功德实非浅鲜等语。

办事处因探闻平望方面亦有战事，昨晨拟派调查队长龚葆诚会同第一救济队长蒋仲良专轮出发，调查实情。正在预备间，旋接太仓红会自昆山转来电话，报告该处居民拟避难来锡，请锡会派队往救等语。蒋理事长据电后，立命龚、蒋二队长率队，同乘新裕福小轮，改道往太仓救济居民出险，并拖民船数艘，以便多载难民来锡云。各慈善家之以私资留养战地避难妇孺者，昨日又有周莲生君报告南里同人担任收容一百名，地点尚未择定；赵子新君报告北塘三里桥两段米业同人担任收容一百名，地点在府城隍庙锦记丝厂，捐助银洋一百元，各职员凑集捐洋四十六元，各女工凑集捐洋三十五元，小洋四百四十七角，铜元五十六千五百六十文。乐善好义，足以风矣！

办事处于前晚十一点钟接得总队长孙蟾卿君由宜兴来电云：新裕福轮速来。办事处接电后，因利通小轮已于昨午开驶赴宜，故未派轮出发，据此推测，恐宜兴方面尚有伤兵或难民运锡也。

本邑烟纸业同人王倬章等募集铜元百余千，拟分发出险妇孺作为零用。大口每名五百文，小口减半，昨日曾由办事处派职员陶君会同王君至各所分发，共计大口一百五十人，小口一百二十二人。惟多数妇孺初均辞谢不受，后经王君等婉委陈说，始行收领，各难民莫不同声感谢云。

此次救济来锡之出险妇孺中有安亭人蒋杨氏及黄渡人张阿珍二人，均因患病，经办事处分别送往大同、协济两医院治疗矣。

原载《新无锡》1924年9月24日

本邑红会丛闻（四）

红会办事处昨接第一救济队长蒋仲良、调查队长龚葆诚二君自昆山车站来长途电话，谓太仓方面救济出险之战地难民三百五十名，准于即晚一点钟即可到等语。蒋理事长接电后，已命庶务处在无锡饭店及新世界旅社两处预备稀饭、稻草、被褥等物，以便收容云。

第二救护队长沈景华昨从安亭前线回锡取用救护队所用之治疗药品，并带回前晚被拉赴昆之夫役一名，系北栅口人，备述到昆后之困苦情形，闻者为之恻然，至沈队长已于昨日乘车赴昆矣。

第一临时代用医院（普仁）原定收容伤病额数二百名，刻因宜兴方面战事业已停止，故减留半额，余归普仁医院照常收留病人。

第三临时代用医院（协济）留院治疗之湖北第四混成旅三营十连输送卒、徐州人谢广胜一名已病愈出院，昨由办事处给证遣散。

留养交际路孙姓房屋之安亭出险居民范寿根因患痢疾，昨由女监察员范慕亚女士来处报告，送入第三医院疗治。余有患轻病者数人，另由办事处职员徐君元春代为诊治。

宜兴战事双方停止进行，第一救护队于昨晨五时返锡，并携回伤病兵士十七名，当经分送各临时医院医治。同时，宜兴红会并来电一通，其文如下：红会鉴：蜀山军队陆续开发，恐有乏轮拖运之事。现救护事已告一段落，孙队长诸公拟就此开回。特电代闻，并申谢忱。宜会。漾。

各慈善家担任留养出险居民者，昨日又有高鸿初君来会报告，衣业同人担任留养五十人，曹惠丰号及张再梁君来函担任留养二十人，国学专修馆唐蔚芝君亦有酌量担任留养若干名之说。

此次第一救护队由宜回锡时，因省立陶业工厂遗弃各陶品颇多，无人保管，间有携回者。经理事长查悉，认为违背日前函嘱，已责令孙、杨两队长逐一收回缴存办事处，另有处置办法云。

原载《新无锡》1924年9月25日

锡铎——红十字

楚　孙

红十字者，庄严神圣之名词也。博爱恤兵，万国钦敬。吾人既佩带红十字矣，其人格之尊贵为何如哉！

宜兴陶器固有名者也。因其无人保管而代为保管之，亦仁人之用心也。然而瓜田不纳履，李下不整冠，嫌疑之际，君子慎焉！不然宜兴土产何止陶器一项，若萝葡，若芋头，一一代为保之管之，岂不甚善。

吾邑红十字分会得蒋君为理事长，可谓得人。蒋君长于治事之才，明敏而有法，窃谓对于内务之整理，当以严格持之。毋瞻徇，毋姑息，红十字名誉之可宝贵，想蒋君早知之，似无庸记者之喋喋也。

原载《新无锡》1924年9月25日

本邑红会丛闻（五）

梁溪路红会办事处前日本拟派员乘轮开往平望方面调查战况及有无避难妇孺，旋因改道太仓未果。昨晨即派救护队总队长孙蟾卿与第一救护队队长杨少芸、第三救济队队长方文卿、调查队队长龚葆诚、输送队队员蒋汉卿等，同乘新裕福小轮开往平望，调查是否需用救护、救济各事，以便率队开往施救云。

昨晨一时半，第一救济队队长蒋仲良会同调查队队长龚葆诚，率领队员等由太仓陆渡桥等处救回避难妇孺三百四十二人，分坐民船由新裕福拖带来锡，当经办事处分别招待于无锡饭店及新世界两处，暂宿一宵。八点钟晨餐后，即由蒋理事长（哲卿）命利通轮拖载一百三十六人，运至惠山安插。此一百三十六人中，五十名归施襄臣君募集经费，留养于施氏宗祠，八十六名由戴鹿岑、荣广明昆仲诸君担任留养于蒋氏宗祠。其余二百〇六人，一百名由许协泰昌、全昌、陈仲记、陆右丰、瑞源盛等五号号主等共同出资留养于酒仙殿内，一百〇三名仍系孙鹤卿君担任留养于酒仙殿内。尚有王邹氏携有男女孩各一名，母家系吾邑后宅邹茂如君之同族，适邹君在锡，当由邹君携带赴乡居住矣。

此次自太仓救来之难民内有嘉定方泰镇人陈福卿，自该镇逃出时，腿部曾被枪伤，抵锡后即由办事处送入第三医院治疗。尚有妇孺患病者颇多，均由徐元春医士到处诊视云。

办事处昨日函请孙瑛女士担任蒋氏宗祠戴、荣二君留养难民处女监察员，陆慧新女士担任施氏宗祠留养难民处女监察员，章铭安女士担任酒仙殿许协泰昌等五号留养难民处女监察员，诸女士均已于昨日上午一律到处任事矣。

宜兴分会昨又函谢本邑红会，原文云：迳复者，漾电计达。杨少芸君来宜带奉台函，备承锦注。此次贵队驻蜀，未能稍尽东道之谊，已深抱歉，而贵队热心协助，使敝会收相得益彰之效，尤感莫可言。所有一切善后，本拟借重大力，惟战期捷促，疮痍未深，着手进行，勉无竭

蹶。业敝会已将掩埋等事一一办理，大抵就此亦可告结束。顷承函询，谨此奉陈，并谢眷注。（下略）

原载《新无锡》1924年9月26日

本邑红会丛闻（六）

本邑红会办事处昨得安亭分会来电，谓方泰镇及黄渡等处有战地避难妇孺二百名立待救援等情。蒋理事长据电后，即派第二救济队队长张公威率领队员、夫役人等，同乘利通小轮，于午后出发赴安亭救济出险矣。

下午一时，又接太仓红会陈志武君来函，谓有避难妇孺五百余人急待救援等情，办事处决定俟出发平望之救济队回锡后，即乘新裕福前往救济云。

办事处以各处留养处所设备未妥，以致每多周折，决定以后添设安置所，须即派员查勘，如二三十人一处者，因难于兼顾，请留养慈善家将款交与办事处与他处合并办理。

近因宜兴战事已了，办事处特于昨日函致宜兴分会咨询当地情形，以便将该处难民预备若何遣归云。

办事处前因经费竭蹶，曾向各界劝募，昨悉税务所长徐景华君已捐助该会银洋五十元矣。

前日办事处接得上海旅沪同乡会复电云：中国红十字会无锡分会孙、华、高正副会长，蒋、陈正副理事长均鉴：冬、元两电均悉。诸公爱护桑梓，广救灾黎，莫名纫佩。敝会自当竭尽绵力，勉效涓埃。现正分投筹募，集有成数，即当寄奉，谨先电复。无锡旅沪同乡会理事长荣宗锦、祝大椿同叩。哿。

昨日又接旅沪同乡会理事长来函云：迳启者，前准贵会来电劝募经费，于哿日电复在案。兹先汇奉洋五百元，至祈察收见复，余容募集陆续寄奉可也。此致。中国红十字会无锡分会。无锡旅沪同乡会理事长荣宗锦、祝大椿。九月廿四日。

原载《新无锡》1924年9月27日

本邑红会丛闻（七）

本邑红会办事处昨函第一救护、第二掩埋两队知照队员、夫役，非出发时，不准穿着制服及佩带袖章、号布。又因掩埋事务较简，将第一掩埋队取消，暂留第二队以备不虞。

上海旅沪同乡会已代募经费洋五百元，交由陶仞千君汇锡。又理事朱鸿昌报告，已将代募款项交祝理事长兰舫络续汇锡矣。

前日开往平望、北坼一带调查战地状况之差遣管才宝已乘新裕福于昨日返锡，随即开往太仓运输难民来锡。

此次各留养处所之捐助金钱及米粮、棉被者，有祝伯仁君经募棉被五十条，严观复堂大小衣服八十八件，范英女士小孩衣服十件，无名氏大小衣服七十件，郭石如太太大小衣服十三件、洋袜十二双，程万贞女士衣服三件，中西女学学生家属大小衣服三十一件、布袜六双，王文荣棉被二十条，又清节堂捐助救济经费洋五十元云。

原载《新无锡》1924 年 9 月 28 日

本邑红会丛闻（八）

红会办事处昨日特派救护队总队长孙蟾卿驰赴昆山，会同第二救护队长沈景华办理救护事宜，至第一救护队已由蒋理事长（哲卿）知照暂不出发，所有全体夫役着即一律裁撤，待遇有必要时再行补充。

该会第二救济队队长张公威等前曾出发至安亭救济战地难民，昨日已由方泰等处救回难民二百数十人，内有二百名送至南禅寺，归溥仁慈善会留养，余归南里同人担任留养，即以永泰隆茧行为留养所云。

第三救济队方文卿队长昨由昆山电致办事处报告，现有太仓难民七十余人，于即晚二时可以抵锡等情。蒋理事长据电后，已命庶务处在无锡饭店筹备一切矣。

溥仁慈善会留养处之女监察已请薛马慧贞女士担任，南里同人留养处之女监察已请陈少云女士担任，二女士均于昨日到处任事矣。

昨日至办事处报明担任留养妇孺者，有公济社代表李霭士、蓝仲和、邓锡钧等担任留养一百五十名，地址在慧山李忠定公祠，至捐助各留养处之棉被、衣服者，昨日仍络绎不绝云。

原载《新无锡》1924 年 9 月 29 日

本邑红会丛闻（九）

红会办事处因各处留养妇孺中患病者颇多，特于昨日请定普仁医院谭述谟医士担任诊察职务，逐日往慧山蒋、施两祠诊治，并派本会医员徐元春君每日分上下午至酒仙殿、交际路、绸布公所、南禅寺、永泰隆等五留养处诊察病症云。

第三救济队队长方文卿于昨晨七时许由太仓方面救回避难妇孺八十四人，归绸业协成永、唐瑞成、世泰盛、丁双盛、九［余］、懋纶、丁源盛等七家所担任，安置南尖绸缎公所，并经办事处派定张映秀女士为监察员矣。昨有出院之伤病兵士李清山、范寿根等数人至办事处报告，当由蒋理事长（哲卿）令其卸除服装，给证遣散云。

理门广善堂主任周寿堂昨至办事处报告担任广善堂留养避难妇孺五十名，地址即在酒仙殿旁善堂内云。

原载《新无锡》1924 年 9 月 30 日

本邑红会丛闻（十）

本邑红会办事处昨得旅京同乡杨味云君来函认捐会费二百元。又尤幹臣、胡征若来函云，交通部锡同乡合助会费银一百元，收齐即寄。又尤景记捐助会费小洋五百角。又旅汉同乡荣月泉君认捐会费洋五十元，款由荣德生君代付。又王敬修堂捐助银洋廿五元，小衣十八件。蒋理事长（哲卿）据函后，昨已分别去函道谢矣。

第二救护队昨日派员回锡报告，该队已开往方泰前面龙头镇担任救护中央第一混成旅伤兵，并请本会迅放专轮驶往方泰镇救济续到难民，办事处业已分别知照云。

上海大马路盆汤弄口洋货集益会内安亭救护被难事务所昨有公函致

吾邑红会办事处，索取留锡安亭难民姓名矣。

留养锦云公所内之太仓严宗禅女士坚求赴沪，昨日已由该处主任资送至镇江转轮赴申矣。

李砚臣、王安定二君昨日代表北里布庄及栅口米业来函担任留养难民五十人，地点在梨花庄延圣殿云。

原载《新无锡》1924年10月1日

地方新闻——马陆方泰之战况

昨日下午六时许，本邑红十字分会第二救护队甫自黄渡、马陆、方泰等三处救护伤病兵士回锡，记者曾就某救护员叩以马陆、方泰两处之战况。某君即略告所知如下，亟志之以告阅者。

马陆方面：阴历八月三十日，马陆石冈门方面之苏军用大炮、机关枪、盒子炮等向沪军轰击，且战且进，搭架浮桥冲过横沥塘，抵沪军阵地。对方亦用冲锋队向前直冲，苏军以沪军来势勇猛，遂奋不顾身向前喊杀。双方愈迫愈近，各用刺刀肉搏，沪军因援军不至，即退至马陆西五里。旋有第四师之炮兵出为援助，苏军始未前进。是役沪军方面伤亡甚众，苏军负伤亦不少，此为双方开火以后第一次大血战之结果。红会人员因死伤较多，故已分头救护云。

方泰方面：该处驻有江苏第五混成旅，河南第三混成旅，湖北第四、第五两混成旅，江苏第六师等，兵力甚厚。两军作战之地中路离方泰十二里，左翼十八里，右翼最近，然亦七八里。苏军前敌司令部设于方泰镇民房中，近日两军战斗确甚剧烈等语。观此则方泰镇不但在苏军掌握，而前线且离方泰甚远云。

原载《新无锡》1924年10月2日

黄渡伤兵二次运锡纪

吾邑红会自开始收容伤兵以后，宜兴、浏河、黄渡、昆山各方均有伤病之官长、兵士运锡治疗，其情亦已迭志前报。昨日下午一时半，昆山方面特开伤兵车一次，三点三刻驶抵锡站，由押车军官交与吾邑红会办事处昨在黄渡前线作战受伤之陆军第七十六混成旅一百五十二团三营十连兵士刘福胜一名，随由蒋理事长□送第三临时代用医院为之治疗矣。六点半钟，红会第二救护队由昆山方面载回前日在黄渡、方泰等处作战受伤之伤病官长、兵士六十九名，内有鄂军七团二营八连下士荣长悦一名，已在中途病故，其余则为江苏陆军第二师第五团一二三营、第六团一二三营及机关枪连，又江苏陆军第六师十一旅二十二、二十四各团各营，又陆军七十六混成旅一百五十二、五十三两团各营，又河南暂编陆军第三混成旅第一、二两团第四混成队第三、四两团各营，又中央陆军第一师第一旅各团各营，鄂军第四混成旅各团各营，江苏省警备队第二团第五营各队，山东陆军第一混成旅各团各营，又江苏第一混成旅机关枪等官长、兵士，内有连长四员、排长两员，其余或为正目，或为一等兵士，或为二等兵，惟就中苏二师五团二营八连兵士康得功伤及脑部，现送第一医院，恐有性命之虞，其余或为枪弹伤，或为刺刀伤云。

此次伤病官长、兵士送往第一（普仁）代用医院者计三十一人，第二（大同）代用医院者计二十四人，第三（协济）代用医院者计十三人。

中途病故者荣长悦系在红会办事处码头棺殓，随由第二掩埋队舁往西门外荒塚掩埋矣。

原载《新无锡》1924年10月2日

红会新消息

本邑红会办事处昨日接得宜兴分会复函，请将蜀山等处避锡难民送至该会招领等语，蒋理事长据函后已筹备一切矣。

昨晨二时，办事处接得车站马站长转来昆山兵站司令部长途电话，谓前线伤兵过多，各地医院均已额满，拟酌送来锡医治云。

办事处昨接常熟分会来函报告成立。又苏州商团唯亭支部来函道谢，唯亭鲍友卿等家属六人由本会在太仓救济出险，业已安抵唯亭镇云。

邑人陶锡侯昨至办事处报告担任留养妇孺五十人，与李砚臣、王定安担任之五十人合养于梨花庄延圣殿内。

隐名氏节省重阳节费捐助洋十元，李石安捐衣七十四件，王敬谊、杨华庭两君捐助旧衣五十六件、袜一双。

唐蔚芝先生函致办事处，云及太仓吃紧，商请派船救济。办事处因缺乏船只，暂缓驰往云。

开原乡下余巷荣氏私立公益第四初级小学校学生，因见惠山镇蒋宗祠等处难民衣衫单薄，过冬殊难，因此组织学生慈善会，撙节果饵之资，为购置寒衣施送难民之用。闻该校教职员乐与赞助，已为其规划一切矣。又闻该校东邻有荣文德者因难民寒苦，特捐棉衣数袭，拟同该校购置之衣一并送去云。

原载《新无锡》1924年10月2日

黄渡伤兵三次运锡纪

黄渡战线之伤兵运锡治疗者先后已有官长七人、兵士六十五人，其中除江苏第二混成旅排长田德修、湖北第四混成旅兵士荣长悦先后伤重毙命外，其余悉在第一、二、三医院分别治疗。昨据红会消息，前晚半夜车抵锡时，又来黄渡方面作战受伤之江苏第六师一营三连一棚马兵李本明，又廿一团一营一连输送卒李兴仁，七十六混成旅一百五十一团一营一连兵士詹纪鑫，扬州守备司令部四营二连三排九棚兵士路连功，同营一连二排六棚兵士何有元等五名，均送第三（协济）代用医院治疗。

上午十时半，又由火车上来黄渡伤兵彭长明一名，系江苏陆军第十九师七十三团一营四连兵士，亦送第三代用医院治疗云。

原载《新锡报》1924年10月3日

红会新消息

本邑红会办事处前据唐蔚芝君函称，太仓方面难民甚多，请即派船前往救济等情，昨日已派新裕福轮局拖带广源驳船驶往昆山、太仓一带实行救济矣。

前由宜兴方面救济来锡之难民，昨日已由办事处派卫士董安、赵得标两人护送回宜，共计男女大小四十六名口，妥交宜兴红会收领安插云。

第二（大同）临时代用医院送至办事处治愈伤兵五名，当即令其卸除军服，分别遣散矣。

留养南禅寺内之方泰难民，昨有徐持平者因患病甚剧，业由蒋理事长（哲卿）将徐函送协济医院为之医治云。

原载《新无锡》1924年10月3日

红会新消息

梁溪路红会办事处昨据邑人杨拱辰君到会报告，顷由旅京邑人杨味云、林虎侯、王正卿等代募得华新津厂同人捐款洋一百元，当由蒋理事长（哲卿）去函道谢矣。

唐蔚芝先生函致办事处担任留养太仓难民五十名，地点在惠山镇山货公所内。又华雍倩君经募严慕记助洋五十元，严新记助洋十元，华少扬、包太太各助洋五元，华君自己助洋十元云。

九月十八日，由安亭救锡之第一批难民中，内有男女大小九人，由东埄钱道士留养乡间，今因为期过久，钱已无力供养，昨日特将该难民等送回办事处，即由蒋理事长送入南里同人留养难民处（即永泰隆茧行）留养矣。

原载《新无锡》1924年10月4日

红会新消息

本邑红会第三救济队队长方文卿君，昨日下午四时半由安亭、太仓等处救回难民二百四十余名。到锡后即由蒋理事长（哲卿）分别派往黄泥桥段米业留养八十名，在酒仙殿内北塘三里桥段米业留养八十名，在府城隍庙西廊楼蔡兼三君留养九十六名，在府城隍庙东廊楼云。

办事处又派调查队长龚葆诚君，定于今日上午八句钟乘新裕福小轮驶往安亭，协同第二救护队长沈景华办理救护伤兵及救济难民等事云。

原载《新无锡》1924年10月5日

黄渡伤兵五次运锡记

今日黄渡方面之伤兵运锡者纷至沓来，以致各代用医院之医士非常忙碌，前晚、昨午又有两批到锡，兹再探录于下：

前晚八时半，昆宁区间车到锡，时有黄渡方面之负伤兵士刘宪德、孙玉德、曹秋、赵德兰、陈士彬等五人同至红会办事处请求治疗，当由蒋理事长（哲卿）令即分送第一、第二两代用医院为之医治矣。

昨日下午二时，有陆军第十九师七十三团二营负伤兵士张文灿、朱树章、苏尔昌等三人至红会办事处请求治疗，据云均在黄渡前线受伤退下等语，蒋理事长（哲卿）当发就诊券，赴第三临时代用医院医治云。

原载《新无锡》1924 年 10 月 5 日

红会新消息

本邑红会办事处准各医院收容之伤兵，恳为转催前敌各司令迅予犒赏，以资需用，办事处已为转函本邑戒严司令核办（原函冗长不录）。镇江红会派职员汪惠人君来锡，至红会办事处调查设立医院事宜，蒋理事长当即指示一切。

第三（协济）代用医院昨又医愈伤兵许芝生一名送至办事处，蒋理事长当令照章遣散。

办事处准无锡旅沪同乡会来函交到代募第二批会［费］洋五百元云。

上海总办事处昨寄本邑办事处印刷品一件，兹即转录于下：

中国红十字会总办事处致江浙军署密函一件：迳密启者，江浙军事遽行开战，本会与分会职责所在，自应遵照万国红十字海陆战条约及本会修正章程，出发医队，分头救护，以重人道，而维慈善。惟该医队人员由本会出发者，所揭旗帜等均盖有“中国红十字会总办事处关防”字样，其由分会出发者，所揭旗帜等亦均盖有“中国红十字会某处分会图记”字样，以资识别。若无此关防及图记，皆系冒用，应请贵署通饬所属各军官长，令知前敌兵士等一体遵照，注意查察，以免混淆观听，而杜奸弊。具纫公谊，相应专函奉达，至希察照施行。此致苏皖赣巡阅使、淞沪护军使。

复电云：上海中国红十字会总办事处鉴：沪字第二百十二号密启均悉，具征慎重，已通令前方各军转饬所属官兵一体注意矣。齐燮元文印。

复函云：迳复者，接准贵会二一九号公函，具悉一是，已通传各军队一体知照，并不准随意挂用红十字旗帜、袖章，以符章制。特此奉复，即希查照。此致中国红十字会总办事处。

何丰林启

原载《新无锡》1924 年 10 月 6 日

红会新消息

本邑红会办事处昨接旅京邑人外交部佥事胡振平君来函，捐助本会经费洋五十元，又邑人蔡芳记捐助置办棉衣费二十元，强健堂捐助小棉衣十二件。

嘉定旅沪临时维持会来函请抄嘉定留锡难民姓名，办事处已令文牍股抄寄。又上海安亭救护被难人民事务所昨亦函致办事处道谢云。

日前第三救济队由安亭、方泰等处救济出险居民回锡，因新裕福轮转往太仓装载难民在途延迟一日，致所携干粮告匮，船经苏州，队长方文卿令即泊舟采办干粮分发各难民。正在分发间，事为苏州商团第五部部长赵复初君所悉，即购备多数食品到船赠送，各难民收领之下，莫不同声感激。方队长等回锡后即将以上各情报告办事处，昨日蒋理事长特去函道谢。兹录其原函于下：

迳启者，据敝会第三救济队队长方文卿报告，本月四日，由太仓、方泰、安亭等处救济妇孺回锡中途干粮缺乏，幸有苏州商团第五部部长赵复初君赠送多数食品，幸免饥饿等情到会。查赵君痌瘝在抱，志切救济，不第蒙难灾民同深感戴，敝会亦实多利赖也（下略）。

原载《新无锡》1924 年 10 月 7 日

地方新闻——战云中之断缣零纨

……

外跨塘难民之口述：昨日下午五句钟左右，有由苏州外跨塘逃避来锡之难民两口一男一女，投奔红十字会请求留养，当由办事处将男子留养卫队室，女子留养交际路安置所。其时记者适在红会采访新闻，一闻有外跨塘人来，亟趋卫队室叩问近日情形。据云外跨塘附近如陆家庄等一带现在扎满新兵，每日有人教操。惟据左近邻居传说，该新兵一见年壮力强之乡民即须拉去，拉去之后，将自己身上之军衣脱下，令乡民穿着，己即向别处去了。是以附近该处之人均已逃避一空，从初二至今（按此人于初五日逃出），天天听得炮声，有时看见飞机，所以不敢再居，只得出外逃难等语。记者又询以曾见兵士掘壕否？答称没有，没有。（按前日有人大放谣言，谓外跨塘已掘战壕，记者因此一点特郑重向乡人询问。）亟志之以告阅者。

……

原载《新无锡》1924 年 10 月 7 日

红会新消息

本邑红会办事处昨得齐总司令麻（六日）电云：无锡红十字分会鉴：前发通行证十张未填姓名，望于空格垫写佩带人之姓名再行佩用，并将号码及姓名迅速转报本署，以便按照转饬前方各军保护，而资稽考等语。办事处当即呈报南京督军公署云：为呈报事。本月六日奉钧署麻电，内开（中略）等因。奉此。查敝会奉颁通行证系管字第十三号至二十二号十张，当经发交出发前方各救护队、各救济队等队长慎重佩用，至队员不敷佩带，即由佩带通行证之各队长带领，在前方服务亦均穿有制服、袖章，所有佩带此项通行证之队长姓名及号数另单附呈，至祈钧署转饬前方各军一体保护，无任叩祷。（下略）

办事处前已请定普仁医院医生谭述谟君担任惠山各难民留养处之诊察医生，现因李忠定公祠又到青浦难民九十八人，特于昨日函致谭医生，请即每日顺道至该处诊察一次云。

该会第一救济队蒋仲良队长，将于今日上午六时率队乘新裕福轮，并拖带广源拖船出发青浦一带救济灾民。

留养惠山李忠定公祠内难民留养所女监察员已由女界社会服务团推定李慕贞女士担任，李女士昨已到所任事矣。

调查队队长龚葆诚君奉理事长之命，于今日上午赴昆山等处公干。

办事处昨接丹阳分会来函报告成立。又昆山分会来函招寻嘉定难民陈绮柳暨其眷属下落等情，办事处遍查各难民留养所，均无陈绮柳其人，闻将函复昆山分会矣。

留养绸缎公所内之难民马赞卿，由伊子来函，嘱由镇江赴申，惟因缺乏川资，难于成行，由该处办事员给资赴镇。又有安亭灾民项梦飞亦因赴申无资，由该处办事员给资成行云。

该会调查队队长龚葆诚君昨由旧青浦地方救回男女大小难民九十八人，现由公济社留养于惠山香花桥下李忠定祠内，该社职员蓝仲、李蔼士、邓锡钧、龚镕范等诸君均在该祠和照料一切云。

原载《新无锡》1924 年 10 月 8 日

黄渡伤兵七次运锡记

本邑红十字分会自实行收容伤病官长、兵士以后，就黄渡方面而论，已运锡官长七人，兵士七十八人，输送卒一人，其姓名、职别已六志前报。昨日下午六时又来省警备队伤兵一名，据云系该队一团二营后队七排正兵王小龙，现由办事处片送第三代用医院治疗矣。

原载《新无锡》1924 年 10 月 9 日

红会新消息

本邑红会办事处昨接上海总办事处来函云：迳启者，顷准内务部函开：“准四川邓省长宥电开：‘川中各县红十字分会对于省长公署来往公文有用呈者，有用公函者，至为纷歧，应如何划一办理，请核定赐示，并行知红十字总会查照。’等因到部。查红十字会向来对于各机关行文用函，虽未经明白规定，惟查贵会系属慈善性质，对于行政机关原无系统关系，似可一律用函。除电复外，相应函达查照转行各分会，嗣后对于各行政机关行文一律用函，以昭划一。”等因前来。除分行外，相应函达贵分会查照，嗣后一律遵照办理可也。（下略）留养南禅寺内之难民昨忽出外，一人徘徊城内，经东北一图救火会、消防队查获，送交办事处，当由蒋理事长仍送原处留养矣。

此次邑中慈善家之捐赠衣服、银洋者甚夥，昨日又有强建堂续捐衣服四件、小人帽七只，陈仲英捐助小人衣三十件，无锡市立第一小学校职员、学生捐助大洋三元、小洋十二角、钱四千六百三十文、衣服三百零一件、大小袜廿九双、大小帽廿五只，钱恽记捐助大洋廿元、衣服廿七件云。

办事处昨又遣散医愈伤兵五名，为第十九师二等兵史清元（第二医院），第二师二等兵刘宪得（第一医院），第十九师李桂山、王清魁、李玉鼎（第三医院）。

原载《新无锡》1924 年 10 月 9 日

二师伤兵在院殒命

江苏陆军第二师步兵第五团二营八连兵士康得功，前在黄渡作战时因脑部受伤，由前线运回送至吾邑红会治疗。当到锡之际即已不能言语，随由办事处抬赴第一医院为之医治，无如伤势过重，延至昨日下午，因伤毙命。当由院长李克乐电告办事处，由蒋理事长命第二掩埋队驰院棺殓，随即掩埋于西门外万寿庵旁矣。

原载《新无锡》1924 年 10 月 10 日

红会新消息

本邑红会办事处昨日又接到总司令部军医院发下齐巡帅布告病院规则，蒋理事长接到后业已转发各医院张贴矣。

留养于南门永泰隆茧行内之难民钱载之及其眷属等共计六人，昨由其亲戚苏州正茂祥绣庄主具函领往苏州居住。又留养于惠山李忠定公祠内之难民刁顾氏及其子女三人，由其本夫刁约翰来处具领，带赴圣公会居住。又周乔氏之夫周应侯向在本邑清石桥王利和染坊任事，昨日亦由其夫领去矣。

办事处昨接上海总办事处发下普通会员章照二十份，当即发给延寿司殿内第一分办事处保管。各界人士如前因无章照而未入会者，可迳至办事处报名缴费，随时可至分办事处领取云。

崇安寺无锡市立第一初级小学全体职员、学生，昨日又交到第二批捐助衣裤、帽袜共计四百零五件，并大洋一元、铜元百枚云。

总兵站驻锡办事处函致红会云：敬启者，敝处顷奉督军齐阳电开："伤兵应用棉衣由各该住院地查明各师旅伤兵数目具报，以便筹备。"等因。查住锡受伤官兵重赖贵会医治，截至今日止，实有若干，相应函请查明，开掷清册，并将师旅营连注明，俾资转报。再嗣后遇有来锡受伤官兵，仍希知照敝处。请速赐复，至为企荷（下略）。

原载《新无锡》1924 年 10 月 10 日

红会新消息

本邑红会办事处前接昆山分会来函，询问救护难民中有无杨（陈）绮柳及其眷属，并附下寻人广告等。当经办事处送交各报披露，昨据该会在太仓救回之灾民项竹�、施啸石述及，上月中曾于太仓城内太仓医院会晤，陈君渠因染病留养院中，其眷属现寓该处耶稣堂内等情，当即据情函告昆山分会矣。

南门外怡顺丝厂昨将开幕筵资洋五十元移送红会助作经费，若该丝厂者能樽节靡费，惠及灾黎，殊足以风末世而励薄俗。又有朱佩珍女士代顾晴川先生交到捐助大小棉衣二十件云。

蒋理事长因第二救护队在昆山前线服务日久，特函沈队长（景华）带领全体队员回锡休养矣。该会第一代用（普仁）医院治愈山东第一混成旅正目虞金胜，第二代用（大同）医院治愈中央第一混成旅机关枪连兵士王振全、鲍体俊、郭忠厚等四人，送至办事处，当即照章遣散云。

第一救济队队长蒋仲良在白鹤港等处救回灾民约有二百人之谱，除有数十人转赴苏州找寻亲戚外，内一百人送延圣殿留养（内五十人由陶锡侯担任，五十人由米业王定安、布业李砚臣担任），五十人送广勤纱厂同人留养矣。

留养酒仙殿内之安亭难民翁杨氏、翁新舍等姑嫂二人，昨由其夫翁耀明自申来锡领往申江居住云。

办事处昨又函致各留养处女监察员云：迳启者，兹有无锡女界社会服务团热心担任，分赴各留养灾民处通俗演讲，业经许可。除发给许可证交由各演讲女士外，诸希贵女监察员验明许可证招待演讲。至演讲以外事项，未经本处许可通知者，贵女监察员有未尽同意之处，尽可婉拒或报告本处核办。附奉许可证样证一纸，并希查照。

原载《新无锡》1924年10月11日

红会调查队之报告

本邑红会调查队队长龚葆诚君昨自昆山、白鹤港、安亭、方泰、青浦等处调查回锡，并报告办事处各该地方之现状。兹将报告原文照录于下：

本月七日奉命，于八日上午六时率领副队长李梦菊、队员胡国荣及夫役一名，会同输送队副队长蒋汉卿君乘新裕福轮，随带广源、豫兴两拖船出发。下午三时抵昆山，当将豫兴拖船及信件检交第二救护队接收，一面鼓轮前进。至朝阳门外朝阳桥，适有陆军两营开赴朱家桥，以致河道拥塞，守候至六句钟始得通过。至九时抵安亭，船泊六泉桥下，登岸至该处收容所接洽妥帖，于九日晨五时，商请蒋副队长，带同队员胡国荣，乘船赴青浦交界之村等处救护难民。该处尚未开火，居民咸不忍抛弃其棉禾牛牲等而走，是以只救出男女妇孺五十名。队长与李梦菊由安亭事务所拨人船同赴方泰，该处收容有男女妇孺四百余人，因连日炮火声远，咸料苏军已前进，或者日内有摘棉割稻，是以一律不允离乡，只有妇女三人跟随来锡。队长等即步行返安亭镇，会同蒋副队长再赴白鹤港登岸，同赴洋泾圆头湾等处。时两军已于一时开火，惟不剧烈，乃该居民等仍不肯随来，时因时间之关系，而其他各村如渡场、施相公庙、南姚亩塘、北姚亩塘、杜村均由蒋副队长去过，且时间又晚，只得复返安亭。至白鹤港时，驻有陆军十九师七十四团三营军医黄乐三，以野战病院名义送来口令，当已回片致谢。既抵安亭，即由该处收容所主任李仲廉，嘱将收容之顾家村、李家村、朱家桥等处难民一百二十七名引渡回锡，即经派员领至广源船安置，于五时启椗返锡。是役共计救回难民一百八十名，晚间九时抵昆，拖带豫兴船之第二救护队至今晨六时抵会。又驻安之警备队病兵两名要求来锡医治，队长察其病状属实，而本会以慈善为怀者，故已承认嘱乘新裕福一同来锡，合并声明。

原载《新无锡》1924 年 10 月 11 日

敬谢无锡红会诸公热忱

月前宜兴战事，荷承贵会派遣救护队驻宜办理一切救护伤兵、难民等事，敝会同人深感协助。兹当宜事结束，除函总会外，谨登报端，以扬仁风，藉表感忱，敬希公鉴。

宜兴红十字分会敬启

原载《新无锡》1924 年 10 月 12 日

红会新消息

本邑红会办事处昨特函请女界社会服务团推荐之沈毓秀女士担任广勤路福林禅院留养灾民处女监察员，沈女士已到处任事矣。

上海旅沪同乡会续汇代募会费洋一千元，前后共计二千元，并函致办事处云：迳启者，敝会经募贵会经费前后计共募得洋二千元，除第一、二两批业经汇洋一千元外，兹再汇奉洋一千元正，至希察收。敝会绵力所竭，知此区区无裨博济，惟是同人心有余而力不足，幸乞鉴原，并祈见复为荷。

办事处昨又函覆上海旅沪同乡会云：迳复者，顷奉十月八日大函，并汇到第三批代募经费洋一千元正，照收无讹。此次战事，敝会需用各款重赖各方协助，贵会惠我实多，感篆曷极。专复并申谢忱，惟希亮察不尽。

蒋理事昨又以办事处名义函各女监察云：迳启者，留养灾民除由的实家属亲友领往他处暨事平送还原处外，凡有贫困欲在无锡将子女许配或作人婢仆情事，均应一概禁止。慰问人士有提及此事者，亦应严词拒绝。特此函达，即祈查照为荷。

昨日有上海扬子江测量所职员安亭陆超来锡，领去其弟陆安、陆复及其妹陆瀛娣等三人，转赴上海。

旅沪安亭救护被难事务所昨派嘉定分会救济队队员葛子眉、葛欣初二君来锡至办事处接洽，据云，安亭尚有难民数百人未曾出险，可否设法救济等语。蒋理事长即请葛君等赴安探视，如果确有未曾出险之居民，可用长途电话报告，当随派专轮驰往救济。葛君等深为感激，昨已首途赴安矣。

办事处昨又致各留养灾民处女监察员函云：迳启者，留养灾民各处热心担任，本会非常钦佩。除首应注重卫生外，饮食应以清洁茹蔬为限。现在战事尚难结束，无论何方捐助，与其购给荤食，胡乱发给财物，供作奢侈无谓之费，不如汇捐来会，凑作广济灾民来锡之用。至担任留养灾民各慈善团体或各慈善家，尤宜樽节财力，以策善后。合亟函达贵女监察员，对于前项情事竭力阻止，并将此意转达各处常驻办事人员，务须体恤本会博爱恤灾之旨，勿浪费财力，徒博已经救济来锡少数灾民之好感，致遗前敌无告灾黎之苦惨。至所企盼（下略）

原载《新无锡》1924年10月12日

红会新消息

本邑红会办事处调查队队长龚葆诚君昨由苏州回锡，当至办事处报告一切。

此次双十节，开原乡荣氏私立竞化第一女校校长施献臣君，率领全体学生至慧山各救济妇孺留养所内慰问被难妇孺，并将该校职员、学生捐助之大小衣服二百二十三件赠送施祠内被难妇孺穿着，余则送交红会转散他处矣。

邑人方君寿颐昨至办事处报告自愿留养难民五十名，地点在豫康纱厂工房内。冯耀山君又捐助衣服二十件云。

前由黄渡运回十九师七十四团三营十一连兵士徐大胜、鄂军第五混成旅九团一营十二连兵士臧东扬，均经第二（大同）医院治愈送处，当由办事处照章遣散矣。

收发处职员张孟昭因锡湖轮船公司即日开班，联运部运货逐渐忙碌，须回公司服务，爰即具函蒋理事长告辞。其原函云：谨肃者，窃昭服务红会以来，愧无善状，幸秉承有自，得免陨越。兹因锡湖轮船即将开驶，职务攸关，当回公司任事，所有红会收发处职务不克兼顾，敬乞派员接替，以重职责，无任感祷云云。闻蒋理事长已派人接替矣。

北塘三里桥两段米业组织之战区妇孺留养所，假定于都城隍庙为安置之处后，转瞬已经旬日。该会举定之各职员亦能热心从公，措置有方，故灾民非常感激，并由红会函聘孟竞我、秦文佩、宋绮文、冯明雅四女士为女监察轮流办事，颇为得力。又函聘北里名医张亮生、单养和、龚炳南诸君为义务诊治，逐日莅所视察，并承各慈善家赠送医药，为数甚多云。

该所灾民中有顾龚氏、储桑高二名，母家系属昆山，夫家是杨柳埠，查明确实，报告办事处遣回夫家原籍云。又蔡承裕堂与储业公所收容都城隍庙东廊楼之战区妇孺九十六名，自入所以后，表面虽界限分明，实则与米业同人合并办事，互相联络，颇为融洽。兹探得各慈善家助与该会物件，如衣服、银洋、药、茶等亦不少云。

原载《新无锡》1924年10月13日

发起遣散灾民协会

邑人某君以本邑红会从战地救回之男女灾民约有二千人之谱，愿力之宏，至可钦佩。惟事平之后，送归故里，需费浩大，复以各灾民家破庐空，生活失据，拟募集捐款，分别灾民中之确无生活者，俾作小本经纪，并由某君拟就捐启，预备向各界劝募。兹由本社查得原文，特行转录于下：

吾邑红会除救护伤兵外，陆续救济战地出险居民留养来锡者约二千人，愿力之宏，至可钦佩。惟筹募衣食虽有当地各慈善家分别担任，而将来事平送归故里，需费已属不赀，同人等悯战地室庐之俱空，灾黎生活之失据，拟募集专款，分别发给灾民中之确无生活者，俾作小本经纪，藉资糊口，用是有协会之设。除捐及总数及散给细数另册征信外，务恳各界热心救济。诸君慷慨解囊，无论多寡，俾得集腋成裘，聊苏涸鲋，加惠灾黎，宁有涯涘。是为启。

原载《新无锡》1924年10月14日

红会新消息

本邑红会办事处昨接旅京邑人徐岳丞君函复捐助本会经费银一百元，又邑人蒋瓯荪、许骏标二君各捐洋五元，又程华贞、钱琴秀两女监察员交来杨组云君捐洋五元，杨世凤君捐铜圆二十千，陶女士捐大小衣服二十四件云。

办事处昨又请定华效罗女士为延圣殿留养灾民处女监察员，华女士昨已到所任事矣。

陆军第十九师步兵七十四团医务所函致办事处，请为保留担架，当由庶务处查得仅有一架，随由文牍处函复前途矣。

留养延寿司殿灾民中有侨寓安亭原籍句容之王金根，其妻孔氏先期由红会救锡，留养于蒋氏宗祠。昨经王金根至办事处声明，愿偕其妻回原籍居住，经办事处允许而去。又留养李忠定公祠内灾民汤忠佑原籍丹阳，前日亦已乘车遄返故乡矣。

普仁医院医生谭述谟、寓居迎迓亭之西医徐元春二君，自经红会聘为义务医员，担任惠山南门交际路延圣殿等处各留养所之医务后，逐日驱车往各处诊治。患病灾民一经二君诊治，无不即行告痊，以故办事处各职员莫不钦佩谭、徐二医生之热心服务云。

北塘三里桥两段米业暨蔡承裕堂、储业公所等假定都城隍庙东门两廊楼留养战区妇孺后，该所各职员热心从公、不遗余力等情昨已略记其事。兹悉该两收容所又续函聘请北里名医数人轮流诊视，大方脉为丁士镛，针科为周振卿，推拿为吴仁生，伤科为赵士良等，均属义务诊治。各该诸医均能逐日莅所视察，无日间断，堪称善与人同者矣。

原载《新无锡》1924年10月14日

红会新消息

本邑红会办事处昨据警察所函，送苏警厅保安队巡士汤汉林、谢世昌、邢汉斌、郭从山等四人，因患病请求通融收受等情，蒋理事长据函后，随命将汤警等送交第一临时代用医院为之治疗矣。

前日黄渡方面救回七十六混成旅一百五十一团三营九连伤兵于世昌，已由第一代用医院治愈出院，办事处已照章遣散云。

留院治疗第二师第六团受伤官长、兵士二十四人，因在院缺乏养伤费用，特推代表萧锡璋赴红会办事处，请求致函昆山总兵站医院院长发给犒赏，当由红会备一公函，交萧锡璋前去接洽矣。

办事处昨据顾资箴先生交来无名氏捐洋二十元，又扬西张氏尚德小学校小青年会交来经募洋十三元、小洋二十八角、铜元十三千三百十文、男女大小棉夹衣裤一百四十九件、帽子二十六顶、鞋子两双，办事处已转发各留养处灾民领用。

原载《新无锡》1924 年 10 月 15 日

红会新消息

本邑红会第二救护队前由黄渡方面救回第二混成旅一团二营五连下士曹秋，经第三临时代用医院治愈，当由办事处照章遣散矣。

女界社会服务团团友捐助大小衣服一百二十二件、袜十四双，已由办事处分发各留养所灾民穿着。

昆山兵站医院派来庶务员张瑞廷君调查留锡未领犒赏官兵姓名及伤病情形，当由红会职员陪同张君赴各医院实地调查，并由红会造册证明云。

原载《新无锡》1924 年 10 月 17 日

红会新消息

吾邑红会办事处因青浦、黄渡方面战事已告结束，惟该处现状如何及是否安谧，无从悬揣。昨特专派调查队队长龚葆诚暨第一救济队队长蒋仲良二君，乘车同往黄渡、安亭等处调查现时情形，以便准备遣送灾民云。

战事初起时，本邑男女各学校承认设置之安置所已于昨日起一律取消，并由办事处致函知照矣。留养惠山蒋氏宗祠灾民安亭杨家桥人郭陈氏及其二女昨由其夫郭琪林来锡领去，同行者有安亭姚村人张郭氏及其一子一女云。

近日各慈善家之捐助银洋、衣服者，又有济南茂新面粉厂函认五十元，旅汉邑人杨少棠君函认三十元，济南张文焕君由上海银行汇来五十元，本邑杨少云君捐男女棉夹衣服四十件，绣工会女生刘婉英小姐捐衣裤二十七件、男女帽三只，又华宝贞小姐捐棉衣三件，又县立女师范附属小学学生捐助棉夹衣服二百三十件，又王隆茂布行捐棉夹衣服十三件。

吴县分会来函，询问办事处在安亭救出被难灾民中有无黄渡施张家村人陈锡元之妻陈龚氏及其子陈伯畲二人，办事处当经查明，均留养在交际路中，随即据情函复吴县分会矣。

安亭灾民侯鉴英携带家属七人来锡，要求红会留养，即由办事处送入绸缎公所留养云。

侨寓罗店之丹阳人陈幼之避难出走，中途被人骗去钱财，并被匪徒施行哑药，不能言语，辗转至吾邑荡口，为四分所盘获。当经惠巡官用笔书写询问流落情形后，即行函送红会，请求转送医院医治，当经办事处送往第一医院医治矣。

原载《新无锡》1924 年 10 月 19 日

红会新消息

本邑红会办事处因战事已将结束，所有各界热心慈善家认定担任留养灾民尚有未曾派往及虽派往而未足额者，现因办理灾民遣散回籍需费甚巨，昨特致函各慈善家，请其将留养灾民费用送会移作遣散灾民之需，函录于后：迳启者，现在战事业已结束，所有尊处原认留养灾民额数应即取消。惟遣散灾民回籍，需费甚巨，拟请执事将预备留养灾民费用尽数移作遣散之需，尅日捐交本会，以便汇数支配，无任企盼。

第三临时代用医院所收伤兵湖北第四混成旅七团三营十一连兵士李凤翔，又八连兵士杨景文及第一临时代用医院所收负伤之第六师二十四团三营十一连一排排长徐鹏，均经医治痊愈，报告办事处照章一律遣散。

昨日有窦文瀚女士捐助大小衣裤十四件，龚静娟女士捐助大小衣裤十九件，送交办事处转发各留养处灾民应用云。

原载《新无锡》1924 年 10 月 20 日

红会纪事

本邑红会办事处昨接常熟分会来函，询问锡地各留养灾民处有无唐云章之妻及其子女。办事处当即查阅留锡灾民名册，确有其人，闻已据情函覆矣。

美国红十字会救济队队员俞友仁、伍善龄在南翔目睹灾民多至数千，有缺乏粮食之虞，特来锡与红会办事处磋商协助食米事宜。旋由蒋理事长派定职员沈景华、李石安、杨立人、杨树宽等四人携函往南翔分会实地调查。原函略谓：顷准美红会救济队队员俞友仁、伍善龄来会声称南翔留养灾民多至数千，现患缺米，请求协济食米五十石，以便运往接济等情到会。兹特派敝会职员沈景华、李石安、杨立人、杨树宽来前接洽，究竟尊处及监理公会陆牧师子庄所办妇孺救济会是否缺米，应否不分畛域，酌量协助，统祈见覆为荷（下略）。

红会办事处前昨分函各安置所，请其将预备三日留养费用捐作遣送灾民回籍之需，并致函各慈善家认定留养灾民之未派往者，请其将留养费用移作遣散灾民之需等情已志前报。兹悉昨日唐蔚芝先生已函复红会，并附来预备留养费用洋一百元捐作遣散灾民之用，办事处当即去函致谢。又第十安置所（陈氏小学校）昨亦函复办事处，遵即取消缴还原领各物，并声明原认留养妇孺额数一百五十名，预备三日费用，除准备食品之损失及装置临时电话、一切设备等费已耗去半数外，特将余数凑足五十元，捐作遣散灾民之需。

前由黄渡运回伤兵豫军第三旅一团三营十二连兵士王慎修、苏军六师十二旅二十四团一营二连兵士李扬振、苏军十九师七十三团一营一连兵士王连之等三名，均由第三（协济）临时代用医院为之治愈，送至办事处当即照章遣散矣。

北塘三里桥两段米业暨蔡承裕堂主人蔡兼三君、储业公所等留养战区妇孺收容所成立至今，屡承各慈善家赠助衣药者络绎不绝，近日续有助下，计亦恩堂助棉夹裤子一百八十八条，朱皓亭助大小衣服廿件、新鞋四双，张之彦助大小衣服十七件，华掌文助男女旧棉夹衣六件、单衣绒衣五件、棉单裤八条、小孩棉夹单衣四件、裤子三条、大小单绒袜廿双、小孩旧鞋六双、女帽十三只，段蒋氏助大小衣服五件，李殷氏助大小衣服十二件，足征好施不倦，热忱堪钦。并有灾民徐大小姐一名，系黄渡人，缘患病剧烈，故由该所报告红会，转送普仁医院治疗云。

原载《新无锡》1924 年 10 月 21 日

红会纪事

本邑红会办事处昨据沈景华等回锡报告南翔灾民苦不堪言等情，蒋理事长据报后，即派调查队队长龚葆诚君携带白米四十石、面粉二十袋装车运往该处接济灾民云。邑人贺君儒昨送办事处捐助遣送灾民回籍费洋五十元，理门广善堂捐助白米八石、现洋四十元，陶寄尘经募到新布女棉袄二十件。

办事处特制棉衣裤多套，连同兵站发下客军棉衣二十一套，一并发给本会各医院伤兵御寒矣。

原载《新无锡》1924 年 10 月 22 日

绸缎公所灾民之近况

南尖绸缎公所留养所系九余、懋纶、世泰盛、协成永、丁源盛、丁双盛、唐瑞成等七家合力担任，自月初由红会救济来锡嘉定、安亭、方泰等处灾民八十五名后，即分别男女从事安置，并于所内设立学校，以免儿童失学，教员即由灾民项竹�暨其子翔高担任（按：翔高原系省立第一代用师范学校教员），书籍则由日升山房赠送。收容迄今，各慈善家捐赠零用铜圆及衣服、白米、肥皂等物为数颇多云。

原载《新无锡》1924 年 10 月 23 日

红会纪事

本邑红会办事处据省立三师校长陈谷岑君函送预备第一救济妇孺所留养费用五十元，捐作遣送难民之费云。

县立女子师范学校教职员、学生合捐大洋九十一元、小洋一百十五角、铜元三千二百二十文，作为遣送难民回籍之费，昨已送交办事处矣。

学前街省立三师校长陈谷岑君昨日函致红会办事处，请将作废物件送交该校附设之教育博物馆陈列，以作纪念，蒋理事长已复函允许云。

办事处昨接嘉定陆渡桥乡公所来函道谢救济难民之热忱，并称该乡兵队现已进驻嘉定、罗店、南翔、真茹等处，该处难民即可设法送回原籍矣。

太仓红十字分会昨派救济队队员蔡子芸、李林士二君乘轮来锡，与办事处商量接取该处难民回籍，现定于明日早晨启轮回太云。

原载《新无锡》1924 年 10 月 23 日

督署军医来锡犒赏

前由本邑红会救护队在黄渡、浏河等处运回第六师各团受伤官兵留院治疗已逾两旬，各该官兵因缺乏养伤费用，曾推代表萧锡璋取得红会办事处公函，遄赴昆山总兵站要求发给赏金，以便应用。萧代表抵昆后，即由总兵站司令转陈齐巡阅使核示，齐使据函后，随派督署军医何季澄君会同齐使夫人代表姚杰三君，携带大宗现银、食品联袂来锡，分别犒赏各前线受伤官佐、兵士。何、姚二君抵锡后，即至红会办事处拜会蒋理事长，索取伤兵名册，当由蒋君一一点交后，并派职员孙迪刚君陪赴各代用医院犒赏矣。

原载《新无锡》1924 年 10 月 23 日

遣送灾民之第一声

本邑红会救济队前在宜兴、南翔、太仓、安亭、浏河、方泰、嘉定、青浦等处救济来锡之被难灾民，除宜兴方面已由红会办事处专轮运送回籍外，所有太仓、陆渡桥、嘉定、安桥、浏河、方泰、望仙桥等处之留锡灾民准于今晨遣送回籍。红会方面特派施襄臣、蒋汉卿二君随轮护送，并会同遣送灾民协会所派职员陆安生、吴廷枚二君，携带协会现款亲往太仓分会凭证发放，规定大口每名发给银洋三元，小口一元，并由红会办事处函致太仓分会云：迳启者，昨准贵会救济员李林士、蔡子芸两君专轮来锡，迎接太仓、陆渡桥、嘉定、安桥、浏河、望仙桥、方泰等处留锡灾民回籍等情，兹特点交李、蔡两君护运至贵会，分别妥送回里，应如何善后之处，想贵会自有办法。惟敝会深恐此项灾民回籍，于最短期间一时无款度日，已查明大小口分别给予领款凭证，规定大口每名发给银元三元，小口每名发给银元一元，由贵会分别遣送回里时，凭证付款，以免锡太中途遗失，或有意外情事。除派敝会职员施襄臣、蒋汉卿两君携款亲诣贵会外，请即费神代为散给，并将实发款数暨收销凭证交由敝会专员核带回锡，并赐复函证明，以昭郑重，至纫公谊。

原载《新无锡》1924年10月24日

红会纪事

本邑红会办事处职员李石安、杨树宽等由南翔回锡，报告此次运往南翔之白米、面粉，计派监理会白米二十五石、面粉十二包，安息会白米十石、面粉六包，南翔分会白米五石、面粉两包。

慈善家戴鹿岑君暨荣广明君昆仲因红会遣送灾民回籍，随在需款，特捐大洋四百五十元，以为之倡，办事处已去函道谢矣。

近日捐助银洋、衣裤者又有高叔芳、金元臣经募丝吐公会同人洋五十元，无名氏捐助洋十五元，又本邑第二、三、四、五、六、七、八、九等各安置所共捐洋二百元，振新纱厂同人捐助洋一百元，沈云初捐助洋五十元，俞勋臣捐助洋五十元，吴若鹏、周念耕各捐助洋十元，隐名氏捐助洋五元，徐章氏捐助小洋八百角，荣氏女学捐助大小衣服四十二件、鞋帽袜二十三件，恒善堂捐助新布大小女棉袄裤一百件，绣工会主任华耀庚、女教员张映秀捐助新布大小女棉袄裤五十六件，丁源盛同人捐助新布大小女棉袄裤四十四件。

办事处昨又函致沪宁路车务总管云：迳启者，此次江浙战事发生，自昆山至黄渡，沿沪宁铁路一带灾民救济来锡者约有一千四百人。现在战事停止，该灾民等久居客地，衣食堪虞，在此两星期内，均须陆续遣送回籍。素稔贵总管慈善为怀，对于公益事务无不热心扶助，际此战事灾难，尤必格外尽力。拟恳贵总管允给自十月二十五日起十一月七日止，准许由无锡免费乘车至昆山、陆家浜、安亭、黄渡四站下车灾民之执照，俾得多数灾民早日回里，感激无既。敝会此次战事办理事务经费已万分竭蹶，留锡灾民能早归一日，敝会亦受赐多多。此项遣送灾民回籍免费乘车要求，务望立即惠允，电知无锡车站转达照办，尤为纫感。

原载《新无锡》1924 年 10 月 24 日

半价照相四种

商团全体、红十字会、救火会、保卫团，以上四团体皆服务社会，尽力桑梓，为地方谋幸福。小号愿将照相减收半价，自九月廿七起至阴历年底为限制。

老宝华启

原载《新无锡》1924 年 10 月 25 日

红会纪事

前由吾邑红会救护队在黄渡、浏河等处各前线运回之豫军三旅一团一营四连兵士康金贵，苏军十九师七十四团二营五连兵士卢梦辅，又三营十三连兵士夏胜昌，均经第一（普仁）代用医院治愈，又苏军第六师二十一团一营一连输送卒李兴仁，苏军第二师六团三营十一连兵士朱润田，鄂军第五混成旅九团二营六连兵士杨清山等，均经第三（协济）医院治愈，分别送交办事处照章遣散矣。

办事处遣送回籍之太仓、陆渡桥、浏河、望仙桥、嘉定、安桥、方泰等处灾民二百五十二人，于昨日早晨鼓轮出发矣。

原载《新无锡》1924 年 10 月 25 日

遣散灾民协会之进行

业经拨款协助救济太仓、嘉定等处回籍灾民之遣散灾民协会，原由邑人薛南溟、杨翰西、蒋遇春、蔡缄三、唐保谦、华艺三、高映川、孙见初等六十余人所发起，设通讯处于通运桥西首乾益茧栈，委托孙君见初主理其事。日前孙君曾亲赴西北各乡募捐到银洋一千余元，又托范子澧君赴东南各乡募到五百余元，城内则由沈锡君、陈进立、李石安及女界社会服务团同人担任劝募，闻陈君已募到洋二百余元，孙君见初并向各丝厂及茧业等捐到洋千余元，截至昨日为止，计共募到洋三千元以外。尚有各慈善家直接捐助红会指定作为遣散灾民经费，由红会转拨者不在内，给款办法前与红会商定，由红会印发领款证，先期分给灾民中之确无生活者，迨灾民回籍时，由红会及协会分别派员会同携款随同各灾民至原籍委托各该处红会照证代发，计大口三圆，小口一圆。今领款证已由红会职员陈君进立逐日至各留养处调查灾民中之极贫困者分别发给，至前日已竣事，计共发去大小口共一千六百余张。昨日红会遣送第一批难民二百五十五人离锡时，由协会派吴君廷枚、陆君安生携洋七百元，并由红会职员施君襄臣、蒋君汉卿携带公函同赴太仓分会，委托该会代发，现在预计收到之捐款及发去之领款证相抵不足之数尚近千元，仍望各界热心志士慷慨解囊，以襄善举云。

原载《新无锡》1924 年 10 月 25 日

红会纪事

本邑红会办事处昨日特派职员张子明、葛万方二君同赴安亭、白鹤港、青浦等处调查该处是否安静，遣散各该处难民回籍时，中途有无阻碍。近日邑中慈善家捐助遣散灾民经费者又有蔡兼三君一百元，北塘及三里桥两段米业五十元，北黄泥桥段米业小洋五百角，又捐助衣服者有丁馥初君大小棉衣裤二十七件，陈公余堂大小棉衣裤十四件，杨先生大小棉衣裤二十六件。

第三（协济）代用医院近又医愈伤兵五名，办事处当即照章遣散。

锡邑圣公会长杨四箴君昨自安亭函致办事处，报告该处仍有奸淫及抢劫之事，所有灾民暂缓送归云。办事处昨接南翔红十字分会来函云：迳复者，顷承贵会沈、李、杨诸君莅翔，调查敝地被灾状况，又龚君运到白米四十石、面粉二十包，并两次颁到公函，捧诵一过，具见贵会轸念灾黎，不分畛域，敬代劫后孑遗九顿首以谢。承赐米面当与龚君面定支配方法，计东市监理会及敝会收容所白米三十石、面粉十四包，南市安息会收容所计白米十石、面粉六包，从此一般被难妇孺暂时得免饿莩（殍），皆出贵会诸大善长之所赐也。至沈、李、杨三君沿途因兵车拥塞，直至本日午前始到，宿露餐风，备尝艰苦，感激之余，更深歉仄。一切招待不周，诸祈鉴谅。此致无锡分会。南翔分会，十月二十二日。

前由红会第一救护队在黄渡方面运回伤兵中，内有荣长悦一名，因伤重在中途毙命，随由办事处令第一掩埋队瘗于西门外义塚，昨由鄂军第七团二营八连排长胡在藩来锡代为领柩回籍矣。

南翔基督教妇孺救济会函致办事处云：敬启者，今晨多蒙诸公贲临敝地察看，灾民状况苦怜。幸承贵执事轸念灾黎，赐到白米四十石、面粉二十包，并委子庄量情支当，甚即会同沈君照各收容所留养口数分派粉米。顷查敝所避难人氏，现今尚有三千余人，安息会一千余人，红会百余人，平均支拨敝所白米二十石、面粉十二包，安息会白米十石、面粉六包，红会米五石、面粉二包，从此可暂免饥莩，感出贵会诸大善士之鸿德也。专肃谢忱，祗颂公绥。基督教监理会牧师救济会会长陆敬熙、安息会同人谨启。

原载《新无锡》1924年10月26日

红会纪事

前由本邑红会救护队由前线运回第十九师七十三团三营十一连兵士魏锡福，又七十四团二营八连兵士王同发，均经第二、三临时代用医院治愈伤病，由红会照章遣散。

戒严司令部奉齐督电查无锡红会所住受伤官兵数目，函致红会询问。办事处当即查明在锡受伤官兵，截至昨日止，尚有五十九名，随时函复戒严司令部矣。

原载《新无锡》1924年10月27日

红会纪事

护送灾民回太仓等处之红会职员施君襄臣、蒋君汉卿暨协会职员陆君安生、吴君仲侯昨晨回锡，携回太仓分会复函。文云：迳启者，接准大函，并蒙派员护送灾民二百三十八人来会，当于昨晚十二点钟抵埠，由会预备膳宿，翌晨分乘两轮按乡遣送。濒行之际，更蒙贵会来员按大口每名给发三元，小口每名给发一元，除辞未具领大小十人外，实计给发大口一百十一名，小口一百十七名，共洋四百五十元。既铭挟纩之恩，复拜兼金之赐，贵会来员施君、陆君、蒋君、吴君等因敝会派员赴浏河、陆渡桥等乡掩埋、施赈之便，复经前往，切实调查，具征热心办事，劳瘁不辞，敝会同人咸深钦佩。此次战祸蔓延，太、嘉受害尤烈，各灾民虽归故里，痛定思痛，讵能免今昔之感。惟劫后余生得有今日，非得大君子之力，焉克臻此？除面向贵会来员称谢外，用再备具专函，藉伸谢悃，敬祈察照为荷。再敝同乡蔚公委带亲友十七名，亦已一并抵埠，合并附告。

县公署奉齐督电开："嘱查红十字分会医院，并各医院将因伤殒命官兵夫之葬埋地点绘图，并开具详细地名及该官兵夫之部队、姓名，迅速交由该县呈报，以便按图起运，回籍安葬。"等因。即转函红会查复，办事处当即查明在锡受伤官兵、伤重殒命者前后共有五人，除田德修、荣长悦二名棺柩已由其家属及师部分别领去外，尚有苗来廷、徐长胜、康得功三名棺柩均埋葬在锡，已据情函复县署矣。

办事处派往白鹤港一带调查员张君子明及葛君万方，昨已回锡至会报告，白鹤港等处现已安靖，惟安亭尚有驻军数千，均分驻民房，故安亭镇之灾民尚难回籍，白鹤港等处则可陆续送归。办事处现拟先将白鹤港、青浦等处灾民遣送回籍，已着手准备矣。

齐督军夫人与韩省长夫人等在宁发起妇女救恤伤兵会，捐助款项分发各处伤兵，昨日委托下关总兵站司令部副官邑人倪君涵生至锡，赴各医院分发。倪君抵锡，即至红会接洽，当由红会派职员陪同倪君往各医院分发各伤兵，计每名给洋一元。

市立第一小学学生第三批捐助大小衣裤二十三件、帽鞋袜四十一件、铜元三十枚。

陶寄尘君经募无名氏捐助新棉裤廿一件，蔡明记捐助棉衣款洋十元。

原载《新无锡》1924 年 10 月 28 日

红会纪事

本邑红会救济队前由安亭救回出险居民黄渡人徐大姐，初经府庙米业留养处留养，后因患病颇剧，即经该处报告办事处送入第一医院医治。惟该病因突受巨惊，势颇沉重，虽经李院长悉心诊治，卒无效果，延至昨日身故。办事处接医院报告，随即通知留养处及掩埋队会同赴院棺殓，权厝西门外义塚，俟通知其家属来锡领柩回籍安葬。

第一救护队前在宜兴、第二救护队前在黄渡等处前线救回受伤官兵，除陆续医愈照章遣散暨中途自行离院、伤重身故外，至昨日为止，尚有五十九人仍在各医院疗养。日前本邑戒严司令部奉齐督电，嘱各医院现有受伤官兵悉行运宁调养。戒严司令部接电后，即函商红会，先将轻伤者由戒严司令部领回转地调养，随由办事处转知各医院，昨晨六时由戒严司令部及县警察所直接派人分别向各医院将各伤兵领出运送上车，九时半开驶赴宁。第一医院有伤势剧烈者八人，李院长本仍拟留锡疗治，因恐长途搬运于其伤势必致加剧，迺警察所至院领出伤兵时适值清晨，与院长未曾接洽，以致悉被领去。惟第三医院有扬州缉私四营二连三排兵士路连功一名，因伤势颇剧，仍留该院治疗云。

原载《新无锡》1924 年 10 月 29 日

红会纪事

红会办事处因战区军队业已将次开尽，而留锡各灾民因急需回家收获，归心如箭，初拟自今日起分日将各灾民运送回籍，当即分咨各留养处准备一切，并派员面商马站长，请其允准免费乘车。马站长因锡站无此权限，嘱向该路管理局局长直接请求。办事处随即拍发急电致该局吴局长，文曰：敝会灾民千四百人立待乘车，回至安亭、黄渡、南翔各站，请准免费乘车，迅饬车务处转知锡站，并盼电复。无锡红十字会叩。艳。

办事处又恐该电得覆尚需时日，而灾民之急于回籍者颇有迫不及待之势，即又函恳总兵站驻锡办事处处长，请其迅拨军用车辆为遣送灾民之用。函曰：迳启者，敝会尚留有安亭、黄渡、南翔等处灾民约共一千四百人，立待火车轮送回里，敢乞贵处迅拨军用车辆，分日或一次预定时刻到站，以便妥送回里。素稔贵处长痌瘝在抱，当能俯如所请，俾利遄返。专此奉恳，惟希慈鉴。兵战办事处接函后，已在设法拨车，红会俟得确实答复，再行依次通知各留养处准备起程，谅为期总在日内矣。

原载《新无锡》1924 年 10 月 30 日

红会纪事

本邑红会办事处因准备分批遣送灾民回籍，分向沪宁路局及驻锡兵站办事处请拨车辆一节已志昨报。兹悉兵站徐处长因锡站缺乏空车，已急电南京总兵站速将空车驶锡，一俟抵埠，即行拨作红会遣送灾民之用。办事处又因白鹤港、青浦等处灾民车行颇不便利，特向中华轮船公司商租通运轮船一艘，并雇到民船六艘，定于今日（三十一号）先将南禅寺及惠山蒋氏宗祠等处灾民六百余人拖赴安亭，交由安亭分会分别遣送回籍云。

昨据延寿司殿外黄泥桥米业留养处来函，报告该处灾民因在战区餐风露宿，饱受惊恐，抵锡后患病者颇多，由该处延请针科医士胡最梁之媳胡马氏及子胡金奎君诊治，均渐痊愈。胡君热心公益，不受酬劳，该处职员及各灾民均感佩其热忱云。

原载《新无锡》1924 年 10 月 31 日

遣散灾民协会之近讯

邑绅薛君南溟等发起之遣散灾民协会自各界热心人士分头劝募后，各界仕女之慷慨解囊者颇为踊跃，即乡辟之间亦有闻风兴起者。昨日该会通讯处接得怀下市严家桥第四国民学校须煜泉、过新二君寄来该校学生捐款洋八元，并附来函云：因闻灾民不日遣送回籍，特勉尽微力，向校内从事募捐，集得大洋八元，虽为数甚微，亦聊尽义务云云。乡校学生热心慈善，殊堪钦敬，并足愧世之守财奴矣。至城中捐款，各经募人因灾民回籍之期已近，亦均陆续将募得捐款送交该会通讯处云。

原载《新无锡》1924 年 10 月 31 日

红会纪事

本邑红会办事处向中华轮船公司商借通运轮，拖送安亭等处第一批灾民回籍等情已志昨报，兹悉该会昨日遣送回籍灾民为惠山蒋氏宗祠、李忠定公祠、南门南禅寺、永泰隆茧行、广勤路福林禅院、梨花庄、延圣殿、南尖绸布公所、酒仙殿孙氏留养处等留养者共约八百余人，分乘广源公司船一艘及民船六艘，由办事处派职员陈尔榆等十人，携带致安亭分会公函随船护送，并由无锡遣散灾民协会派职员吴少英、赵文柏二人，携带现款同船赴安亭，委托安亭分会按领款证散给各灾民。下午三时在会所启椗，预计抵安亭之时，总在明日上午。路途间虽携有干粮，而抵埠后必须供给饮食，遂致电安亭分会，请其于明晨备粥充饥。兹将原函转录于下：迳启者，兹敝会派职员陈尔榆、周廉生、张子明、丁芥轩、刘士敏、蒋汉卿、张志初、黄敬才、宋俊生、王丹伯护送第一批灾民前赴贵会，除携带干粮并分嘱护送各职员务将各地灾民妥护回家，并先事奉托贵会，酌雇船只转运实在不能步行回家各灾民外，务望贵会随时照料指导一切。再敝会深恐此项灾民回籍于最短期间一时无款度日，已查明大小口，分别给与领款证，规定大口每名发给银元三元，小口每名发给银元一元，由贵会转道回里时，凭证付款，以免中途遗失或有意外情事。此项专款并由敝会商同敝邑遣散灾民协会遴派吴少英、赵文柏亲携汇交贵会，请即费神代为散给，并将实发款数暨收销凭证，交由敝会专员核带回锡，并赐复函证明，以昭郑重，至纫公谊（下略）。

该会前由各地救锡灾民，除逐批遣送回籍及先期由亲戚领往他处，并自费回籍者，至昨日为止，留锡者尚有四百余人。办事处本拟今日续行护送回籍，因雇轮无着，而火车亦未交涉就绪，傍晚又接某方面消息谓安亭车站驻车（军）尚多，灾民车行殊非妥善，故决意略缓数日，再行遣送回籍矣。

原载《新无锡》1924 年 11 月 1 日

红会纪事

本邑红会办事处前因准备逐批遣送灾民回籍，曾两电上海沪宁铁路管理局，请予免费乘车。昨日叠接该局陷日快邮代电，并世日急电，允准减半价收费，嘱向锡站接洽。兹录两电如下：（其一）无锡红十字会鉴：艳电祇悉。贵会运送灾民至安亭、黄渡、南翔各站，照章应减半收费，业饬车务处查照。惟乘车人数较多，事前希先派人与锡站接洽，以便随时备车，即祈查照办理为荷。沪宁铁路局。陷。（其二）红十字会鉴：陷电祇悉。灾民乘车如乘四等车位，可照四等车价减半收现，至付四等半价，乘三等车，敝路向无此例，碍难照办，仍希查照敝局陷日代电半价办法，酌定车位与锡站接洽办理可也。沪宁铁路管理局。世。

办事处接电后即派员与锡站马站长接洽。站长当以安亭、黄渡等处车站，向不发售四等车票，如运送灾民，只可半价乘三等车，且近日旅客异常拥挤，人数过多，虽先期通知，亦难备车。办事处得复后，当以车行手续颇繁，于灾民又不甚便利，故拟俟护送灾民运赴安亭之职员回锡，得悉安亭车站确实情形，再行决定运送办法云。

原载《新无锡》1924 年 11 月 2 日

泰伯市近事汇志——赈灾募捐之踊跃

无锡红十字会为遣散留锡各地灾民回籍事，发起赈灾劝募印折向各界□款。该市市董事邹茂如君对于此事异常热心，除自认巨款外，并持折向各绅商劝募。有素抱节俭主义之邹怿秀君亦慨助五十元，而太一校诸小学生节省平日果饵之资，亦纷纷认捐赈灾，虽属铜元零数，总计亦有数元之多，有女生邹坚贞独捐洋一元，诚属难能可贵。以年龄幼稚之小学生而知爱群互助，未始非该校诸教员苦劝之功。闻此次捐款总数亦有数百元，前已由邹茂如君送交锡地红会收领矣。

原载《新无锡》1924 年 11 月 3 日

红会纪事

本邑红会办事处日前送灾民返安亭之通运专轮业于昨午返锡，护送专员周莲生、张子明等亦于昨日下午乘车抵锡，当至办事处报告，护送灾民业已会同安亭分会分别妥送回籍，遣散灾民协会带往遣散经费亦已由安亭红会代为散发，并收回无锡红会所发之领款证，按证给资，并将涂销之领款证交还该会专员云。

现下留锡灾民办事处已决定由车遣送，昨由该会职员陈君进立与马站长商定，准于今日下午预备四等车三辆，由头班客车拖往安亭，业已分别通知各留养所准备一切矣。

原载《新无锡》1924 年 11 月 4 日

美国红会员之散赈忙

军兴以后，浏河、太仓、安亭、南翔等处受灾颇重，本省军民长官及各地慈善家之前往救济者甚为踊跃。当淞沪军尚未失败之前，韩紫石省长曾捐私资，托由南京基督教中西教士组织美国红十字会办理救济等事，成绩颇佳。现在战事粒平，各地灾民亦将络续归去，惟当兵燹之余，大多而苦无家，韩省长有鉴于此，特再捐资，托由美红会办理赈务。该会会员自受省长委托后，即行着手散赈。近悉该会驻昆办事处西人司徒华林因赈务烦剧，特电邀吾邑美红会会员戴尔、杨四箴、华彼得、夏悦三、周文敏、胡钟奇等六人牧师前往昆山襄助办赈，南京美红会会长慕维德博士亦有电来锡催促，故戴、杨、华、夏、周、胡等诸君已遄赴昆山襄理一切矣。

原载《新无锡》1924年11月4日

大同医院悬额志盛

本邑红会救护队叠在宜兴、黄渡、浏河等处救回之伤兵官长、兵士，曾由办事处分发普仁、大同、协济等三医院为之治疗，迄今除一二名因伤重在院殒命外，其余已如数治愈出院。昨有留养大同医院鄂军第五混成旅某连连长刘成海、豫军第三混成旅某连连长萧锡璋、苏军第六师某连司务长尹日升，暨鄂豫苏三省军队兵士宋连升、赵道传、张光智、王彦田、袁世清、王天任、庞继宣、田生玉、于瑞和、刘成印、蔡瑞兆、罗用光、王云清、刘得胜、厉思美等十八人，公赠匾额一方，题曰："惠周袍泽"，并附跋云：景爽、子英、济孙、卓初、省安、磐士先生医学精邃，术贯中西耳，钦夙矣。本年秋，江浙之役，会师征战，枪林弹雨，累日经旬，成海等效力疆场，受伤者众。既承先生等协力诊治，又复优待有加，锋镝余生，心铭曷极。爰额一语，藉鸣谢悃，而志不忘。并推伤兵代表两人雇就军乐队、旗帜等物，于昨日午刻大鸣爆竹，送至该医院敬谨悬挂。旌旗耀日，鼓乐喧天，颇极一时之盛云。

原载《新无锡》1924年11月4日

红会纪事

本邑红会办事处昨将第二批灾民四百人运回安亭等处，由红会职员陈进立、方文卿、徐元春、李石安、程敬堂、王翰声、陶原浩等护送回籍，遣送灾民协会亦派杨树宽、杨立人二君携带现款随往发放。午候各灾民分乘铁棚车三辆附挂于客车之后，当上车时咸有生还故乡之悲喜情形云。

慈善家之助款遣送灾民者，又有兴记煤号捐助洋五十六元云。

原载《新无锡》1924年11月5日

红会结束纪（一）

本邑红会办事处因结束问题，特于昨日函致第一分办事处主任冯云初、第二分办事处主任孙见初、第三分办事处主任周廉生云：迳启者，江浙战事业已结束，所有本处临时分设之各分办事处应即取消，为特函达贵主任，将贵分办事处即日取消，所有原领物件至希汇齐缴处，勿迟为幸。

办事处又致调查队长龚葆诚、第一救济队长蒋仲良、第二救济队长张公威、第三救济队长方文卿、输送队长程敬堂诸君云：迳启者，现在江浙战事业已结束，所有本处临时设置各队伍应即取消，为此函达贵队长，希即将贵队事务尅日结束，尽三日内将原领各物汇齐移交本处，如有经手款项，并祈同时报销。职员自备服装，规定每套给价洋五元，应即全数缴处，以昭郑重，免滋意外，统希查照。

该会又接安亭分会来函云：迳复者，敝会接奉函开，敬悉派员护送第一批灾民妥护四乡，分别给予银元等因。今敝处业已协同贵处职员分给大口一百九十四人，小口一百七十三人，共计给洋七百五十五元正，并上次代垫之洋十七元亦照收无讹。诸承惠恤，无任感荷，专此祗颂公绥。附另收代送灾民舟费洋十元（下略）。

原载《新无锡》1924 年 11 月 9 日

慈善家赈济战地哀鸿

齐、韩两长因战地灾民哀饥号寒者甚多，特组织赈务处从事赈济。日前该处曾公函各县知事转函地方绅富劝捐棉衣等物，以免灾民挨冻。吾邑冯知事奉函后，当即分函各慈善家广为劝募，昨日已有许稻生君捐助棉衣一百件，某君捐助一百件，豫康纱厂捐助三十件，先后送交县署汇解赈务处，转给战地哀鸿为御寒之具云。

原载《新无锡》1924 年 11 月 14 日

韩省长奖赠红会

江浙战事发生后，邑人华艺珊、孙鹤卿等一百数十人组织红十字分会，办理战时医务并救济各地灾民，颇为外埠人士所称道。兹悉南京韩省长特制匾额一方，颜曰：炁冒煦育，奖赠吾邑红会。昨日训令冯知事转给该会具领，文云：军兴以来，各处红十字分会热心救灾，殊堪嘉许，应各赠匾额一方，以昭激劝。除分行外，合行检同匾额一方，令仰该知事即便查收，转给具报。此令。

原载《新无锡》1924 年 12 月 1 日

红会昨开职员会

本邑红十字分会于昨日下午四时仍假瑞昶润丝茧堆栈开职员会议，到会者华艺三、高映川、蒋哲卿、陈尔同、孙鹤卿、孙见初、钱湘伯诸君。会议事项：（一）租用会所，议决租用四乡公所楼房一幢，并办事室一间，开会时即借用该公所会场，拟出每月租金两元。电话借用，电灯自行装置。（二）改选职员，议决职员筹备重选章程重行起草，经旧职员会议通过后，提交新职员。（三）职员酬庸，议决由会制就纪念章，分甲、乙两种赠送各职员，并附带证书。（四）医院津贴，蒋理事长报告各代用医院，每伤兵一名，本拟每日贴费三角，而各医院以苏州医院每名每日以四角半计算，要求援例。津贴现已决定援苏州例，每伤兵一名，每日贴费洋四角半，普仁医院另行捐助。（五）制纪念章，决定制赠纪念章，经费以三百元为限，印刷证书等费不在其内，议毕即行散会。

原载《新无锡》1924 年 12 月 2 日

锡铎——告慈善家

望公

天寒矣！战地哀鸿，待赈孔急，于是运粮输粟，授纩赠绨，劫后余生，不致转乎沟壑，此仁人义士所以为谋善后者。至矣尽矣！可敬哉！

惟是灾区既广，灾黎又多，辗转哀号，何地蔑有？彼远在数百里外者，吾人尚不惮跋涉而思有以济之，岂近在咫尺，而反忍视其冻馁以死也。蔡王氏祖孙二人惨痛至此，目击者未有不心伤，耳闻者亦为之酸鼻。某君之言曰：但筹盘费不难，难在无人照料及回去后之如何度日，旨哉言乎，思虑更为周至矣。记者无状，敢为彼祖孙二人请命。

原载《新无锡》1924 年 12 月 12 日

红会近闻

中国红十字会无锡分会前因江浙战争，就本邑光复门外瑞昶润堆栈设立办事处。现因战事业已结束，特租定四乡公所一部分房屋为办事处，日内正在迁移，并暂聘陈某及陆鸿声两君为常驻办事员，以便接洽一切。电话即借用四乡公所四百三十五号，以资节省云。

原载《新无锡》1924 年 12 月 17 日

三师附属之新事业

学前街三师附属各教职员特乘明日举行兵灾筹赈游艺大会之便，举行混战研究展览会，陈列该校小学生平日研究调查之所得及种种制作品，如关于江浙战事之地图表格、实物模型、写真文字均在陈设之列，余有该校教职员亲赴浏河、黄渡等各战区实地参观所得之战地纪念物，如已放过之枪子炮弹及其他关于作战之种种工具，暨向本邑红十字会及商团公会商借关于战时之应用物品，均属触目惊心，大可促进吾人对于战争之反省，并为小学教员良好之参考品。兹将该校致红十字分会及商团公会商借战时物件之原函转录于下：迳启者，敝校拟定于本月二十五日举行兵灾筹赈游艺会，同时并闻战时研究展览会以供来宾之观览。展览会中陈列物品除儿童制作者外，大部须恳各界惠借。贵会在战事中热心救护、防卫，成绩昭著，兹恳借救护、防卫方面可以陈列之物品若干种，会毕原物奉还。如蒙俯诺，以光斯会，不胜公感之至。

原载《新无锡》1924 年 12 月 24 日

兵灾筹赈游艺会纪事

第三师范附属小学校发起之兵灾筹赈游艺会于昨日下午一时在师范大礼堂开会，男女来宾约到千余人。会场布置秩序井然，所演各节颇多可观，而以悲剧《灾民泪》、歌剧《葡萄仙子》及县二高小之《月明之夜》等剧最为精彩。此外，复加以来宾表演，荣氏女校之舞蹈及精武体育会之五虎拳（张伯亮）、双回龙力（王世勋）……等最为出色。一幕甫终，掌声四起，诚大观也。

原载《新无锡》1924 年 12 月 26 日

1925 年

恭贺各界新禧

中国红十字会无锡分会同人鞠躬。

原载《新无锡》1925 年 1 月 1 日

兵燹声中之红会（一）

夏历十二月二十四日，齐部溃兵到锡后，马路商场即惨遭焚掠。迨二十六日晚间，邑人华艺三、邹同一、陈尔同、孙见初等诸君以溃兵骚扰已达极点，城防虽有商团、消防队等尽力维护，但城外人民恐慌已极，红会职员势难坐视不理，于是遂商决将红会实行恢复。首由邹君同一、钱君子泉各捐银五十元为开办费，翌日设事务所于四乡公所，并开紧急会议，到者近百人。是时，上海红会救济队亦到，举定正、副主任华艺三、高映川，干事单崇礼，副干事长孙见初、沈锡君，文牍干事杨少云、邹同一、钱湘伯、陈湛如、刘干云、赵师曾、陶希诚、陈进立、张子明、王静安、孙孟阳，交际干事龚葆诚、顾筠谷、施赞臣、袁鸿超、蒋仲良、蔡季直、孙铭修、杨立人、秦笠范、吴林若、李伯埙、陶季程、华栋臣，会计干事王新宇、华少云、喻泽霖，庶务干事蓝仲和、杨树宽、陶原浩、余少梅、孙景仁、邹翰臣、杨絜厚、吴仲侯、沈俊千、潘家槐、张伯倩，驻办员陆鸿声等。议决设难民收容所于延寿司殿（以上收容东北难民）、南禅寺（以上收容西南难民）等两处，火车站干事员推定顾筠阁、施襄臣接洽，军队干事推定龚葆诚、徐元春、蒋仲良，城内难民集合处暂定第三师范、县立女师、翼中学校等三处，粮食归各仓厅借给。议毕即打电话至协济医院，请刘院长士敏就近至耀明电灯公司蒋经理室取红会钤记，并请刘院长护送至光复门口，以便缒城而入。不料刘院长甫在耀明公司将红会钤记取出，即被孙君复儒取去，设分会于协济医院，自此吾邑红会遂有城外、城内两机关之纠纷矣。（未完）

原载《新无锡》1925 年 2 月 24 日

兵燹声中之红会（二）

城内之会现无钤记，于办事上不无困难，即议决与上海红会、白会两救济队联合办理，并开会议决，救济先从城外入手，分南路、西路、北路三处。上海到锡救护人员声明，当先救护地方上与自己无关系人，牺牲自己家属亲友。举定单崇礼为总干事长，赵子范、顾翔九、李思三、侯绿垣、陈逸清、杨声初、杨树仁、沈叔良、许风华、蔡□存、章炳奉、顾伯赓等各队救护员，总计迭次救出难民一万一千余人，以上海为多数，荡口次之，湖州又次之，常熟一带又次之。各职员靡不实心任事，令人可敬。临时掩埋队举定王晋禄为队长，率队员十余人在车站、惠山、钱桥、周山浜等处掩埋尸体二百余具。既而王君辞职，即推丁君锡培继其任云。

城外之会则于二十四日晚间仓猝组织，由孙君复儒为分会会长，刘君士敏为理事长兼治疗主任，会所即设于光复门外协济医院，设治疗总机关于院中，并设妇孺收容所十数处，治疗伤兵、病民甚多，救济难民亦不在少数。每日供给饭食，其后并将难民装运至上海，城外人民赖以得避危险者均感孙、刘二君之热心毅力为不可多得云。

原载《新无锡》1925 年 2 月 25 日

孤城八日记（五）

二十七日：是日已为商团消防队守护孤城之第四日，城外乱兵则已饱掠三日三夜。……

城外人民既受乱兵之抢掠，身家财产尽付东流，于是只可逃亡乡间躲避。不料乱兵众多，此去彼来，致逃难者仍被抢劫，甚至第一分所后面之逃难小船亦有被抢者，于是城外人民更觉遍地荆棘。幸有红十字会四出救济，得以苟延残喘，未遭沟壑锋镝之惨，而城内人民则因城外各处连日焚掠，其惊怖之状尤甚于前三日云。

……

原载《新无锡》1925 年 2 月 25 日

红会纠纷记（一）

本邑红会分会之纠纷，本报记载红会新闻言之不详，此中经过外间知者甚鲜，兹就探问所得志之，以告阅者。

城内分会因钤记无着，在事实上不能办理救护事务，城外分会因未经总会承认，故亦不能招收正会员及普通会员，以致报名入会者领不到徽章、证书，此当日双方无益之实在情形也。

迨齐军到锡之第三天，城内分会即派本会正会员徐元春缒城出外，就瑞昶润栈房设立临时治疗所，又在乾甡丝厂组织收容所，即请徐元春为治疗所主任，葛菊人为收容所主任。城外分会亦在协济医院、清真寺、景德堂等处设立临时治疗所。双方实心任事，救活伤兵难民不少，身受其惠者莫不感之。

翌日，徐元春从齐部高旅长处领得布告及通行证若干，事为城外分会所悉，即由孙君复儒率伤兵两名，携械至瑞昶润指徐为冒领，向索布告、通行证。徐见孙君声势汹汹，即从电筒中报告城内分会，复由华主任电请侯惕丞警佐及谢少静君就近调处，卒被孙君取得布告十张、通行证四纸而去。

既而城内分会又探得城外分会有出售袖章、胸章（即印布）情事，并有人报告城内分会，谓袖章售价每个十元、十五元、二十元不等，胸章每个五元、十元不等。至究竟有无其事，记者身居局外，未敢断定，但知上海总办事处已据正式分会之报告，电请县署吊销城外分会主持人孙复儒、刘士敏、缪少卿等三人之徽章、证书，时在夏历正月初三。徐知事既已潜逃，林知事尚未复任，于是此案遂搁。

阅两日，有蒋麟阁、钱鼎奎等在县署刑诉孙复儒等诈欺取财，徐元春、葛菊人等又以受害人名义刑诉孙复儒等强暴胁迫对方，闻之即出奇制胜，呈请师警备司令（兰亭）加以保护，师司令允之，遂训令县署维持该会。而城内分会则以孙等出售袖章实已违背万国公法，师司令未明原则，遽予令县维持，认为不合，即派妥员赴申报告一切。总办事处据报后，立即电致卢宣抚使、韩省长、张军长等，请求令县严办，此当日双方夺斗之实在情形也。

卢宣抚、韩省长、张军长等既据上海总办事处之电告，立即训令县署依法究办。林知事奉电后，随签票传两造到案集讯，庭期为二月二十八日（即明日）云。

原载《新无锡》1925年2月27日

孤城八日记（八）

二十九日，上海来锡之白十字会及本邑红十字会在老北门梨花庄广勤区王巷上东门外一带救出妇孺八千余人，分别收容于乾甡丝厂、豫康纱厂、泰隆面粉厂、仁昌丝厂等处。午刻分批送往上海、湖州、荡口、常熟等四处，城内红会更将各慈善家所捐之银洋、食物由光复门缒出，送往收容所供难民之需。

原载《新无锡》1925 年 2 月 28 日

红会纠纷记（二）

红会职员蒋麟阁、钱鼎奎等刑诉孙复儒、刘士敏、穆（缪）少卿等诈欺取财，徐元春、葛菊人等复诉孙等强暴胁迫两案，昨为庭讯之期，据法警郭兴、陆英言，被告孙复儒前晚尚面允届时一准到庭，讵昨复往传孙与缪少卿，已乘早车赴沪，其家人言，孙君接上海来电，因有别种要事，不得不去，业已投递声明状，请展缓一星期等语。去警无奈，只得据情回报承审员徐柏铭，以孙君等临讯不到，而告诉人方面又认为法警办公不力，即在传票上加抗传即拘字样，命法警再至协济医院拘传时，医院长刘士敏适为伤人施手术治疗之际，未便执行，只得再行回报。告诉人方面遂要求片面开庭，徐君准之。下午五时许，由徐君开庭讯问点传告诉人蒋麟阁、李成基。蒋君略称，查红会章程，须职员方有袖章，会员无之。被告自劫夺钤记之后，即滥发袖章，不但违背章程，且以袖章售卖银洋发生诈财行为等语。随将孙君等所发会员袖章四枚及朱福明、宋楚珍致城内红会两信呈验，并云：红会得悉被告人有以上情事，曾请警察所出示布告，朱福明等以袖章失效，大起恐慌，遂具函来会，又被告所刊征信录中陈尔同助洋二百元亦非陈自愿捐助，可以查讯。至劫夺钤记之经过情形，请问赵师曾及耀明新记公司听差阿全便知备细。次讯李成基有无陈述，李云无，徐君遂点传陈尔同。

陈君先述本邑办理红会之经过，继称十二月二十七八日被告来电话要捐洋千元，否则恐有意外事故，后来付与二百元，由葛菊人过付，抢夺钤记一事未知其详。

次由赵师曾陈称，红会定章各事均由理事长主持，以故本邑红会钤记归蒋（哲卿）理事长保管，藏在耀明新记事务所蒋君办公室内，师曾当奉华（艺三）副会长之命，在光复门警卫所打电话至耀明新记，命听差阿全将钤记送至城下縋入城中应用。阿全因路上尽是苏兵，一见即剥取衣服，不敢出门，当以协济医院近在左邻，医院中有卫兵四名，院长刘士敏又系红会职员，故即电托刘君带同卫兵至耀明，将是项钤记保送至城下。不意刘君抢夺而走，口称城内如须应用，可即送来加盖，孙复儒未曾到场等语。阿全所陈与赵君大致相同。讯毕，徐君云此案既经司法审理，当然依法进行，被告抗传不到，准即改传为拘，告诉人可以无须督促。蒋君将被告发出之会员袖章及朱福明等两信呈案备查，与李、陈诸君退出。

徐君再理徐元春一案，据徐君陈称，十二月廿四日，齐军到锡，秩序即乱，元春奉华副会长之命，于廿六日縋城而出，至瑞昶润茧栈设立临时伤兵治疗所，复在乾甡丝厂、乾益茧栈及东门外义昌丝厂设妇孺收容所。廿七日向齐部高司令取得布告四张、通行证五十枚，讵为被告所知，忽于廿九日由孙复儒、刘士敏二人带同苏兵四名至治疗所指元春为假冒，坚索布告、通行证，否则枪毙，声势汹汹，无可理喻。后由严伯寅从中调停，给予布告一张、通行证十枚而去，以致义昌丝厂之收容所不能成立，东门外一带妇孺流离失所，言之可惨云云。徐君亦令退去，静候依法解决，谕毕退庭。

原载《新无锡》1925 年 3 月 1 日

孤城八日记（九）

乙丑元旦：旧俗元旦，商店皆别有一种气象，本日则城厢内外寂无声息，所闻者西北门外时时溃兵所放之枪声。迨上午九时许，国军右翼已抵舜柯山，齐部亦准备对抗，于是枪炮之声杂作。是时，城内商民人等知国军已至，解围有日，莫不私相告语，额手称庆。

……

上海来锡救护第一队队员许、蔡二君曾往司令部交涉，将空车护送难民赴沪，一面向上海同乡会报告灾情，请求多放船只。午间，司令部拨与空车二辆，救出避难妇孺三百余人，由许凤华、蔡适存、杨声初、顾伯赓等护送赴沪。十二句钟时，有人见常州方面开来轮船一艘，后挂拖船，满载兵士，驶入惠山浜而去，想系洛社方面之中路齐部调赴左翼作战也。

……

原载《新无锡》1925年3月1日

宋楚珍启事

鄙人前因城外无锡红十字会办理慈善，颇著劳绩，爰特自愿捐助洋十元，并无将袖章卖买等情。事实贵求真相，不能代城内红会凭空作证。爰特登报声明，诸希公鉴。

宋楚珍谨启

原载《新无锡》1925年3月4日

红会纠纷记（三）

红会职员蒋麟阁等诉孙铸即孙复儒、刘士敏、缪少卿劫取红会钤记诈欺取财，徐元春等又诉孙等强暴胁迫两案，蒋君等因被告临讯规避，请县署改传为拘。承审员徐柏铭亦以孙君等两传不到，准即改出拘票，定五日下午开庭审理。原告方面之片面陈说已载一日本报，昨日下午孙、刘、缪三君随票到县。四时许，仍由徐君开庭。先传孙铸，讯问年龄、籍贯、职业，继讯红会钤记。孙君略称：民九澄锡战事之后，由上海红十字会总办事处颁来时，刘士敏之父刘锡泉（燕亭）尚未去世，被推为筹备主任，钤记归主任保管，存于协济医院。去秋江浙战时，由刘士敏送去，当经公推孙鹤卿为会长，华艺三、高映川副之，蒋哲卿为理事长，办理医伤救济事宜。迨战事结束，钤记即存于四乡公所，归孙鹤卿保管。惟本邑医院如普仁、如大同均在城内，城外仅协济一处。十二月二十一二日，齐燮元部下已有伤兵送来收容，稍迟即遭呵骂。廿四日闭城之后，城外各处遍地皆兵，抢掠奸烧，不能尽述，而送至协济之伤兵则愈来愈多，城外居民亦纷至协济医院避祸，并要求设法维持。廿五日，由刘士敏打电话至城中，则孙（鹤卿）已赴申，蒋（哲卿）亦不在，再电四乡公所，则称城内不办红会。其时众伤兵咸欲进城就医，当以城防重要，万不能听伤兵进城，多方劝慰而止。至廿六日，钤记业已送来，经费又由瑞昶润葛菊人送来一百元，大有栈汪定发、乾甡丝厂孙祥顺各送来一百元，于是旧会员遂公推孙铸为会长，缪少卿为副会长，刘士敏为理事长，手续上虽不完备，但其时城闭铁路断电报不通之际，事实上亦万难完备等语。徐君问："钤记何日启用？"答："二十七日。"问："发出袖章几何？旗帜若干？"答："袖章五百余枚，连胸章在内，旗帜五六十面，均有底簿。"问："每枚作价几何？"答："此系各人自愿捐助，并非作价。故有捐助而无袖章者，亦有有袖章而不捐助者亦有之。"言时即将征信录及报纸等呈验，谓："共收二千数百元，共用一万五千余元。如薛南溟先生因工厂须用袖章，共来索去一百数十枚，葛菊人亦取去十余枚，薛君随后送来二百二十四元，因征信录业已刊就，故未列入。至原告所提朱福明、宋楚珍二人，现宋已登报声明（见本报广告），陈尔同所称勒捐一节，陈始终避居城内，有薛南溟先生可以询问。总之，应请庭上注意者：（一）原告初向警所报告刘士敏劫取钤记，呈文中又谓刘士敏、孙铸、缪少卿劫取钤记，前后矛盾；（二）请向警所吊（调）卷查核，城外红会于警所出示后，曾具呈请转告华、高二副会长出城接办，足见我等之办理红会乃实逼处此也。"徐君又问："何以必须用会长名义？"答："不如此不能与军人接洽。"问："钤记究竟如何取来？"答："此事须问刘士敏。"徐君即命退立于旁。次传刘士敏讯问钤记情形，答民九夏间，由其父纳洋七百五十元向上海领来，此次推举会长等，系照去秋推举孙、华、高先例，均未票选，同一不合红会定章。问："原告谓钤记是尔在耀明新记听差阿全手内劫夺的，究竟如何？"答："劫取钤记乃他们（指原告）所说，何能轻信？其实是送来的。"问："送钤记者为谁？"答："其时我在治疗室中，未曾目见，钤记送交医院账房的。"问："十二月廿五之电话打与谁人？"答："华艺三、陈尔同均说城内不办，当时我且问城外无钤记，奈何？华君等谓可以想法，次日即行送来。"问："会长等是否临时的？"答："是。"问："既是临时的，何以公文中无临时字样？"答："我等拟于结束后召集大会正式票选，盖因孙、华诸君亦系临时的也。"继述廿六日下午曾有双挂号信报告上海总办事处等语。徐君云："无论如何，手续上终不完备。"刘称："若在平时，不问何人，均能依照手续循序进行，其时我等所处地位危险已达极点，尚能依照手续从容办理也。”

次传缪少卿，供词大致相同。徐君嗣问：“尔等既于廿六日函报总办事处，何以上海来函要取消尔等的会员资格?”缪答：“我等已向总办事处严重诘问，据章总理事长答称，信到已迟，至葛菊人送来之二百元，系我经收。”等语。后问徐元春所诉一案，缪称更无其事，我等自己领得，何必强夺，况布告有实贴某处字样，通行证注明姓名，不能张冠李戴，时孙铸即将第一军所给之通行证呈验，旁有会长孙铸字样。徐君复问：“据徐元春言，尔等夺去者为义生丝厂之布告。”缪称：“义生丝厂为我们所设之收容所，由我亲自送去白米十担，又雇大船四只，满载妇孺送往荡口安置，一查立明，更可无用分辨。”讯毕，徐君云：“今日所讯者纯系刑事问题。尔等推选会长、理事是否合法，与钤记是否劫夺，捐款人是否出于自愿，有无欺骗行为，统俟查明办理。惟因尔等屡传不到，须各觅店保，以后可随传随到。”孙君等唯唯称是，即宣告退庭。孙君退出后，意欲往见林知事，适林君因公他出，即命原警郭兴云：“我等因无钱购买状纸，情愿因公受辱，尔可进内回复，请承审员立写收签，将我等收押吧。”原警无奈，只得据实回复。徐君乃复命开庭，谓孙、刘、缪三人云：“此乃法律规定，不得不如此。尔等如无保人，可各缴保证金五百元，否则惟有收押。”孙君云：“保人是有的，不过我与士敏身无半文，惟缪少卿有铜元七枚，不敷买状之用，可否请饬卖状处暂行记账。”后经徐君准其出城取钱，再来购买保状。旁听者以孙君语颇滑稽，莫不哂笑而散。

原载《新无锡》1925 年 3 月 6 日

红会纠纷记（四）

内原外被各具理由之红会讼案，自经县公署两度片面开庭后，外间即有一种不偏不倚之舆论，谓城外红会之治疗伤兵、救护妇孺固未尝无功，而城内红会之会同白会救护难民亦未可厚非等语。现悉此案已由县署订于今日覆讯，至时舌剑唇枪，各逞强词锋，定有一番辩论也。

原载《新无锡》1925 年 3 月 14 日

红会纠纷记（五）

城内外两红会纠纷涉讼一案，经县公署定于本月十四日下午一时开庭，审理详情已四纪本报。昨日被告方面孙铸、刘士敏、缪少卿三人遵传到县听候质审，而原告蒋麟阁、徐元春等又赴沪未归，由原警郭兴、陆英据情呈复，声请展期。徐承审员以原告既因事未到，此案无再片面开庭之理，即命孙君等回归候再定期传审。

又中国红十字会上海总办事处前据城内红会报告，曾转函本县，有取消孙、刘、缪三人会员资格之说。兹经该处派员来锡调查双方真相，知城外红会组织于仓猝之间，手续未免欠缺，但治疗伤兵、救济难民，其功亦不可湮没。故已力任调停，劝令双方自行让步。一面致函本县林知事，请将诉讼暂缓进行，俟调解后再行函请核办。原函谓：前据无锡红十字函称，敝分会职员医士孙铸、刘士敏、缪少卿等劫夺分会图记、价卖袖章等情，请转函宣抚使、军长、省长饬县依法严办一案，当经据转去后，前经双方调查，虽事属错误，手续欠缺，现本处姑念同办慈善事业，已饬令双方自行遵让，毋相争执，以维危局，而广善缘。相应先为函达冰案，传知两造，暂停审讯，一俟本处互相调解后，应如何办理之处，再行函请贵知事核办，具纫公谊云云。闻者咸谓既经上海总办事处出任调解，此案或不难打消矣。

原载《新无锡》1925 年 3 月 15 日

普仁医院新消息

城内南市桥普仁医院附设之看护学校，所招女生大都为高等女学校毕业生，故自授课以来，进步甚速。现闻第一届看护生华梅芬、华瑾、许藻恩等已届毕业之期，特由薛尔寿校长订于今日下午三时，在该院礼拜堂内举行第一次看护生毕业礼，欢迎各界观礼，并备茶点招待来宾，昨已遍发请柬邀请观礼矣。

原载《新无锡》1925 年 3 月 16 日

普仁医院看护生毕业志

昨为普仁医院看护学校举行第一次看护生毕业之期，下午三时在该院礼拜堂举行，到中西男女人士百余名，由圣公会会长杨四箴主席，西教士薛小姐奏琴。先由院长李克乐会长、戴尔及李师母、戴师母、李小姐、本院医生施亦临、谭述谟、吴士胜、药剂师曾芝珊等来宾入席，然后唱赞美诗。祷告毕，即由戴尔操华语演讲圣诗第十三章（爱是无可比的）一节。次由校长薛尔寿小姐报告毕业生华梅芬、华瑾（以上女生）、许藻恩（男生）之略历，并云业经上海全国看护联合会考验合格等语，遂由李克乐院长给凭。次由杨四箴君介绍前约翰大学附属青年学校创办人、现任苏州圣公会会长吴福基君登台演讲，讲毕，同唱中华民国赞美诗而散。

原载《新无锡》1925 年 3 月 17 日

可怕哉酿疫之媒介

去年阴历年底，城外红会所收之齐部伤兵多至千余人，其中疗治痊愈者固然不少，而伤重毙命者为数亦甚可观，加以齐军司令部枪毙之乱兵等，当因棺木一时难觅，即藁葬于西村里一带之荒塚间，掘土甚浅。前日县警察所因抢掠江阴典当之苏兵周凤瑞经三十二旅司令部讯明口供，执行枪毙以后，复行枭首，其首级悬挂光复门外示众，业已三天期满，特派值日警二名前往取下，妥为埋葬。该警等初时拟将首级与尸身合置一处，嗣以该犯棺柩远在西门外吊桥下坛坟上，时已薄暮，恐其不及，即持往庆陞戏园附近荒地上掘土掩埋。不料甫锄两下，土内即发见一死人脚，急掩之。复锄他处，又见一尸，仍为覆掩。至第三处始得将该首级掩埋，返所覆命。目今天时渐热，蝇蚋之属将乘时滋生，而此酝酿疫疠之媒介，不知该处土内共有若干具，他处有无同样之藁葬尸体？深望邑人加以注意，为地方谋公众卫生，此实记者馨香祷祝者也。

原载《新无锡》1925 年 3 月 22 日

战后之公众卫生谈

去年阴历年底，在吾邑伤亡之兵士人数众多，红会不及从容掩埋，兼以缺乏棺木，往往将尸体藁葬于坟头荒垄间，掘土甚浅。日前因掩埋抢犯周凤瑞之头颅，连锄三处，发见尸体二具。夏令转瞬即届，尸体溃腐，足为疫病之媒介，是诚吾邑公众卫生前途之殷忧也。本报业于前日揭载此事，促邑人之注意。旅苏邑人钱君钟亮阅报得悉此事，亦认为应从事补救，以重公众卫生，昨特致函本报发表意见，兹照录原文于下：

《新无锡》报馆转阖邑人民均鉴：苏省不幸两遭兵燹，此届祸乱澄锡尤甚。值兹大局粗定，而于善后事宜如调查、赈济、清乡均见次第举办，诸公关心民瘼，甚佩荩虑。惟大兵之后每多疫疠，诚以尸体腐败是其媒介，万一发生，患将何堪？乃昨阅邑报载，西村里荒塚间因掩埋尸首，甫锄两下，土内竟有尸肢发见，似此情形，将来酿成大疫，可以无疑，阅报之余，不禁悚然。念事关全邑生命，岂敢漠视，负其责者固属当局，而发抒意见，端在吾侪，尚望就近请善后局、警察所加以注意。查红会掩埋该尸时，既未加标识，目今似应勘明地址，重行掩埋，即或不然，亦当重覆泥土，一届夏令，尤宜播以石灰，必使处置得法，而后疫疠可免。钟亮不忍乡那（郡）之再罹疫病，故虽侨居苏垣，而此心耿耿，深望邦人君子亟起图之。临颖依依，无任拜祷。

旅苏钱钟亮敬启

原载《新无锡》1925年3月26日

战后公众卫生之福音

本邑承兵燹之后，死亡兵士大半藁葬坟头荒垄间，经历日久，雨琳（淋）泥松，尸体势将暴露。夏令将至，公众卫生实堪殷忧，本报已一再提出此事，促邑人之注意。兹悉松江县公民朱忠诚、王道安等，近以该县藁葬兵民尸体时有暴露，已代电省署请求通饬战地各县知事查勘死亡兵士藁葬处所，雇工领泥，以重公众卫生。业经省署将原电交由赈务处分电各县查照。本邑县署昨已接奉此项代电，原文略谓：准省署交据松江县公民朱忠诚、王道安代电称，松邑两遭兵劫，民兵惨死，红会就地掩埋，既鲜桐棺，仓猝势难深埋。雨淋泥松，尸都暴露。现届春令，地气上升，尸体腐烂，臭气蒸发，人在气交之中感触之，易发生传染病。松地如是，其他可知。求恩预防疫疠，令行各战地县知事泽及枯骨，照会市乡公所，查勘旧新埋处，即拨款或募捐，先行雇工领泥（挑高三尺为度），以重卫生，死者有知，结草衔恩等语。县署奉电，业于昨日分函警察所、无锡市公所、无锡红十字分会请查照办理矣。

原载《新无锡》1925 年 3 月 27 日

《锡报》上的红十字

1924 年

李克乐病愈回锡

南门圣公会普仁医院院长李克乐，于六星期前偶患肠炎，亦名烂（阑）尾炎，即俗称盘肠痈之症象。势颇沉重，幸发觉较早，经上海同仁医院医生李君同学某医生处诊治，割治痊愈，遂至莫干山养息。刻下李君身体复元（原），定于今日上午由沪返锡，照常应诊云。

原载《锡报》1924 年 8 月 15 日

组织红十字分会定期开会

中国数千年以来，从无所谓红十字会者。近数十年兵连祸结，枪林弹雨，血肉狼藉，慈善之士于焉悯之，因于上海创办红十字会者，设立医院，专医交战时受伤军士。嗣后各埠分设，邑人陈尔同、刘士敏等三十人，亦曾与上海总会接洽，从事组织，以事平不果。近以江浙风云日益险恶，特组织进行，决于锡地设立分会，现已定于本月二十七日上午十时开成立会。兹录其分会启事如下：

迳启者，中国红十字会创始于上海，分立于各埠，本邑由尔同、士敏等三十人，于昔年与沪会磋议在无锡设立分会，早将基本会费七百五十元汇缴总会，并经总会颁发图记，后因事平，迄未实行。近日报载江浙风云日趋紧张，本邑地滨太湖，吴越接壤，对于分设红会一事，实为有备无患之举。尔同等特发起组织，除由尔同与沪会接洽外，先假瑞昶润茧栈设立分会，并借瑞昶润隔壁长康里空地搭盖棚屋，筹设临时医院。兹定于八月二十七日（夏历七月二十七日）上午十时在瑞昶润茧栈开会，照章公举正、副会长及干事，如有愿意入会者，请至瑞昶润茧栈取阅章程，随时报名，共策进行。

此启

发起人陈尔同、刘士敏等三十人，赞成人薛南溟、孙鹤卿、杨翰西、华艺珊、蔡兼三、高映川、蒋遇春、李克洛、邓范卿、王克循、单绍闻、钱孙卿、华叔琴、冯云初、杨拱辰、蔡有容、江焕卿、王恂安等一百余人。

原载《锡报》1924 年 8 月 26 日

中国红十字会无锡分会简章草案

中国红十字会无锡分会，现因江浙风云日趋险恶，组织分会势不容缓，业经择定本月二十七日上午十时，在瑞昶润茧栈开成立会，其详已志本报。兹特将中国红十字会无锡分会简章草案照录于后：

第一条　本分会经中国红十字会总会之认可，并依据总会组织分会章程，呈准本省军民长官立案，保护办理，定名曰中国红十字会无锡分会。

第二条　本分会依据总会组织分会章程第十二条，应办会务如下：（一）遵守海陆军部定章程暨当地临时军司令官命令，协助医队救护病伤军民；（二）筹募款项，设立医院，造就医学人才，置备医务材料，并预备赈济当地水旱偏灾，防护疫疠及其他危害之慈善事务。

第三条　本分会设会长一人，副会长二人，理事长一人，理事十三人，资产监督三人，文牍员二人，会计员二人，书记一人，均以三年为一任，连举得连任一次，前项职员统由本分会议事会选举之。

第四条　本分会设议事员十二人，组织议事会，其职权如左：（一）审查本分会预决算；（二）议决会员入会之准否及除名；（三）选举本分会会长及各职员；（四）议决本分会临时重要事件。前项议事员由本分会会员大会用记名单记法选举之，以得票多数者为当选。

第五条　议事员之任期以三年为一任，但第一届之议事员于当选时，应抽分为三班，每年改选一班，以后任期一律三年。

第六条　本分会会员无定额，区分为下列三种：（甲）凡纳会费二十五元者，推为正会员；（乙）凡纳会费二百元以上者，推为特别会员；（丙）凡纳会费一千元以上者，推为名誉会员。前项会员之入会，须经会员二人之介绍。

第七条　本分会惩罚奖励等，悉依总会规定组织分会章程办理。其他未尽事宜，并依总会章程办理。

第八条　本简章由本分会议事会议决实行，修改同。

民国十三年八月二十六日

原载《锡报》1924 年 8 月 27 日

中国红十字会无锡分会成立志

江浙风云日紧，本邑地方人士深恐战祸一开，前敌兵士或有病伤，理应协助看护，且地方妇孺不明战事真相，异常恐怖，尤须随地救济，特于昨日午前十时在光复门外梁溪路瑞昶润堆栈，集合本邑昔年已加入中国红十字会会员，组织中国红十字会无锡分会。除本邑原有会员三十人外，当场签名，经会员公决加入者一百人（共计已有会员一百三十人）。首议无锡分会简章，略有修改，即行通过。旋经依据分会简章，推举议事员长、副议事员长各一人，议事员二十三人，并推定会长、副会长、理事长、副理事长、理事、文牍、会计、交际、庶务等各职员（名单列下），散会时将及下午二时。当晚，各职员分头组织会所、办事处、医院、医队、看护场、留养所等事务，闻均已略有头绪，定于今日上午成立办事处，正式报告总会成立一应手续。至昨日加入各会员之徽章，闻已当夜派员驰赴上海总办事处缴费领取。兹附录中国红十字会无锡分会职员名单如左：会长孙鹤卿，副会长华艺珊、高映川，理事长蒋哲卿，副理事长陈尔同，理事陈湛如、吴侍梅、冯云初、程敬堂、孙见初、李克乐、沈锡钧、孙应高、葛菊人、蔡有容、杨拱辰、王恂安、程炳若，文牍主任钱湘伯，文牍员王启周、陈进立，会计主任施企彭，会计员王翰申、陈尔榆，交际主任严伯寅，庶务主任薛明剑，庶务员李石安、张子明，议事长薛南溟，副议事长华叔琴，议事员杨翰西、荣德生、蔡兼三、蒋遇春、单绍闻、王克循、唐保谦、戴鹿苓（岑）、唐水成、方寿颐、张趾卿、江焕卿、钱镜生、杨干卿、赵子新、夏伯周、杨少云、顾彬生、苏养斋、秦效鲁、钱孙卿、王俊厓。

中国红十字会鉴于江浙风云日急，无锡地当冲要，急宜设立分会，特于日昨（二十七）组织成立。兹闻伤兵收容所设在第三师范，该校除附属小学照常于本日开学外，已准将师范房屋之一部分借用，并将留校学生组织看护队，任临时看护事务。所有借设情形，已于日昨飞报省署教育厅，并函知无锡县署查照云。

原载《锡报》1924 年 8 月 28 日

中国红十字会无锡分会通告（存目）

原载《锡报》1924 年 8 月 29 日

中国红十字会无锡分会开始办事

中国红十字会无锡分会于前日开会组织成立等情已详志本报，兹悉该会即于昨日开始办事，除呈报地方官厅函电报告上海总会外，并通电国内各报馆分函本邑医学会及普仁、大同、协济三医院，协商进行事宜，订于今日召集职员会讨论一切。兹将该会发出函电文稿分录如左：

红十字分会成立通电：《锡报》转各报公鉴：江浙战云突起，本会应时势之需要，于感日组织成立。举定孙鸣圻为会长，华文川、高汝琳为副会长，蒋曾燠为理事长，陈寿章为副理事长，即日筹备协助救护伤病兵士及救济当地居民避免危害等事务。设会所于车站救火联合会内，假通运桥东瑞昶润堆栈楼上为办事处，除报告总会并通电各报馆外，特闻。中国红十字会无锡分会。勘。

复无锡医学会函：迳启者，接准大复，收容负伤军民，由普仁、大同、协济三医院酌量担任，至救护所治疗事宜，由贵会各医士分任。惟救护队应由敝会另行组织办理等情，除关于临时医院事宜，迳由敝会直接函商普仁、大同、协济三医院外，至救护所治疗应用药品，应请贵会担任治疗。各医士准明日下午七时驾临敝会办事处，赐教一切，以便预备相当药品。所有救护队，敝会自当另行组织，惟遇有医务上之必要时，仍希随时酌量协助，俾资因应。(下略)

致普仁、大同、协济三医院函：迳启者，准无锡医学研究会函开："准贵会函开：'江浙风云日紧，所有组织医院、医队等重要问题不得不先事准备，以免临事仓皇。'等情，准此。敝会当即召集全体会员共同讨论，佥以事关慈善，同人理当共襄盛举，决由普仁、大同、协济三医院担任临时救护医院事宜。"等情到会。敝会查贵医院热心救护，望（注）重人道，无任钦佩。敝会愿宏力薄，诸赖赞襄。现经决定请贵医院担任敝会第一临时代用医院事务，除先奉预备药品扩充临时病房等津贴洋一百元外，所有将来救护医院伤病，与敝会临时各医院，比较号数多寡，再行酌量补助，聊分负担。至贵医院原有病房暨临时扩充处所，尽量究能容纳伤病额数若干，至祈示复，俾资稽考，而便分配。院名木牌暨开办津贴费随奉，复旗帜俟总会发到另送。(下略)

致普仁、大同两医院院长函：迳启者，敝会函请贵院担任第一、二临时代用医院各节，谅已察入，所有临时代用医院院长职务，祗恳执事担任。至关于医院外救护所治疗事宜，虽经无锡医学研究会医院外各医士合力担任，尚祈执事随时指教，藉资南针。敝会已订于明日下午七时在敝会办事处约集各医士商量救护所治疗各问题，务盼拨冗驾临，俾亲教益，跂祷无似。此请李克乐、华景奭先生惠鉴。中国红十字会无锡分会启。

通知当选职员：迳启者，本会于本月二十七日，依据中国红十字会总会章程组织成立，除电函报告总办事处外，查先生被举为（某某职员），兹特附奉职员名单，并本分会简章各一份，请即察照为荷。（下略）

召集第一次职员会通知：迳启者，兹定于本月二十九日上午十时，在本处开第一次职员会议，商量进行事宜，务请拨冗驾临，千万勿误。此上某某先生台鉴。中国红十字会无锡分会办事处启。

原载《锡报》1924 年 8 月 29 日

中国红十字会无锡分会简章

第一条　本分会经中国红十字会总会之认可，并呈准本省军民长官立案，保护办理，定名曰中国红十字会无锡分会。

第二条　本分会依据中国红十字会分会通则第十七条，应办会务如下：（一）战时应遵守海陆军部令暨当地临时军事长官命令，协助医队救护伤者病者，并救济战地居民出险；（二）平时应筹募款项，设立医院及医学校，造就医学人才，置备医务材料，并预备救济防疫及其他慈善事业。

第三条　本分会设会长一人，副会长二人，理事长一人，副理事长一人，理事十三人，资产委员二人，均以三年为一任，连举得连任一次，前项职员统由本分会议事会选举之（第一次暂行推举）。

第四条　本分会设议事员二十四人，组织议事会，其职权如左：（一）审查本分会预决算；（二）议决会员入会之准否及除名；（三）选举本分会会长及各职员；（四）议决本分会临时重要事件。前项议事员由本分会会员大会用记名单记法选举之，以得票多数者为当选，第一次议事员暂行推举。

第五条　议事员之任期以三年为一任，但第一届之议事员于当选时，应抽分为三班，每年改选一班，以后任期一律三年。

第六条　本分会会员无定额，区分为下列三种：（甲）凡纳会费二十五元者，推为正会员；（乙）凡纳会费二百元以上者，推为特别会员；（丙）凡纳会费一千元以上者，推为名誉会员。前项会员之入会，须经会员二人之介绍。

第七条　本分会惩罚奖励等，悉依总会规定分会通则办理。其他未尽事宜，并依总会章程办理。

第八条　本简章由本分会议事会议决实行修改。

原载《锡报》1924 年 8 月 29 日

中国红十字会无锡分会启事

本分会仓猝成立，愿宏力薄，所有救济各事，诸赖各界赞襄。吾邑不乏乐善君子，倘蒙慷慨解囊，集腋成裘，本分会谨代蒙难黎庶九顿首以谢。专此吁恳，统希谅鉴。

中国红十字会无锡分会会长孙鸣圻，副会长华文川、高汝琳，理事长蒋曾燠，副理事长陈寿章谨启

原载《锡报》1924年8月30日

红十字会治疗会议记

中国红十字会无锡分会，昨日下午七时，召集医学研究会各医士开治疗会议。到会者有王海涛、刘士敏、卫质文、秦秉衡（以上皆医学研究会会员）、王颂芬、高时良、施亦临、华寿歧等（以上为旁观）。由蒋理事主席，李克乐理事亦出席与议，讨论治疗问题。会议结束，第一代用医院（普仁）允予收容伤兵二百名，第二代用医院（大同）允予收容伤兵六十名，第三代用医院（协济）尚未约定。次议购置药品问题，推定刘士敏君赴沪采办，八时散会云。

原载《锡报》1924年8月30日

红十字会进行消息

中国红十字会无锡分会业已开会成立，着手积极进行，其经过情形已迭纪本报。兹悉昨日三师校长陈谷岑、乙种实验校长邹同一等，于上午十时在三师开会，筹商组织妇孺安置所办法，议决于三师、乙实、县女师三校设立妇孺安置所三处。会毕后，陈、邹二君即至红十字分会接洽，报告三师可收容妇孺二百人，乙实可收容一百五十人，县女师可收容一百人。当经该会规定三师为第一妇孺安置所，乙实为第二妇孺安置所，县女师为第三妇孺安置所，并分函聘任三校校长为各该救济所所长，另函将会旗木牌送往各该校悬挂。

红十字分会自成立后，连日会员报名入会者，已有正会员一百余人，学生会员三十余人。该会业于前日派委会员陈尔榆赴沪与总会接洽，昨已回锡，领得会员徽章、证书一百五十份及电报免费执照等物。理事长蒋哲卿昨特发出通告，知照各职员及正会员，于今日上午十时起

赴会填写志愿书，以会费收条换取徽章、证书。一面并派员赴沪，续向总会领取正会员徽章、证书各五十份，普通会员徽章、证书各三十分（份），学生会员徽章、证书各二百分（份），以备分发。

又该会昨已将成立情形及正副会长、理事长履历通函各机关、各团体知照，并分函县公署、警察所、水警二区、军事盘查所知会，总会章程规定，每县只准设分会一处，详即查照，以免歧异。又另函第一、第二、第三临时代用医院（即普仁、大同、协济三医院）暨第一、第二、第三妇孺安置所，请将各该院所房屋材料填表报会，以凭转报官厅保护。

原载《锡报》1924 年 8 月 30 日

红十字会锡分会消息汇志

中国红十字会无锡分会昨日分函县警察所、驻锡水警第二区、军事盘查所，请予示禁私制红会旗帜，以维红会信用。函云：迳启者，敝分会所发旗帜、袖章均经盖有分会正式图记，至职员、医队等制服，除服色、帽袖金线、帽章、领章均经照章分别等差外，凡旗帜无总分会关防图记及穿用红十字会衣服者，非特敝会概不承认，且有碍红会信用，应请贵所迅赐示禁，俾资识别，而便保护，至纫公谊。（下略）

又红十字会锡分会昨日分致会长、副会长、理事长、副理事长通函云：迳启者，顷接中国红十字会总办事处函开："据报公举孙鸣圻为会长，华文川、高汝琳为副会长，蒋曾燠为理事长等情。本处当即照章交常会审查合格，自应变通承认，请即由贵分会查照，分别转知诸君就职任事。除汇报外内陆海军部暨江苏督军省长立案保护外，相应布复，即希惠照。再通知书，前年大会未经规定格式，暂以函行之，并附达。"等因到会，相应转函台端，即希查照为荷。（下略）

红十字会锡分会昨日在东门延寿师殿启明学校设立第一分办事处，函聘冯云初为分办事处主任，复函聘大同医院医生金子英为伤兵救护队队长，并于竞志女学设立第四救济妇孺安置所、县一高小设立第五妇孺安置所、县二高小设立第六妇孺安置所云。

原载《锡报》1924 年 8 月 31 日

国事纪要——避难者之地方情形谭

江浙战事问题发生以来，苏、常各属，军队拉夫，到处骚然。昨据各处避难者所言，于各处地方情形之紊乱可见一班（斑）。函为转录，以供众览。

常州：常州居沪宁中心，在商业上言远不敌无锡、苏州，但在用兵之际，亦视为重要地点之一。自苏方布置军事发动以来，常州方面即受影响。最初将原驻陆军及警备队调防宜兴及各要隘，次则由宁开到多数军队，地方受此影响，遂不免大起恐慌。域内西瀛里、青果巷、麻巷由西至东大道，至是遂为必经三路，军队日夜往还，络绎不绝。居民见此，益形惶急，稍有资产者纷纷迁避，目下城中徙迁一空，所遗者都系中产阶级以下之家。商业因此停滞，且恐军士强买滋扰，大都闭门休业，无形罢市，萧条景象较旧历新年为甚。军队拉夫封船，强令服役，即一般劳动者亦宁忍饥苦，避居不出。交通方面遂生阻碍，平日由城中心至火车站，人力车只须二角左右者，今已涨至一元以上，肩舆则在两元以外，且有备价而遍求不得者，缘车舆自火车站空乘回城，辄被军队拉去。常州本有红十字会在福音医院，兹恐战事爆发，已分设妇孺收容所及疗养院多处，由常州分会长王完白及地方士绅分别主持。自前日起，凡由城中往火车站者，行经北门，均被军队拦阻，非有红十字会及军队凭证，概不许出城。居民啼叹怨号，惨凄情形为数十年所未有云。

……

原载《锡报》1924年9月1日

红十字会锡分会消息汇志（二）

红十字会锡分会于前日设立第一分办事处于东门外延寿师殿，函聘冯云初为分办事处主任，及分设六所妇孺安置所于三师、乙种实业、县女师、县一、县二两高小等情，已纪昨报。兹悉锡分会以邑境辽阔，第一分办事处偏于东隅，照顾难周，因于昨日复设第二分办事处于四乡公所。而于妇孺安置所亦极谋遍及，已商定市立女子职业学校为第七妇孺安置所，市立第一初级小学为第九安置所。并准医学会来函，决定治疗处甲组医队医长卫质文，医员朱缙卿、薛省庵、周仲克、秦秉衡、史惟达；乙组医长张季勉，医员许松泉、钱保华、陆陶庵、俞卓初、周槩士；甲、乙两组值夜医员华缙伯。又决定救护队第一队队长孙蟾卿，救护员陈克敏，第二队队长沈景华，第三队队长余宗祥，救济队第一队队长蒋仲良，第二队队长张公威，调查队队长严伯寅，掩埋队队长王晋六云。闻该会预定设立妇孺安置所十处，昨已规定安置所规则六条，照录如下：（一）入所以救济队符号为凭，非妇孺，虽持符号，所长有权拒绝；（二）入所不受所长及所员指挥约束者，所长得驱令出外；（三）持有符号入所之妇孺概不收费，安置之程度以不露宿、不饥饿为限；（四）所内责任由所长负责，非作战区域，至本县边境，并不经本会办事处承认，不得开所；（五）所内之设置由所长相度办理，开所时，由本会办事处预请临时军事长官分拨卫兵保护；（六）本规则未尽事宜，统由所长随时商承本会办事处办理。

日来报名入会者纷纷不绝，前在上海总会领得之红十字章照不敷分配，该会理事长蒋君于昨日复托上海银行汇申总会洋一千二百五十元，请领章照一百五十份，以备分给入会会员之需云。

原载《锡报》1924年9月1日

县署出示保护红十字会

县署据红十字会锡分会函报成立，请饬所属保护，特于昨日发出布告云：为布告事。案准中国红十字会无锡分会孙会长鸣圻函开："敝分会应时势之需要，于本月二十七日，依据中国红十字会分会通则组织成立。举定孙鸣圻为会长，华文川、高汝琳为副会长，蒋曾燠为理事长，陈寿章为副理事长，并将总办事处发给图记即日启用。除报告总会转报外交、内务、海军、陆军各部，暨江苏督军、省长立案保护外，理合函陈贵公署鉴核备案，转饬所属一体保护。"等因。正在核办间，并准中国红十字会总办事处函开："本会为国际慈善法团，地方凡有兵疫水旱等灾，悉依中国红十字会章程及中国在日来弗保和会签押之红十字条约，执行一切职务。设总会于中央政府所在地，设总办事处于上海，并设分会于全国各县及繁盛之市镇，以社会团结之力，收指臂联络之助。

兹据中国红十字会无锡分会会长孙鸣圻函称，业已遵章组织，开幕成立，请即转呈京外主管各官厅立案，并请所在地方军民长官，一体出示保护等情，具报前来。除核准并分函外，相应据情转陈，敬祈察照，俯准施行。”等因到署。准此。除咨警察所饬属保护外，合行布告，仰阖邑诸色人等一体遵照。须知红十字会为国际慈善法团，务各尽力保护，毋得阻扰，致干严究，切切。特此布告。

原载《锡报》1924 年 9 月 2 日

红十字会消息汇志（三）

中国红十字无锡分会，昨已假定通运桥沿河乾牲丝厂为救济队第一队办事处。又乾益堆栈为救济队第二队办事处，新世界为救济队第三队办事处，又无锡饭店为输送队第一队办事处，运输长程敬堂，副运输长宋俊生。妇孺安置所已经设定九处，昨又添设第十妇孺安置所于东河头巷陈氏小学校，所长为陈湛如君，可收容一百五十人。调查队队长由龚葆诚担任，设办事处于新世界旅社二号房间，掩埋队办事处则设于南门外保安寺云。

甲组医长卫质文昨日提议，拟于办事处所院中盖搭天蓬，上加巨大红十字为标识，以防发生航空战争时，俾可使空中目标清晰，不致误掷危险品云。

原载《锡报》1924 年 9 月 3 日

红十字会锡分会消息汇志

中国红十字会锡分会昨接苏常道尹公署公函云：本年八月三十一日，准中国红十字会总办事处函开：“地方凡有兵疫水旱等灾，悉依中国红十字会章程及中国在日来弗保和会签押之红十字条约，执行一切职务。设总会于中央政府所在地，设总办事处于上海，并设分会于全国各县及繁盛之市镇，以社会团结之力，收指臂联络之助。兹据中国红十字会无锡分会会长孙鸣圻函称，业已遵章组织，开幕成立，请即转呈京外主管各官厅立案，并请所在地方军民长官一体出示保护等情，具报前来。除核准并分函外，相应据情转呈，敬祈察照，俯准施行。”等因。准此。兹将布告一张函送贵分会会长，即希查收（下略）。附录布告如下：为布告事。本年八月三十一日，准中国红十字会总办事处函开：“本会为国际慈善法团，地方凡有兵疫水旱等灾，悉依中国红十字会章程及中国在日来弗保和会签押之红十字条约，执行一切职务。设总会于中央政府所在地，设总办事处于上海，并设分会于全国各县及繁盛之市镇，以社会团结之力，收指臂联络之助。兹据中国红十字会无锡分会会长孙鸣圻函称，业已遵章组织，开幕成立，请即转呈京外主管各官厅立案，并请所在地方军民长官一体出示保护等情，具报前来。除核准并分函外，相应据情转陈，敬祈察照。”等因。准此。除函复外，合行布告各项人等知悉。尔等须知红十字会系慈善法团，专为保护兵疫水旱等灾而设，毋得任意滋扰及抗阻情事，如有故违，定干究办，切切。此布，道尹蔡宝善。

锡分会见（鉴）于各妇孺安置所原定收容数额似觉过少，拟设法扩充，特定于今日上午十时在驻骢桥四乡公所第二分办事处，召集各安置所所长会议讨论此项问题云。

原载《锡报》1924 年 9 月 4 日

红十字会锡分会消息汇志

本邑红十字分会昨得吴县红十字分会消息，该会设立于苏城阎（阊）门内，举定宋友裴为正会长，潘予义、钱梓楚为副会长，丁春之为理事长。自成立以来，进行不遗余力，会员入会者异常踊跃，共计会员有一千余人之外，其中正会员约有三百余人，设置妇孺收容所及收容分所共有八十余处，指定医院八处。现因昆山方面业经发生战事，该会救护队刻已准备出发，拟于今明日分乘小轮，开往战地救护伤病兵士云。

本邑红十字会分会总办事处前派刘士敏、陈尔榆二君赴沪续领会员徽章及药品等件，刘君等到沪后，当向总会领得普通会员暨学生会员徽章以及治疗药品多件。惟以铁路交通中断，爰即改乘长江轮船至江阴，转雇民船开驶来锡，业已将所领各件交与总办事处矣。总办事处以会员报名者日益踊跃，此次刘君等所领回之徽章尚不敷用，故又续派沈叔良、徐焕泉二君，于昨日乘车赴镇江转搭江轮赴沪，向总会续领徽章若干云。红十字会第一分办事处设驻东门延寿司殿，主任冯云初君；第二分办事处设驻骢桥四乡公所，主任孙见初君；昨日添设第三分办事处，驻西门外永泰隆茧行，推周廉主（生）君为主任，业已开始办公矣。昨日各界之往延寿司殿第一分办事处报名入会者仍络绎不绝，总办事处昨特函请戴鹿岑君为分驻西水关救济指导员，俾可指导太湖方面避难之流民投所安置。

原载《锡报》1924 年 9 月 5 日

妇孺安置所会议纪闻（存目）

原载《锡报》1924 年 9 月 5 日

战事汇纪——上海申报消息

上海《申报》三日下午三时号外云……又红十字会消息，下午黄渡车站曾闻枪声，未几寂然，浙伤兵运至吴淞海军医院，未运沪。

原载《锡报》1924 年 9 月 6 日

红十字会禁用条例之通知

万国红十字会向有取缔违用红十字旗帜、红十字袖章条例载入会章第八章，由中国红十字会总办事处详印，分赠各会员。锡分会已接到此次条例，照录如左。原文第二十七条云：凡红十字会公产，及输运红十字救护队应用药料器械等件之时，并为红十字会服务时等外，概不得挂用红十字旗。即红会会长及上级职员之各种私产上，亦不得挂用红十字旗。（若此项私产有急用时，转借与红十字会公用，则不在此例。）原文

第二十八条云：除为红十字会服务之人员外，别人不得乱用红十字袖章。原文第二十九条云：凡有一切商标，或为发展商业起见，冒用红十字样者，倘经查出，则重罚不贷。

原载《锡报》1924年9月6日

红会伤病临时治疗处进行谈（存目）

原载《锡报》1924年9月6日

战谣中之荡口近况

荡口自江浙风声日紧后，即由当地绅士华绎之召集市民开会，筹商组织保卫团等事。当时议决：防务特请监捕营担任，添招商团正额四十二名，副额亦四十二名，已于本月一日成立。每日荷枪操演战法打靶，分班巡逻，不稍休息。警士亦武装巡查，终夜不辍，故地方上尚觉安靖。惟第四分所自奉令在该镇等处封船三十艘解县应用后，即着地保等四处搜寻，船户逃匿一空，地方秩序大乱，即各乡卖买柴米火食之船亦不敢开来。市面萧条，路人绝迹，开行上海之轮船及公司船逃至青阳港暂避，闻已被该方军事当局捉去。开行苏杭之轮船公司船，自停班后，踪迹杳然，不知避往何处，后经该镇商会出面，派警赴各乡抚慰，并由商会给与各乡镇之火食船旗一面，令其照常开行，至今始觉消（稍）为平靖耳。

原载《锡报》1924年9月6日

战事汇纪——苏浙两军激战纪

昆山消息：昆山火车站设立兵站司令部接济前方，装兵运械，均归该司令部秉承前敌总司令办理一切。上海红十字会总会特派救护队医员等两大队，一队驻昆山，一队驻常州，又分队若干队分驻太仓、吴江等处。驻昆山者为第一救护队，队长倪君，抵昆后，即假昆山城内县后街浸会堂为办事处，组织昆山红十字分会，推定卫绪初为理事长，假县前街女子师范学校为临时医院，并组织妇孺收容所三处，均经先后成立，开始办事。据昆山红会传出消息，浙方防御线在黄渡，步哨线在安亭；苏军防御线在陆家浜，步哨线安亭以西。……

苏军前敌组织军用野战医院于安亭，设救护队若干队，在后方救护伤兵，并设掩埋队，掩埋死亡兵士，组织极为完备，与中国红十字总会驻昆救护队联络办事，由苏皖赣巡阅使署医务科科员代理科长杨松泉主办其事。三日上午十时，苏军六师伤兵第一次用火车运至昆山，由红十字会救护队派员到车站按名接收，运入城中县前街临时医院。至五日晚，昆山红十字会总共收容伤兵一百八十余人云。

苏皖赣巡阅使署医务科代理科长杨松泉，于五日晚间八时，与红十字总会救护队队长倪君会议救护办法。当晚九时，红会派救护分队由昆山乘坐铁棚火车驰往安亭，会同苏军救护队开始实地救护。复因安亭军用医院、昆山红会临时医院收容伤兵甚众，即经杨、倪二君议定，昨日（六日）起将轻伤兵士车运武进、无锡、苏州等处红会医院医治云。

……

原载《锡报》1924 年 9 月 7 日

地方要闻——江浙战事声中之邑闻

中国红十字会无锡分会原定组织救济队三队、输送队两队、调查队一队、掩埋队两队，昨日又设救护队两队，已正式成立，孙蟾卿为总队长，杨少芸为第一队队长，沈景华为第二队队长，均经函报总办事处备案矣。

原载《锡报》1924 年 9 月 7 日

来　件

战事日紧，人心惶惶，一旦溃兵经过，为祸殊非浅鲜。吾邑为防患未然起见，连日种种设备，已不可谓不周，然同人尚有进言者。窃防城器具，如黄石、乱砖、石灰等，亦须早为筹备，预置城墙上。一旦兵临城下，除紧闭城门外，以上各物，足以御敌。又四门水关，亦甚重要，旧有栅门均年久失修，不甚坚固，亟须修葺完好，以固水路防务。此外如救济妇孺，红十字会已有安置所之设立，然每所有额定若干之章程。愚意以为临时如溢出定额，断不可格于定章，将人挥之门外，当一视同仁，概予收容，以房屋之大小，能容纳若干为度。盖同为妇孺，未便显分轩轾，令有向隅之憾。如以经费之绌，可供宿不供膳，所中另设食物贩卖部，平价贩卖粥饭面糕物，避难［者］当可以各自出资购食也。一得之愚，不识各界以为然否？相应函请贵主笔将此信登入来函一门为荷。

邹福伟、冯梦花、丁云先同启

原载《锡报》1924年9月7日

咨请保护红会职会员

县公署昨日准无锡红十字会函：请通饬所属，对于该会穿着制服职员及佩挂徽章会员，宜一律重视保护等因。当即咨请县警察所查照云：为咨请事。案准无锡红十字分会函称，查红十字会以博爱、恤兵为宗旨，凡战时各职员冒险服务，无论军民人等，自应一体尊重。应请钧署分别咨函并通饬所属，凡遇本会穿着制服职员，一体致敬，其佩有袖章各职员及佩挂徽章各会员，务宜一律保护，俾免危险，等由过署，相应咨请贵所长查照。

原载《锡报》1924年9月8日

红会办事处近讯

中国红十字会无锡分会总办事处，以各安置所容留多数妇孺，非有女监察员驻所接洽，殊多不便，故已决定聘请女监察员十余名，分赴各安置所实行监察。兹将致各监察员函稿照录于下：（上略）本会筹设救济妇孺安置所，刻已次第成立十处。兹特推定贵女士为救济妇孺第几安置所监察员，请会同所长将所内事务妥慎规划，并经指定城中四乡公所本会第二分办事处为各所监察员会议地点，准每日下午三时在彼会议一次，籍（藉）资接洽。（下略）又致各安置所所长函云：查妇孺安置所容留多数妇孺，非有女监察员驻所接洽，殊多不便。兹经推定□□□女士为贵所监察员，请即会同筹划，至纫公谊。（下略）

近日赴总办事处报名入会者纷至沓来，惟自苏浙交绥以后，沪宁路交通已断，所有各项会员之章照均不能赴沪会领取，故对于报名会员只发袖章一枚，名为救济指挥员，待交通恢复，章照到锡后，再将袖章持向总办事处倒换云。

蒋理事长（哲卿）昨日又派调查队长龚葆诚驰赴常州，刺探宜兴方面战事消息云。

原载《锡报》1924 年 9 月 8 日

战事确讯——苏浙两军激战之近状

上海消息：上海六日快讯云：昨日浏河之战，浙军冒用红会旗帜，苏军受绐，退出浏河镇，现红会已向卢、何抗议。

……

上海红十字会昨因浏河方面有兵士抢夺救护汽车等事，特电浙卢，并函沪何电云：杭州卢督办钧鉴：本月五日，按照日来弗红十字海陆战条约及本会章程出发医队，开赴浏河、罗店一带救护伤兵。乃浙军将该医队救护汽车多辆及旗帜等件任意抢夺，核与条约章程规定办法大相背驰，即乞贵督办俯念慈善法团，立饬该军队迅速发还应用为感。中国红十字会总办事处。鱼。（致护军使函大致相同，从略）

原载《锡报》1924 年 9 月 9 日

红十字锡分会消息汇志

中国红十字会锡分会以江浙战事剧烈，前线伤病日多，拟即派救护队驰往战区实行救护。爰于日昨函促各救护队速行准备出发，函云：迳启者，江浙军队在黄渡一带剧战益烈，总会救护队虽在前线救护，诚恐战事蔓延，旷日持久，伤病日多，不敷分布。拟请贵队尅日驰赴前线，协同总会救护队尽力救护。除紧急时另行通知出发外，为特专函奉达，务请迅速准备，俾免延误。（下略）并于前日致电宜兴分会云：急。宜兴红十字会鉴：敝会拟拨救护队驰宜协助救护，须否？盼覆。庚。此电拍发后，而宜兴红会亦来一电，以战事发生，请予协助。原电云：无锡红会鉴：敝处阳早即有战事，乞贵会来宜协助。宜兴红会。庚。该会接电后，即于昨日电覆宜会云：宜兴红十字分会鉴：庚电悉。已电宁请发通行证，寄到即派队来宜协助救护。无锡分会。齐。该会以赴前线救护伤病须有通行证，特电宁请领。兹录原电云：南京齐巡帅鉴：敝会组成救护两队，准备分赴昆山、宜兴两方前线协助救护。乞发通行证，并令饬前敌司令一体保护，贮（伫）候钧命。中国红十字会无锡分会。

该会第一临时治疗处医长卫质文、张季勉，于日昨午后在救火联合会临时治疗处召集全体医职员开一成立会议，并定进行手续五条。当时推卫君为主席，报告本处组织，大致楚楚。恐有伤兵到锡，即日实行服务。所议手续如下：（一）病状用中文，处方药名，中西并用，统归一律。（二）送来病志表仅有六册，每医员认定一册，更番交代时，挂悬手术室壁间，以便接受，至某与某合志一册，听各位医员自行择（定）。（三）治（疗）标（准）以临时救急为主，若救护队业经包扎过者，再须检查伤病轻重，分别护送各代用医院。（四）医员遇万不得已事故缺席时，用电话（通）知本处，设法与他组医员临时对调。（五）制服未齐以前，服务者一律着手术衣。各医员全体通过。议毕，即行散会。

又该会昨得苏州红会消息，该处络续收容伤兵已有一百五十余人矣。

原载《锡报》1924年9月9日

战事确讯——苏浙两军激战之近状

昆山战讯：昆山方面苏军因偶蹈浙军诡计，前日稍为退却，但前昨两日，后方援军大集，气势又张。今日红十字会消息，苏军大队进逼黄渡，浙军战斗力渐见衰弱，南翔形势益危。

……

宜兴战讯：……宜兴作战区域离城甚远，计蜀山湖汶离城三十里，东林芥凰川离城四十里，张渚襄王岭离城有八九十里之遥，故宜兴城中尚属镇定。前日东南风，城中南门一带隐约得闻炮声，风势稍转，则绝无所闻。上海红十字总会特派救护分队长方菊影带同医员、夫役、药品赴宜，会同宜兴红十字会救护队，连日往蜀山湖汶张渚襄王岭一带救护伤兵及救济难民云。

又红十字会消息，上海总会救护队方、李二君抵宜后，由宜兴分会汤君翰民偕同前往前方司令接洽，当经杨总司令催赴前线速救伤兵，计当日亲自救回伤兵四名，伤兵最重者有枪子弹在脑部，已由民船连夜开往常州兵站医院疗治矣。

十九师之医务长与红十字总会救护分队长方君商量救护事宜，允就湖汶野战病院中附设临时妇孺收容所一处，实力保护被留妇女。

宜兴分会因前方战事紧急，深恐伤兵日多，特分电常州、无锡、溧阳，请各派救护队来宜救护。锡会有电覆，候督发到通行证即立刻来宜。常州所驻总会第二总队焦队长亦有电来锡，闻需否继续派队。当电覆，望即派。

外埠红会救护队纷纷集宜，现拟以耀宜电灯公司为总招待处，由分会招员招待。

原载《锡报》1924 年 9 月 10 日

红会救护队出发

红十字会锡分会因宜兴来电请往协助，昨日特派调查队队长龚葆诚立赴宜兴先行接洽，并由第一队队长孙善（蟾）卿召集各队员，将药品应用物件准备一切，于今晨雇轮出发，直往前线实施救护。至第二队出发期，俟得龚调查长回锡报告后再定行止云。

原载《锡报》1924 年 9 月 10 日

私行售卖红会旗帜之败露（存目）

原载《锡报》1924年9月10日

红会救护队出发宜兴之状况（存目）

原载《锡报》1924年9月11日

中国红十字会分会通则

总　则

一、国内各县属地方及国外各侨埠有赞同本会宗旨者，得依据本会第二次会员大会通过修正章程，备具愿书，报由地方官厅，或法团如商会、农会、教育会，或邻近分会，证明实心为善，陈送本会总办事处，交由常议会通过后，得设立分会。在未成立之前，则称筹备处。

二、凡分会筹备处陆续劝募正会员会费全数汇交本会总办事处，以上海通用银元为准。俟募足三十人以上时，得成立分会，定名为中国红十字会某处分会。分会应设立医院，但因特别情形报经本会总办事处许可者，亦可暂行缓设。凡分会所在地有旧会员愿参加会务者，必验明本会凭照，并补缴参加费一元，得享有该分会会员同一待遇。

三、筹设分会俟分会成立后，所介绍之各种会员入会费，一律准予截留半数为分会基金（应具基金领证），其余一半随时解交本会总办事处核收。分会未成立时，其开支由筹备人另筹之。

四、凡一县属地方或一侨埠只能设一分会，如因地方需要，得由分会择定地点设办事处，名为中国红十字会某处分会驻某办事处，仍将理由陈明本会总办事处备案，商埠巨镇不在此限。

五、分会应择定地点为会所，订期开会，公举会长、副会长、理事长，随将履历报告本会总办事处，经常议会审查确定，分别发给通知书后，方得就职，并本会总办事处报明外交、内务、陆军、海军各部暨该省军民长官立案，依据日来弗条约第五、第六、第九、第十各条，请予尊重保护，其余各职员由各该分会长聘任后，陈报本会总办事处备案。

六、分会应用图记、印旗免费，电报执照及救护时需要各物品均由本会总办事处发给。

七、分会会务每年报告本会总办事处一次，每于开大会时，另造总册报告职员。

八、分会职员设立如左：会长、副会长、理事长、理事、资产委员由议事会选举之，任期各三年，连举得连任，当选者以正会员为限，文牍员、会计员、书记由分会长酌量任用。

九、分会长总理分会一切事务，副会长、理事长、理事辅助分会长执行会务，分会长有事故时，副会长代行职权，资产委员保管分会所有资产。

议事会

十、分会设议事会办理左列事项：（一）初审分会预决算；（二）议决会员入会之准否及除名；（三）选举分会长、副会长及各职员；（四）议决分会重要事件；以上各事项应由分会长陈报本会总办事处查考。

十一、议事员名额视分会员之多寡、事务之繁简，由会员会定之，但至少十二人，至多不得过二十四人。

十二、议事员由会员大会选举之，任期三年，每年改选三分之一，第一次、第二次改选者，用抽签法定之。

十三、议事员选举时须同时选出同数之候补人，遇有议员辞职或缺席半年以上时递补之。

十四、议事会每月开会一次，由分会长召集之，遇有紧要事件，得召集临时会。

十五、议事会设议长、副议长各一人，由议员互选之。

十六、议事会非全数议员半数以上出席，不得开议，但战时及有紧急事件不在限。

事　业

十七、分会应随时协赞本会，不分畛域，办理以下各事：（甲）战时应遵守中国海陆军部令及临时军事长官命令，协助医队救护伤者病者，并救济战地居民出险。如在事人员受有侮辱损失或危及生命者，得申请所在地军事长官保护赔偿及相当恤典。（乙）平时应筹募捐款，设立医院及医学校，造就医学人才，置备医院材料，并预备救灾、防疫及其他慈善事业。如无力筹设医院、学校时，得就所在地之医院、医学校与订互助条件，以利会务之进行，俟确有成绩，报明本会总办事处，当酌予助力。(未完)

原载《锡报》1924 年 9 月 12 日

红十字会近讯

本邑红十字分会总办事处前次电请齐巡阅使发给之通行证，前日已由督署副官处备函寄到。原函略谓，顷奉督帅交下贵会通行证十张，自十三号至二十二号止，战事结束，仍请缴还，相应一并函送，即希查收备用为荷。(下略)

此次第二救护队出发赴昆时，总办事处曾派总稽查陈尔榆君随同出发，以便襄理沈队长，布置一切。陈君既抵昆山，即至上海分昆之红会办事处接洽，不知如何，忽被该会拒却，并令吾邑队员开往太仓救护。陈、沈诸君以此次奉命出发，仅指昆山，未云太仓，以故陈尔榆、沈景华、王晋六、徐荐叔等已于昨日上下午分批回锡，向蒋理事长请示办理矣。

办事处对于救济指导事宜，除西关方面已请定戴鹿芩（岑）君担任外，城内方面已请定蔡兼三君担任一切。昨特致函蔡君云：本会办理救济事宜，诸赖同人热心赞助，除西关推定指导员外，城中急需得人襄助。兹特推定执事为城内救济指导员，除函致第二分办事处孙见初主任遇事随时接洽商办外，附呈袖章一枚，至祈察收见复为荷。(下略)

该会各安置所稽查，已有程陈颂嘉、秦卓桴二君自愿担任，至女监察仅有志成女学校长陈少云女士一人担任。又第一救济队队员，已派定曹恢、张宝臣、吴少林、王铭三、程云逵、蒋凤安、徐子洲、孙大昌、王纯赓、姚祝椿、贺士钧、李梦菊等。第一掩埋队队员，已派定周景宇、许子桢、王耀吉、朱菊村，又夫役四名；第二掩埋队队员，已派定钟季鹤、顾迪云、秦向陶、姚眉寿，又夫役四名云。

总办事处又于昨晚电致宜兴分会云：急。宜兴红会孙队长鉴：装运伤病船只已到，即晚原船放宜，希知照敝会杨队长。无锡支会。文。

原载《锡报》1924年9月13日

中国红十字会分会通则（续前）

惩　罚

十八、本会会员有犯刑事者，或违背会章者，得由议事会公决，详叙事由，报明本会总办事处取消其会员资格。如有假冒本会名义、招摇诈欺损害本会名誉者，应即报告本会总办事处，函知该地方官厅查明，按律严办。

十九、分会长、副会长及各职员如有品行不正，违法营私，一经本会总办事处查觉，得知照该分会改选或撤换，情节重大者，并予以相当之处分。

二十、分会执行会务有不妥适者，本会总办事处得分别令其更正或改组之。

奖　励

二十一、凡捐款一千元以上，及募捐五千元以上，或对于会务有异常劳绩者，得由分会详报本会总办事处，照章推赠会员，或分别情形陈请政府暂行呈明大总统从优奖励。

二十二、凡捐款在二百元以上，募捐一千元以上，或对于会务著有成绩者，得由分会陈报本会总办事处，照章推赠会员，或分别优奖，以资鼓励。

保　护

二十三、凡分会办理会务场所及战时从事救护，或平时救灾防疫，所有租借之房屋舟车及材料，曾经报明官厅加有红十字标记者，如受损害时，得由分会报告本会总办事处，函知地方官厅负保护赔偿之责。

二十四、凡分会平时或战时从事救济人员佩有本会袖章者，其身体及居室应由地方官厅尊重保护，如或因公危及生命者，得由分会胪列事实陈报本会总办事处，转呈政府优予奖恤。

二十五、凡分会会员有被人侮辱及诬陷者，分会应负维持申理之责，如分会力有不及时，得将经过情形报明本会总办事处尽力保护之。

医　院

二十六、医院之组织另定之。

救护队

二十七、救护队之组织另定之。

附　则

二十八、本通则如有应行修改之处，由各分会议事会提出理由，陈请本会总办事处，汇交下届会员大会修改之。

原载《锡报》1924年9月13日

红会第二救护队转赴安亭

本邑红十字分会日前派第二救护队队长沈景华，率队前往昆山救护前线伤兵去后，即经沈队长察勘形势，回锡面陈理事长。复派分会办事处总稽查陈尔榆、第一救济队队长蒋仲良驰往安亭，切实调查，并与前敌总司令部接洽后，经前敌总司令宫师长派汪参谋与陈、蒋二君商定，将驻昆第二救护队调赴安亭，就便救护。盖安亭地方虽有嘉兴红十字分会设立分办事处，现在只有救济队，约共收容避难妇孺三百余人，救护队迄未组织成立。前敌司令部既与锡分会派员接洽后，极表欢迎，一再要求早日开驰前往。俟由陈、蒋二君复与该处嘉兴红会分办事处接洽，已勘定距离安亭车站二里许之金姓民房为办事处，另以附近轧花厂房屋为疗养所。昨晚陈、蒋二君乘车回锡，报告办事处，业经蒋理事长决定，立刻电致驻昆第二救护队沈队长，于今日将全队开往安亭办理救护事宜云。

原载《锡报》1924年9月14日

红十字会消息汇志

红十字锡分会因已开始救护前线伤兵，收容于各治疗所医治。惟经痊可后，尚无处置妥善之法，特于昨日致电上海总办事处请示办法。原电云：救护伤病痊可，应如何处置？立盼电示。锡分会。元。

昨日办事处又代电上海总办事处云：敝会第一救护队赴宜救护情形，业经灰电陈报在案。兹因昆山前线输送后方伤病络绎不绝，并经昆山分会电询敝会预备临时医院，收容病额前来。即于真日指派第二救护队长沈景华，统率全队驰赴昆山前线协助救护。除已电由江苏督军发给野战总司令部通行证外，合行专电奉闻，统希察照为荷。（下略）

救护队总队长孙蟾卿暨第一救护队队长杨少芸，昨在宜兴致电办事处云：红会鉴：今晨抵宜，由杨、陈两司令商请移驻蜀山，设治疗院，前副理［事］长拟在宜设院，是否可移蜀山，或敝队通往驻蜀，候示进止。蟾、芸。元。蒋理事长接电，当即复电云：急。宜兴红会转孙、杨两队长，元电悉。就蜀设院从缓，全队赴蜀救护，仍运锡治疗。锡分会。元。

办事处因收容伤兵需费浩繁，特致上海旅沪同乡会代电云：荣、祝两理事长诸位理事均鉴：冬电谅荷察收。江浙战端既开，牵动全国，势必扩日持久。敝会办理救护，业经拨队分赴宜、昆两地，临时医院亦次第接受伤病。需费巨万，专恃劝募。素稔同乡诸公念切痌瘝，情殷援手，务求立惠宏施，广救灾黎，不第功德无量，同人纫感，亦宁有涯涘。再电吁恳，惟祈慈照。（下略）

又闻各安置所前有添聘女监察之说，昨已有程华贞、王叶柔、薛马蕙贞、华铭四女士向办事处请愿担任云。

原载《锡报》1924 年 9 月 14 日

红十字分会消息汇志

红十字锡分会总办事处，以办理救护、护送伤兵需用船只，昨致电宜兴红会储铸农，转商杨、陈司令，拨放留宜之中华局通运轮回锡，以便应用。电云：宜兴红会储铸农君，恳商杨、陈司令，将留宜中华局通运轮拨交敝会孙、杨救护队长输送伤病，新裕福轮迅放回锡，以便转昆接应救护，立盼电复。锡分会。寒。

总办事处据派往安亭调查情形之总稽查陈尔榆、救济队长蒋仲良等回锡报告情形后，昨曾电嘱开往昆山之第二救护队沈队长，克日率队迁至安亭办理救护事宜。因于昨日致函安亭前敌宫总司令请予保护，并函嘉定红会查照协助。原函并录于下：

（致安亭前敌总司令宫函）迳陈者，昨据敝会总稽查报告，调查安亭地方仅有嘉定红十字分会派驻之救济职员，尚无总分会救护队在彼守候救护。除已与贵司令参谋处接洽，并自行觅定房屋外，请即拨队驰往救护等情到会。敝会兹特将陈奉督署颁发之野战军总司令部通行证，交由第二救护队长沈景华，即日携带全队开赴安亭，协助贵司令统辖各军医队办理救护。应请钧座转饬接洽，并随时指导保护，无任感荷。

（致嘉定红会函）迳启者，据敝会总稽查陈尔榆、救济队队长蒋仲良报告，同赴安亭调查，除该地已有贵分会所派救济职员驻在外，尚无救护队在彼守候救护。当经与宫司令参谋处接洽，暂定地处，以便本会拨队前往救护等情到会。兹敝会即日指派第二队救护队队长沈景华携带野战军总司令部通行证，率队驰赴安亭，办理救护事宜。除陈明宫司令外，相应函达贵会查照接洽，并希随时协助指导，至纫公谊。（下略）

昨又致第二救护队函云：敬启者，昨晚陈尔榆、蒋仲良两君回，已述悉一切。执事抵昆，谅已布置就绪，全队开赴安亭矣。兹附奉公函两件，除宫司令处一函可迳投外，致嘉定分会一函可交该会救济队职员带去（须取收条）。如认为不妥，可另行设法邮寄。雨衣置备不及，先借黄包车者二十套暂应急用。诸公热心任事，自当不拘形迹也。篷帐一切已在赶制，公（工）竣即送，余续布。

红十字会无锡分会因举办救护等一切事宜，需费颇巨，而会员留锡半费仅有四千余元，不敷实多，日前曾依据总会章程第六十五条请求补助。总会覆以无锡绅富较多，请即就地筹款，勉力艰任等辞搪塞分会。故昨日无锡分会会长孙鹤卿君特亲赴上海，与总办事处庄理事长从长磋商，非达到补助目的不止，并拟就本邑旅沪绅商广事劝募，俾资接济云。

总办事处前以救护伤病送入治疗所，经医治痊可之后，尚无处置之法，特电上海总会请示办法。兹悉昨晚已得沪总办事处复电云：无锡红十字分会鉴：元电悉。救护伤病，如入院时，登记姓名、籍贯、隶何军队，卸除号衣，照公法，痊则遣散，死则掩埋，倘有私逃，亦无可如何。其强悍者，交警察发落。请查照办理。办事处。元。

第一救济队出发在即，队员王铭三、徐子洲、程云逵、吴少林四君，忽临时声明辞退，均经蒋仲良队长照准，即将各员袖章收回云。

原载《锡报》1924年9月15日

战事确讯——苏浙两军激战记

常州消息：武进红十字分会消息，该分会理事长王完白君现因昆、宜两方运到伤兵甚众，医务日繁，对于理事长一职不克兼顾，业经辞职，另推武进教育局局长徐化吾担任理事长之职。据云，武进运到伤兵约有四五百人，其在陆军医院医治者二百余人，入武进福音两医院及第五中学内临时组织之后备治疗所者，约共一百七十余人，连日因伤死亡者四十七人，均由红会掩埋队为之设法掩埋。复于天宁寺设立伤兵收容所收容受伤兵士，均由本地西医担任治疗。闻武进共有营业西医九人，均能热心任事，惟医生人数过少，兵士伤病日多，大有应接不暇之势云。

原载《锡报》1924年9月16日

红十字分会消息

本邑红十字分会成立以来，各界报名入会者极为踊跃，总办事处以前经两次派员赴沪，向总会所领会员章照不敷分配，日前由理事长蒋哲卿君续派妥员赴沪，再向总会领取正会员章照五十份，日内即可回锡云。

输送队队长程敬堂昨自昆山输送物品事毕，回锡向总办事处报告，安亭方面，有嘉定分会救济队救得战地被难妇孺三百余名。苏军现有下总攻击命令消息，急须将妇孺运出危地，商请本邑分会予以救济。蒋理事长据报，即令第一救济队蒋仲良队长，率全队于今日九时车赴安亭救济妇孺，刻已知照庶务处赶办干粮大饼一千件，以便携往散发。此项难民预定从安亭用大号民船两艘，设法载运昆山，然后改乘火车运锡。昨晚即由分会总办事处公函昆山兵站司令兼车站司令徐，届时酌拨车辆应用。

总办事处昨致临时代用医院院长函云：奉中国红十字会总办事处元电开，救护伤病，应于入院将登记姓名、籍贯、隶何军队，卸除号衣等情。奉此。合亟专函贵院长，请烦查照，将在院伤病卸除号衣汇交本会。此后续医伤病入院，务请随时卸除号衣，以符定章。（下略）

正、副会长孙鹤卿、华艺珊、高映川，理事长蒋哲卿、陈尔同等诸君，因会中经费困难，不足应付，特于昨日联名致函本县冯知事云：（上略）锡地前因兵差络绎，居民恐慌，兼以密迩宜昆，风声日紧，同人等爰照章组织中国红十字会无锡分会，并将救护、救济各队分别预备。无如愿宏力薄，需款浩繁，非募集巨金，不足以资应付。素仰执事痌瘝在抱，视民如伤，定能慨助巨资，力为提倡，俾被难之余生，咸拜仁人之厚赐。临颖神驰，毋任盼祷。（下略）

又致旅沪同乡周肇甫君函云：（上略）家乡因宜、昆两地战线接近，同人等照章组织中国红十字会无锡分会，并派救护、救济各队，分向宜、昆两处出发。宜兴已有伤兵运锡，由敝会送入临时代用医院疗治。现因战事恐难速了，势非募集巨金，万难蒇事。窃思尊甫京堂公生前，对于地方种种善举，提倡靡遗，并闻于数年前，曾提存巨款，以备非常豪举。际此兵灾奇祸，如得执事首先发起，慨捐巨金，以疗治被难之民兵，当此必共祝为万家生佛，尊甫京堂公九京有知，定当含笑，执事无量功德，亦胜造七级浮屠。敝会同人谨九顿首以请。（下略）

原载《锡报》1924 年 9 月 16 日

红十字会消息汇志（存目）

原载《锡报》1924 年 9 月 17 日

红会消息汇志

本邑红十字会分会第一救济队队长蒋仲良，于日前率领全队队员乘车赴昆山，拟即转赴安亭救济难民运锡安置。昨晨分会总办事处由火车站转到蒋队长在昆山发出长途电话，略谓昆站车辆缺乏，速派轮船驰昆备用。蒋理事长因即将前晚宜兴驶回新裕福小轮开往昆山，并派卫队多人随船前往，与蒋队长接洽后，立即开往安亭云。

救护队总队长孙蟾卿君，于前日晚间由宜救护伤兵十二人乘轮来锡，嗣因新裕福小轮调往昆山，孙君即于昨日午后改乘福音汽油船回宜。总办事处据孙总队长之报告，离宜兴蜀山三四十里二山中，有难民千余人行将绝粮，困苦万状。当由蒋理事长派总稽查陈尔榆、职员沈锡钧，携带面粉四十包前往宜兴，入山设法救济云。

江阴红十字分会昨日派员来锡调查锡分会近况，晤蒋理事长，并索取各项印刷物品云。

总办事处昨接理事李克乐之来函，请拨第一代用医院伤兵伙食五百元，第二代用医院伤兵伙食一百二十元，第三代用医院伤兵伙食一百四十元，并须另拨洋一千元置办药品及绑带纱布等件。蒋理事长准函，立即如数照拨。闻李克乐刻已委托友人本邑实业学校校长万特克赴沪，采办应用药品云。

原载《锡报》1924 年 9 月 18 日

红会消息汇志（存目）

原载《锡报》1924 年 9 月 19 日

红会消息汇志（存目）

原载《锡报》1924 年 9 月 20 日

红会救济战地难民纪（存目）

原载《锡报》1924 年 9 月 21 日

红会消息汇志

红十字会无锡分会日前因举办救护、救济等事，需费颇巨，不敷实多，曾向总会请求补助。总会覆以锡地绅富较多，请即就地筹款，勉力肩任等情已载十七日本报。兹觅得总办事处邮致本邑分会原函，照录如下：迳复者，本年九月十七日，接到贵分会公函一件，备悉一切。查总会补助分会一节，照章程原有规定，如果为时势所必要，而分会之力实有不逮，地方情形瘠苦，又无从筹集，本会虽云经费支绌，亦应于无可设法之中特别设法补助，以维慈善，而顾大局。惟此次江浙战事骤然发生，本会出发救护，自常州以至沪埠分布十队，其临时疗养所于原有五医院外，又增设十处，概算开支在十万以外。溯本会自甲辰成立以来，历办日俄及南北各省兵灾，与夫历年救济中外水旱风疫诸灾，用款几及三百万，政府毫无补助，基金毫无储蓄，悉以各方面善士自行捐助及会员会费支应。本会为国际慈善法团，非他种号称慈善者可比，为防弊起见，向不在外劝募分文，区区苦衷，谅贵分会当亦鉴及。兹据前情所陈，自是属实，但以锡邑实业商业而论非常发达。现在贵分会成立，造福地方，保障同胞，当地所有绅富商厂，征求协助，是所祷切。若不此之图，而惟望本会之补助，深恐贻误大局，谁负其责？用特率直详陈，诸希见谅为荷。

红十字会无锡分会办事处，近因留养救济出险妇孺各处所，连日往看人士络绎不绝，特规定取缔兼劝募办法。凡各界人士必欲至各处所慰问者，除红十字会佩有袖章各职员外，均须领有慰问券方可入内慰问，券由办事处编号盖章发行。凡经捐小洋两角，即赠慰问券一纸，此项捐款，全数收作红十字会经费，与担任留养经费诸君无关，定于今日起实行，并规定入所慰问时间，以上午九时至下午六时为止。

原载《锡报》1924 年 9 月 21 日

劝捐难民寒衣之热忱

邑人俞勋臣君昨约友人往惠麓游览，过河塘蒋宗祠，见有收容难民处，持小洋两角，购一捐券而往观焉。慨助捐款，热心可佩。兹录来函如左：余往惠山蒋宗祠内，目睹难民身穿单衣，而未带棉衣、棉被者居多。天气日寒，将如之何？随劝知友振新全厂同人助洋一百元，沈云初君助洋五十元，余助洋五十元，统交宝泰提压赶办棉衣、棉被若干件，运送无锡红会，供应难民御寒之需。惟难民连日载运来锡人数众多，实属不敷供应，如蒙随愿各大善士慨助此项衣件款项，径送交红会，功德无涯。（下略）

原载《锡报》1924 年 9 月 22 日

红会消息汇志

本邑红十字分会总办事处，因安亭、蜀山两处战地居民已陆续由救济队救济出险，惟太仓方面因交通阻隔，未知该地实情，特于昨日派调查队队长龚君葆诚及第三救济队队长方君文卿、队员刘君晋初，同乘新裕福专轮驶往太仓调查该处情形，以便派队驰往救济居民出险。

总办事处昨致县警察所函云：迳启者，据敝会救护队总队长孙蟾卿由宜兴来函报告，担架夫目周全生一名，不守规则，滋意妄为，并将该夫目送处核办等情前来。查敝会系慈善法团，出外救护，自应严定规则，以维信用，免招疑虑。据报各节，除将周全生斥革外，相应函送贵所从严惩处，以儆效尤，而维会务，至纫公谊。（下略）同时并致救护队总队长孙蟾卿函云：迳启者，据少芸先生归报一切，除不守规则夫役分别发落外，兹有一事奉告，当此各队在外救护之际，无论何方赠与物件，均应拒却收受，银钱亦不得私向当地借贷。事关本会信用至巨，务请贵总队长转饬全队一体遵守，无任祷祝（下略）。

钱业公会募得同业捐助红会经费洋三百二十五元，于昨日备函解送到会。原函云：哲卿理事长大鉴：迳启者，兹由陈君尔同、江君焕卿、蔡君有容、施君襄臣转述尊意，以贵会自救护队分途出发，迭经救济伤兵、难民来锡，分别疗治安置，惟艰于经济，供养为难，嘱为设法劝募等云。当即邀集敝同业筹商，佥以贵会博爱济众，同声钦仰，敬当勉效微薄，以副善怀。当经敝同业认捐贵会洋三百二十五元，除该洋由施君襄臣面呈外，兹将敝同业认捐细数开单附呈，尚希台察为荷。附清单：瑞裕庄助洋三十元，瑞昶润银号助洋三十元，复元庄助洋三十元，恒升庄助洋三十元，永吉润庄助洋三十元，无名氏助洋三十元，宏大庄助洋二十元，慎丰庄助洋十五元，信裕庄助洋十五元，允裕庄助洋十五元，永盛庄助洋十五元，永恒庄助洋十五元，昇康庄助洋十元，钱赞卿君助洋十元，共计洋三百二十五元。

办事处昨接收施君襄臣经募白米廿石，兹将施君函暨捐户清单照录如下：哲卿理事长大鉴：谨启者，兹承尊意，以贵会自救护队分途出发，迭经救济伤兵、难民来锡，分别疗治安置，惟艰于经济，供养为难，嘱为设法劝募等云。当即向各户筹商，佥以贵会博爱济众，同声钦仰，敬当勉效微薄，以副善怀。当经各户认捐贵会白米二十石、银洋十元，除该米、洋由敝处面呈外，兹将各户认捐细数开单附呈，尚希台察为荷。附捐清单：祝慎德助白米三石，宝新米厂助白米二石，裕康号助白米二石，永康号助白米二石，邓元利助白米二石，恒源沧助白米二石，无名氏助白米一石，宝生公司助白米一石，过义和助白米一石，鸿泉号助白米一石，时和号助白米一石，懋纶号助洋十元正，陈仲英自助白米一石，茂生裕助白米一石，共捐助白米二十石，银洋十元正。

第一安置所来信，声明准备开所，惟收容额数暂以一百七十五人为限，第二至第九各安置所，因现均照常开课，于收容妇孺一节颇多困难，特由各所合力组织临时安置所于南门外南禅寺内，额数三百人，现已布置一切，准备开所。至各慈善家私人担任收容者，昨日又有贺君儒来函担任私资收容三十人。至于昨报所载之酒业同人，系酒业许协泰昌许子云君、陈仲记陈仲英、全昌周荫庭君、陆右丰号及纸业瑞丰盛号五家联合担任，并非酒业同人所担任。又广勤纺织厂同人担任私资收容五十人。

原载《锡报》1924 年 9 月 22 日

红会消息汇志

中国红十字会锡分会总办事处，前因开始救护伤病及收容难民，费用浩繁，经费支绌，曾电恳旅沪同乡会荣宗锦、祝兰芳等理事资助。昨日接得荣、祝两理事长复电云：中国红十字会无锡分会孙、华、高正副会长，蒋、陈正副理事长均鉴：冬、寒两电均悉。诸公爱护桑梓，广救灾黎，莫名纫佩。敝会自当竭尽绵力，勉效涓埃。现正分投劝募，集有成数，即当寄奉，谨先电复。无锡旅沪同乡会理事会理事长荣宗锦、祝大椿叩。架。

昨日至办事处续认留养救济妇孺者，有蔡兼三担任一百人，苏养斋代表黄泥桥米行担任一百人，丁源盛、丁双盛同担任五十人。纸烟公会定于今日派人至各难民收容所，分赠各难民零用每人铜子五十枚，小孩减半云。

第一救护队前在昆山运来受伤之第二混成旅一团三营九连一排排长田德修，自送入普仁代用医院治疗后，至前日夜间二时伤重气绝。昨晨由该院电话通知办事处派掩埋队赴院，为田棺殓，抬往西门义冢浮厝。昨日午后二时半，田妻刘氏由田之护兵在扬州迎来，并携带五岁男孩及十五岁小姑，一同到锡。刘氏坐黄包车，行至总办事处门口，听悉伊夫死信，失声痛哭，悲伤非常。嗣经旁人多方劝慰，方始止泣。嗣经刘氏要求理事长准其开棺，一视夫容，购备衣冠，重为伊夫尸身穿着，并请领柩回籍安葬，当经理事长一一照准云。

原载《锡报》1924年9月23日

红会消息汇志

中国红十字会锡分会会长孙鹤卿，前因向总会交涉补助金事赴沪，昨致蒋理事长函云：（上略）十九日曾上寸缄，谅邀台察。近日江浙战争已变而为苏淞，宜兴陈乐山之师已移至松江，是宜兴战事已了，会中救护队可移至浏河方面。据该处避难来沪者言，战地小孩抛弃甚多，大约均系三四五岁，因肩扶太重，不得不弃之而行，所以到处皆有，比之伤兵尤惨。最好嘱会中救济队诸君迅临战地，专救妇孺，功德实非浅鲜，较之救护伤兵尤为切要，想尊意亦以为然。云初晤面次数，看其结果，两处匀派，殊觉无多，日后当再想方法。总会补助殊难办到，缘上海方面开支甚巨，情形较之内地不同。吾锡以现时局势而论，兵灾可以避免，卢氏之失计，苏常之幸福也。凡属绅富，何修而得此，允宜激动良心，多出钱财，以济被灾之各县，庶将来再遇劫数，可以减轻。天理昭彰，实非虚语。弟当回锡，以资助力，望执事与陈君尔同竭力行之。只求办事实惠，勿可虚靡，是为至嘱。一切偏劳，实深抱歉（下略）。办事警因探闻平望方面战事剧烈，昨晨拟派调查专轮至平望方面调查实情，正预备出发间，旋接太仓红十字会分会自昆山转来电话，报告该处居民拟避难来锡，请锡会派队往救。办事处遂立命龚、蒋两君改道往太仓，蒋君并率领全队同人，同乘新裕福轮，拖带民船，即刻驰往救济居民出险，约明晚即可抵锡。

各慈善家至办事处担任留养战地出险妇孺者络绎不绝，昨日又有周莲生君来会报告南里同人担任留养百名，赵子新君来函报告北塘及三里桥两段米业同人担任留养百名，地点在府城隍庙内，锦记丝厂来函捐助救济妇孺经费洋一百元，并由该厂各职员凑集捐助洋四十六元，各女工凑集捐助洋三十五元，小洋四百四十七角，铜元五十六千五百六十文，该厂职员女工等急公好义，颇足风世。兹附录该厂致办事处函于下：哲卿理事先生大鉴：江浙启衅，灾黎遍野，贵会救济妇孺，泽庇群生，毋任景仰。敝厂主及各同事暨各女工等睹此灾情，莫不恻然，爰特发起募捐，稍尽绵力。固知杯水车薪，无济于事，然众擎易举，集腋成裘，则灾民不致填于沟壑，皆先生之所赐也。（下略）烟纸业王倬章君等募集铜元百余千，拟分发留锡出险妇孺，大口每名五百，小口每名二百五十，以备零用之需，已志昨报。昨日由办事处派职员陶君会同王君至各所分发，共计大口一百五十人，发给铜元七十五千；小口一百二十二人，发给铜元三十千五百。惟多数妇孺初均辞谢不收，经王君等婉委陈说，始行收领，颇为感谢云。

办事处于前晚十一时接总队长孙君蟾卿自宜来电，文曰：新裕福轮速来。办事处接电后，因利通轮已于昨午驶宜，故未派轮开往。惟据此观测，恐宜兴方面尚有伤兵或难民运锡云。

办事处因各救济妇孺留养所急须有管理之人，昨日函请范慕亚女士莅任交际路孙应皋君留养难民处女监察员，程华贞女士担任酒仙殿孙鹤卿君留养难民处女监察员，均已得二女士之同意，即日到所视事。出险妇孺中，有安亭人蒋杨氏及黄渡人张阿珍，均因患病，经办事处分别送往医院疗治。

原载《锡报》1924年9月24日

红会消息汇志

红十字会锡分会前派往宜兴办理救护之第一救护队，因宜兴战事双方停止进行，即于昨日晨五时返锡，并携回伤病兵士十七名，当经分送各临时医院医治。同时宜兴红会并来电一通如下：无锡红会鉴：蜀山军队陆续开发，恐有乏轮拖运之事，现救护事已告一段落，孙队长诸公拟就此开回。特电代闻，并申谢忱。宜会。漾。

第一临时代用医院原定伤病额数二百名，刻因宜兴方面战事业已停止，故减留半额，余归普仁医院照常收留病人。

第三临时代用医院留院治疗之湖北第四混成旅三营十连输送卒、徐州人谢广胜一名已病愈出院，昨由办事处给证遣散。

留养交际路孙姓房屋之安亭出险居民范寿根，因患痢疾，昨由女监察员范慕亚女士来处报告，送入第三医院疗治。余有患轻病者数人，另由办事处职员徐君元春代为诊治。

各慈善家担任留养出险居民者，昨日又有高鸿初君来会报告，衣业同人担任留养五十人，曹会丰号及张再粱君来函担任留养二十人，国学专修馆唐蔚芝君亦有酌量担任留养若干名之说。

又第一救护队由宜回锡时，因省立陶业工厂遗弃各陶品颇多，无人保管，间有携回者。经理事长查悉，认为违背日前函嘱，已责令孙、杨两队长逐一收回，缴存办事处，另有处置办法云。

又纸烟公会王倬章，因前日募集铜元系烟纸公会同人捐助，并非个人私捐，特行函请声明，兹将原函照录于下：今阅贵报红会消息汇志栏内，载有鄙人等募集铜元百余千，分发出险妇孺作为零用等云。鄙人不敢专美，仅尽心力而已。此款系烟纸公会一部份慈善份子所乐助，但以后被救妇孺来锡者，尚络续于道，公会同人当视绵力之所至，自当源源接济可耳。愿宏力薄，深以为愧。特此声明，即希贵报登入来函栏内为荷。(下略)

原载《锡报》1924 年 9 月 25 日

南京快信

此间各教会特组织美国红十字会救济队两队，昨日出发赴前方救济难民出险。

原载《锡报》1924 年 9 月 26 日

红会消息汇志

昨晨一时半，第一救济队队长蒋君仲良会同调查队队长龚君葆诚率领队员等，由太仓陆渡桥等处救回被难妇孺三百四十二人，分坐民船，由新裕福轮拖带来锡。当经办事处分别招待于无锡饭店及新世界两处，暂宿一宵。八时晨餐后，即由理事长命利通轮拖载一百三十六人运至惠山，留养于蒋氏宗祠者八十六人，由戴鹿岑君及荣广明昆仲担任留养费用；留养于施氏宗祠者五十人，由施襄臣君经手募集经费留养；余送入酒仙殿二百零三人，内一百人，仍系孙君鹤卿担任留养；余一百零三人，由全昌、许协泰昌、陈仲记、陆右丰、瑞源盛五号号主共同出资留养。尚有妇人王邹氏携有男女孩各一，母家系本邑后宅邹茂如君之同族，适邹君在城，当由邹君携带赴乡居住。

办事处日前本拟派员乘轮开往平望方面调查情形，后因改道太仓未果，昨晚，办事处复派调查队队长龚君葆诚及第一救护队队长孙君蟾卿、第三救济队队长方君文卿、输送队队员蒋君汉卿等，同乘新裕福轮开往平望，调查是否需要救护救济各事，以便率队开往施救。

自太仓救来难民内，有嘉定方泰镇人陈福卿者，在方泰镇逃出时，腿部曾被枪伤，抵锡后，即由办事处送入第三医院疗治。尚有妇孺患病者颇多，均由徐君元春至所诊视。

办事处昨又函请孙瑛女士担任蒋氏宗祠戴、荣二君留养难民处女监察员，陆慧新女士担任施氏宗祠留养难民处女监察员，章铭安女士担任酒仙殿全昌等号留养难民处女监察员，诸女士均已于昨日到所任事。

办事处昨接宜兴红会来函一通，兹录如下：迳复者，漾电计达，杨少芸君来宜，带奉台函，备承锦注。此次贵队驻蜀，未能稍尽东道之谊，已深抱歉，而贵队热心协助，使敝会收相得益彰之效，尤感莫可言。所有一切善后，本拟借重大力，惟战期短促，疮痍未深，着手进行，幸免竭蹶。业由敝会将掩埋等事一一办理，大抵就此可告结束。顷承函询，谨此奉陈，并谢眷注（下略）。

原载《锡报》1924 年 9 月 26 日

红会消息汇志

中国红十字会锡分会办事处昨得安亭分会来信，谓方泰镇及黄渡等处有难民二百人，请予援救。蒋理事长据函后，即令第二救济队长张公威率同全队员役，乘坐利通小轮，于下午启椗开往安亭救济难民出险云。

同日又接太仓红会来函云，有难民五百余人待援，办事处以小轮不敷分配，须俟装载第一救济队出发平望之新裕福轮船回锡后，再行派救济队乘之前往救济。

办事处以目下宜兴战事已停，所收容之宜兴难民亦正切念故里，因于昨日致函宜兴红会，探询当地情形，以便将该处难民遣归云。

办事处以难民留养处所间有设备未妥之处，决定以后凡有添设安置所者，须由办事处先行派员查看，合宜方可成立。而于担任留养难民二三十人者，分散四处，难于兼顾，拟即规定办法，由办事处联合数处，并成一所，以便照料。

办事处因经费支绌，前曾致电旅沪同乡会募捐，当于漾日接得同乡会理事长荣宗敬、祝兰芳复电，允为分投劝募，原文曾详本报。昨日荣、祝两理事已将募得捐款五百元先行汇到，并致红会一函云：迳启者，前准贵会来电，劝募经费，经于哿日电复在案。兹先汇奉洋五百元，至祈察收见复。余容募集，陆续寄奉可也。（下略）

昨晚九时许，北塘商团第一支队驻防处门首，来有昆山人丁老三一名，据称在昆山被拉赴前线充当夫役，扛抬枪子，因不胜其苦，遂乘间逃出，步行来锡，现在患病不能行走，请求借宿。当由该支队报告商团司令部后，随派司务长协同团员二人，将丁老三一名带往红十字分会，面晤蒋理事长，允即留宿一宵，今拟送往医院医治。

原载《锡报》1924 年 9 月 27 日

红会调查队日记

本邑红十字分会总办事处，日前派调查队队长龚葆诚及救护队总队长孙蟾卿、第三救济队队长方文卿、输送队队员蒋汉卿等，乘坐专轮前往平望，调查该处是否需要救护、救济各事，以便率队前往施救等情已志本报。兹悉龚君等已于昨日下午二时返锡，平望方面，因浙军已退，苏军进驻浙省嘉兴，该处并未发生战事，地方安谧如常。兹将该队长等调查报告录之如下，以告阅者。（上略）二十五日下午七时，乘坐新裕福轮出发，当晚十二时一刻抵苏州，在盘门停轮歇夜。二十六日黎明四时半，向平望进发，途径吴江、同里、八坼等处，河中渔船络绎两岸，牧童四散，气象安闲，无甚惊恐，预料前方尚无战事发生。左岸一带有彪形大汉，背荷衣包，形色慌张，络绎而来，询之知为长兴山中矿工避难来苏者。苏州至平望，水途九十里，至上午九时三刻，抵平望镇，轮泊市镇梢头。平望港口泊兵船三十余艘，其地为苏军第三防线，苏浙两方原有重兵驻守，浙方驻军在距离平望五里许之王江泾，苏军方面，有第二师第五团团长赵光戴统率全团兵队及淮北水师郝统领率领师船一百余艘驻镇，即以赵光戴团长为指挥司令官。二十一日夜，苏浙两军步哨接触，小有冲突，苏军微伤兵士三人，浙军伤五六人。二十二日，浙军全部向后方开拔，至二十三日夜间完全开拔而去，苏军赵团长随即奉令准备率队前进嘉兴。

平望镇商店照常开市，驻守苏军纪律严明，除公出兵士胸佩公出证，得行走街市外，舍此概不得无故出外，是以口碑甚佳，地方安谧。晚间六时后，商店一律收市，全镇散放步哨，盘查綦严，所有军队除一部份驻扎该镇大王庙内外，其余均在船中，司令部亦设于船上。

镇北二里许有平梅女子高小学校一所，规模宏大，震泽红十字分会派第三救护队副队长吴学新（柏如）率队暂驻校内，约三十余人，预备办理救护事宜。据吴副队长云，该队到镇才驻四日，现因浙军缩短战线，即于二十二日不战自退，苏军于二十五拔队进驻嘉兴，二师五团赵团长、淮北水师郝统领均已率队专轮前往嘉兴，留镇少数军队由张营长驻镇守防，以目今情势观之，平望战事已可幸免云。

是日上午十一时，自平望仍坐新裕福小轮向嘉兴进发，河路约六十里。出平望口，经王江泾，即浙军重兵防守之处，当地居民未曾迁避者十居五六，并无惊惶之状。行经其地，约在正午十二时，附近村民老幼聚处，正饭热菜香之时，相处叙食，面有喜色，一若不知兵祸之方兴也。嘉属一带稻谷收成较早，田稻刈割殆尽，田岸稻积遍野，大军既过，完好如初。途遇小轮一艘，拖带兵船十七号亦开往嘉兴，至下午一时三刻抵嘉城，轮泊嘉城北门外洋关对面码头。该处有江苏水上警察厅陪戎平洪两浅水舰驻守，淮北水师师船约百余号，暨二师五团赵团长队伍均驻其地，洋关码头泊有英商小轮两艘及游艇一艘云。

……

在嘉兴县署前站立片时，见有衣冠整齐者两人自署内出，胸佩红会徽章，知为红会中人。询诸嘉城红会所在地，渠云嘉城红会在东门外纬成绸厂，刻有要公，不克奉陪，语毕忽忽去。余等遂步行出东门，约有八里许，盖其地无车辆，只有藤轿，价甚贵。出东门后，见遍皆军队，正在设锅煮饭，其状与苏浙军异，衣灰色制服，足穿草履，头戴竹笠，无领章肩章，惟左臂各有符号，作三角形，红地白纹，衣服虽破旧，然军容甚壮，年皆二三十岁，面黑如漆，身材短小。询诸知为孙传芳军队，于二十四日由闸口来，有孙军第三旅旅长卢香亭督队到嘉，驻东门外，卢旅长权驻东门外新陞栈，设闽赣联军第三纵队司令部于栈内。二十五日，孙传芳带卫队团到嘉，以东门外西直街绍兴旅馆为行辕，旗帜鲜明，上书"闽省边防军督办巡帅孙行辕"，卫队穿黑色制服，分班守卫，沿路步哨，前后里许，日夜守望，军纪甚严，秩序井然。东门外商市如常，毫不慌张。据云孙军在闽奉令开拔，沿路山川跋涉，且战且进，步行千里，自闽省漳州渡漳直抵闸口，搭乘火车，迳入嘉城，并未赴杭。嘉兴县警察所奉省令欢迎孙军，并有代理省长夏超于日内来嘉之说。

三时半，自东门外向东北行二里许抵嘉兴车站……嘉兴车站站长系邑人杨君养斋，见本邑红会诸人到来，欢忻异常，竭诚招待，纵谈甚久。据云当二十四日，浙军队伍退出后，联军司令部派员到嘉站索取火车龙头多具，驶往沪站。迨上午十时许，浙军用炸药炸毁嘉沪间第七十四、七十八号洋桥两架，轰然有声，十里之内，屋瓦震动。自二十四日午后起，嘉沪间交通完全断绝，复因龙头缺乏，不敷调用，嘉杭火车每日只往来开驶一次，闻浙军现集中于松江枫泾镇一带，闽省孙军抵嘉，现正派工程营在七十四、七十八两号洋桥附近建筑桥梁，一俟工成，开拔前往枫泾作战云。

嘉城红十字会在车站之西南约里许，理事长姓蔡，系当地绅富，设救护队一队，有代用医院两所。闽赣联军司令孙传芳抵嘉，特捐助红会经费五百元，主张赶办掩埋事宜。该会设于纬成织绸厂内，其地风景绝佳，隔岸为嘉城著名胜迹烟雨楼，四面皆水，非舟不能通行，一若吾邑之黄埠墩，面积较大，树木繁盛，殿宇庄严，洵属大观。

原载《锡报》1924 年 9 月 28 日

红会消息汇志

中国红十字会锡分会办事处，现因战事宜兴方面已经停止，所有掩埋事务甚少，即将第一掩埋队取消，暂留第二掩埋队，以备不时需用云。

办事处昨函第一救护队及第二掩埋队两队长，嘱传知队员、夫役，以后非出发时，不准穿着制服及佩带袖章号布。

办事处日前派调查队及第一救济队龚、蒋两队长赴平望、八圻调查难民情形，昨日下午一时半，龚、蒋两君事竣返锡，蒋理事长以太仓红会曾来电有难民五百余人待救，遂派第三救济队队长方文卿率领队员夫役，乘坐甫经回锡之新裕福轮开往太仓，运输难民来锡。

办事处昨日接到旅沪同乡会第一次代募经费洋五百元，并接到同乡会理事张秋园、朱鸿昌来函，张云已为代募经费五百元，交由陶仞千汇锡，朱云已将代募款项交祝兰舫陆续汇锡云。

昨日往办事处缴纳捐助款洋及衣被者，有清节堂捐助救济经费洋五十元，祝伯仁君经募棉被五十条，严观复堂捐助大小衣服八十八件，范英女士捐助小孩衣服十件，无名氏捐助大小衣服七十件，郭石如太太捐助大小衣服十三件、洋袜十二双，程华贞女士捐助衣服三件，中西女学学生家属捐助大小衣服三十一件、布袜六双，王文荣捐助棉被二十条。

原载《锡报》1924年9月28日

红十字会会长之矛盾

红

现在中国红十字会会长是谁？大家知道是当今内阁总理、基督教徒颜惠庆博士啊！红十字会是一个慈善团体，他是以救人性命、反对残忍为宗旨的，这一次江浙战事，他以完全华人的能力来救护伤兵和难民，成绩之佳，实在使人敬佩。但是红会会长却正式就任了军事时代的内阁，换一句话说，就是组织帮助穷兵黩武的军阀之内阁。吴佩孚一到京，就命他在一日间筹措一百万军费，他不敢不应，这一百万可以损害许多人命，许多人民的损失啊！要是移给红会做经费，可以多救活许多人命啊！

红会新近打一个电报给颜博士，请他筹措红会经费，不知他也能照替吴佩孚筹一百万一样的态度么？如果如此，他已矛盾了，他一面助战，一面救人，自然是矛盾啊！他要是置红会电报于不顾，他的会长太说不过去。颜博士啊！你是上海人，你是以博爱为宗旨的基督教徒，你总是顾念桑梓，体上帝戒杀之训，不要坍基督教的台啊！

原载《锡报》1924 年 9 月 28 日

红会消息汇志

本邑红会救护队总队长孙蟾卿奉派赴昆，会同第二救护队队长沈景华办理救护事宜。

第一救护队暂不出发，全体夫役即日裁撤，遇必要时，有另行补充之说。

第二救济队张公威等赴安亭救济难民，昨已由方泰镇等处救回难民二百数十人，内二百人送至南门外南禅寺，归溥仁慈善会留养，余归南里同人担任留养于永泰隆茧行内。

昨日至办事处担任留养妇孺者，有公济社代表李霭士、蓝仲和、邓锡钧，担任该社留养妇女一百五十名，地址在惠山李文忠公宗祠。

昨日至办事处陆续捐助棉被、衣服者均络绎不绝，南门溥仁慈善会留养处所，红会办事处已派女监察员薛马为贞；南里同人担任留养处所，办事处派定女监察员陈少云。

昨日红会医院疗治伤病，有已痊愈者数人，均经办事处卸除服装，给证遣散。

第三救济队队长方文卿率队赴太仓救济难民，昨日下午办事处接昆山转来长途电话，方队长已在太仓救回难民七十余名，已抵昆山，即晚二时，可以抵锡。办事处据报，已指定无锡饭店权为难民安置一宵，今晨送入留养处所云。

原载《锡报》1924 年 9 月 29 日

南京近事纪

美国红十字会于安亭、陆渡桥、望仙镇、蓬阆镇一带救出难民八次，约一千一百余人，现均暂屯于昆山，日内即送至常州、南京。

原载《锡报》1924年9月30日

红会消息汇志

本邑红十字分会第三救济队方文卿队长，于昨晨七时许，由太仓方面救回避难妇孺八十四人，归绸业协盛、唐瑞盛、世泰盛、九余、懋纶、丁双盛、丁源盛等七家担任留养，安置于北门外绸布公所，经办事处派定张映秀女士为女监察员。

理门广善堂主任周寿堂，昨至办事处担任广善堂留养妇孺五十名，地址在东门外。

办事处因各处留养妇孺患病者颇多，已请定普仁医院谈医生，逐日往惠山蒋、施两祠症察，并派医员徐元春，每日分上下午，至酒仙殿、万巷孙姓宅内、绸布公所、南禅寺、永泰隆茧行内等五处症察病症云。

昨日伤病出院者又有李清山、范寿根等数人，由办事处卸除服装，给证遣散云。

原载《锡报》1924年9月30日

战事特讯——苏浙两军激战记

黄渡战讯：远东通讯社云：昨二十八日上午由黄渡运回伤兵十余人，中有二人伤势甚轻，与记者谈及黄渡战讯。据云，联军自昨二十七日十二时分三路进攻，右翼由马陆石冈门向盐铁塘方泰进攻，左翼由青浦向白鹤港攻击，中路于昨二十七夜有前锋一连已逼近安亭，旋因后路无援兵，遂退回原防，左翼战事因距作战地点稍远，不甚清楚云。又昨日下午据由黄渡返沪红十字会救护队某君报告云，昨二十八日上午由北车站乘兵车直赴黄渡战地救护伤兵，当车停时，见苏军架机关枪一具对联军击射，势甚猛烈。至下午二时返沪，而战地炮声枪声仍绵绵不绝，战事方酣。

南翔近况：远东通讯社云：昨日（二十八）下午，据南翔报告消息如下：一、昨日上午九时有苏军飞机一架由黄渡飞至南翔车站附近视察军情，被联军开炮射击二次，因该飞机飞势甚高，故未命中，旋向嘉定、浏河方面飞去。二、此间连日不甚闻有炮声，人心较安，日前避难往沪者多纷纷返翔，搬取贵重物件赴沪。三、昨日上午十时，有难民百余人由红十字会收容所南翔耶稣教堂出发，乘船一艘往沪，由沪同乡会设法收容。

原载《锡报》1924 年 10 月 1 日

红会消息汇志

本邑红十字分会办事处，昨接上海山西路盆汤弄口洋货集益会内安亭救护被难事务所来函，索取留锡安亭难民姓名。

驻昆第二救护队昨日派员回锡，报告该队已开往方太镇前面龙里镇，担任救护中央第一混成旅伤兵，并请本会迅放专轮，驰往方太镇救济续到难民。蒋理事长据告，立即派第三救济队方文卿队长率队，于下午四时乘坐新裕福小轮，拖带公司船驰往从事救济难民。

留养锦云公所之太仓严宗禅女士坚求赴沪，已由该处主任资送至镇江，转轮赴申。

邑人荣月泉君由汉函告捐助红会经费洋五十元，已请荣德生君代付；王敬修堂捐助银洋二十五元，小人衣服十八件；尤景记捐助会费小洋五百角；旅京同乡尤幹臣、胡征若来函，交通部同乡合助会费洋一百元，收齐即寄；杨味云捐助二百元。

李砚臣、王定安代表布米两业来函，担任留养难民五十人，地址在梨花庄延圣殿。

原载《锡报》1924 年 10 月 1 日

红会驻昆救护队救护伤兵回锡

本邑红十字分会派赴昆山第二救护队，前经沈景华队长率队前往安亭、方泰、龙里等镇救护伤兵，日前办事处特派救护队总队长孙蟾卿驰往协助，并派专轮新裕福开往，以便救护时输送之用。昨日下午六时半，第二救护队在方泰、龙里两镇救回伤兵六十九人，由救护队队长孙蟾卿押送回锡，其有鄂军第七团二营八连下士荣长悦因伤重中途病故，即经办事处派第二掩埋队为之棺殓，抬往义塚掩埋外，尚有六十八人，就中有湖北、山东等军连长三人，六师三十四团排长一人，伤重者三十余人，轻伤二十余人，尤以二师五团二营八连康得功、六师二十四团三营十一连排长徐鹏伤势最重，均经办事处分别重轻发送医院。计重伤送入第一临时代用医院（普仁）者三十一人，轻伤送入第二代用医院（大同）者二十四人，送第三代用医院（协济）者十三人。此项伤兵，计山东第一混成旅二名，苏军七十六混成旅二名，苏军二师三十五名，苏军六师十名，豫军五名，中央第一混成旅四名，苏军第五混成旅三名，鄂军第五混成旅八名，省警备队一名云。

原载《锡报》1924年10月2日

红会消息汇志

吾邑红十字分会办事处，前函宜兴分会，询问该地状况，以备遣送难民回籍。日昨接得宜兴分会复函，以宜邑已安谧如恒，凡蜀山等处避锡难民，可送至该会，以便各家属招领云。

办事处于昨晨二时接锡车站转到昆山兵站电，谓前线伤兵过多，各地医院均已额满，拟酌送若干来锡医治。

常熟红会致函办事处，通知该会已于日前组织成立。

苏州商团唯亭支部致函办事处，申谢前在太仓救济唯亭鲍友卿等家属六人出险，现已安抵唯亭镇云。

邑人陶锡侯向办事处声明担任留养妇孺五十人，与李砚臣、王定安担任之五十人，合养于梨花庄延圣殿。

办事处昨日收到李石安捐助衣服七十四件，隐名君节省重阳节费捐助洋十元，王敬谊、杨华庭两君捐助旧衣五十六件、袜一双。

唐蔚芝君来信，云及太仓吃紧，商请派船救济。办事处以目下缺乏船只，俟缓图驰援答之。迨下午六时半，新裕福小轮自昆山方面拖带伤兵船驰回，遂又由办事处通知唐君蔚芝，准于今晨特放专轮，驶往太仓方面设法救济。

下午三时半，昆山开来伤兵车，交到七十六混成旅一百五十二团三营十连兵士刘福胜一名，遂由办事处饬送第三临时医院医治。

侨锡客民左福喜，日前被警所拉夫拉去，解昆发往浏河充当输送之役。旋因受伤回锡，昨由红会函送光复门外第三临时医院医治。

原载《锡报》1924 年 10 月 2 日

红会消息汇志

昨日下午二时许，有昆山运宁伤兵一列车抵锡站时，其中有六师马兵一营三连一排李本明、七十六旅一百五十一团一营一连詹记鑫、扬州守备司令部四营二连三排九棚路连功、六师二十一团一营一连输卒李与仁、扬州守备司令部四营一连二排六棚何有元等五人，因伤势转剧，当由护送军官将其抬下，安置车站，报由红会办事处，当夜送入光复门外第三临时代用医院医治。昨晨又有火车运锡十九师七十三团一营四连彭长明伤兵一名，由办事处给证，送入第三临时代用医院医治云。

新裕福轮拖带广源拖船，午前仍开往昆山。唐君蔚芝因太仓告急，亦派员附轮同往驰救难民。办事处派卫士董安、赵得标护送宜兴被难妇孺六十余名回宜，妥交宜兴红会招领安插。

红会第二临时代用医院送会治愈伤兵五名，当由办事处令其卸除服装，分别遣散。

驻昆第二救护队，在安亭、方泰、龙里等镇救回前线伤兵六十九人，业经办事处分别轻重，送入代用医院医治，就中有连长、排长各四人，计鄂军五旅九团一营二连连长刘成海（直隶），二师六团二营七连连长苏致震（铜山），二师六团一营三连连长萧锡璋，二师六团一营一连连长纪忠先（泗阳），二师五团二营七连二排排长钟琪（句容），六师二十四团三营十一连排长徐鹏（山东），六师十二旅二连排长王梦喜

（直隶），二师六团一营一连排长尹日升（湖南）。

方泰镇救回难民徐持平，青浦人，因病由办事处送入第一临时代用医院医治云。

原载《锡报》1924年10月3日

红会消息汇志

前晚火车由昆山开来，有十九师七十三团一营兵士李桂山一名，由办事处给证，送入光复门第三临时代用医院医治。

九月十八日，由安亭救回第一批难民中有大小难民九人，曾由侨居安亭之本邑东埄人钱道士留养乡间，现在钱姓因无力留养，昨将该难民九人送至办事处，随送入南里留养处留养云。

华永千君经募严慕记助洋五十元，严新记助洋十元，华少扬、包太太各助洋五元，并华永千自捐洋十元。

办事处昨接唐蔚芝君来函，担任留养太仓难民五十名，指定地点在惠山山货公所。

旅津同乡杨味云、林虎侯、王正卿等，经募华新津厂同人捐助红会经费洋一百元，昨由杨拱辰君转致红会办事处云。

原载《锡报》1924年10月4日

红会消息汇志

前晚八时半，昆山开来火车，有负伤兵士刘宪德、孙玉德、曹秋、赵德兰、陈士彬五人，由办事处分送第一、第三代用医院医治。

昨日下午二时，有十九师负伤兵士张文灿、朱树章、苏尔昌三人，当发就诊券，赴第三临时代用医院医治。

七十六混成旅军医院长江定生，昨至红十字分会调查该旅来锡疗治之伤兵，并拟至医院慰问。昨日下午四时半，第三救济队长方文卿，由安亭、太仓救回难民二百四十余名，分别留养。北门黄泥桥米业担任八十名，北塘三里桥米业担任八十名，蔡君兼三担任八十名。

办事处派调查队长龚葆诚，定今日上午八时，乘新裕福轮赴安亭，协同第二救护队长沈景华，办理救护伤兵及救济难民等事。

原载《锡报》1924 年 10 月 5 日

红会消息汇志

红十字会锡分会昨接上海总会来函，以现为防杜冒用本会旗帜起见，规定所有各处红会派出各队均须加盖图记，以资识别，并发到总会与江浙两军署来往原函三件。兹一并录之如下：

中国红十字会总办事处致江浙军署函：迳密启者，江浙军事遽行开战，本会与各分会职责所在，自应遵照万国红十字海陆战条约及本会修正章程，出发医队，分头救护，以重人道，而维慈善。惟该医队人员由本会出发者，所揭旗帜等均盖有“中国红十字会总办事处关防”字样，其由分会出发者，所揭旗帜等亦均盖有“中国红十字会某处分会图记”字样，以资识别。若无此关防及图记，皆系冒用，应请贵署通饬所属各军官长，令知前敌兵士等一体遵照，注意查察，以免混淆观听，而杜奸弊。具纫公谊，相应专函奉达，至希察照施行。此致苏皖赣巡阅使、淞沪护军使。

苏齐复电云：上海中国红十字会总办事处鉴：沪字第二百十二号密启均悉，具征慎重，已通令前方各军转饬所属官兵一体注意矣。齐燮元。文印。

沪何复函云：迳启者，接准贵会二一九号公函，具悉一是，已通传各军队一体知照，并不准随意挂用红十字旗帜袖章，以符章制。特此奉复，即希查照。此致中国红十字会总办事处。何丰林启。

镇江红会组织成立后，现方从事于医院之设立，以吾邑红会成立在先，办理完善，特行派来汪惠人君，调查设立医院事，以资参考云。

第三代用医院医愈伤兵许芝生一名，昨日送至办事处，当由蒋理事长照章遣散。

办事处据各代用医院伤兵，恳请转催所有伤兵应得之赏犒金，以资应用，当即代为转函本邑戒严司令部核办云。

无锡旅沪同乡会，昨又汇到第二批之代募会费洋五百元。

昨日伤兵车过境，送来十九师七十三团伤兵王连三一名，经办事处发交第三临时代用医院医治。

原载《锡报》1924年10月6日

市一小学征集难民棉衣

崇安寺市立第一小学校校长陶达三君，因本邑红十字会救济战地难民来锡，近已时交深秋，天时渐冷，难民衣服不周，深堪怜悯，昨特发起向各学生家属征集棉衣，以备施送。兹将该校启事及办法照录如下：

慨自江浙军兴，哀鸿遍野，蒙难妇孺之寄养于吾邑者，虽庆果腹有资，尚虑御寒无术。兹迺节届九秋，瞬交冬令，朔风多厉，寒气逼人。素仰贵家长民胞物与，乐善好施，倘蒙量力捐助，无不恩同再造。所冀绨袍慨赠，挟纩同欢，莫谓小补无功，幸能共襄善举，自是功德无量。

无锡市立第一小学代募谨启

附征集蒙难妇孺棉衣办法：一、凡妇孺之旧棉衣裤及旧夹衣裤，不论大小，均可；二、凡衣服之破损者，均可使用，惟能稍事补缀，尤为感祷；三、能于十月十六日（即夏历九月初八日）送至本校，尤为感盼；四、衣服由敝校代收后，即掣收条，交原人为证；五、凡收到之衣服，即日送缴红十字会，转赠蒙难妇孺。

原载《锡报》1924年10月6日

红会调查队报告青浦近况

红会办事处于四日派调查队队长龚葆诚，乘坐新裕福小轮前往昆山、安亭等处办理救济各事。昨晨七时半，龚君已由青浦方面救济被难妇孺九十八名来锡，并将青浦近况报告到处。兹录其报告大略如下：四日上午九时半，乘新裕福小轮出发，下午五时抵昆山，与驻昆第二救护队沈景华队长有所接洽。六时向安亭方面进发，当晚十一时抵安亭。是时黄渡战事正剧，炮声隆隆，枪声无间。回顾东北方面，炮火有光，宛如雷电。船泊于镇西新桥头，该处有兵船百余号，河路几为阻塞，日内均须向青浦开拔备战者，皆皖军第三混成旅之队伍。船既泊岸，乃舍舟登陆，与舟子两人，携灯至安亭镇红十字分会，约五里许，与该会职员李仲廉君接洽。初意欲续往方泰、龙里等处救济难民，旋悉青浦方面因松江战事吃紧，该处备战已有多日，开火即在目前，该县境内如白鹤港、章堰、杜村等处遍地难民，急宜设法救济出险。于是乃变更原定计划，决计转赴青浦，当由安亭分会派定职员蒋君等二人，及青浦乡民二人充当引导，磋商安妥，安亭分会职员蒋君等亦一同回至船上，略事休息。至翌日黎明五时半，由安亭出发，七时抵青嘉交界处之白鹤港停船。沿途一带纷纷调动军队，沿港一带兵船云集，苏军十九师七十三团、七十四团，皖军第三混成旅，全省水警暨省警备队，均已奉令开拔青浦驻防。青浦县城西南之重固镇旧青浦一带，十九师师长杨春普为青浦前敌指挥司令官，四日下午，杨师长率队由昆山开拔，抵白鹤港，设司令部于该镇第三小学校内。据云当战事发生之后，苏军有皖省第三混成旅驻守白鹤港，浙军则由青浦城而达重固，转赴白鹤港。旧历上月初六日，苏浙两军在白鹤港小战，毙浙军一人，由苏军投之河中，嗣后即各守防地，并未攻击。浙军且退入青浦城，苏军进占章堰，而重固等处已在浙军手中。近因松江方面，由闽赣联军孙传芳派旅长卢香亭抵松江，追袭浙军，青浦形势亦转为险要，遂有今日备战，接触开火之期，决不在远。重固镇之北干山为浙军所有，山前之地（亦在重固）为苏军所有，两军接触之点，即在重固、章堰之间以及杜村等处云。

七时二十分，在白鹤港登陆，由安亭分会派员蒋君等引导，走六里至徐家舍。该处三数村落，每村四五家、五六家不等。村中少年女子已逃避一空，其男子及妇女之年老者尚居村中，均聚集于附近牛车棚中，汇坐于车盘之上。男子伫立高处远望戒备，每见前村有人来，即群向田中潜匿，见兵士来尤惧，盖该处近有匪徒冒充兵士，三五成群，四散乡中，遽入民家掳掠财物衣饰，奸淫妇女，攫夺牲畜，并时时开枪恫吓乡愚，附近乡民无不畏之若虎。……

原载《锡报》1924年10月8日

红会消息汇志

本邑红会办事处昨日接奉苏皖赣巡阅使署麻日来电云：无锡红十字会鉴：前发通行证十张未填姓名，望于空格内垫写佩带人之姓名再行佩用，并将号码及姓名迅速转报本署，以便按照转饬前方各军保护，而资稽考。齐燮元。麻。等因。即经备文呈复，文云：为呈报事。本月六日，奉钧署麻电，内开（中略）等因，奉此。查敝会奉颁通行证系管字第十三号至二十二号十张，当经发交出发前方各救护队、各救济队等队长慎重佩用，至队员不敷佩带，即由佩带通行证之队长带领，在前方服务亦均穿有制服、袖章，所有佩带此次通行证之队长姓名及号数另单附呈，至祈钧署转饬前方各军一体保护，无任叩祷。谨呈。（下略）

调查队队长龚葆诚昨由前带回青浦、白鹤港、章堰等处难民九十八人，即送惠山李忠定公祠，归公济社担任留养，并由办事处派定女界服务团团员李慕贞为女监察员云。

办事处昨据调查队之报告，青浦县城之西南，除白鹤港、旧青浦、章堰等村落中一部份被难妇孺业经救护出险，安然抵锡外，尚有观音荡日后之郏店、方家窑，及昆青交界之渡场、杨襄泾、斜鹿与杜村之叶家湾一带，急宜设法救济。因由蒋理事长派定第一救济队队长蒋仲良，率队乘坐新裕福小轮，并拖带广源公司船，准于今晨五时半出发前往青浦县境救济难民云。

丹阳红十字会函报成立。昆山红十字会来函招寻嘉定陈绮柳暨其眷属下落，并附寻人传单一纸。文云：兹有嘉定县西门外大街居民陈绮柳（年六十余岁），因避兵灾，内眷属刘氏、周氏、叶氏及男仆小阿全（张姓），伴同迁居西北乡锡泾下江地方乡民陆伯春家。开战之后，陆家被盗劫掠，各人因而走散，至今杳无音信。如有仁人君子遇见陈君眷属，或知其下落者，祈即报告就近红十字会，或函告上海红十字会，转嘉定同乡临时维持会。如有能奋勇救护，俾得出险者，陈君家属对于报信或救助者必有相当报酬云。

留养锦云公所内难民马赞卿，由伊子来函，嘱其由锡赴申，该处办事人员因马君缺乏川资，力为筹措，俾便成行。又该处有安亭灾民项梦飞赴申，亦由办事员给资成行云。

原载《锡报》1924年10月8日

红会消息汇志

本邑红会办事处昨接上海总办事处来函云：敬启者，顷准内务部函开："准四川邓省长宥电开：'川中各县红十字分会对于省长公署来往公文，有用呈者，有由公函者，至为纷岐。应如何划一办理，请核定赐示，并行知红十字会总会查照。’等因到部。查红十字会向来对于各机关行文用函，虽未经明白规定，惟查贵会系属慈善性质，对于行政机关原无系统关系，似可一律用函。除电复外，相应函达查照，转行各分会，嗣后对于各行政机关行文，一律用函，以昭划一。”等因前来，除分行外，相应函达贵分会查照，嗣后一律遵照办理可也。（下略）

昨有南禅寺留养所难民一人，因事出外，迷失归途，由东北一救火会消防队员询悉原委，将其送交办事处，仍发原处留养。

无锡市立第一小学校职员、学生捐助红会经费大洋三元，小洋十二角，钱四千六百三十文，衣服三百零一件，大小袜二十九双，大小帽廿五只。又钱恽记捐助大洋二十元，衣服二十七件；陈仲英捐助小人衣三十件；强建堂续捐衣□件，小人帽七只。

昨日下午，有伤兵一列行经锡站，送下江苏省警备队一团二营后队正勇王小龙一名，右腿中弹，由办事处给证，送入第一临时代用医院医治云。

原载《锡报》1924 年 10 月 9 日

红会消息汇志

第一临时医院住院伤病第二师第五团第二营第八连兵士康得功，脑中枪伤，来锡时即不能言语，延至昨日下午亡故。当由办事处命第二掩埋队驰院棺殓，掩埋于西门外万寿庵义塚。

办事处昨接总兵站驻锡办事处来函，询问各医院现有受伤官兵实数，当即将现时留锡疗治之官兵开具清册，函送总兵站驻锡办事处查核。（附来往函件）总兵站驻锡办事处来函云：敬启者，敝处顷奉督军齐阳电开：“伤兵应用棉衣，由各该住院地查明各师旅伤兵数目具报，以便筹备。”等因。查住锡受伤官兵重赖贵会医治，截至今日止，实有若干，相应函请查明，开掷清册，并将师旅营连注明，俾资转报。再嗣后遇有来锡受伤官兵，仍希知照敝处。请速赐复，至为企荷。（下略）。办事处复函云：迳启者，准本月八日函开：“嘱将敝会各医院，截至本月八日止，留院治疗受伤官兵实数开册，以凭转报，俾便发给棉衣。”等情到会。查敝会救护来锡受伤官兵，除陆续医愈，按照万国公法，酌量资遣，并伤重死亡棺殓掩埋外，截至本月八日止，敝会各医院留院治疗受伤官兵尚有一百三十二人，兹特列册，送请查收，以便转报。嗣后续到，当再函达。再发给棉衣，谅因御寒，非若前敌必用军服。按照万国公法，红十字会对于救护留院各伤兵未便接受军衣，致背恤兵之旨。惟兵站医院暨敝会遣散治愈伤兵，转赴他方，不在此限，尚祈谅察为荷。(下略).

办事处昨接上海总办事处发下普通会员章照二十份，当即发给第一分办事处保管，各界人士前因无章照而未入会者，可迳至办事处报名缴费，随时可至第一分办事处照领云。

办事处昨日又接到总司令部军医院发下齐巡帅布告病院规则，业已转发各医院张贴。兹录其布告如下：为布告事。查病院通例，凡在院疗治之病人，坐卧行走，均应受医官指挥，不准无故出院，以致劳力伤神，原为保护病人、慎重调查起见。至于战时病院之设置及各慈善机关设立之医院，医治创伤关系尤重，设于坐卧行走不加检点，或因闲游而致劳乏，或因风雨而致感冒，皆于养伤有碍，大背卫生之道。嗣后各该病院养伤士兵，务须顾念本总司令体恤伤兵之至意，恪遵医官指挥，谨守各该医院规则，在院静养，不得无故外出，致伤身体，而玷军誉。合行剀切告诫，一体遵照。特此布告。

留养于永泰隆茧行之灾民钱载之及其眷属共六人，昨日由其亲戚苏州正茂祥绣庄主具函领往苏州居住。

又留养于李忠定公祠之灾民刁顾氏及子女三人，由其本夫刁约翰来处领往圣公会居住。灾民周乔氏，其夫周应候，向在本邑南门清名桥王利和染坊任事，昨日亦由其夫领去，并与其戚张赵氏同往。

市立第一小学校全体职员学生，昨日又交到第二批捐助衣裤帽袜共四百零五件，并大洋一元、铜元百枚。该校师生慈善为怀，殊堪钦敬。又张润夫捐助大小衣服一百五十二件。

原载《锡报》1924 年 10 月 10 日

红会救济队赴青浦之报告

红会第一救济队长蒋仲良，于前日（八日）率队乘坐专轮前往青浦救济难民。昨日蒋君等事毕返锡，报告到会云：本月七日奉命，于八日上午六时，率领副队长李梦菊、队员胡国荣及夫役一名，会同输送队副队长蒋汉卿君，乘新裕福轮，随带广源、豫兴两拖船出发。下午三时抵昆山，当将豫兴拖船及信件等检交第二救护队接收。一面鼓轮前进，至朝阳门外朝阳桥，适有陆军两营开赴朱家桥……至九时抵安亭，船泊六泉桥下，登岸至该处收容所接洽妥洽，于九日晨五时商请蒋副队长，带同队员胡国荣，乘船赴青浦交界之杜村等处救济难民。该处尚未开火，居民咸不忍抛弃其棉禾牛牲等而走，是以只救出男女妇孺五十名。队长与李梦菊由安亭事务所拨人船同赴方泰，该处收容有男女妇孺四百余人，因连日炮火声远，咸料苏军已前进，或者日内有摘棉割稻，是以一律不允离乡，只有妇女三人跟随来锡。队长等即步行返安亭镇，会同蒋副队长再赴白鹤港登岸，同赴洋泾园头湾等处。两军已于一时开火，惟不剧烈。乃该居民等仍不肯随来，时因时间之关系，而其他各村如渡场等、施相公庙、南姚亩塘、北姚亩塘、杜村均由蒋副队长去过，且时间又晚，只得复返安亭。至白鹤港，时驻有陆军十九师七十四团三营军医黄乐三，以野战病院名义送来口令，当已回片致谢。既抵安亭，即由该处收容所主任李君仲廉，嘱将收容之顾家村、李家村、朱家桥等处难民一百二十七名引渡回锡，即经派员领至广源船安置，于五时启碇返锡。是役共计救回难民一百八十名，晚间九时抵昆，拖带豫兴船之第二救护队，至今晨六时抵会。又驻安之警备队病兵两名要求来锡医治，队长察其病状属实，而本会以慈善为怀者，故已承认嘱乘新裕福一同来锡，合并声明。

原载《锡报》1924 年 10 月 11 日

红会消息汇志

红会办事处准无锡女界社会服务团函商，该团拟派员至各留养所通俗演讲，业经办事处许可，并给予许可证，以便出入各留养所外，复于日昨分函各留养所女监察员知照办理。函云：迳启者，兹有无锡女界社会服务团，热心担任分赴各留养灾民处所通俗演讲，业经许可。除发给许可证交由各演讲女士外，诸希贵女监察员验明许可证，招待演讲。至演讲以外事项，未经本处许可通知者，贵女监察员有未尽同意之处，尽可婉拒，或报告本处核办。附奉许可证样证一纸，并希察照。（下略）

第一临时代用医院治愈山东第一混成旅正目虞金胜，第二临时代用医院治愈中央第一混成旅机关枪连兵士王振全、鲍体俊、郭忠厚等三人，由办事处照章程给证遣散。

第二救护队全队在昆山前线服务日久，昨日队长沈景华率队回锡，暂时休息云。

第一救济队由白鹤港等处救回灾民约二百人，除有数十人转赴苏州找寻亲戚外，内一百人由办事处送往梨花庄延圣殿留养，归陶锡侯担任五十人，米业王安定、布业李砚臣等合力担任留养五十人，另有五十人归广勤纱厂同人留养，并由第一救济队带回病兵两人，由办事处验明送入第一临时代用医院治疗。

留养酒仙殿之安亭难民翁杨氏及某夫妹翁新含，昨日由其夫翁耀明自申来锡，领往申江居住。

南门外怡顺丝厂，昨将开幕筵资洋五十元移送红会，助作经费。樽节靡费，惠及灾黎，该厂同人热心慈善，殊足风世。又有朱佩珍女士，代顾静川先生交会捐助大小棉衣廿件。

办事处前接昆山分会来函，询问该会救锡灾民有无陈绮柳其人及其眷属，并附下寻人广告……兹据该会在太仓救回灾民项竹筠、施啸石述及，上月中曾于太仓城内太仓医院会晤，陈绮柳因染病留居院中，其眷属寓该处耶稣堂内等情，办事处当即据情函告昆山分会。

原载《锡报》1924 年 10 月 11 日

红会消息汇志

旅沪同乡会经募红会经费前已两次汇到共一千元，日昨同乡会又将继续经募所得之一千元扫数汇来，并致办事处函云：迳启者，敝会经募贵会经费，前后计共募得洋二千元，除第一二两批业经汇奉洋一千元外，兹再汇奉洋一千元正，至希察收。敝会棉（绵）力所竭，知此区区无裨博济，惟是同人心有余而力不足，幸乞鉴原，并祈见复为荷。（下略）办事处接到函件后，当即复函云：迳覆者，顷奉十月八日大函，并汇到第三批代募经费洋一千元，照收无讹。此次战事，敝会需用各款，重赖各方协助，贵会惠我实多，感篆（纂）曷极。专覆并申谢忱，惟希亮察不尽。

办事处恐各留养所灾民，如因贫苦欲将子女在锡许配，或作人婢仆，及慰问人士有提及此事者，特行函嘱各留养处女监察员，倘遇是情，一概禁止。函云：迳启者，留养灾民除由的实家属亲友领往他处，暨事平送还原处外，凡有贫困欲在锡将子女许配，或作人婢仆情事，均应一概禁止。慰问人士有提及此事者，亦应严词拒绝。特此函达，即祈查照为荷。

办事处昨函各留养灾民处女监察员，嘱即转告各处常驻办事人员，宁节无谓之靡费，以资广济前敌无告灾黎，并策善后。原函云：迳启者，留养灾民，各处热心担任，本会非常钦佩。除首应注重卫生外，饮食应以清洁茹蔬为限。现在战事尚难结束，无论何方捐助，与其购给荤食，胡乱发给财物，供作奢侈无谓之费，不如汇捐来会，凑作广济灾民来锡之用。至担任留养灾民各慈善团体，或各慈善家，尤宜樽节财力，以策善后。合亟函达贵女监察员，对于前项情事竭力阻止，并将此意转达各处常驻办事人员，务须体恤本会博爱恤灾之旨，勿浪费财力，徒博已经救济来锡少数灾民之好感，致遗前敌无告灾黎之苦惨。至所企盼。

上海扬子江测量所职员安亭人陆超来锡，领去其弟陆安及其妹陆瀛、娣陆复三人，转赴上海。在第二临时医院疗治之江苏陆军第二师第六团二营一连兵士傅干臣已病愈出院，当由办事处照章遣散。

旅沪安亭救护被难事务所，昨派嘉定分会救济队队员葛子眉、葛欣初二君自申来锡，至办事处接洽。据云，闻安亭尚有难民数百人未曾出险，办事处当请葛君等赴安探视一切，如确有未曾出险居民，即用长途电话报告，当随派专轮驰往救济云。

办事处昨日函请女界社会服务团推荐之沈毓秀女士，担任广勤路福林禅院留养灾民处女监察员，沈女士业已到处任事。

原载《锡报》1924 年 10 月 12 日

宁垣近事纪

红十字会中西会员今日在宁挨户劝募旧棉衣裤，以备散给被难妇孺。闻该会所救之难民，近以天气甚冷，皆无衣可着，宁垣各居民捐送旧棉衣者极形踊跃。

原载《锡报》1924 年 10 月 13 日

红会消息汇志

昨有第二师步兵五团机关枪一连排长张朝义乘火车来锡，因手部受伤，特投红会办事处求治，当由蒋理事长饬送第三临时代用医院医治。

十九师七十四团第十一连兵士徐大胜，及湖北第五混成旅九团一营十二连兵士臧东扬，均经第二代用医院治愈，当由办事处分别遣散。

私立竞化第一女学校校长施献臣君，于双十节日率领全体学生，至惠山救济妇孺留养所慰问被难妇孺，并将该校职员、学生捐助大小衣服二百二十三件赠送施祠内被难妇孺穿着，余件则送交红会转发他处难民服用。

豫康纱厂经理方君寿颐昨至办事处声明，担任留养出险难民五十人，留养地址在豫康纱厂工房内。又有冯君耀山捐助衣服二十件，以备发给难民应用。

原载《锡报》1924年10月13日

敬谢无锡红会诸公热忱（存目）

原载《锡报》1924年10月14日

红会消息汇志

各留养所灾民在战地饱尝虚惊，餐风宿露，抵锡后，间有患病者。办事处因特延请普仁医院谭医生担任惠山各留养处医务，如府庙及延寿司殿两留养处，则自请中医，为患病灾民诊治。此外，各留养处均由办事处医员徐元春君独任其劳，逐日驱车往来各处诊治，不辞劳瘁，而药到病除，见效尤速。二君之热心善举，殊为难得。

昨日捐助该会经费及衣服者有邑人徐采丞君捐洋一百元，又有蒋瓯荪君及许骏标君各捐助洋五元，程华贞及钱琴秀两女监察员交来杨祖云捐助洋五元，杨世凤捐助铜元二十千，陶女士捐助大小衣服念四件。

办事处昨日函聘华效罗女士为延圣殿留养灾民处女监察员。

办事处昨接陆军步兵七十四团医务所来函，询问前次救护伤兵来锡，曾用担架若干架，请为保留。经办事处查得仅有一架，即当函复云。

留养延寿司殿灾民，有侨寓安亭之句容人王金根，其妻王孔氏，先期由红会救锡留养于蒋氏宗祠内。昨日王金根至办事处，声明领其妻回句容原籍。经办事处允准，王即挈妻首途回句容矣。

又留养李忠定公祠内灾民汤忠佑，原籍丹阳，前日亦向办事处辞行，乘车遄回故乡矣。

原载《锡报》1924 年 10 月 14 日

红会消息汇志

办事处昨据留院医伤之第二师第六团官兵二十四人代表萧锡璋，面陈同人在院缺乏养伤费用，请求致函昆山总兵站医院院长，发给犒赏。当由蒋理事长嘱文牍员缮具公函，交萧赍往接洽。驻锡苏州警察厅保安队巡士汤汉林、谢世昌、邢汉斌、郭从山等四人患病，昨由县警察所函致办事处，请为通融收受，转送第一临时代用医院医治。

第一临时代用医院伤兵有江苏第七十六混成旅一百五十一团三营九连兵士于世昌，业经医治痊愈出院，由办事处照章解除军服，遣散自去。昨日有邑人顾君资箴代缴无名氏捐助经费洋二十元，又有扬西张氏尚德小学校小青年会会长张锡华、叶伟兴来函，解缴经募洋十三元、小洋二十八角、钱十三千三百十文、男女大小棉夹衣裤一百四十九件、男女帽子二十六顶、鞋二双。兹将原函并录于后：红十字会会长先生钧鉴：谨启者，苏浙开衅，倏已月余，战地小民，不得安居，因纷纷避难别地。近闻吾锡亦到有难民甚多，大都单衣薄片，寒苦可怜。夫此许多难民，谁非吾最爱之同胞？今不幸而遭此浩劫，吾辈宁可漠然视之而不一援手乎？孟子云："恻隐之心，人皆有之。"因此敝会特于十月六日组织临时小慈善救济会，推定募捐员二十余人，分向校内外劝捐衣服、银钱，以救济可怜之难民。兹将捐得男女大小棉夹衣裤一百四十九件、男女帽子二十六顶、鞋两双、大洋十三元、小洋二十八角、铜元十三千三百十文汇送贵会，请即代为散发各难民。虽属杯水车薪，无补实际，亦聊表吾小青年辈应尽之天职也。区区微忱，幸希察照，并乞将此函转录本邑各报，俾地方人士观而奋兴，宏发慈悲，广济难民，尤为殷盼。（下略）

原载《锡报》1924 年 10 月 15 日

红会消息汇志

红会办事处昨由江阴红十字分会捐助衣服四百件，并经募吴仁厚君捐助衣服十八件，张志善堂捐助衣服六十五件，又华耀庚捐助大小棉夹衣裤十九件、帽子两只，又中华轮船公司捐助洋一百六十五元，钱味青君捐助洋一百元云。

第一临时代用医院治愈伤病十九师七十三团兵士曾有绪，二师六团兵士刘保全，六师二十三团兵士沈士流，苏省警备队兵士马得山、苏尔昌，又第二临时代用医院治愈伤病六师二十一团兵士姜钦瑞，均经办事处照章分别遣散。

南禅寺留养灾民处因天时渐寒，各灾民衣服均虞单薄，昨特由孙祥仁君至办事处，领去大小男女衣服三百件，以便分发各灾民为御寒之需。绸缎公所留养灾民处昨亦函领大小衣裤一百五十件，办事处当即照发。

广勤路福林禅院留养灾民处沈监察员，昨亦来所领去大小男女衣裤五十一件，分发各灾民。

留养交际路灾民林金氏及其子昨日由其本夫来处领往苏州居住，同去者有其亲戚李朱氏及留养南禅寺之林王氏。

昆山兵站病院院长徐涛昨派该院庶务员张瑞廷来会，调查在锡未领赏犒受伤官兵名册，以便转呈齐巡帅照册发放云。

原载《锡报》1924 年 10 月 16 日

协济医院通告

本院今组中国红十字会无锡分会临时代用医院，凡由分会送治内外之病，均有治疗符号为凭，如无分会符号，概不应诊。恐未周知，特此登报声明。

院长刘士敏告

原载《锡报》1924 年 10 月 17 日

红会消息汇志

昆山兵站医院派来庶务员张瑞廷君，调查无锡未领赏犒官兵姓名及伤病情形，当由红会办事处派员陪同张君赴各医院实地调查，并由红会造册证明云。

第二混成旅一团二营五连下士曹秋，经第三临时代用医院治愈，当由红会照章遣散。女界社会服务团团友捐助大小衣服一百二十二件、袜十四双。

原载《锡报》1924 年 10 月 17 日

红会消息汇志

红会办事处昨日函致各妇孺安置所所长，以战事终了，自应即日取消，并请其将原备留养妇孺三日费用捐交本会，作为遣送灾民回籍之需。函云：迳启者，现在战事业已停止，所有留养灾民各处所不久可以结束，其未开放收受各妇孺安置所，尤应及早取消。为特函达贵所长，请即将前领各物收齐送还，以便核销。至贵所原备留养妇孺三日费用，并祈一并捐交本会，以备遣送灾民回籍之需，谅荷赞同也。（下略）

第一临时代用医院治愈伤病兵士十九师七十三团一营正兵傅朝梁及董春德二名，均由办事处照章遣散。

公济社留养灾民处来会，领取男女棉衣一百件，分发各灾民，作为御寒之需。

济南茂新面粉厂来函，捐助红会经费洋五十元，杨少棠君自汉口函托友人交会捐款三十元，杨少云君捐助男女棉夹衣服四十件，绣工会女生刘婉英捐助衣裤二十七件、男女帽三只，又女生华宝贞捐助棉衣三件。

原载《锡报》1924 年 10 月 18 日

红会消息汇志

留养惠山蒋氏宗祠灾民安亭杨家桥人郭陈氏及其二女，昨由其夫郭琪林来处领去，同去者，并有其戚安亭姚村人张郭氏及其一子一女。

吴县分会来函询问本会在安亭救出被难灾民，有无黄渡施张家村人陈锡元之妻陈龚氏及子陈伯畬二人。办事处当经查明，二人均确留养在交际路孙姓留养处，当即据情函覆吴县分会。

办事处昨日接张君文焕由济南上海银行汇来捐款五十元。

第二医院治愈第六师二十一团一营三连兵士王振清一名，已由办事处照章遣散。

县立女子师范附属小学校，昨将该校学生汇集之棉夹衣服二百三十件送交办事处，作为捐助各留养所难民御寒之用。又有王隆茂布行捐助棉夹衣服十三件，送至办事处。

办事处因黄渡、青浦方面战事业已结束，而该处地方现状如何，是否安谧，无从悬揣。昨特派调查队队长龚君葆诚暨第一救济队队长蒋君仲良，乘车同往黄渡、安亭等处调查情形，以便从事准备遣散灾民。

安亭灾民侯鉴英携带家属七人来锡，要求红会留养，即由办事处送入绸缎公所留养灾民处留养。侨寓罗店丹阳人陈幼之避难出走，中途被人骗去钱物，并被药哑，口不能言，辗转至荡口镇。经第四分所惠巡官以笔询问流落情形，即函送红会，请求转送医院医治。当经办事处询问一切，陈幼之笔答甚详，即由办事处送入第一医院医治云。

原载《锡报》1924年10月19日

红会消息汇志

办事处因战事已将结束，所有各界热心慈善家，认定担任留养灾民，尚有未曾派往及虽派往而未足额者。现因办理灾民遣散回籍需费甚巨，昨特致函各慈善家，请其将预备留养灾民费用，送会移作遣散灾民之需。函录于后：迳启者，现在战事业已结束，所有尊处原认留养灾民额数应即取消。惟遣散灾民回籍，需费甚巨，拟请执事将预备留养灾民费用，尽数移作遣散之需，尅日捐交本会，以便汇数支配，无任企盼。

第三临时代用医院所收伤兵湖北第四混成旅七团三营十一连兵士李凤翔，又八连兵士杨景文，及第一临时代用医院所收负伤之第六师二十四团三营十一连一排排长徐鹏，均经医治痊愈，报告办事处照章一律遣散。

窦文瀚女士捐助大小衣裤十四件，龚静娟女士捐助大小衣裤十九件，送交办事处转发各留养处灾民应用云。

原载《锡报》1924 年 10 月 20 日

蒋祠留养灾民城厢游览记（存目）

原载《锡报》1924 年 10 月 20 日

红会消息汇志

办事处前昨分函各安置所，请其将预备三日留养费用捐作遣送灾民回籍之需，并致函各慈善家，认定留养灾民之未派往者，请其将留养费用移作遣散灾民之需等情已志前报。兹悉昨日唐蔚芝先生已函复红会，并附来预备留养费用洋一百元，捐作遣散灾民之用，办事处当即去函致谢。又第十安置所（陈氏小学校）昨亦函覆办事处，遵即取消缴还原领各物，并声明原认留养妇孺额数一百五十名，预备三日费用，除准备食品之损失及装置临时电话一切设备等费已耗去半数外，特将余数凑足五十元，捐作遣散灾民之需。

办事处昨接常熟分会来函，询问锡地各留养灾民处有无周云章之妻及其子女。办事处当即查阅留养灾民名册，确有其人，当即据情函复常熟红会矣。

第三临时代用医院治愈河南三旅一团三营十二连兵士王慎修、六师十二旅廿四团一营二连兵士李扬振、十九师七十三团一营一连兵士王连之等三名，当由红会照章遣散。

美国红十字会救济队队员俞友仁、伍善龄，在南翔目睹灾民多至数千，有缺乏粮食之虞，特来锡与红会接洽，磋商协助食米事宜。旋由红会派员持公函往南翔实地调查，兹录原函稿如下：

迳启者，顷准美国红十字会救济队队员俞友仁、伍善龄来会声称，南翔留养灾民多至数千，现患缺米，请求协济食米五十石，以便运往接济，等情到会。兹特派敝会职员沈景华、李石安、杨立人、杨树宽来前接洽，究竟尊处及监理公会陆牧师子庄所办妇孺救济会是否缺米？应否不分畛域，酌量协助？统祈见复为荷。

此致

中国红十字会南翔分会

原载《锡报》1924年10月21日

慈善家捐助医药之热忱（存目）

原载《锡报》1924年10月21日

红会消息汇志

办事处昨据美国红十字会救济队伍、俞两队员称，南翔有灾民数千人，缺乏粮食，急待救济。因于昨日备就白米四十石、面粉二十袋，装车运送南翔，派调查队队长龚葆诚押送前往接济灾民。

该处昨又制就棉衣裤多套，连同兵站发下之客军棉衣二十一套，一并发给各临时代用医院，以备养伤兵士御寒之用。

中法药房主贺君君儒交到捐助遣送灾民回籍费洋五十元，又陶君寄尘经募到新布女棉袄二十件，理门广善堂捐助白米八石、洋四十元，顷已分别交到办事处矣。

原载《锡报》1924年10月22日

红会消息汇志

办事处昨接嘉定陆渡桥乡公所来函，道谢救济难民，并云该乡驻兵现已进驻嘉定、罗店、南翔、真茹等处，所有救济来锡之该乡难民，请即设法遣回原籍云。

太仓红十字分会派救济队员蔡子芸、李林士两君乘轮来锡，与办事处商量迎接该处难民回籍。当经约定本月二十日早晨，遣送全部难民开回太仓。

督军署军医何季澄君来锡，发给受伤官兵犒赏，当由办事处派孙迪刚君陪同赴各医院犒赏。

第一救济妇孺安置所（省立第三师范学校）兹因未曾开所，由校长陈谷岑君将预备安置所经费洋五十元捐送办事处，作为难民遣散之费。陈校长复函，请办事处将作废物件送交该校附设之教育博物馆陈列，以作纪念。当经函复允许，一俟办理结束，即行通知到会选择云。

县立女子师范学校教职员及学生合捐大洋九十一元、小洋一百十五角、铜元三千二百二十文，送交办事处汇集，以作遣散难民之费。

原载《锡报》1924年10月23日

红会消息汇志

办事处日前派往南翔运送米粮、赈济灾民之职员李石安、杨树宽，已于昨日回锡报告。所运往之白米四十担、面粉二十袋，计派监理会米二十五担、面粉十二包，安息会米十担、面粉六包，南翔分会米五担、面粉二包。

太仓分会派救济队李、蔡两队员来锡，迎接陆渡桥等处灾民回籍。办事处将所有该处灾民点交李、蔡两君护运回籍，并派施襄臣、蒋汉卿两君携款前往太仓散发难民。又致太仓红会复函云：迳启者，昨准贵会救护员李林士、蔡子芸两君，专轮来锡迎接太仓、陆渡桥、嘉定、安塘、浏河、望仙桥、方泰等处留锡灾民回籍等情，兹特点交李、蔡两君护运至贵会，分别妥送回里。应如何善后之处，想贵会自有办法。惟敝会深恐此项灾民回籍，于最短期间，一时无款度日，已查明大小口，分别给与领款凭证。规定大口每名发给银元三元，小口每名发给银元一元，由贵会分别遣送回里时凭证付款，以免锡太中途遗失，或有意外情事。除派敝会职员施襄臣、蒋汉卿两君携款亲诣贵会外，请即费神代为散给，并将实发款数暨收销凭证，交由敝会专员核带回锡，并赐复函证明，以昭郑重，至纫公谊。

办事处昨致本邑遣散灾民协会，请派员携款会同本会职员赴太仓散济灾民。函云：敬启者，遣送灾民回籍，重承贵会筹款协助，感同身受。除酌量拨款外，兹有太仓等处难民，明早须先行送回原籍，拟请贵会派定职员一人，连同敝会专员，携款亲赴太仓分会，将敝会预发之凭证，分别大小口，给款收回，以昭郑重，无任盼切。（下略）协会接函后，遂派定陆安生、吴廷枚两君会同前往云。

昨日又致沪宁铁路车务总管一函，请发灾民回籍乘车执照。函云：迳启者，此次江浙战事发生，自昆山至黄渡沿沪宁铁路一带，灾民救济来锡者约有一千四百人。现在战事停止，该灾民等久居客地，衣食堪虞，在此两星期内，均须陆续遣送回籍。素稔贵总管慈善为怀，对于公益事务无不热心扶助，际此战事灾难，尤必格外尽力。拟恳贵总管允给自十月二十五日起至十一月七日止，准许由无锡免费乘车，至昆山、陆家浜、安亭、黄渡四站下车灾民之执照，俾得多数灾民早日回里，感激无既。敝会此次战事办理事务，经费已万分竭蹶，留锡灾民能早归一日，敝会亦受赐多多。此项遣送灾民回籍免费乘车，要求务望立即惠允，电知无锡车站转达照办，尤为纫感云云。

邑人荣广明昆仲暨戴鹿苓（岑）合捐遣散灾民费洋四百五十元，又高叔芳、金元臣缴到经募丝业丝吐公会同人捐助经费洋五十元，无名氏捐助洋十五元，第二至第九八个安置所共捐助洋二百元，振新纱厂同人捐助洋一百元，沈云初捐助洋五十元，俞勋臣捐助洋五十元，吴若鹏捐助洋十元，周念耕捐助洋十元，隐名氏捐助洋五元，荣氏女学捐助大小衣服四十二件、帽鞋袜二十三件，恒善堂捐助新布大小女棉袄裤一百件，绣工会主任华耀康、女教员张应秀捐助新布大小女棉袄裤五十六件，丁源盛同人捐助新布大小女棉袄裤四十四件，徐章氏捐助小洋八百角。

原载《锡报》1924 年 10 月 24 日

红会消息汇志

办事处昨将所留养太仓、陆渡桥、浏河、嘉定等处灾民二百五十二人，点交太仓分会派来之救济队员李、蔡二君，乘坐来船，于早晨首途。

第一、第三两临时代用医院，昨将已经治愈之伤病兵士汇报办事处，分别照章遣散。计第一医院河南陆军第三旅一团一营四连兵士康金贵、十九师七十四团二营五连兵士卢梦辅、又三营十二连兵士夏胜昌三名，第二医院计六师廿一团一营一连输卒李兴仁、二师六团三营十一连兵士朱润田、湖北第五混成旅九团二营六连兵士杨清山三名。

原载《锡报》1924 年 10 月 25 日

无锡光复门外协济医院

本院前因江浙战事改为红十字会无锡分会代用医院，现在伤兵陆续治愈，已经结束。兹定于阴历十月初一日照常开诊，恐未周知，特此布告。

院长刘士敏启

原载《锡报》1924 年 10 月 26 日

红会消息汇志

红会第三临时代用医院治愈伤病五名，昨日出院，由办事处照章遣散。

伤故在锡兵士荣长悦，昨由鄂军七团二营八连排长胡在藩来锡，代为领柩回籍。

杨四箴自安亭来函报告，灾民暂缓送归，缘该处地方不靖，奸淫之事甚多，且日必有抢掠之举，多至数十起云。

北塘三里桥米业拨助遣散灾民费洋五十元，苏养斋君交会黄泥桥段米业拨助遣散灾民费小洋五百角，杨君捐助大小衣裤二十六件，蔡兼三君捐助遣散灾民费洋一百元，丁馥初君捐助大小棉衣裤二十七件，陈公余堂捐助大小棉衣裤十四件。

办事处昨派职员张子明、葛万方同赴安亭白鹤港、青浦等处，调查该处是否安静（靖），遣散各该处灾民回籍，中途有无阻碍，以便定期遣散灾民云。调查队队长龚葆诚押运米粮面粉前往南翔接济灾民食粮，昨日事毕回锡，带回南翔分会及南翔基督教妇孺救济会复函两通，兹照录如下：

（一）南翔分会复函云：迳复者，顷承贵会沈、李、杨诸君莅翔，调查敝地被灾状况，又龚君来，运到白米四十石、面粉二十包，并两次颁到公函。捧诵一过，具见贵会轸念灾黎，不分畛域，敬代劫后孑遗九顿以谢。承赐米面，当与龚君面定支配方法，计东市监理会及教会收容所白米三十石、面粉十四包，南市安息会收容所计白米十石、面粉六包。从此一般被难妇孺暂时得免饿莩，皆出贵会诸大善长之所赐也。至沈、李、杨三君，沿途因兵车拥塞，直至本日午前始到。宿露餐风，备尝艰苦，感激之余，更深歉仄。一切招待不周，诸祈鉴谅。此致无锡分会。

南翔分会

（二）南翔基督教妇孺救济会函云：敬启者，今晨多蒙诸公贲临敝地，察看灾民状况诚苦。幸承贵执事怜念灾黎，赐到白米四十石，面粉二十包，并委子庄量情支配，当即会同沈君照各收容所收留口数分派粉米。顷查敝所避难人民现今尚有三千余人，安息会一千余人，红会百余人，平均支拨敝所白米二十五石、面粉十二包，安息会白米十石、面粉六包，红会米五石、面粉二包，从此可暂充饥莩，咸出贵会诸大善士之鸿德也。专肃谢忱，祗颂公绥。

基督教监理会牧师、救济会会长陆敬熙、安息会同人谨启

原载《锡报》1924 年 10 月 26 日

红会消息汇志

苏军十九师七十三团三营十一连兵士魏锡福，又七十四团二营八连兵士王同发，均经红会第二、第三两代用医院治愈伤病，昨由办事处照章遣散。

本邑戒严司令部奉齐督电，查无锡红十字分会，收容受伤官兵数目，函会询问。办事处准函，当即查明在锡受伤官兵。截至昨日止，尚有五十九名，随时函复戒严司令部查照云。

原载《锡报》1924 年 10 月 27 日

红会消息汇志

护送灾民回太仓等处之红会职员施君襄臣、蒋君汉卿，暨协会职员陆君安生、吴君仲侯，昨晨回锡，携回太仓分会公函云：迳启者，接准大函，并蒙派员护送灾民二百三十八人来会，当于昨晚十二钟抵埠，由会预备膳宿，翌晨分乘两轮，按乡遣送。濒行之际，更蒙贵会来员，按大口每名给发三元，小口每名给发一元，除辞未具领大小十人外，实计给发大口一百十一名，小口一百十七名，共洋四百五十元。既铭挟纩之恩，复拜兼金之赐，贵会来员，施君、陆君、蒋君、吴君等，因敝会派员赴浏河、陆渡桥等乡掩埋、施赈之便，复经前往切实调查，具征热心办事，劳瘁不辞，敝会同人咸深钦佩。此次战祸蔓延，太、嘉受害尤烈，各灾民难归故里，痛定思痛，讵能免今昔之感。惟劫后余生，得有今日，非得大君子之力，焉克臻此？除面向贵会来员称谢外，用再备具专函，藉伸谢悃，敬祈察照为荷。再敝同乡蔚公，委带亲友十七名，亦已一并抵埠，合并附告。

县公署奉齐督电开，嘱查红十字分会医院并各医院，将因伤殒命官兵夫之葬埋地点，绘图并开具详细地名，及该官兵夫之部队、姓名，迅速交由该县呈报，以便按图起运，回籍安葬等因。即转函红会查复，办事处当即查明在锡受伤官兵伤重殒命者前后共有五人，除田德修、荣长悦二名棺柩由其家属及师部分别领去外，尚有苗来廷、徐长胜、康得功三名棺柩均埋葬在锡，已据情函复县署。

陶寄尘君经募无名氏捐助新棉裤念一件，蔡明记捐助棉衣款洋十元。

办事处派往白鹤港一带调查员张君子明及葛君万方昨已回锡，至会报告，白鹤港等处现已安靖，惟安亭尚有驻军数千，均分驻民房，故安亭镇之灾民尚难回籍，白鹤港等处则可陆续送归。办事处现拟先将白鹤港、青浦等处灾民遣送回籍，已着手准备矣。

齐督军夫人及韩省长夫人等，在宁发起妇女救恤伤兵会，捐助款项分发各处伤兵。昨日委托下关总兵站司令部副官邑人倪君涵生至锡，赴各医院分发。倪君抵锡，即至红会接洽，当由红会派职员陪同倪君往各医院分发各伤兵，计每名发给洋一元。

市立第一小学校学生第三批捐助大小衣裤二十三件、帽鞋袜四十一件、铜元三十枚。

原载《锡报》1924年10月28日

红会消息汇志

红会救护队在宜兴、黄渡等处前线救回受伤官兵，除陆续医愈，照章遣散，及中途自行离院，或伤重身故外，至昨日为止，尚有伤兵五十九人仍在各医院疗养。日前本邑戒严司令部奉齐督电嘱各医院，现有受伤官兵悉行运宁调养。戒严司令部接电后，即函商红会，经红会允将轻伤者由戒严司令部领回，转地调养。随由办事处转知各医院，昨晨六时，由戒严司令部及县警察所直接派人分别各医院将各伤兵领出，运送上车，九时半开驶赴宁。第一医院有伤势剧烈者八人，第一临时代用医院李院长本仍拟留锡疗治，因恐长途搬运，于其伤势必致加剧，迺警察所至院领出伤兵时，适值清晨，与院长未曾接洽，竟悉彼（被）领去。惟第三医院有扬州缉私营二连三排兵士路连功一名，因伤势颇剧烈，仍留该院治疗云。

红会救济队由安亭救回出险居民黄渡人徐大姐，初经府庙米业留养处留养后，因患病颇剧，即经留养处报告办事处，送入第一临时代用医院医治。惟该病因突受巨惊所致，势颇沉重，虽经李院长悉心诊治，卒无效果，延至昨晨身故。办事处接医院报告后，随即通知留养处及掩埋队会同赴院棺殓，权厝西门外义塚，候通知其家属来锡，领柩回籍安葬云。

惠山施祠留养灾民五十二人，日前均已遣送回籍。该祠留养费由施君襄臣经手，向各慈善家劝募。捐助者有：夏迪吉助洋十元，纱业公会助洋五十元，周斌记助洋十元，施麟庆堂助洋三元，施企彭助白米三石，庄汝舟助白米一石，施瑞庭助白米三石，顾子泉助白米五石，计共募到洋九十二元、白米十二石。留养日期适满一月，捐到款米，除银洋适供费用无余外，尚多白米两石，昨已由施君送会，并附来各慈善家捐数细单，由会分别掣给收条，并将用去款米转付留养灾民费用项下。

永泰隆茧行留养灾民处女监察员陈少云女士日前来会，述及该处灾民之学龄儿童甚多，女界社会服务团团员薛琪英女士至该处演讲，悯此辈儿童之失学，遂商由陈女士设立临时学校。薛女士逐日至该处担任教科，异常热心，并自资代儿童购备书籍用品等，故一般灾民均异常感激云。

原载《锡报》1924年10月29日

南京快信

江西赣南镇守使吴金彪之夫人，前因江浙战事组织红十字会在战地救护，昨已事竣，全部过宁返赣。

原载《锡报》1924年10月30日

红会筹备遣送灾民（存目）

原载《锡报》1924年10月30日

红会消息汇志

红会办事处准备分批遣送灾民回籍，分向沪宁路局及驻锡兵站办事处请拨车辆一节已志昨报。兹悉兵站徐处长，因锡站缺乏空车，已急电南京总兵站，速将空车驶锡，一俟抵埠，即行拨作红会遣送灾民之用。红会又因白鹤港、青浦等处灾民车行颇不便利，特向中华轮船公司商租通运轮船一艘，并雇到民船六艘，定于今日（三十一号）先将南禅寺及惠山蒋氏宗祠等处灾民六百余人拖赴安亭，交由安亭分会分别遣送回籍。绸业留养所交来代募遣散灾民捐款，计张孟肃十二元，钱保稚十元，徐湘文十元，吴佩秋八元，达昌祥五元，达昌祥同人七十角，吴少之五元，高子坚五元，大丰五元，大丰同人五元，范瀚卿五元，华仲英五元，方瑞和五元，方孟栖五元，九大五元，孙宝卿三元，同泰昌五元，徐仲丹二元，徐云山二元，朱士俊二元，九余十元，邹颂丹十元，邹季皋五元，唐酿廷十元，蒋镜海十元，程敬堂十元，王海涛捐助大小棉夹单衣裤三十件，（李忠定公祠）公济社留养处交来徐章氏捐助遣送灾民费小洋四百角。

昨据延寿司殿外黄泥桥米业留养处来函，报告该处灾民，因在战区餐风露宿，饱受惊恐，抵锡后患病者颇多，由该处延请外科医士胡最梁之媳胡马氏及子胡金奎君诊治，均渐痊愈。胡君热心公益，不受酬劳，该处职员及各灾民均感佩其热忱云。

原载《锡报》1924 年 10 月 31 日

红会遣送灾民回籍（存目）

原载《锡报》1924 年 11 月 1 日

安亭红会致道福救济社函

邑绅杨翰西君，自军兴后，私资组织道福救济社，派员分往被灾战区，散发米粮银角救济灾黎，详情已志前报。兹接嘉定中国红十字会安亭救济分队李仲廉来函云：翰西先生大鉴：迳启者，敝镇素称贫瘠，自遭兵厄，困苦颠连，不堪言状。自蒙福星照临，宏施博济，传诵万家。兹当克靖大难，遍地疮痍，而离散来者，均属有家无屋，群来告诉。睹此遍野哀鸿，饥寒可惨，日与望之先生，遍叩善士之门。无如灾情重大，应接不暇，不得不急请执事派员运米继续散赈。无厌之求，统希亮察，不胜引领之至。（下略）

原载《锡报》1924 年 11 月 1 日

红会遣送灾民续闻

红会办事处日前送回灾民驶往安亭之通运号专轮已于昨午返锡，护送专员周君莲生、张君子明等，亦于昨日下午改乘火车返锡，即至办事处报告护送灾民回籍之经过。该难民等现抵安亭，由护送员会同安亭分会分别妥送回籍，协会带往遣散经费亦已由安亭红会收回无锡红会所发之颁款证，按证给资，并将销证交还该会专员云。现在尚有留锡灾民，办事处已决定由车遣送，昨日该会职员陈进立君特与车站马站长商定，准于今日下午预备四等客车三辆，由下行头班客车拖往安亭，业已分别通知各留养所，预为准备一切云。

原载《锡报》1924 年 11 月 4 日

本邑美红会员之散赈忙

江浙军兴以后，沪太一带受灾颇重，故本省军民长官以及各慈善团体，前往战地救济者甚为踊跃。战事剧烈时，省长韩国钧曾捐资托南京基督教中西教士，组织美国红十字会办理救济等事，成绩甚佳。现战事已平，而灾情颇重，故再损（捐）资托由美红会办理服务。美红会自受省长专托后，即着手筹备，实行散赈。该会驻昆办事处西人司徒华林因赈务忙碌，特电邀本邑美红会会员戴尔、杨四箴、华彼得、夏悦三、周文敏、胡钟奇等，往昆襄办赈务。南京美红会会长慕维德君亦有来电催促，该会员等接电后，即于前月二十七日乘车再往灾地，办理赈务。现第一批赈务已经办竣，计散放白米二百石，现洋三百元，及夏悦三君赴沪捐得之一百元，而圣公会亦捐有巨款，及监理会捐洋一百四十元，浸礼会西教士华彼得独捐五十元，中西女教友四十元，一并汇往灾地，作第二批之赈费云。

原载《锡报》1924 年 11 月 4 日

大同医院悬额志盛（存目）

原载《锡报》1924 年 11 月 4 日

红会继续遣送灾民回籍

本邑红会遣送第一批被灾妇孺业已毕事，现由办事处派员向车站马站长接洽，扣用四等车三辆，专备第二批灾民遣归乘坐之用。昨日午后，办事处特先知照各留养所，将灾民送至大洋桥车站货栈之旁，分别上车，待下行客车到来，即便拖带前往安亭。红会职员陈进立、方文卿、徐元春、李石安、程敬堂、王翰声、陶原浩，协会职员杨树宽、杨立人等，均随带干粮、银洋等随车护送，籍（藉）免途中有所困难云。

昨日兴记煤号捐助红会经费洋五十六元云。

原载《锡报》1924 年 11 月 5 日

红会办理结束

红会办事处以江浙战事早经停止，因即从事收束，昨又分函各分办事处主任暨各队队长分别知照，造报结束。录原函云：

致各分办事处函：迳启者，江浙战事业已结束，所有本处临时分设之各分办事处应即取消，为特函达贵主任，将贵分办事处即日取消。所有原领物件，至希汇齐缴处，勿迟为幸。

此致第一、二、三分办事处主任冯云初、孙见初、周廉生先生。

中国红十字会无锡分会办事处启

致各队函：迳启者，现在江浙战事业已结束，所有本处临时设置各队伍应即取消，为此函达贵队长，希即将贵队事务尅日结束，尽三日内，将原须各物汇齐，移交本处。如有经手款项，并祈同时报销。职员自备服装，规定每套给价洋五元，应即全数缴处，以昭郑重，免滋意外，统希查照。

此致调查队长龚葆诚先生、第一救济队长蒋仲良先生、第二救济队长张公威先生、第三救济队长方文卿先生、输送队长程敬堂先生。

中国红十字会无锡分会办事处启

原载《锡报》1924 年 11 月 9 日

散发灾民维持费之函复

红会办事处昨接安亭分会来函，转告散发灾民维持费情形。函云：迳复者，敝会接奉函开："敬悉派员护送第二批灾民，妥护四乡，分别给予银元。"等因。今敝处业已协同贵处职员，分给大口一百九十四人，小口一百七十三人，共计给洋七百五十五元正，并上次代垫之洋十七元，今亦照收无讹。诸承惠恤，无任感荷，惠此祇颂公绥。附另收代送灾民舟费洋十元。（下略）

原载《锡报》1924 年 11 月 9 日

红会办事处迁移

中国红十字会无锡分会前因江浙战争，就本邑光复门外瑞昶润堆栈设立办事处，现因战事业已结束，特租定四乡公所一部分房屋为办事处，日内正在迁移，并暂聘陈、陆两君为常驻办事员，以便接洽一切。电话即借用四乡公所四百三十五号，以资节省云。

原载《锡报》1924 年 12 月 17 日

1925 年

中国红十字会无锡分会恭贺各界新禧

恭贺各界新禧。

中国红十字会无锡分会同人鞠躬

原载《锡报》1925 年 1 月 1 日

史纲——十三年无锡大事记（续）

（八月）二十七日，中国红十字会无锡分会成立，举孙鸣圻为会长，蒋曾燠为理事长。

（九月）二十日，红十字会救护大批安亭难民来锡，安置各留养所。……廿四日，兵站处采办军食军用品分批运赴前敌。地方慈善家纷向红会输捐，并担任留养灾民。

原载《锡报》1925年1月5日

史纲——十三年无锡大事记（续）

（十一月）九日，红十字分会办理结束。……

原载《锡报》1925年1月6日

国事纪要——苏州战后之弭兵运动

苏军五、六两团迭次在盘门五龙桥新郭里等处接触，十二日上午八时，警察厅据阊区警察署长袁季梅报告，电达省署，谓五、六两团接触，至本日上午七时止，六团曾连退两次云云，并由地方各法团致南京韩督办电，请即制止五、六两团接触。其文如下：

万急！南京韩督办崇鉴：本日下午三时，五、六两团在盘门外日租界附近接触，全城惊惶，乞速令制止，以免糜烂地方，引起外交，无任迫切待命。吴县红十字会、苏州总商会、农会、教育会、县议会、市议会等。篠。

昨日苏州已接得韩氏复电，文云：红十字会并转商农教育县市议会及公益事务所鉴：真电悉。已电秦旅长严予制止，并派员前往相机办理，特覆。韩国钧。真。

自此次战事后，县警两公署，因战事延长，贻祸人民，非设法运动和平不可，乃立时分别邀请在城各士绅，假红十字会开紧急会议，结果推出代表钱强斋、费仲深、宋绩成、钱梓楚、冯心支、季小松、刘孝纯、马起权、郭县长九人，出城向双方请求和平。是时苏总商［会］贝会长请假赴港，以会务委托季副会长及庞公断处长，此次又因城关紧闭，不克出城，会务不能无负责之人，以故昨由在城各会董，于十二日上午二时特开紧急会议。到会者三十余人，当经公推资望较深之宋君友裴、程君干卿常川到会，代行主持。至城外有所接洽，即就近请季、庞二君相机办理。嗣经商会某会董等提议，将从前各街栅门恢复，分段建□，由各市民公社察酌地段，筹款主办，遇必要时则加布电网，以资防御。当经多数会董决议实行，并公推代表宋绩成、费仲深、钱梓楚、孙云搏、蒋季和、季小松、郭县长等七人，会同红十字会，公函军事双方请求止战。迨十二日下午二时，苏州总商会代表季小松、孙云搏、庞天笙，马路公社代表刘正康，胥江公社代表顾世绥，四隅公社许啸九等，联合军界代表宋友仁，发起组织和平会议，电请城内士绅彭谷荪、宋绩成、钱梓楚等出城，于阊门马路普益社内开和平大会，公推代表向五、六两团请愿和平停战，再议善后。一面吁请他处军队垂念地方，勿临苏地加入作战，并由红十字会函秦总指挥，请求三项，其文如下：

秦总指挥钧鉴：本日地方各公法团紧急会议，以事关治安，公同议决请求三项。（一）当此军事紧急，为谋军政上之便利起见，应请将镇署司令部暂移城外，所有城内秩序，应责令警察厅完全负责；（二）城墙上请勿架炮位，以免引起地方目标，致使人民涂炭，如有已经设置者，请即撤去；（三）顷奉韩督办真电开，已电令止战，听候派员办理，应请遵令即予制止军事行动。以上三项，务乞迅赐裁夺施行，无任感叩，敬请勋安。

吴县红十字会暨各公法团敬启

原载《锡报》1925 年 1 月 15 日

1937年

战时救济本邑将组红十字分会

本邑各界抗敌后援会，昨日下午三时在县商会召开地方救济会议，出席地方人士钱孙卿、陈湛如、杨翰西、华艺三、赵子新，中西医士王海涛、张季勉、朱品三、金子英等三十余人，主席钱孙卿。讨论结果，闻于战时，本邑救护工作仍由抗敌后援会救护委员会负责办理，救济方面，会场全体主张，成立中国红十字会无锡分会，即席推定杨翰西、陈湛如、华艺三、卫质文、杨四箴等五人设法与上海总会接洽，主持一切。

原载《锡报》1937年8月15日

本邑特成立红十字分会，沪总会派员来锡筹备

本邑各界抗敌后援会，于前日召集地方人士及中西医士开救济会议，当经决定关于救济事宜，推定杨翰西、华艺三、陈湛如、卫质文、杨四箴等五人，接洽组织红十字分会。兹悉上海红十字总会，经本邑去电后，昨已派救护人员三十余人，携带药品用具等于下午来锡，当在广勤区一带寻觅房屋，设定会所云。

原载《锡报》1937年8月16日

本邑红十字会将由李克乐主持

本邑各界抗敌后援会，对于救济事宜，业由该会召集地方人士及医士等，开会决定组织红十字分会，推杨翰西、华艺三等接洽。前日上午

上海红十字总会已派黄贻清为领队，率领医师十六人，药剂师、看护等二十余人，来锡协助各情均志本报。兹悉后援会主席钱孙卿、常委杨翰西等，以本邑红十字会分会须有经验之医士主持会务，当因普仁医院院长美国人李克乐在浙省莫干山避暑，特于前日去电敦请李氏返锡主持一切。李氏接电后，即由浙乘飞机抵京，昨日下午由京乘车抵锡，即至普仁医院休息，闻李氏即日起，即能开始担任红十字会重要工作云。

原载《锡报》1937 年 8 月 17 日

《无锡新报》上的红十字

1924 年

筹设红十字会无锡分会

红十字会抱大同济世主义，任救死扶伤之责，是以各国皆有红十字会之设立。吾国之有红十字会创始于上海，分设于通都大邑。今江浙风云日趋紧张，由陈尔同、刘士敏等发起在锡组织分会，积极进行，并定于八月二十七日上午十时，假瑞昶润茧栈开成立会。兹将该分会启事照录如下：

迳启者，中国红十字会创始于上海，分立于各埠。本邑由尔同、士敏等三十人，于昔年与沪会磋议在无锡设立分会，早将基本会费七百五十元汇缴总会，并经总会颁发图记，后因事平，迄未实行。近日报载江浙风云日趋紧张，本邑地滨太湖，吴越接壤，对于分设红会一事，实为有备无患之举。尔同等特发起组织，除由尔同与沪会接洽外，先假瑞昶润茧栈设立分会，并借瑞昶润间壁长康里空地搭盖棚屋，筹设临时医院。兹定于八月二十七日（夏历七月二十七日）上午十时在瑞昶润茧栈开会，照章公举正、副会长及干事，如有愿意入会者，请至瑞昶润茧栈取阅章程，随时报名，共策进行。

此启

发起人陈尔同、刘士敏等三十人，赞成人薛南溟、孙鹤卿、杨翰西、华艺珊、蔡兼三、高映川、蒋遇春、李克洛、邓范卿、王克循、单绍闻、钱孙卿、华叔琴、冯云初、杨拱辰、蔡有容、江焕卿、王恂安等一百余人。

原载《无锡新报》1924年8月26日

中国红十字会无锡分会成立记（存目）

原载《无锡新报》1924年8月28日

中国红十字会无锡分会通告（存目）

原载《无锡新报》1924年8月29日

红十字会积极进行

中国红十字会无锡分会，业于前日组织成立，会所已商定假救火联合会房屋，设办事处于瑞昶润丝茧栈，现已决定设立长时救护医院三处，即以普仁、大同、协济三医院分担任务。至院长一职，即聘三医院院长李克乐、华景爽、刘士敏等担任。此外并拟组织救护所，至治疗事宜，亦已分函敦聘医学研究会全体医士合力担任。今日上午十时开第一次职员会，商量进行事宜。昨日已将组织情形及推举之各职员，分别函报各机关及各医院、医学会等。兹录原函如下：

致医院函：迳启者，准无锡医学研究会函开："准贵会函开：'江浙风云日紧，所有组织医院、医队等重要问题，不得不先事准备，以免临事仓皇。'等情，准此。敝会当即召集全体会员共同讨论，佥以事关慈善，同人理应共襄盛举，决由普仁、大同、协济三医院担任临时救护医院事宜。"等情到会。敝会查贵医院热心救护，注重人道，无任钦佩。敝会愿宏力薄，诸赖赞襄，现经决定请贵医院担任敝会临时代用医院事务。除先奉预备药品、扩充临时病房等津贴洋一百元外，所有将来救护送院伤病，与敝会临时各医院比较号数多寡，再行酌量补助，聊分负担。至贵医院原有病房，暨临时扩充处所，尽量究能容纳伤病额数若干，至祈示复，俾资稽考，而便分配。院名木牌暨津贴随奉，旗帜俟总会发到另送。（下略）

复医学会函：迳启者，准大复开："收容负伤军民，由普仁、大同、协济三医院酌量担任。至救护所治疗事宜，由贵会各医士分任，惟救护队应由敝会另行组织办理。"等情。除关于临时医院事宜，迳由敝会直接函商普仁、大同、协济三医院外，至救护治疗应用药品，应请贵会担任治疗。各医士准明日下午七时驾临敝会办事处赐教一切，以便预备相当药品。所有救护队，敝会自当另行组织，惟遇有医务上之必要时，仍希贵会酌量协助，俾资因应。此复。

该会之伤兵收容所，已商定第三师范校长陈谷岑君拨出一部分房屋应用，并由留校学生组织看护队，担任临时看护事务。昨日该会以近日妇孺之纷纷迁徙者甚多，函应设法安置，特组织妇孺救（护）所，即以三师余屋应用，已经校长陈君允许，准于今日上午在该校开会，由陈谷岑、顾介生、陈品三等着手筹备，至应用防守之卫队，已经招募八名云。

原载《无锡新报》1924 年 8 月 29 日

中国红十字会无锡分会启事

本分会仓猝成立，愿宏力薄，所有救济各事，诸赖各界赞襄。吾邑不乏乐善君子，倘蒙慷慨解囊，集腋成裘，本分会谨代蒙难黎庶九顿首以谢。专此吁恳，统希亮鉴。

中国红十字会无锡分会会长孙鸣圻，副会长华文川、高汝琳，理事长蒋曾燠，副理事长陈寿章谨启

原载《无锡新报》1924 年 8 月 30 日

红十字会之积极进行

中国红十字会无锡分会，业已组织就绪，积极进行等情已志本报。兹悉昨日三师校长陈谷岑、乙种实业校长邹同一等在第三师范开会，集

议组织妇孺安置所办法，决定设立三处：（一）第三师范，（二）乙种实业，（三）女子师范。散会后，即由陈君等赴红十字分会接洽，并报告三师可容二百人，乙实可容一百五十人，女师可容一百人。下午由该会备函敦请各该校校长为所长，并请即日函复担任。

又该会昨日分函第一、二、三临时代用医院，请将大同、普仁、协济房屋材料填表三份，速即报告，以凭转报县署派警保护云。

又该会连日到会报名入会者甚为踊跃，正会员已有一百数十人，学生会员亦有三十余人。前日曾派会员陈尔榆君赴沪与总会接洽，昨已回锡，领得徽章、证书一百五十份，并电报免费执照等。昨日该会以报名入会者日多，特再派员赴总会续领正会员徽章、证书各五十份，普通会员徽章、证书各三十份，学生会员徽章、证书各二百份。又该会昨接邑绅唐蔚芝君来函询问加入会员及学生会员办法，孙会长（鹤卿）接函后，当即函复唐君，声明欢迎会员加入，并知照学生会员入会者，每名会费一元，报名后，即行转报总会备查云。

又该会昨日将会长、副会长、理事长履历及成立情形，通函各机关、各团体知照，并分函县署、警察所、水警、第二区军事盘查所知照。

原载《无锡新报》1924 年 8 月 30 日

红十字会之治疗会议

中国红十字会无锡分会，于昨日下午七时，召集各会员开治疗会议。到会者为王海涛、秦秉衡、卫质文、刘士敏等，普仁医院院长李克乐君亦出席与议，由理事长蒋哲卿君主席。讨论事项：（一）收容人数。由各代用医士报告，第一临时代用医院（普仁）收容二百人，第二代用医院（大同）收容六十人，第三代用医院（协济）数目未定，准尽量收容；（二）购置药品。议决公推刘士敏君于当晚乘车赴沪，购置一切应用物品；（三）治疗问题。李克乐君即席声明，倘有属于外科各项杂症，该院药品设备均皆完备，可尽量送至该院医治。议毕即行散会。

原载《无锡新报》1924 年 8 月 30 日

红十字会进行消息

中国红十字会无锡分会，自成立以来，办事非常认真，会员之入会报名者尤为踊跃。昨日无锡中学来会报名者三十六人，国学专修馆八十八人，此外并有正会员一人，普通会员三人，连前并计，入会会员已有二百八十余人。昨日业已分发徽章、证书百余份，第一批所领已将告罄，此外未及领取之会员，须俟向上海总会续领徽章、证书回锡后，再行分发云。

女界社会服务团，以江浙战讯，恶（噩）耗频传，危在旦夕，认为看护伤兵，亦女子应尽之天职。昨特致函该会，原函云："迳启者，江浙战讯传来，人心惶惑，危在旦夕。贵会对于救护伤兵，收容妇孺，早已定有办法。敝团能力虽薄，但事关社会安宁，苟为能力所及，颇愿追随贵会之后，协助种切，如关于看护等事，敝团当全体出席，以襄义举，而尽天责。专此奉闻，希即示覆，以便转告同人。"（下略）

又昨日该会叠接各丝厂各巨绅来函，请求给旗保护者二三十起，刻闻此事须开会集议后，再行定夺云。

又该会筹设之救济妇孺安置所，业已决定第三师范、乙种实业、女子师范三处。诚恐不敷分布，特再添办四处，以第一、第二两高小学校，市立第一及代用女子中学，为第四、五、六、七妇孺安置所，并于西村里启明学校设立无锡分会第一分办事处，刻已着手筹备云。

又该会于廿九晚，接到总会发到药品二十七种，以备应用云。

又昨日该会分函县署水警第二区县警察所，声明该会所发旗帜等物均盖有图记，凡无本会关防者，即系假冒。原函云："迳启者，敝分会所发旗帜、袖章，均经盖有分会正式图记。至职员医队等制服，除服色帽袖金线帽章领章，均经照章分别等差外，凡旗帜无分会关防图记及穿用红十字会衣服者，非特敝会概不承认，且有碍红会信用，应请贵所迅赐示禁，俾资识别，而便保护，至纫公谊。"（下略）

原载《无锡新报》1924 年 8 月 31 日

组织赤十字社之先声

中医学会会员王颂芬等，因鉴于江浙风云日益紧迫，中国红十字会无锡分会虽已成立，然中医同具救死慈善之责，中医学会同人，未便独居人后。现据集合同志及西医孙祖烈、杨子华等，组织无锡赤十字社，一切设施，均仿照光复时之规程办理。刻正积极进行，一俟众谋佥同，即当着手筹备云。

原载《无锡新报》1924 年 9 月 1 日

红十字会消息种种

中国红十字会无锡分会各项职员，昨日业已推定，兹分录如下：调查队队长严伯英，掩埋队队长王晋禄，救护队第一队队长孙蟾卿、第二队队长沈景华、第三队队长余宗祥，救济第一队队长张公威、第二队队长蒋仲良，当晚已分函知照。

妇孺安置所预定开办十处，除第三师范、乙种实业、女子师范，及第一、第二两高小，暨市立第一与代用女子中学七处外，昨又决定荣氏女学，及女子职业学校二处，并假四乡公所内设立第二分办事处。至妇孺安置所之规则，昨已订定，兹录如下：

（一）入所以救济队符号为凭，非妇孺虽持符号，所长有权拒绝；（二）入所不受所长及所员指挥约束者，所长得驱令出外；（三）持有符号入所之妇孺，概不收费，安置之程度，以不露□、不饥饿为限；（四）所内责任由所长负责，非作战区域，至本县边境，并不经本会办事处承认，不得开所；（五）所内之设置，由所长相度办理，开所时由本会办事处预请临时军事长官分拨卫兵保护；（六）本规则未尽事宜，统由所长随时商承本会办事处办理。

又该会于昨日托由上海银行汇往上海总会洋一千五百元，并请续领会员徽章、证书一百五十份。

又该会昨接医学会来函，推定治疗处甲组医长卫质文，医士薛省安、周仲克、朱俊卿、秦秉衡、史惟达；乙组医长张季勉，医士周磐士、许松泉、钱保华、陆陶庵、俞卓初。

原载《无锡新报》1924年9月1日

红十字会消息汇志

中国红十字会无锡分会，昨已假定通运桥沿河乾甡丝厂为救护队第一队办事处，又乾益堆栈为救济队第一队办事处，又无锡饭店为输送队第一队办事处，运输长程敬堂，副运输长宋俊生。

妇孺安置所已经设定九处，昨又添设第十妇孺安置所于东河头巷陈氏小学校，所长为陈湛如君，可收容一百五十人。

调查队队长严伯寅已调任卫队长，遗缺由龚葆诚担任，设办事处于新世界旅社二号房间，掩埋队办事处即设于南门外保安寺云。

甲组医长卫质文昨提建议，请于办事处所庭中盖搭天篷，上加巨大红十字为标识，以防发生航空战争时，俾可使空中目标清晰，不致误掷危险品云。

原载《无锡新报》1924年9月3日

红十字会消息

红十字会以各安置所对于收容妇孺，其组织及待遇，办法是否统一，抑各自为谋，亟应开会协商，力图完善。爰定于今日十时特行召集各安置所所长共议办法，以收统一之效云。

又分会办事处昨接苏常道署第三十七号布告云：为布告事。本年八月三十一日，准中国红十字会总办事处函开："本会为国际慈善法团，地方凡有兵疫水旱等灾，悉依中国红十字会章程及中国在日来弗保和会签押之红十字条约，执行一切职务。设总会于中央政府所在地，设总办事处于上海，并设分会于全国各县及繁盛之市镇，以社会团结之力，收指臂联络之助。兹据中国红十字会无锡分会长孙鸣圻函称，业已遵章组织开幕成立，请即转陈京外主管各官厅立案，并请所在地方军民长官一体出示保护等情，具报前来。除核准并分函外，相应据请转陈，敬祈察照。"等因。准此。除函复外，合行布告各项人等知悉，尔等须知红十字会系慈善法团，专为保护兵疫水旱等灾而设，毋得任意滋扰及抗阻情事，如于故违，定干究办。切切。此布。

原载《无锡新报》1924年9月4日

我之救护谈

薛萼培

江浙风云日急，凡我国民，既不能劝止双方军事行动，又不能执干戈以作强有力之判断，惟有一面组织团体，合力扶持地方安宁，一面研究救护手术，以备万一之急救。前者已有地方维持会、商团、保卫团、消防队等成立，后者虽亦有红十字会救护队等组织，然匆促筹设，诸多未备。况战争一启，双方兵士伤害不免，即无辜居民恐亦难免波及，断非少数救护队所可为力。谨述救护法，以备邑人士之采择。（一）救护目的，在救出受伤过重之人，施以适当保护，使之不致立刻危亡，以便送至医生处治疗。（二）须利用近前之物救助伤人，俾免再受损伤。（三）无论受伤若何，务先令其止血。（四）安置或搬运受伤者，务令其易于呼吸，不可妨碍气管，如气血已绝，温度未退，即须设法挽回其气息后方可动手。（五）无论受伤至若何程度，宜以衣物盖护病人，以保体内温度。（六）脱却病人服装时宜将衣袖剪开，先脱未伤之手。裤宜先剪脚管，然后及上，鞋靴宜剪后跟，袜宜剪上幅。（七）如遇骨折时，移出火线后，即须立为包裹，方可运送。凡下肢骨折，因而短缩者，须紧持足部，将伤肢扯直，务令复回寻常之长度。惟须小心，不可令折骨之端伤及附近之□。及至长度复原，即须用夹板缠布包裹。（八）缠布须紧束伤肢，惟不可太紧，致阻血液之流行。（九）缠布之用法，如体部受伤，可将宽布缠体部一次，布之两端须在伤口之封面结束，或以扣针将两端扣好亦可。如股部骨折，则宽布之两端须结束于夹板之外。如臂部或肘部骨折，可用狭部缠伤两次，然后结束于夹板之外。如股部或小腿骨折，可用狭布或中等布包裹之。其法先将布折成幅，然后穿过肢下，以两端相对，穿于布之圈内，束结于夹板之外。（十）包裹骨折，须先包折骨之上部，后包折骨之下部。（十一）如骨折兼流血，须先设法止流血，伤口则以洁净之布盖护之。

原载《无锡新报》1924年9月4日

江浙战云中之苏州归客谈

江浙两方业已交绥，时局剧变，形势紧张。昨日邑人某君因事赴苏，当日归锡，述其见闻，兹录记如下，谅亦阅者所乐闻也。

……红十字分会组织成立已久，会员极为发达，所组救护队亦已随同兵士开往前线。……

原载《无锡新报》1924 年 9 月 5 日

妇孺安置所所长会议记

中国红十字会无锡分会理事长蒋哲卿君，因讨论扩充妇孺安置所名额问题，于昨日上午十时，召集各安置所所长，在城内驻驄桥四乡公所第二分办事处开会。到会者为理事长蒋哲卿，第一安置所（三师）所长陈谷岑，第二（乙实）所长邹同一，第三（女师）所长诸希贤，第四（竞志）所长徐东屏，第五（县一）所长孙克明，第六（县二）所长辛柏森，第七（女子职业）所长吴干卿，第八（荣氏女学）所长张浣芬，第九（三师附属小学）所长陶达三，第十（陈氏小学）所长陈湛如等，由理事长蒋哲卿君主席。开会后，经列席诸君相继讨论，决定第三师范收容妇孺一百五十人，乙种实验收容一百人，女子师范收容一百人，竞志女学收容一百人，县一高小收容五十人，县二高小收容五十人，女子职业收容五十人，荣氏女学收容五十人，附属小学收容一百人，陈氏小学收容五十人，并议决各安置所一律添辟后门，以利交通。卫队每所分派四名，共计四十二人。饮食以面包果腹，按日二次。至于妇孺凭证，俟必要时发给，议毕即行散会。

原载《无锡新报》1924 年 9 月 5 日

红十字会消息

本邑红十字分会总办事处，前派刘士敏、陈尔榆二君赴沪续领会员徽章及药品等件，刘君等到沪后，当向总办事处领得普通会员暨学生会员徽章，以及治疗药品多件。惟以铁路交通中断，爰即改乘长江轮船至江阴，转雇民船开驶来锡，业已将所领各件交与总办事处矣。

总办事处以会员报名者日益踊跃，此次刘君所领回之徽章尚不敷用，故又续派沈叔良、徐焕泉二君，于昨日乘车赴镇江转搭江轮赴沪，向总会续领徽章若干云。

红十字会第一分办事处设驻东门延寿司殿，主任冯云初君；第二分办事处设驻驻骢桥四乡公所，主任孙见初君；昨日添设第三分办事处，驻南门外永泰隆茧行，推周廉生君为主任，业已开始办公矣。

昨日各界之往延寿司殿第一分办事处报名入会者，仍络绎不绝。

总办事处昨特函请戴鹿岑君为分驻西水关救济指导员，俾可指导太湖方面避难之流民投所安置。

原载《无锡新报》1924 年 9 月 5 日

红会伤病临时治疗处近讯

本邑红十字会所设救护伤病临时治疗处，自日前举定卫君质文、张君季勉为医长后，即会同医务主任王君海涛竭力进行，组织业经完备。内分医员二十二人，职员十一人。职务分文书、会计、庶务三科，医务分医员、药剂两门，并配置服务时间，按单双日昼夜分组担任。倘遇事繁及紧急时期全体出席，协力从事。药品等亦已由分会购置齐备，分发到处。该治疗处规程严密，表格精细，有条不紊，秩如并如。全体人员热心实力，当能为伤病造福不少云。兹探得各员一览表如下：

医务主任王海涛，医长卫质文、张季勉，医员秦秉衡、薛省庵、史维达、朱缙卿、周复培、龚鸿图、游周庠、孙祖烈、朱凤培、王颂芬、杨子华、周磐士、许松泉、陆陶庵、钱保华、顾伯甸、俞卓初、马国荣、金梅卿、吴献可、邓同庆、高直云，药剂员侯建三、边慕远、张行刚，文牍员邓傅若、邓荷农，会计员丁亮祖、范勋臣，庶务员孙兆运、孙宗枢、薛叔良、吴省吾。

原载《无锡新报》1924 年 9 月 6 日

红十字会消息（存目）

原载《无锡新报》1924年9月6日

红十字会消息

中国红十字会无锡分会总办事处，因救济妇孺安置所容留多数妇孺，非有女监察员驻所接洽，殊多隔阂。现拟聘请女监察员十人，派往各安置所监察，并会同各所长筹划一切。

又近日赴总办事处报名入会者纷至沓来，惟自苏浙交绥以后，沪宁铁路交通已断，所有会员徽章、证书均不能赴沪领取，故对于报名各会员只发袖章一枚，名为救济指导员，待交通恢复，徽章、证书到锡后，再将袖章赴总办事处倒换。

理事长蒋哲卿君，昨日又派调查队长驰赴常州刺探宜兴方面战事情形，以期信息灵通云。

原载《无锡新报》1924年9月8日

红会临时治疗处职员会纪

救火联合会所设红十字会第一临时治疗处组织及进行情形业经两志本报，兹悉医长卫质文、张季勉，于日昨午后召集全体职员开成立会议，并定进行手续五条。当公推卫君为主席，报告本处组织大致楚楚，恐有伤兵到锡，即日实行服务。所议手续如下：（一）病状用中文处方，药名中西并用，统归一律。（二）送来病志表仅有六册，每医员认定一册，更审交代，特悬挂手术室壁间，以便授受。至某与某合志一册，听各位医员自行择定。（三）治疗标准以临时救急为主，若救护队业经包扎过者，再须检查伤病轻重分别护送各代用医院。（四）医员遇万不得已事故缺席时，用电话通知本处设法与他组医员临时对调。（五）制服未齐以前，服务时一律着手术衣。以上五案经各医员全体通过，散会。

原载《无锡新报》1924 年 9 月 9 日

红十字会分会消息

红十字会无锡分会，近以昆山、宜兴江浙两军均已开火，拨将已经组成之救护队两队准备出发救护。特于昨日致电南京军署，请给通行证，以便出发，并急电宜兴分会，询问需否协助。兹录两电原文如下：

致南京督署电：敝会组成救护队两队，准备分赴昆山、宜兴两方前线协助救护，乞发通行证，并令饬前敌司令一体保护，伫候钧命。中国红十字会无锡分会。庚。

致宜兴红会电：急。宜兴红会分会鉴：敝会拟拨救护队驰宜协助救护，需否？盼复。庚。

两电去后，忽接宜兴分会来电云："无锡红会分会鉴：敝处阳早即有战事，乞贵会来宜协助。宜兴红会分会。庚。"

该会接电后，即电后（复）宜兴分会云："宜兴红会分会鉴：庚电悉。已电宁请发通行证，寄到即派队来宜协助救护。无锡红会分会。齐。"

该会于电复宜兴红会后，即致函救护队队长迅速准备，以便出发。其原函云："迳启者，江浙军队在黄渡一带剧战益烈，总会救护队虽在前线救护，诚恐战事蔓延，旷日持久，伤病日多，不敷分布，拟请贵队尅日驰赴前线，协同总会救护队尽力救护。除紧急时另行通知出发外，为特专函奉达，务请迅速准备，俾免延误。"（下略）

第一救护队队长孙蟾卿、第二救护队队长沈景华接函后，已准备一切，听候出发。并派定赵宗贤、汪佐卿、王执中、薛仁源、刘时雄、薛景庚等六人为第一队救护生，高文华、刘兆芳、高宗璜、薛耀基等四人为第二队救护生。一俟经发通行证后，即须驰赴前敌协助救护云。

原载《无锡新报》1924 年 9 月 9 日

苏浙两军交绥后之形势

苏浙两军交绥已有七日，昨日形势，各方仍在相持之中。宜兴方面，浙方初取攻势，旋为苏军击退；昆山方面，浙军并力坚守，苏军未能得手；至浏河则初为苏军攻克，昨闻已被浙方夺回。交绥虽历一周，而胜负仍未稍分，足见两军现方势均力敌，战祸之消弭，似尚非短时期内所可希望也。兹将所闻列记于下：

宜兴之战讯：……宜兴红十字分会组织成立已久，并有上海总会派往该地之救护队，自战事发生后，已开赴前线，因双方连日鏖战，死伤甚多，故大有不及救护之势云。昨日本邑沿湖各乡居民，仍闻西南方炮声不绝，且较前日更为清晰。北乡青城市玉祁一带，亦传说闻有炮声隐约，谈者疑沿湖居民所闻炮声，必系宜兴湖汶一带继续发生战事所传出云。

昆山方面之战讯：……黄渡附近，连日剧战，伤兵运往昆山、苏州、武进等处疗治者日益加多，已有无法安置之虞。昨日下午八时，无锡车站接得前方来电，询问无锡红十字分会组织之临时救护所暨代用医院能容若干人，即日电复，以便将伤兵分输来锡医治。车站长马柏森，即用电话与宜兴红十字分会接洽，适值分会职员大半已经散归，拟俟今日会商后，再行电复云。

原载《无锡新报》1924 年 9 月 10 日

红会救护队今日出发

中国红十字会无锡分会总办事处，以宜兴业已开火，双方兵卒互有死伤，本会救护队亟宜出发前往救护，特饬总队长孙蟾卿率同第一救护队长杨少芸，队员五人，救护生六人，夫役三十人，携带应用药品，雇乘公司船一艘，拖船二艘由某商轮拖带，定今晚十时开驶出发云。

原载《无锡新报》1924 年 9 月 10 日

请究私售红十字旗

向在本邑贩卖药品之天津人李四印，自称法国红十字会汉口分会驻锡会员，近日私刊红十字会图记，制有旗帜甚多，沿途兜售。有客民吴永福、朱怀则、徐怀泰等三人，各出洋两元售旗一面，当被商团第一支队长章念祖查悉，即派员至李四印所寓鼎陞栈搜获木质钤记一颗、银质红十字徽章一枚，及红丸灯枪药包等物，连同李四印一名，及受欺之吴永福、朱怀则、徐怀泰三名，及旗帜三面、符号三张，一并送至商团司令部，即将旗帜、符号等函送红十字会无锡分会查验。旋据分会复称，李四印系冒充红十字会员，实犯伪造印信诈欺取材之罪，请送县究治，以伸法纪。复经商团司令部询问，李四印亦承认私造不讳，即由杨总司令备文，将李四印一名连同证物一并送县警察所依法惩究矣。兹录商团司令部致县警察所原函如下：迳启者，今据敝团第一支队长章念祖报告，有直隶人李四印，制造红十字会旗帜、符号，在北塘竹栈街口沿途出售，每面售洋二元，已售出三面。察其旗帜上书“法国驻汉红十字会湖北省第一分会分在江苏全省”等字样，盖有中华红十字会钤记，名称互异，显系冒用红会名义，伪造图章，私制旗号。当由李四印交出旗价六元，并派员至李四印所寓鼎陞客栈，搜获木质钤记一颗，银质红十字徽章一枚，红丸灯枪一副，药包一只。兹将所获各物并李四印一名，又受欺买旗之吴永福、朱怀则、徐怀泰三名，及旗帜三面，符号三张，一并送请查核等情到部。当经敝部函送中国红十字会无锡分会查验是否红会会员去后，旋准覆开：“询悉李四印曾在汉口医院充当院役，因失业来锡，贩卖药品，旅居已久，与本地计某熟悉，乘此江浙风云陡起之际，私刊红十字会图记售卖旗帜，实犯伪造印信及诈欺取材之罪。应请贵司令送县治罪，以伸法纪，而免扰害，敝会感激无似。”等因。准此。即由敝部询问李四印承认前情不讳，并据吴永福、朱怀则、徐怀泰三人声称受欺买旗，请求追还原洋，当即准其将洋发还具领存查，以免拖累无辜。兹将李四印一名，并连同证物送请贵所，依法惩究，实纫公谊。（下略）

原载《无锡新报》1924年9月10日

红十字分会消息

红十字无锡分会前接宜兴分会来电，请派队前往协助救护，即经总办事处电请南京军署发给通行证，以便出发，一面函知救护队准备一切，其情曾志本报。兹悉总办事处已接南京军署复电，并寄给通行证十张，故于昨日特发通告第一号，致救护队总队长孙蟾卿云：兹因宜兴方面来电，请求派队协助救护，特指定贵总队长，尽本日下午，统率第一救护队全队驰赴宜兴协助救护。除知照输送队迅拨轮船一艘、拖船四艘听候贵队出发应用，并电宜分会转陈前敌总司令保护外，特此通知贵总队长准时出发。（下略）

又通知第一输送队队长程敬堂君云：兹因救护队孙总队长率领第一救护队全队，准今日下午二时驰赴宜兴协助救护，希即立刻指拨轮船一艘、拖船四艘，停泊第一救护队事务所码头，装载出发，并派队员随赴宜兴，听候孙总队长指挥输送伤病回锡。除前敌战线变动，救护队应行退却，另候孙总队长电告本会核准，专电贵队驻宜队员查照办理外，一应出发船只，毋得擅自移动，贻误要公，至希查照。（下略）

又致总队长孙蟾卿函云：贵队出发宜兴救护，续批输送无锡伤病，务须随时先请宜兴分会，电告本会，如输送回锡伤病已逾一百五十人时，须先行电告本会，经覆允准，方可续送来锡。（下略）

总办事处因第一救护队即日赴宜，原备船只不敷输送，续行租借中华轮船公司新裕福大轮一艘、广源拖船一艘，以便输送，特行函致县公署知照矣。

下午一时许，总队长孙蟾卿，第一救护队队长杨少芸，队员张东明、张文杓、陶育臣、张彦文，救护生赵宗贤、汪佐卿、王执中、薛仁源、刘时雍、蒋景庚，书记吴旭初，及第一输送队长程敬堂，率领第一救护队全队，均在事务所码头摄影。至四时许，即登轮开赴宜兴，一面由总办事处电知宜兴分会，请转陈前敌总司令通饬保护。其原文云：宜兴红十字分会鉴：已派救护队总队长孙蟾卿率领第一救护队驰宜协助救护，请速转陈前敌总司令通饬保护。孙队何时抵宜，并盼电覆。锡分队。灰。

第二救护队亦已准备一切，定今日出发，赴昆山方面协助救护云。

原载《无锡新报》1924 年 9 月 11 日

中国红十字会修正章程

中国红十字会无锡分会成立以后，邑人之遵章缴费入会者甚多。照章会员于入会后，得随证书、徽章领取章程一份，而锡邑分会匆促成立，此项章程不及印刷，未能发给。惟红会总会于旗帜、肩章、袖章限制极严，故已经入会之会员，颇以未获明晰章程之内容为憾，纷纷向各处索阅。兹经本报觅得一份，特为录下，并将禁用红十字条例附后。

第一章　总则

第一条　本会依民主国社团之习惯，以本会会员组织之。

第二条　本会会务之施行，以一千八百六十四年日来佛条约、一千九百零六年日来佛红十字条约、一千九百二十一年红十字万国联合会议决案为依据。

第三条　本会旗帜、袖章及各种标记，得用白地红十字。

第四条　本会章程于会员大会通过后，陈请政府备案。

第五条　本章程于会员大会通过后，发生效力。

（民国二年统一大会通过之章程，于本章程发生效力后废止之。）

第二章　名称及会所

第六条　本会定名中国红十字会。

第七条　本会设总会于中央政府所在地，设总办事处于上海，设分会于全国各县及繁盛之市镇。

第三章　总会与总办事处之职权

第八条　总会之职权如左：（一）对于政府交接事件；（二）对于外交方面交接事件。

第九条　总办事处职权如左：（一）对于各分会交接事件；（二）战时对于军事长官及战地司令官交接事件；（三）平时对于地方官厅交接事件；（四）对于各商埠外交方面交接事件；（五）对于红十字会万国联合会交接事件；（六）其他一切会务。

第四章　事业

第十条　本会事业如左：（一）战时得经军事长官及战地司令官之

同意，救护伤兵；（二）平时得请地方官厅之协助，赈灾施疗。

第十一条　为达上条之目的，得设机关如左：（甲）平时常设之机关：（一）设总医院于总办事处所在地之上海，及总会所在地之北京，设分医院于分会之所在地；（二）于总医院内附设救护学校；（三）于总医院内附设看护学校；（乙）临时特设之机关：（一）救护队；（二）掩埋队；（三）疗养院；（四）关于一切救济事宜。

第十二条　医院及救护学校看护学校之规则另定之。

第十三条　为达救护及看护之目的，应备材料如左：（一）卫生材料，如器械、药品、滋养品、治疗用消耗品、病者被服寝具、运搬用具属之；（二）普通材料，如事务用品、被服、帐棚、食器，及杂品属之；（三）赈济材料，如衣服、粮食、棺具等属之。

第五章　财产

第十四条　本会财产如左：（一）会员缴纳之会费；（二）慈善家捐助之金钱物品；（三）属于本会所有动产、不动产及其利润。

第十五条　本会得受中央政府，或地方官厅之补助。

第十六条　关于财产之管理及处分之规则，由常议会订定公告之。（未完）

原载《无锡新报》1924 年 9 月 11 日

红十字分会消息

红十字无锡分会第一救护队及输送队，于前日下午乘轮赴宜兴前敌协助救护，其情已志昨报。兹悉第二救护队队长沈景华，率同队员薛惠灵、华景海、杨立人、周凤旭，救护生高文华、刘兆芳、高宗璜、薛耀基，输送队宋晋生，率同第二输送队全队，及掩埋队队长王晋六、徐荐叔，率同掩埋队全队，均于昨日下午三时半齐集车站，四时摄影，六时即乘车赴昆，总办事处各职员均在车站欢送而别云。

原载《无锡新报》1924 年 9 月 12 日

中国红十字会修正章程（续）

第六章　会员

第十七条　本会会员分五种如左：（一）名誉会员，独捐银元一千元以上，或募捐银元五千元以上，或办事异常出力者；（二）特别会员，独捐银元二百元以上者，或募捐银元一千元以上，或办事著有成绩者；（三）正会员，每年纳捐银元五元，满六年者，或一次纳捐银元二十五元者；（四）普通会员，一次纳捐十元以上者；（五）学生会员，纳捐一元者。

第十八条　除正会员外，名誉会员、特别会员之推赠，均须经常议会之议决，普通会员、学生会员，别以规则定之。

第十九条　名誉会员、特别会员、正会员均为终身会员，普通会员以十年为有效期间，学生会员以修业期间为有效期间。

第二十条　会员得分别佩戴本会徽章。

第二十一条　会员徽章凭照，由上海总办事处给发之。

第二十二条　会员如受剥夺公权之处分，同时丧失其会员资格。

第二十三条　会员有违反本会章程，及其他不正当之行动，得经常议会之议决，宣告除名。

第二十四条　会员或丧失资格，或被宣告除名，本会得追缴徽章凭照，但所纳会费，概不发还。

第二十五条　会员得以各项动产、不动产，核价作为会费，但不得以无完全所有权者充之。

第七章　常议会

第二十六条　常议会设于总办事处所在地之上海；

第二十七条　常议会以议员四十八人组织之；

第二十八条　常议会议员，于会员大会时选举之，选举法另定之。

第二十九条　常议会议员，遇有辞职或出缺时，以次多数递补之。

第三十条　常议会议员，任期三年，但得连选连任。

第三十一条　常议会之职权如左：（一）审查预算决算；（二）审查入会会员之资格；（三）议决会员之除名；（四）订定各项规则；（五）

选举会长、副会长；（六）公推理事长；（七）公推财产委员；（八）议决其他重要事件；（九）刊印征信录，及提出成绩报告于大会。

第三十二条　常议会设议长、副议长各一人，均由议员中互选之。

第三十三条　常议会每月开会一次，由议长召集之。

第三十四条　常议会除议长外，非有四分之一以上出席之议员，不得开会，议长因事缺席时，以副议长代之。

第三十五条　常议会之议决，以出席议员过半数之同意行之。

第三十六条　常议会于战时及有紧急事件，得开临时会，由议长召集之。

第三十七条　常议会于会员大会时，举行第三十一条第五项之选举，用记名单选举法行之，以得票多数者为当选，被选者以正会员为限。（未完）

原载《无锡新报》1924 年 9 月 12 日

红十字会分会消息

红十字会无锡分会救护队，于十、十一两日先后分赴宜兴、昆山前线救护伤兵，其情曾志本报。昨悉第一救护队到宜后，极蒙宜兴分会之优待，翌日即驰赴前线协助救护。昨日由总队长孙蟾卿乘轮带回伤兵七十四名，上午十时抵锡，先将伤重者抬往普仁、大同、协济等医院医治，中有十九师七十四团二营八连五棚兵士苗来庭一名，因伤重在中途气绝身死，抵锡后即由掩埋队备棺抬赴梨花庄义塚埋葬。

宜兴伤兵抵埠时，围而观者甚众，有陪送来锡之兵士多名，俟各伤兵安置妥贴后，即于傍晚乘车至常，续赴前线。总队长孙蟾卿因将运回伤兵分别送院医治，遂于晚间十二时将原船再开宜兴，并因蜀山离战线二十余里，河道狭小，轮船不能驶行，故商由总办事处拨派汽油船一艘、小船二艘，随同赴宜。一面由总办事处致电宜兴红会云：急。宜兴红会，孙队长暨装运伤病船只已到，即晚原船放宜，即知照敝会杨队长。无锡分会。文。

第二救护队及救济队、掩埋队、调查队各职员，前日四时许乘车出发，下午九时许车抵昆山。全队进城，驻宿于昆山医院，由昆山红十字分会理事长卫序初、理事王辅东、医员张恒伯、太仓红十字分会会长顾雪衣等招（召）集各职员谈话，拟请各职员即日开赴浏河、太仓。救护队长沈景华，以此次奉命出发昆山，未便擅赴浏河、太仓，答以俟返锡计议后再为决定。昨日沈队长及各职员遂先后返锡，队员、救护生、夫役则均留驻昆山。下午沈君等抵锡，至本邑分会总办事处接洽，理事长蒋哲卿主张，全队应即暂驻昆山，俟必要时，或开赴安亭，至开往浏河、太仓，似可不必。接洽一过后，沈君即于当晚乘夜车重行赴昆云。

火车站救火联合会所设之红十字会临时治疗所，各医生前由红十字会商请本邑医学研究会各医士担任，由卫质文、张季勉二君为医长，业已筹备多日，颇著勤劳。惟因办事上颇多掣肘，各医士遂有不愿担任之意。昨闻总办事处有将治疗所另行改组之说，未识若何办理也。

又分会办事处，前曾电请督署发给通行证，昨已接到督署参谋处发来通行证十张，业经理事长蒋哲卿各寄一张与宜兴、昆山两救护队矣。

原载《无锡新报》1924 年 9 月 13 日

中国红十字会修正章程（续）

第八章　会长　副会长　理事长

第三十八条　本会设会长一人、副会长二人，由常议会选举之，陈请政府加以任命。

第三十九条　会长驻于总会之所在地，副会长一驻总会，一驻总办事处所在地。

第四十条　会长之职权依第三章第八条之规定，驻于总会之副会长，辅助会长处理第三章第八条规定之事务，会长有事故时得代理之。

第四十一条　副会长之驻于上海者，其职权依第三章第九条之规定。

第四十二条　会长、副会长任期一年，但得连选连任。

第四十三条　会长为完全之名誉职。

第四十四条　本会设理事长一人，由常议会公推之。

第四十五条　理事驻于总办事处所在地之上海。

第四十六条　理事长会同驻在上海之副会长，行使第三章第九条规定之职权。

第九章　职员

第四十七条　本会设财产委员五人，由常议会公推之。

第四十八条　本会得设顾问及理事，均由理事长会同驻在上海之副会长聘任之。

第四十九条　本会各项办事之职员，别以规则定之。

第十章　大会

第五十条　本会每三年间开会员大会一次，以是年四月在地之上海举行之，常议会认为须开临时大会时，得临时召集之。

第五十一条　有分会总额五分二以上，或会员总额五分一以上联合之，请求召集临时大会，得提出理由于常议会，于五星期内召集之。

第五十二条　临时会员大会须将会议之目的，登报通告之。

第五十三条　大会之议长，以常议会议长充之，议长缺席时，以常议会副议长代之。

第五十四条　会员大会之议决，以出席会员为限。

第五十五条　大会之议事，以出席议员过半数决之可否，同数时以议长决之。

第十一章　战时及灾害时之特例

第五十六条　本会于战时随军救护之人员，得临时陈请军事长官优予待遇。

第五十七条　本会于战时随军救护人员，及运送救护材料，需用国有轮舶铁道时，得临时陈请主管公署，依海陆军人员行军法办理，于灾害时办理救灾者同。

第五十八条　本会于战时随军救护人员，需用房屋、粮食、船车、马匹，得陈请军事长官就地拨给之，于灾害时救护人员，需用房房（屋）船车者，得陈请地方官厅拨给之。

第五十九条　于战时及灾害时如遇常议会议员、会长、副会长之任满，得延长其任期，以回复通常状况为限。

第六十条　于战事延长时，常议会得以全体一致改组临时议会，并增选必要之临时议员，前项增选之临时议员，须提出于临时大会，请求其认可前项临时议会，于和平恢复后解散之。

第十二章　分会

第六十一条　凡设立分会，均须经常议会之认可设立之。

第六十二条　分会章程须依据本会章程，及本会规定之分会通则。

第六十三条　分会章程须经常议会之审查及认可。

第六十四条　分会应各就所在地名为中国红十字会某地分会。

第六十五条　分会所在地，如有军事时得受总会及地方官厅之补助费。

第六十六条　分会应按年将所办事宜及会员名册报告本会，每三年另造总册报告大会。

第六十七条　分会通则别定之。

第十三章　保护

第六十八条　会员如遇危险，或为人借端诬陷伤害身家，并及红十字会全体慈善名誉者，本会应尽保护申理之责。

第十四章　奖励及惩罚

第六十九条　奖励办法如左：（一）独捐银元五千元以上，或募捐银元一万元以上者，赠以金质之功章，前项金章附赠上盘金线之赤绶；（二）独捐洋三千元以上，或募捐银元六千元以上者，赠以银质之功章，前项功章附赠上盘银线之赤绶。功章之奖赠，须经常议会之议决。

第七十条　惩罚办法如左：（一）会员有受刑事处分者，得经常议会议决取消其会员资格；（二）会员有假借本会名义，作［不］正当之行为者，除经常议会议决宣告除名外，其情节重大者，并得由本会常议会或通告分会议事会，向法庭提起诉讼；（三）本会职员及分会职员，有犯前项情事者，得由本会常议会，或通告分会议事会，取消其会员资格，另行选举。

第十五章　附则

第七十一条　本章程非经常议会五分四以上议员之提议，会员大会五分［之］三以上出席会员之可决，不得变更之。（完）

原载《无锡新报》1924 年 9 月 13 日

苏浙两军交绥后之形势

苏浙交绥，已逾旬日，双方仍未能显分胜负。最近驻宜苏军第十九师第七十四团，暨省警备队第三营兵士，均有遣散之说，虽豫军、鄂军已相继开往宜兴前线，然消息传来，人心已为之大震。兹将所闻列记于下：

宜兴方面之战讯：红会消息：宜兴苏军阵地，西南方右翼为苏军暂编第一师白宝山防地，驻张渚茗岭一带，防线延长四十余里；东方、南方暨东南方则为左翼，杨春普部陆军第十九师及水警，分驻兰山乌溪老虎山一带，任南方及东南方防务，东方则为陈调元部苏军暂编第五混成旅暨省警备队防地，陈旅驻东岭念三湾一带，省警备队驻悬脚岭一带，防线延长三十余里。对方浙军左翼，则驻夹浦香山南隐寺一带，与杨部、陈部等相对；右翼驻纳溪泗安白堰一带，与白部相对，此两军相持之情形也。

……

陆军第十九师七十四团二营二连连长石某，日前在悬脚岭前线受伤，由本邑红十字会第一救护队救护来锡，现带护兵二人，寓公园饭店元号房间养伤。记者昨日前往会晤，讯问前线激战情形，据云十九师防地，前线布置极为完密，惟后方缺乏接济，遂致败退。初开火时，士气甚壮，浙方兵士屡次猛攻，均被击退。其后连战数日夜，兵士饥疲几殆，后方输送食物前来，以胃中饥极作恶，反不能容纳，故均置而不食。兵士放枪，亦已无力，偃伏地上而已。长官加以督促，则并力开放一枪，放后仍复偃伏不动，而浙方弹火又猛烈异常，稍一上仰，即遭击伤，后不得不出于退却矣。

昆山方面之战讯：红会消息：昆山方面，苏浙两军仍相持于离黄渡约五六里之河边，两军于三日开火，至今激战未曾休歇，停火三日之说全非事实。黄渡附近之河内，两军死亡兵士尸体填塞几满，腐臭之气触鼻欲哕，河水亦现殷红色。浙方现取守势，并力抵拒，苏军则取攻势，但以浙方设备周密，屡经冲突，丧失兵士不少，仍无法过河。

苏军前敌总司令宫邦铎现驻安亭，即以安亭车站为司令部，车站附近铁路中满驻兵车，大部兵士即食宿其中。安亭镇离站约三里，属嘉定县管辖，居民迁避已十室九空，留居者仅有一部贫苦小民。商店亦大半歇业，米粮尚不乏缺，惟鱼肉鸡鸭各项食物业已告罄。居民房屋残破不堪，大半门户无存，室如悬磬，其凄凉情形殊难形容。该镇驻有嘉定红十字分会救济队，容留难民数百人，将来俟相当机会，拟商请本邑红十字分会救济队，将该难民等救济来锡安置。该镇距黄渡车站约十二里，故两方炮声、枪声闻之历历。据该镇居民云，开火以来，未闻枪炮声有一小时以上之停歇，初闻甚为惊慌，久亦视为家常便饭。又谓日间枪声杂作，炮声较稀，晚间则纯为炮声，约计每分钟四发。闻日间开炮，必须觅得目的物始行发射，故炮声较稀；晚间洞黑，不易觅取目的物，防对方之进袭，故不得不频频开炮射击也。又本邑运往昆山之面包，运至昆山，即变味不可供食，故现尚有一部堆储昆山车站，渐次腐烂生蛆，往往蛆虫沿路爬出，令人见呕恶不可止。

……

原载《无锡新报》1924年9月14日

红十字会分会消息

红十字无锡分会第一救护队，由宜兴救回十九师伤兵七十四名，分送普仁、大同、协济等代用医院医治。昨日有轻微伤兵四名由普仁出院，至红十字会总办事处，经理事长蒋哲卿召集谈话，略谓此间代用医院容留伤兵名额极少，君等即系轻伤，可即出院，暂时与红十字卫队同居，每日至临时治疗处换药，俟本会通知前敌司令部后再定办法。该伤兵等即唯唯而退。

第一临时治疗处，由红十字会敦请本邑各医士组织，设办事处于救火联合会。惟与总办事处意见不能融洽，致办事殊受掣肘。各医士以既属同尽义务，而红会本意尤当注重医务，不应事事以命令牵制，故态度久已消极。前日宜兴伤兵来锡，曾由该处医生代为包扎送至医院，又重行医治，各医士认为空费手续，不必有此机关，而总办事处以治疗处遇事辄违反意旨，深致不满。昨日下午各医士在治疗处办公室开一会议，由卫质文主席，各医士先后发表意见，佥以治疗处须有常驻医员及看护生，并应筹备床铺药品，以便容留伤兵，否则可以裁撤。最后结果全体医员均提出辞职，嗣经分会副会长华艺珊到会，力请各医士顾全大局，打消辞职，并代拟条件，向总办事处调停。未几副会长高映川、职员陈湛如同至治疗处，力为疏通，经各医生陈述意见，谓红会既有代用医院收容伤兵，则治疗处尽可裁撤，俟必要时或再行组织临时救护所，收容轻伤士兵。高、陈二君即允将此意代达总办事处再定办法，惟各医士一律主张裁撤，全体实行辞职，以便另行改组云。

办事处因救护事宜头绪纷繁，与各界接洽尤须需人助理，特请高君鸿初为办事处交际员，昨已去函敦请矣。昨日办事处又代电上海总办事处云：敝会第一救护队赴宜救护情形，业经灰电陈报在案。兹因昆山前线输送后方伤病络绎不绝，并经昆山分会电询敝会，预备临时医院，收容病额前来，即于真日指派第二救护队长沈景华统率全队，驰赴昆山前线协助救护，除已电由江苏督军发给野战总司令部通行证外，合行专电奉闻，统希查照为荷。（下略）

各安置所之女监察，昨日又有自愿担任者，闻为程华贞、王叶柔、薛马蕙贞、华铭等四女士云。

办事处因接受伤兵，需费浩大，昨再致上海无锡旅沪同乡会代电云：荣、祝理事长，诸位理事钧鉴：冬电谅荷察收，江浙战端既开，牵动全国，势必旷日持久。敝会办理救护，业经拨队分赴宜、昆两地临时医院，亦已次第接受伤病。需费钜万，专恃劝募。素谂同乡诸公念切痌瘝，情殷援手，务求立惠宏施，广救灾黎，不第功德无量，同人纫感，亦宁有涯涘。再电吁恳，惟祈慈照。（下略）

总队长孙蟾卿于前夜乘轮开赴宜兴，昨晨抵宜，由杨、陈两司令商请将救护队移驻蜀山，设治疗院就近医治。昨由孙总队长致电分会请示，已由总办事处电复孙君，谓蜀山设院从缓，全队赴蜀救护，仍运锡治疗云云。

总办事处派总稽查陈尔榆、第一救济队队长蒋仲良于前日赴昆，转赴安亭司令部，代表分会接洽一切。当由参谋某君延见，陈稽查、蒋队长陈述本邑救护队愿率全队至前线协助救护，某参谋极表欢迎。惟以安亭车站殊多危险，故决定驻于安亭镇上。该镇隶属嘉定分会救济队，驻于镇上，经陈、蒋二君与该队接洽，亦极表欢迎，并出蔬菜黄米饭（该镇居民已迁避一空，肉食久断）款待陈、蒋二君。当日返昆，与第二救护队长沈君接洽后，即日前赴安亭常驻救护，陈、蒋二君亦于昨晚返锡，报告总办事处矣。

原载《无锡新报》1924年9月14日

中国红十字会分会通则（存目）

原载《无锡新报》1924 年 9 月 14 日

红十字分会消息一束

红十字会无锡分会因举办救护等一切事宜，需费颇巨，而会员留锡半费，仅有四千余元，不敷实多。日前曾依据总会章程第六十五条请求补助，总会复以无锡绅富较多，请即就地筹款，勉力艰任等辞。故昨日无锡分会会长孙君鹤卿特亲赴上海，与总会会长庄得之君从长磋商，非达到补助目的不止，并拟就本邑旅沪绅商广事劝募，俾资接济云。

办事处前据总稽查陈尔榆、救济队长蒋仲良由安亭返锡报告，与宫司令参谋处接洽，将本邑第二救护队驰赴安亭办理救护事宜。昨由办事处函知第二救护队队长沈景华，并附致安亭前敌司令处及嘉定分会两函，嘱为分投。兹将三函原文并录如下：

致沈队长函：迳启者，昨晚陈尔榆、蒋仲良两君回，已陈述一切，执事抵昆，谅已布置就绪，全队开赴安亭矣。兹附奉公函两件，除宫司令处一函可迳投外，致嘉定分会一函，可交该会救济职员带去（须取收条）。如认为不妥，可另行设法邮寄。雨衣置备不及，先借黄包车者二十套，暂应急用。诸公热心任事，自当不拘形迹也。篷帐一切，已在赶制，工竣即送，余续布。（下略）

致安亭前敌总司令处：迳陈者，昨据敝会总稽查报告，调查安亭地方，仅有嘉定红十字分会派驻之救济职员，尚无总分会救护队在彼守候救护，除已与黄司令参谋处接洽，并自行觅定房屋外，请即拨队驰往救护等情到会。敝会兹特将陈奉督署颁发之野战军总司令部通行证，交由第二救护队长沈景华，即日携带全队开赴安亭，协助贵司令统辖各军医队办理救护。应请钧座饬转接洽，并随时指导保护，无任感荷。（下略）

改（致）嘉定分会：迳启者，据敝会总稽查陈尔榆、救济队长蒋仲良报告，同赴安亭调查，除该地已有贵分会所派救济职员驻在外，尚无救护队在彼守候救护。当经与宫司令参谋处接洽，暂定地处，以便本会拨队前往救护等情到会。兹敝会即日指派第二队救护队队长沈景华，携带野战军总司令部通行证，率队驰赴安亭，办理救护事宜，除陈明宫司令外，相应函达贵会查照接洽，并希随时协助指导，至纫公谊。（下略）

办事处昨电宜兴分会云：宜兴红会储铸农君，恳商杨、陈司令将留宜中华局通运轮，拨交敝会孙、杨救护队长输送伤病，新裕福轮迅放回锡，以便转昆，接应救护，立盼电复。锡分会。寒。

原载《无锡新报》1924年9月15日

中国红十字会分会通则（续）（存目）

原载《无锡新报》1924年9月15日

米船在太湖中被劫

北帮米船姜全元，在本邑装载上海穗元米号购办之白米一百九十石赴申，本系行驶苏州河，因江浙交战，故改走太湖。前日行至吴江县沿湖地方，突来盗船三艘，盗匪二十余名，将姜船拦住。各匪手执洋枪大刀，蜂拥上船搜抄，在梢舱抄得现洋四十元，悉数抢去，继将所装之米劫去七八十石，一哄从苏州而去。当时姜与盗抵抗，被盗用刀击伤背部手足等，受伤颇重，昨日开行致申报告穗元号，姜即投红十字会医院医治，沪地各米船得悉，均大为惊惶云。

原载《无锡新报》1924年9月15日

宜兴伤兵运锡治疗

中国红十字会无锡分会第一救护队，赴宜救护伤兵，日前业经总队长孙蟾卿由宜运回伤兵七十四人，分送普仁、大同、协济三临时代用医院治疗等情已纪本报。兹悉昨日孙总队长又自宜兴前敌救回伤兵十二名，于晚间八时半抵埠，经理事长指第一、第三代用医院……各兵伤势，以曾有绪、黄振卿二人为最重，曾有绪被重炮震动脑神经，以致知觉麻痹，黄振卿流血甚多，已现贫血状态，其余均为轻微伤，不日即可医痊云。

原载《无锡新报》1924年9月17日

万国红十字会陆战应用日来弗文条约（存目）

原载《无锡新报》1924年9月17日

地方维持会干事会纪

地方维持会于昨日下午召集第十六次干事会，到会者钱孙卿、秦执中、赵子新、顾述之、李柏森、周含茹、顾介生、华鉴远、杨石渔、杨树生、秦有成、高映川、杨拱辰、杨仞千、丁辅臣、朱梅生等，下午五时开会，由钱孙卿主席。兹纪其会议情形如下：主席宣布商团公会长杨翰西暨顾介生等来函，提议伤兵病痊后之安置问题，并宣读原函。（一）商团公会会长杨翰西来函云：据公民张养吾、陆伯英等函称，近来伤兵逐渐运来无锡，伤痊之后，并无安置之策，仅有就地遣散之办法。而伤兵等往往因身怀武器，至典中强当军衣、抵押武器等事，风闻中市桥济顺典业经发现。以后伤兵正多，防不胜防，必须筹一办法，或酌给川资，由商团押令出境，并扣留武器，以免为害地方等因。据此事关地方治安，所言不为无见，敝会用特函商贵会征求意见，以便协力进行，尚祈会议见复是荷。（下略）（二）顾介生来函云：顷由薛凤喈面告，本日上午目睹一兵乘坐黄包车经过中市桥堍往南，当见该兵衣服不整，遂询悉系普仁医院伤兵病痊出院。薛君恐此项伤兵将来人数渐多，逗留境内，难免不生意外，特嘱报告本会，请先事设法预防。鄙意可否由本会定期商请县知事与商团司令戒严司令到会，妥商善后办法，出示布告，俾众周知，以安人心。（下略）

以上两函，并案讨论。当由红十字分会副会长高映川及商团司令部军需股长杨拱辰，报告伤兵到锡时手续，及收容前后之经过情形，顾述之报告苏州红十字会对付伤兵办法，周含茹报告第一次伤兵到锡时之现状，及第二次伤兵到锡后临时手续，李柏森报告南京方面收容伤兵治疗，及痊可后发还原营办法。讨论结果，公推主席携函向官厅商量妥善办法，再行报告本会公议解决。议毕，至六时散会。

原载《无锡新报》1924 年 9 月 18 日

红十字分会消息

红十字会无锡分会第一（普仁）代用医院额定收容伤兵二百名，第二（大同）代用医院额定收容伤兵六十名，第三（协济）代用医院额定收容伤兵七十名，昨由总办事处先行分送伤兵膳费十日，（每名每日大洋二角），共计六百六十元。

总办事处因各代用医院所需药品尚未备齐，昨特筹银一千元，交由分会理事李克乐赴沪购办。惟李克乐君以院务繁冗，不能亲自前往，即转托实业中学校长万特克君赴沪购办云。

救护队总队长孙蟾卿于前晚由宜兴运回伤兵十二名，分送各地代用医院医治，并报告离蜀山数十里某镇，有避难妇孺千余人，因粮食缺乏，每人每日仅得食米一茶杯，亟待救济云云。昨由本邑分会职员陈尔榆、沈锡钧二君带往面粉四十包，驰赴该镇救济，一面由总办事处致电江阴分会，请借拨轮船，拟于今日由第二救济队队长方文卿率队前往，将该镇避难妇孺救济来锡安置云。

第一救济队于前日乘车赴安亭救济难民，惟由火车载回，以人数太多，极感困难，故昨由前途电话通知总办事处，将新裕福轮船开赴安亭，以便运装难民云。

原载《无锡新报》1924 年 9 月 18 日

红十字分会消息汇志

红十字会无锡分会总办事处，昨日接第一救护队由安亭来长途电话报告，在安亭镇上救出避难妇孺一百五十余名，乘轮来锡，约晚间十二时可到。现由总办事处预备一切，以便安置。闻此次救回之妇孺，由蒋哲卿君担任一百名，安置于惠山蒋氏宗祠；孙应高君担任五十名，安置于马路万前路；所有经费，均由蒋、孙两君私人捐资担任；一面又由总办事处致函本邑各安置所所长云：迳启者，本会前订救济妇孺安置所规则第四条，有非至作战区域至本邑边境，不得开所之规定等语。兹奉中国红十字会总办事处发下分会通则第十七条，各分会对于救济救护各事应随时协赞，不分畛域等情。除全文送交邑报披露外，合亟函达贵所长请烦查照，所取原定办法，应即变更。现在宜、昆两方，均不日救济妇孺来锡，每到若干，随时分配通知，次第开所，幸各先事准备为荷。

总办事处因昆、宜两处运回伤病，所有代用医院三处恐不敷治疗，并因输送轮船不敷应用，特于昨日致函江阴分会，拟于额满时，请转收伤病，并商借利澄轮船驻锡拨用。其原函云：迳启者，敝会救护伤病，虽已筹设临时医院三处，尚恐不敷治疗。欣闻贵会及时成立，所有医院亦闻已在组织，如果敝会医院额满时，可否恳请贵会转收伤病若干，俾资协助？又此间输送轮船已不敷分布，可否恳请贵会商明利澄局，将利澄轮一艘常驻无锡码头，以便随时输送伤病回澄？如果伤病较少，贵会别有所需，不妨随时来电知照，放澄应用，统祈示复为荷。（下略）

一面具函县公署查照备案，并函知利澄轮局悬挂红十字会旗帜。兹并志两函如下：

致县公署函：迳启者，敝会办理救护事宜，租用船只，叠经函报在案。兹因昆、宜两方，同时往来输送，原租中华轮局新裕福轮暨原备汽船不敷调遣，即日租定利澄轮局利通轮一艘应用。又无锡医院三处受治伤病有限，与江阴红十字分会商定，酌量转送澄会医院疗治，亦经指定利澄轮，专任澄锡两方，往来输送。除就码头悬挂会旗外，合行函报，即请查照备案。

致利澄轮局：迳启者，本会刻与江阴红十字会协定，如果来锡伤病医院不敷收容，酌量转送澄会，并经指定贵局利澄轮，往来输送，合先发去码头印旗，希即悬挂为荷。

总办事处因各代用医院须添购药品及卫生材料，特筹洋一千元，交理事李克乐君转请实业中学校长万特克君赴沪购办。昨特致函上海总办事处请为照料，并发给护照。其原函云：迳启者，敝会因临时各医院须添购药品及卫生材料，特请无锡实业中学校长美国万特克先生赴申购办药品，由镇江转道回锡。万君抵申时，务请贵处随时照料，返锡携带各件，并请发给护照，俾利遄行。

总办事处对于商团公会函致地方维持会，所称伤兵身怀武器，至典中强当军衣、抵押武器一节，特于昨日致函商团公会，请查究更正。其原函云：迳启者，顷阅报载，贵会长函致地方维持会，有伤兵等因身怀武器，至典中强当军衣、抵押武器等事。查敝会接受伤兵，先经各该军队解除枪械入院医治，复经检查行李，凡属违禁物件，当场留下，节经照办，并无违误。尊函所称虽属得之间接报告，于敝会信用办事责任均有关系，相应提出抗议，即请贵会长查究更正，至纫公谊。（下略）

原载《无锡新报》1924年9月19日

沙场悲剧

楚　石

阴风悽悽，月光惨淡，树叶离枝，作蝴蝶舞。但闻猿鹤悲啼，鬼哭神号，荒塚败草中，仰天而卧者，皆赳赳武士，血肉模糊，惨不忍睹，辎重枪械之类，狼藉满地。噫！此非两军征战后战场上之写景乎？当斯时也，红十字会之救护队员，纷纷驰至战地，以尽其掩埋治疗之天职。一少妇衣看护妇之服装，面色灰白，极目四顾，见一少年军官仰卧地上，急趋前视之，不觉失声大恸，突然晕去。俄而复苏，仰天大呼曰："吾亲爱之夫乎？汝竟先我去矣！当汝之行也，吾心如有失，寝室不宁，乃投身红十字会，任看护妇职，随吾夫踪迹而至此者，已十有数日，而吾夫未知也。今君已先我去矣！则我生亦何乐？吾亲爱之夫乎，其稍待我。"言罢，引首向石，但见血花四溅，盖追随其爱夫去矣。噫！亦云惨矣！

原载《无锡新报》1924年9月19日

安亭难民运锡记

本邑红十字分会第一救济队，于前晚由安亭救回避难居民二百十三人，昨日上午由蒋君哲卿个人收养一百十四名于惠山蒋氏宗祠，孙君应高收养六十七名于万前路，杨君四箴收养四名。又内中有钱道士一名，系本邑东埄周仓桥人，在安亭营商，此次来锡后，即将同来之房东及熟识之友人家属共十五名报明分会，同赴东埄收养。此外尚有十余人，则由分会发给护照，分赴各地矣。

原载《无锡新报》1924 年 9 月 20 日

红十字分会消息汇志

红十字分会第一救济队于前晚由安亭救回避难居民二百十三名，已于昨日分别收养，惟该处尚有难民甚多，故又由分会续派第二救济队队长张公威，于昨日率队乘坐新裕福轮船前往救济，并闻第二次救回难民已经分会会长孙鹤卿担任收养一百五十名，施襄臣担任募捐收养五十名，昨已分向各商号各慈善家四出募捐，一面由总办事处致函上海总办事处，报告在安亭救济难民情形。其原函云：迳启者，敝会于铣日接准安亭急讯，该处有居民数百人未能出险，恳速前往救济等情。当经指拨第一救济队驰赴安亭，相机施救。旋据电告铁路备车为难，复经派遣车轮驰往输运。业于巧日亥末，由第一救济队队长蒋仲良暨全队队员，救回安亭居民二百一十三人，除妇孺一百七十人分别留养外，余均发给护照，转赴各地。本日另拨第二救济队续往安亭，继续设法施救，特此函复，即祈查照。

总办事处因昆山、宜兴两处，陆续救济妇孺来锡，特分函本邑各安置所所长，请变更前订规定，先事准备，以便分配收养去后。昨接第二至第九安置所八所长复函云：迳启者，接奉台函内开，现在昆、宜两方，不日救济妇孺来锡，应变更前定作战区域，至本邑边境方得开所之规定等语。惟敝校等现均照常上课，安置远来妇孺殊多困难，为特函请贵分会仍照订救济妇孺安置所规则第四条办理为荷。（下略）总办事处接函后，即函复各安置所云：顷展台函，具悉一切。本会办理会务，苟有与总会定章抵触之处，自应随时改正，所请仍照原订开所限制一节，碍难承认，即请查照。昨日通函预备开所，勿误为幸。（下略）

原载《无锡新报》1924 年 9 月 20 日

红会消息汇志

本邑红十字分会第三救济队队长方文卿，于昨日由宜兴运回避灾居民五十余人，下午由施襄臣君收养于惠山施子祠。

第二救济队队长张公威，于昨日上午三时许抵安亭，救出灾民一百余人，乘坐新裕福轮船，于昨晨八时许由安亭开驶，预期晚间十时后可以抵锡。十八日由昆山运来第二混成旅一团三营九连一排排长田德修，伤势甚重，随送普仁医院医治。昨据该院报告，伤势甚剧，恐有危险，当经办事处通知掩埋队筹备一切。

总办事处前因会中经费困难，曾函请上海红会总办事处设法补助，昨得复函云：迳复者，本年九月十七日，接到贵分会公函一件，备悉一切。查总会补助分会一节，照章程原有规定，如果为时势所必要，而分会之力实有不逮，地方情形瘠苦，又无从筹集，本会虽云经费支绌，亦应于无可设法之中，特别设法补助，以维慈善，而顾大局。惟此次江浙战事，骤然发生，本会出发救护，自常州以至沪埠，分布十队，其临时疗养所，于原有五医院外，又增设十处，概算开支十万以外。溯本会自甲辰成立以来，历办日俄及南北各省兵灾，与夫历年救济中外水旱风疫诸灾，用款几及三百万，政府毫无补助，基金毫无储蓄，悉以各方面善士自行捐助及会员会费支应。本会为国际慈善法团，非他种号称慈善者可比，为防弊起见，向不在外劝募分文，区区苦衷，谅贵分会当亦鉴及。兹据前情所陈自是属实，但以锡邑实业、商业而论非常发达，现在贵分会成立，造福地方，保障同胞，当地锁头绅富商厂，应如何慨解仁囊，通力合作，共谋自卫，时机迫切，尚希贵分会召集同仁，通告绅富商厂，征求协助，是所祷切。若不此之图，而惟望本会之补助，深恐贻误大局，谁负其责？用特率直详陈，诸希见谅为荷。

第一救护队队长杨少芸，昨日由宜兴运往伤兵二名，均系鄂军。一为湖北第四混成旅步兵七团三营十一连八棚副目李凤翔，伤手部；一为三营八连兵士杨受之，伤腿部；一并送往临时代用医院治疗。

原载《无锡新报》1924 年 9 月 21 日

避灾妇孺运锡记

本邑红十字分会第一救济队，由安亭运回避灾妇孺二百十三人，已分别安置惠山及万前路两处。昨日午间，又由第三救济队由宜兴运回灾民五十余人，已安置于惠山施子祠。第二救济队续往安亭救回灾民一百余人，于昨晚抵锡，拟安置于东新路酒仙殿。

昨日又由溥仁慈善会担任收养灾民二百名，酒业公所担任一百名，九余、世泰盛、协成永、懋纶四绸庄担任五十名，陈君尔同担任一百名，戴君鹿岑担任一百名，荣广明昆仲担任一百名，钱业公会募捐米十八石、银三百余元。

分会办事处自留养救济出险妇孺，各处所连日往看人士络绎不绝，特规定取缔兼劝募办法。凡各界人士必欲至各处所慰问者，除红十字会佩有袖章各职员外，均须领有慰问券方可入内，慰问券由办事处编号盖章发行。凡经捐助小洋两角，即赠慰问券一纸，此项捐款，全数收作红会经费，与担任留养经费诸君无关，定于今日起实行，并规定入所慰问时间，以上午九时至下午六时为止。

本邑各安置所经分会办事处函请准备开所，惟各所长以各校仍在开课，如收容妇孺，诸多未便，拟由各校另觅相当处所，以便安置灾民。昨闻拟商由南禅寺董事华艺珊君，函请县署将南禅寺启封，以便安置灾民云。第一安置所（三师范）昨开临时职员会，议决原定收容妇孺三百五十名，现拟收容客地灾民半数，以半数留作收容本地妇孺，惟须向分会办事处提出四项意见：（一）天气已冷，凡灾民应用被褥衣服等物，须由红会负责；（二）收容灾民疾病时医治，须由红会指定；（三）请派定女监察员；（四）将来之遣散办法；以上四项，须候分会办事处明白答复后，再行开所。

原载《无锡新报》1924 年 9 月 21 日

苏浙两军战事特讯

宜兴方面之战讯：……宜兴方面，苏军前日接奉总司令颁到总攻击令后，即传知前线兵士，并力向前进攻，鏖战一昼夜，尚未停息。昨日本邑红十字分会第三救济队，自宜兴蜀山附近救回难民数十人。据该队队员述宜地战况，略谓前日苏军右翼，由白宝山师长亲临前线督战，兵士勇气大振，浙军不能抵拒，纷纷向后退却，苏军进占阵地三十余里；左翼苏军则颇为失利，被浙军集众反攻，势不能支，节节后退，浙军向前力追，连被夺去小山三座。

上海方面之消息：……伤兵连日运沪者甚多，红十字会各医院及各慈善团体已不能容，特将养老院改组伤兵医院，将所养老人悉数驱出。

原载《无锡新报》1924年9月21日

社评——严惩害马

犹　龙

红十字会本悲天悯人之旨，作救死扶伤之举，连日收容伤兵，救济战地难民，仁心仁术，固莫不交口颂扬，而共拜此万家生佛。不谓乃有一二夫役，反其道而行之，竟有任意滋扰之事。虽小疵不足以损日月之明，然群有害马，未免为团体之累。今虽已经除名，然一人犯事之罪小，而有碍团体则大，彻究严惩，以儆效尤，吾知红会决不含糊轻纵者矣。

原载《无锡新报》1924年9月22日

红会分会消息

红十字会无锡分会办事处，因安亭、蜀山两处战地居民已陆续由救济队救济出险，惟太仓方面因交通阻隔，未知该地实情，特于昨日派调查队长龚葆诚，及第三救济队队长方文卿、队员刘晋初，同乘新裕福专轮驶往太仓，调查该处情形，以便派队驰往救济居民出险。

办事处因日来安亭、蜀山等处陆续救回避灾妇孺甚多，以后尚拟赴太仓、浏河等处救济。惟艰于经济，供养为难，特通函本邑各绅商设法劝募。昨由钱业公会向各钱庄捐集银元三百二十五元，交由施襄臣君送至总办事处，并由钱业公会致函理事长蒋哲卿君云：哲卿理事长大鉴：迳启者，兹由陈君尔同、江君焕卿、蔡君有容、施君襄臣转述尊意，以贵会自救护队分送出发，迭经救济伤兵难民来锡，分别疗治安置。惟艰于经济，供养为难，嘱为设法劝募等云。当即邀集敝同业筹商，佥以贵会博爱济众，同声钦仰，敬当勉效微薄，以副善怀。甚经敝同业认捐贵会洋三百二十五元，除该洋由施君襄臣面呈外，兹将敝同业认捐细数开单附呈，尚希台察为荷。又施襄臣君经募得白米十八石、银十元，昨亦开单函送总办事处云：哲卿理事长大鉴：迳启者，兹承尊意，以贵会自救护队分途出发，迭经救济伤兵难民来锡，分别疗治安置。惟艰于经济，供养为难，嘱为设法劝募等云。当即向各户筹商，佥以贵会博爱济众，同声钦仰，犹当勉效微薄，以副善怀。当经各户认捐贵会白米十八石、银洋十元，除该米洋由敝面呈外，兹将各户认捐细数开单附呈，尚希台察为荷。

第一安置所来信，声明准备开所，惟收容额数暂以一百七十五人为限。第二至第九各安置所，因现均照常开课，于收容妇孺一节颇多困难，特由各所合力组织临时妇孺安置所于南门外南禅寺内，额数三百人，现已布置一切，准备开所。至各慈善家私人担任收容者，昨日又有广勤纺织厂同人，担任私资收养灾民五十人，贺君儒来函担任私资收养三十人。至于昨报所载之酒业同人，系酒业许协泰昌许子云君、陈仲记陈仲英君、全昌周荫庭君、陆右丰号，及纸业瑞丰盛号五家联合担任，并非酒业同人所担任云。

原载《无锡新报》1924年9月22日

红会担架夫在宜滋扰

昨晨城内大市桥某茶肆，有人送往宜兴陶器多件，瓶壶杯碗，各色均备。据云系红十字会由宜兴带回，以分赠亲友云。

分会总办事处昨据宜兴救护总队长孙蟾卿来函报告，担架夫目周全生一名，因在宜兴不守规则，滋意妄为，交由第一救护队长杨少芸带回，即由办事处将周全生斥革，并函送县警察所严惩。其原函云：迳启者，据敝会救护队总队长孙蟾卿由宜兴来函报告，担架夫目周全生一名，不守规则，滋意妄为，并将该夫目送处核办等情前来。查敝会系慈善法团，出外救护，自应严守规则，以维信用，免招疑虑。据报各节，除将周全生斥革外，相应函送贵所，从严惩处，以儆效尤，而维会务，至纫公谊。一面由总办事处致函宜兴孙总队长云：迳启者，据少芸先生归报一切，除不守规则夫役分别发落外，兹有一事奉告，当此各队在外救护之际，无论何方赠与物件，均应拒却收受，银钱亦不得私向当地借贷。事关本会信用至巨，务请贵总队长转饬全队，一体遵守，无任祷嘱（祝）。

原载《无锡新报》1924年9月22日

流民图

穆

难民逃出虎穴，成群的救济来锡，其一种流离颠沛之状，真是目不忍睹，偏有好事的纷纷要去参观。

因此无锡红十字分会便定一种慰问券出来，纳资二角即可领券到收容所观览难民情状。

有人道："他们这样，简直是把难民当野人头卖了。"

我说："这个可算是看西洋镜呀！谁瞧镜子里面不是明明有幅流民图装着吗?"

原载《无锡新报》1924年9月22日

红十字会分会消息

本邑红十字分会前以经费支绌，曾致电上海无锡旅沪同乡会劝募，昨接旅沪同乡会理事长荣宗锦、祝大椿复电云：中国红十字会无锡分会孙、华、高正副会长，蒋、陈正副理事长钧鉴：冬、寒两电均敬悉。诸公爱护桑梓，广救灾黎，莫名钦佩。敝会自当竭尽棉（绵）力，勉效涓埃。现正分投劝募，集有成数，即当寄奉，谨先电复。

安亭、蜀山两处避灾妇孺莅锡后，本邑各绅商均踊跃捐资，安置收养。昨日又有蔡兼三君担任收养一百名，苏养斋君代表黄泥桥段各米业担任收养一百名，丁双盛、丁源盛共同担任收养五十人，烟纸公会今日准派人分赠各灾民零用钱，每人发给铜元五十枚，孩童减半。

由昆山前线运回之第二混成旅排长田德修，送往普仁医院医治后，惟因伤重，已于前夜逝世，当由红十字分会派掩埋队前往备棺成殓，葬于西门外义塚。昨日下午，田妾及幼子由扬来锡，重行棺殓，拟将灵柩运回原籍安葬云。

原载《无锡新报》1924 年 9 月 23 日

红十字分会消息

本邑红十字分会办事处因探闻平望方面战事剧烈，昨晨拟派调查队长龚葆诚，会同第一救济队队长蒋仲良，专轮至平望方面调查实情。正预备出发间，旋接太仓红十字会分会自昆山转来电话，报告该处居民拟避难来锡，请锡会派队往救。办事处遂立命龚、蒋两君改道往太仓，蒋君并率领全体同人，同乘新裕福轮，拖带民船，即刻驰往救济居民出险，约明晚可抵锡。

各慈善家至办事处担任留养战地出险妇孺者络绎不绝，昨日又有周莲生君来会报告，南里同人担任留养百名。赵子新君来函报告，北塘及三里桥两段米业同人担任留养百名，地点在府城隍庙内。锦记丝厂来函，捐助救济妇孺经费洋一百元，并由该厂各职员凑集捐助洋四十六元，各女工凑集捐助洋三十五元，小洋四百四十七角，铜元五十六千五百六十文。该厂厂主、职员、女工等急公好义，颇足钦佩。兹附录该厂致办事处函于下：哲卿理事先生大鉴：江浙启衅，灾黎遍野，贵会救济妇孺，泽庇群生，毋任景仰。敝厂主及各同事暨女工等，睹此灾情，莫不测（恻）然，爰特发起募捐，稍尽棉（绵）力。固知杯水车薪，无济于事，然众擎易举，集腋成裘，则灾民不致填于沟壑，皆先生之所赐也。（下略）烟纸业王倬章君等，募集铜元百余千，拟分发留锡出险妇孺，大口每名五百，小口每名二百五十，以备零用之需，已志昨报。昨日由办事处派职员陶君，会同王君至各所分发，共计大口一百五十人，发给铜元七十五千，小口一百二十二人，发给铜元三十千零五百。惟多数妇孺初均辞谢不收，经王君等委婉陈说，始行收领，颇为感谢云。办事处于前晚十一时接总队长孙君蟾卿自宜来电，文曰：新裕福轮速来。

办事处接电后，因利通轮已于昨午驶宜，故未派轮开往，惟据此观测，恐宜兴方面尚有伤兵或难民运锡也。

办事处因各救济妇孺留养所急须有管理之人，昨日函请范慕亚女士担任交际路孙应高君留养难民处女监察员，程华贞女士担任酒仙殿孙鹤卿君留养难民处女监察员，均已得二女士之同意，即日到所视事。出险妇孺中有安亭人蒋杨氏，及黄渡人张阿珍，均因患病，经办事处分别送往医院治疗矣。

理事长蒋哲卿昨接分会长孙鹤卿由沪来函云：（上略）十九日曾上寸缄，谅邀台察。近日江浙战争已变而为苏淞，宜兴陈乐山之师已移至淞江，是宜兴战事已了，会中救护队可移至浏河方面。据该处避难来沪者言，战地小孩抛弃甚多，大约均系三四五岁，因肩扶太重，不得不弃之而行，所以到处皆有，比之伤兵尤惨。最好嘱会中救济队诸君迅临战地，专救妇孺，功德实非浅鲜，较之救护伤兵尤为切要，想尊意亦以为然。云初晤面数次，看其结果，两处匀派，殊觉无多，日后当再想方法。总会补助殊难办到，缘上海方面开支甚巨，情形较之内地不同。吾锡以现时局势而论，兵灾可以避免，卢氏之失计，苏常之幸福也。凡属绅富，何修而得此，元宜激动良心，多出钱财，以济被灾之各县，庶将来再遇劫数，可以减轻。天理昭彰，实非虚语。弟当回锡，以资助力，望执事与陈君尔同竭力行之。惟办事只求实惠，勿可虚靡，是为至嘱。(下略)

原载《无锡新报》1924 年 9 月 24 日

收容难民之继起

吾邑北塘段三里桥段米豆业同人，因鉴于战地难民来锡日众，特于昨日下午二时在积余堂召集会议，讨论收容人数及地点募捐问题。到会者赵子新、陈伯贤、鄷云祥、赵子初、许志和、许菊轩、丁植耘、沈桂卿、王子明、蔡耀卿等六十余人，公推赵子新主席，陈宏远、李栋珊纪录。首由主席宣布开会宗旨，略谓吾邑红十字会近往战地救济难民来锡已有五百余人，虽由各慈善家收容，然以后尚有来者，亦宜设法安置，况吾业亦不乏慈善家，谅急公好义不让人后，亦应从事组织，以期稍尽善意。惟此事以筹款为先决问题，特请诸君到会讨论。继由陈伯贤、鄷云祥、许菊轩、张寿山等相继发言，佥谓同属苏省人民，彼因适当其冲，致遭此灾，然兔死狐悲，理宜救援。继讨论捐款问题，当蒙到会诸君首先认定二百余元，然不敷尚巨。议决推定赵子初、张寿山、酆云祥、张之彦、任逊先、许志和、王鸣皋、陆伯贤、李栋珊九人为募捐员，书簿向外分投筹募，并议决此项捐款，始终用之战地难民，不得移作他用。如战事能早收束，须派员亲赴灾地赈济，以符本旨。所收下之款暂由永大生米行保管。又推赵子新、李栋珊与红十字会接洽一切，以便收容，至收容人数，议决以一百名为限，地点议决假定府庙内云。

原载《无锡新报》1924年9月24日

红十字分会消息

宜兴战事，双方停止进行，第一救护队于昨晨五时返锡，并携回伤病十七名。当经分送各临时医院医治，同时宜兴红会并来电一通如下：

红会鉴：蜀山军队陆续开发，恐有乏轮拖运之事，现救护事已告一段落，孙队长诸公拟就此开回。特电代闻，并申谢忱。宜会。漾。

第一临时代用医院原定伤病额数二百名，刻因宜兴方面战事业已停止，故减留半额，余归普仁医院照常收留病人。

第三临时代用医院留院治疗之湖北第四混成旅三营十连输送卒徐州人谢广胜一名，已病愈出院，昨由办事处给证遣散。

留养交际路孙姓房屋之安亭出险居民范寿根因患痢疾，昨由女监察员范慕亚女士来处报告，送入第三医院疗治。余有患轻病者数人，另由办事处职员徐君元春代为诊治。

各慈善家担任留养出险居民者，昨日又有高鸿初君来会报告，衣业同人担任留养五十人，曹全丰号及张再梁君来函，担任留养二十人，国学专修馆唐蔚芝君亦有酌量担任留养若干名之说。

第一救护队由宜回锡时，因省立陶业工厂遗弃各陶品颇多，无人保管，间有携回者。经理事长查悉，认为违背日前函嘱，已责令孙、杨两队长逐一收回，缴存办事处，另有处置办法云。

办事处昨接昆山转来电话，称第一救济队在太仓一带，救出避灾居民三百五十名，准夜间一时可以抵锡，办事处已在新世界无锡饭店大厅，预备暂宿一宵，今日上午再行分别安置。

第二救护队队长沈景华于昨日下午由安亭前线返锡，向办事处领取药品及应用物件，并带回此次在本邑被拉之夫役一名，系北栅口人，抵昆后，寻至红会驻所，遂得与沈君同回，亦云幸矣。

原载《无锡新报》1924年9月25日

红十字分会消息

昨晨一时半，第一救济队队长蒋君仲良，会同调查队队长龚君葆诚，率领队员等由太仓陆渡桥等处救回被难妇孺三百四十二人，分坐民船，由新裕福拖带来锡。当经办事处分别招待于无锡饭店及新世界两处暂宿一宵，八时晨餐后，即由理事长命利通轮拖载一百三十六人运至惠山，留养于蒋氏宗祠者八十六人，由戴鹿岑君及荣广明昆仲担任留养费用，留养于施氏宗祠者五十人，由施襄臣君经手募集经费留养，余送入酒仙殿二百零三人，内一百人仍系孙君鹤卿担任留养，余一百零三人，由全昌、许协泰昌、陈仲记、陆右丰、瑞源盛五号号主共同出资留养。尚有妇人王邹氏携有男女孩各一，母家系本邑后宅邹茂如君之同族，适邹君在锡，当由邹君携带赴乡居住。

自太仓救来难民内，有嘉定方泰镇人陈福卿，自方泰镇逃出时，腿部曾被枪伤，抵锡后，即由办事处送入第三医院疗治。尚有妇孺患病者颇多，均由徐君元春至所诊视。

办事处昨又函请孙瑛女士担任蒋氏宗祠戴、荣二君留养难民处女监察员，陆慧新女士担任施氏宗祠留养难民处女监察员，章铭女士担任酒仙殿、全昌等号留养难民处女监察员，孙女士等均已于昨日到所任事。

办事处日前本拟派员乘轮，开往平望方面调查情形，后因改道太仓未果。昨晚办事处复派调查队队长龚君葆诚及第一救护队队长孙君蟾卿、第三救济队队长方君文卿、输送队队员蒋君汉卿等，同乘新裕福轮开往平望，调查是否需要救护、救济各事，以便率队开往施救。

办事处日前曾致函宜兴红十字分会，询问前线掩埋残骸等事是否尚需协助。昨日接得复函云：迳复者，漾电计达，杨少芸君来宜，带奉台函，备承锦注。此次贵队驻蜀，未能稍尽东道之谊，已深抱歉，而贵队热心协助，使敝会收相得益彰之效，尤感莫可言。所有一切善后，本拟借重大力，惟战期捷促，疮痍未深，著手进行，勉无竭蹶。刻下敝会已

将掩埋等事一一办理，大抵就此亦可告结束。顷承函询，谨此奉陈，并谢眷注。（下略）

原载《无锡新报》1924年9月26日

宜设保管队

穆

红十字分会办事总算缜密极了，治疗伤病有医院、有救护队，拯恤难民有安置所、有救济队，葬埋残骸有掩埋队，打探消息有调查队，搬运物件有输送队，可惜美中不足，似还少一个保管队哩。

你道保管些什么呢？便是那些战区遗弃的东西呀！

暴殄天物实觉放眼不过，运输虽已有人保管，总还要有个负责的才好呢！

原载《无锡新报》1924年9月26日

红十字分会消息

本邑红十字分会办事处，昨接安亭红会来信，称方泰镇及黄渡等处，有被灾妇孺二百余人立待援救等语。当由办事处即派第二救济队队长张公威，率队乘坐利通轮船驰往援救来锡。又接太仓红会会长陈志武来函，称有灾民五百余人请往援救，惟以无船可拨，须俟派赴平望调查之新裕福轮返锡后，再行开往救济。

宜兴方面战事已经结束，昨由办事处函询宜兴红会，调查当地情形，候答复后，拟将前由宜兴救回之妇孺设法遣归。

办事处因本邑各处灾民留养所，间有设备未尽妥适，致各灾民每易染病，以后各处添设留养所，须由办事处派员查看后方准开所，以重卫生。又有个人捐资留养二三十人者，苦于难以兼顾，特由办事处函商请其将款交由会中联合数处办理，以便照料。本邑税务所长徐景华君，特捐银五十元，昨日送至办事处，充作经费。

办事处前因经费支绌，曾致电上海旅沪同乡会设法劝募，昨得同乡会理事长荣宗锦、祝兰芳来电，汇寄捐款五百元，以后再行陆续汇寄。兹录其电文云：迳启者，前准贵会来电，劝募经费，经于哿日电复在案。兹先汇奉洋五百元，至祈察收见复，余容募集陆续寄奉可也。此致中国红十字会无锡分会。无锡旅沪同乡会理事会理事长荣宗锦、祝大椿。

昨晚九时许，北塘商团第一支队驻防处门首，来有昆山人丁老三一名，据称在昆山被拉赴前线充当夫役，扛抬枪子，因不胜其苦，遂乘间逃出，步行来锡。现在患病不能行走，请求借宿。当由该支队报告商团司令部后，随派司务长协同团员二人，将丁老三一名带往红十字分会，面晤蒋理事长，允即留宿一宵，今日拟送往医院医治。

原载《无锡新报》1924 年 9 月 27 日

私售红十字旗案判决

天津人李四郎，自称法国红十字会汉口分会驻锡会员，私制红十字会旗帜符号出售，被商团第一支队查悉，解送司令部移县讯押，其详已记本报。昨经俞承审员开庭，将李四郎自押所提出宣判，处李四郎处徒刑十个月，以示惩儆。

原载《无锡新报》1924 年 9 月 27 日

平望嘉兴近状调查记

本邑红十字分会前以探闻平望方面发生战事，伤兵难民亟待救护、救济，特派调查队队长龚葆诚、救护队总队长孙蟾卿、第三救济队队长方文卿，乘坐新裕福小轮开往平望一带调查真相，俾便分派救护、救济等队出发。昨日龚、孙诸君均已回锡，由龚君将调查所得情形报告办事处查核，兹记其报告情形于下：

二十五日下午七时，乘新裕福轮船出发，当晚十二时一刻，驶抵苏州盘门外停轮。二十六日黎明四时半，启椗向平望进发，沿途经吴江八坼等处，见河中渔船络绎，两岸农民亦无惊惶之色，并时见彪形大汉，背荷衣包，形色慌张，向前急走。询诸船人及附近居民，据云，均系长兴山中矿工避难赴苏者。由苏州至平望，水道九十里，上午九时半抵镇，停泊于市稍，遥见平望港口泊有兵船三十余艘，其地原为苏军第三防线，驻有苏军二师五团团长赵光戴部兵，及淮北水师船只百余号，由团长赵光戴担任司令，淮北水师郝统领亦驻该处，则专任指挥该处水师，浙军原驻防地则在离平望五里许之黄岗泾。二十一日两军步哨曾相接触，苏军死伤三人，浙方伤四五人。二十二日浙军以省卢督办、张省长同时出走，恐断归路，即退守嘉兴。二十三日全军开拨浙平望附近，已无浙军踪迹。二十四日浙军复自嘉兴退守松江属之枫泾，赵团长、郝统领探悉后，遂亦率部进驻嘉兴，平望仅留少数兵士，由水师张营长率领驻镇守防。

平望商店照常营业，驻军纪律甚佳。兵士不许无故外出，因公出外者，须于胸间佩有公出证，故商民毫无骚扰，地方秩序甚为安堵。下午六时后，商店一律收市，全镇由驻军放布步哨，盘查奸宄，备极严密。驻军一部驻大王庙，余均住宿船上，司令部亦设于船内。

镇北二里许，有平梅女子高小学校，规模颇为宏大，震泽红十字分会派第三救护队率队驻于该校。据云，浙军确已由嘉兴退至枫泾，嘉兴已无浙军踪迹，遂决意往嘉兴一观情形。

下午由平启程，十一时驶抵嘉兴，水程约六十里。途径黄岗泾，该处原为浙军驻地，居民未迁者十之五六，观察情形似甚安堵。附近一带，稻谷收成甚早，田中稻株业已刈割殆尽，各村巷场上，稻积弥望皆是，殊不似曾经兵燹之地。船抵嘉兴，即停泊于北门外，该处泊有淮北师船百余艘，及江苏水上警察厅陪戎平洪两浅水舰，二师五团团长赵光戴暨淮北水师郝统领均驻其地。

午后二时，舍舟登陆，入北门，城门旁揭示处，贴有布告甚多，无非约束军队、维持治安、禁止造谣等类。入城后，有兵士六七人迎面而来，服装整肃。行经嘉兴县警察第三分所，乃入所访新所长，询问嘉城近状。巡长一人出见，谓分所长适往县警察所会议，不在所内。遂出所前行，经过嘉兴日报馆，见门上贴有通告一则，略谓本馆职员，因办理红十字会事宜，自八月初九日起，暂停出版云云。既而至县署，署前贴有“闽赣联军第三总队司令部”字样，闻县知事李寿慈（天津人）已于旬日前失踪，地方一切事务全由新警所长张光烈担负责任。法院在县署西北，一切民刑诉讼事件，照常办公，处理井然。城外商店，除中国银行及几家绸庄大商铺停闭外，其余店面照常营业，亦颇热闹。惟城内商店，大部闭歇，门前粘贴红条，书有“本店货物售罄”、“本号伙友散归，暂停营业”等字样，其地有商务印书馆分馆，亦粘“学校停课，书业暂停交易”云云。各处茶馆酒肆却十分热闹，茶客常满，途中士女往来，亦甚熙攘。此嘉城大略情形也。

红十字会设在东门外纬成绸厂，此□在途询诸佩有红会符号之职员而得之。……三时半，自东门外向东北行三里许，即至嘉兴车站。……嘉兴车站站长系邑人杨养斋，会晤后，杨君极表欢迎之意，招待周至，并述浙军最近情形，据称二十四日浙军退去时，即向嘉站索去火车头多具开往上海。上午十时，炸毁七十四、七十八号桥梁两处，十里以内，房屋为之震动。……

嘉兴红十字会在车站之西南约里许，理事长姓蔡，系禾邑绅富，设救护队一队，代用医院两所。闽赣联军总司令抵嘉，特捐助红会经费五百元，主张赶办掩埋事宜。

嘉邑红会会所设纬成绸厂内，其地风景绝佳，隔岸为嘉兴著名胜迹烟雨楼，四面环水，非舟楫不能通，与吾邑之黄埠墩相仿佛。惟面积较大，树木繁茂，而殿宇庄严，洵属大观。

……

原载《无锡新报》1924年9月28日

红十字分会消息

本邑红十字分会前派调查队及第三救护队，乘坐新裕福轮往平望、八圻等处，调查该处情形，已于前日夜间返锡。据云该处目前并无战事，无派队往救之必要，故昨由办事处拨新裕福轮驰赴太仓方面，救济被灾妇孺云。办事处因掩埋队事极清闲，昨已将第一掩埋队取消，藉节经费。又函知第一救护队、第二掩埋队队长，请知照队员夫役，非出发时，不准穿着制服及佩用袖章号布。

上海旅沪同乡会理事会，前日汇交分会捐款五百元。昨日又接该会理事张秋园来函，称已代募捐款五百元，交由陶仞千君汇锡。又接理事朱鸿昌来函，称已代募捐款，即日交理事长祝兰舫陆续汇锡云。

各地被灾妇孺来锡后，本邑各慈善家捐助银米衣被者极为踊跃。兹又有清节堂捐助银五十元，祝伯仁经募棉被五十条，严观复堂捐助大小衣服八十八件，范英女士小孩衣十件，无名氏大小衣服七十件，郭石如太太大小衣服十三件、袜十二双，程华贞女士衣服三件，中西女学学生家属大小衣服三十一件、布袜六双，王文荣棉被二十条。以上各件，均由办事处分别发交留养所，分给各灾民应用云。

原载《无锡新报》1924 年 9 月 28 日

苏浙两军战事特讯

……

红十字会添办担架：吴县红十字会分会，因前线连日络绎运送受伤兵士来苏，送入各医院治伤，原有软床（即担架）不敷应用，故又饬员订购大批软床，以便分发各医院应用。

原载《无锡新报》1924 年 9 月 30 日

红十字分会消息

第三救济队方文卿队长，于昨晨七时许，由太仓方面救回避灾妇孺八十四人，归绸布业协成、唐瑞成、世泰盛、九余、懋纶、丁双盛、丁源盛七家担任，安置于北门外南尖绸布公所，经办事处派定张映秀为女监察员。

理门广善堂主任周寿堂，昨至办事处担任广善堂留养妇孺五十名，地址在东门外。

办事处因各处留养妇孺患病者颇多，已请定普仁医院谈医生，逐日往惠山蒋、施两祠诊察，并派医员徐元春每日分上午至酒仙殿、万前路、绸布公所、南禅寺、永泰隆等五处诊察病症。

昨日伤病出院者，又有李清山、范寿根等数人，由办事处卸除服装，给证遣散。

原载《无锡新报》1924 年 9 月 30 日

本报特派员战地调查记

醒

东南战事开始后，记者屡拟一觇战地实况，终以事冗未果。二十六日始抽暇治装出发，兹将沿路所见及战地情况分志如下：

苏州昆山间之状况：二十六日下午四时搭车东行，车为头、二等座混合在一辆。甫登车，邂逅现任苏督署咨议郭君桐轩，二年前津门朝夕相处之老友也。……俄顷车至苏站，臂缠红布，肩荷快枪之兵士约三十余人，纷纷登车，二等车座遂尽为此辈占踞。时吾邑县知事冯蛰斋亦乘此车赴昆公干，吾邑红会输送队副队长宋俊生亦因公同乘赴昆。但此车原系宁方开苏之第十六号客车，例不驶昆。既到苏，路务稽查某西人坚持欲令郭君等暨各兵士下车，换乘前方之四等车。各兵士怒不可遏，乃将子弹装入枪孔示威。该西人见此情状，遂亦软化，车乃前行，抵昆站已七点四十分。余乃与郭君等分袂，偕红会职员宋君步行至无锡红会驻昆第二救护队治疗所。该所设于昆山市立国民第一学校，屋宇广大，由队长沈君景华分编为传达处、办公处、治疗室、药剂室、职员室、夫役室，秩序井然，是夜遂宿该所。

二十七日晨，沈君等出发至方泰镇，七时到车站，时只有津浦无棚敞车二辆开赴安亭，余等遂乘之东行。……

方泰镇现状一斑：……余等至镇时已午刻，遍觅房屋不得，遂借驻该镇城隍庙之微笑堂内。……是日午饭后二时，沈君景华至前线黄渡侧面实施战地救护，余亦随同出发。出庙向东南行，适有鄂军第五旅第十团调赴前线，各军肩荷快枪，背负雨伞及行军用品，捷行前进。子弹箱则由伙夫或杠或挑，络绎不绝。更有竹制之浮桥多架，押队之兵士，或以枰杆作司的克，或以洋伞作手杖，余等即追踪该军后。过石桥为羊肠小径，行约六里至李家村，流弹已如骤雨而至，不能再进。远眺前线，鄂军已散伏稻田及茂林中，开枪向前遥击。余等乃急归，途经河南第三混成旅驻兵门口，救治伤兵十八人。……五时半，隆隆炮声彻夜不绝。

原载《无锡新报》1924 年 10 月 1 日

红十字分会消息

第二救护队派员回锡报告，该队已开往方泰镇前面龙里村，担任救护中央第一混成旅伤兵，并请会内迅放专轮驰往方泰镇，救济续到难民。

上海山西路盆汤弄口洋货集益会内安亭救护被难事务所，来函索取留锡安亭难民姓名。

办事处昨收杨味云捐助银二百元，尤景记捐助小洋五百角，王敬修堂捐助银二十五元、小衣十八件，尤斡臣、胡征若来函，交通部同乡合助会费洋一百元，收齐即寄。又接荣月泉君由汉口来函，捐助银五十元，已请荣德生君代付。

李砚臣、王定安代表布米两业致函办事处，担任留养难民五十人，地点在梨花庄延圣殿。

留养南尖绸布公所之太仓难民严宗禅坚求赴沪，已由该处主任资送至镇江，转轮赴沪。

原载《无锡新报》1924 年 10 月 1 日

战事紧急中之杂讯

兵车过境情形：前晚三时半，昆开伤兵车一列，过境开往宁常，载伤兵数百人，棺木数十具。各该伤兵大半血肉模糊，断手缺足，其惨状令人目不忍睹。昨日上午七时，宁开兵车一列过境赴昆，下午三时，昆开客车一列，后半挂铁篷车数节，载伤兵数十人。三时半，又有兵车一列自宁开昆。四时半，昆开伤兵车一列抵境，载伤兵数十人，棺木四具，一具另置车辆一节，棺上钉有徽章及警笛各一，并贴有字条，上书"第六师步兵二十三团三营二连排长刘应祥之柩"。又有伤兵一人，因腿部中枪，痛不可忍，抵站后，即要求下车迅予治疗。当经车站员司通知红十字会，派人舁下火车，送往临时医院治疗。

晚间十二时许，又过伤兵车一列，自昆开宁，载伤兵四五十名，棺木数具。内伤兵五人，因伤势甚重，急须疗治，经车站员司报告红十字会，舁下送往临时医院治疗。五人中一人弹中腰部，血流满身，厥状甚惨，四人均余伤足部，伤势较轻。

原载《无锡新报》1924年10月2日

红十字分会消息

本邑红十字分会办事处昨接锡站转来昆山兵站电话，称前线伤兵甚多，各地医院均已额满，无法收容，拟酌送来锡医治，办事处各职员得电已准备一切。

常熟红十字分会于日前组织成立，昨日本邑红会办事处接得该会来函报告成立情形。

办事处昨得宜兴红会来函，称蜀山等处避锡难民可送至该会招领。

又苏州商团唯亭支会，以唯亭鲍友卿等家属六人，由本邑红会在太仓救济出险，业已安抵唯亭镇，昨特致函办事处道谢。

陶锡侯向办事处报告，担任留养妇孺五十人，拟与李砚臣、王定安担任留养之五十人合并留养于梨花庄延圣殿。

办事处昨收李石安捐助衣服七十四件，隐名氏节省重阳简费捐助洋十元，王敬谊、杨华庭两君捐助旧衣五十六件、袜一双。

办事处昨接唐蔚芝君函称，太仓形势吃紧，商请派船救济，当因缺乏船只，暂缓驰往。

下午三时半，昆山开来伤兵车，交到七十六混成旅一百五十二团三营十连受伤兵士刘福胜一名，随送第三临时医院医治。

昨日下午六时半，救护队长孙蟾卿由昆山乘新裕福轮，载来伤兵六十九人。内有鄂军第七团第二营第八连下士荣长悦一名，因伤重在中途气绝，抵锡后，即由掩埋队抬往梨花庄埋葬，苏军第二师第五团二营八连兵士康得功一名伤脑颇重，又第六师二十四团三营十一连排长徐鹏伤势亦重，均送第一代用医院医治。此次来锡伤兵计山东第一混成旅四名，七十六混成旅二名，江苏暂编第二师三十五名，第六师十名，豫军五名，江苏第五旅三名，湖北第五旅八名，省警备队一名。送往第一（普仁）代用医院计三十一名，第二（大同）代用医院二十四名，第三（协济）代用医院十三名。

原载《无锡新报》1924年10月2日

苏浙两军战事特讯

伤兵络绎运沪：最近数日内，前线运回上海之伤兵，络绎不绝，总计已有千余人之多。其间断手缺足者甚多，脏腑洞穿血肉淋漓者为数亦不少，业由上海红会分送各医院治疗。

原载《无锡新报》1924 年 10 月 3 日

红十字分会消息

昨日上午二时半，有伤兵一列车由昆过锡，内有第六师马兵一营三连一排兵士李本明，七十六混成旅一百五十一团一营一连兵士詹记鑫，扬州守备司令部四营二连三排兵士路连功，山东第六师二十一团一营一连输卒李舆仁，扬州守备司令部四营一连二排兵士何有元，山东十九师七十三团一营四连兵士路长明等数人。因伤势沉重，即抬送下车，报由本邑红会，送往第三（协济）代用医院医治。

办事处昨派卫士董安、赵得标，护送宜兴难民六十余人，回宜妥交宜兴红会，招领安插。

新裕福轮于昨日上午拖带广源船开赴昆山，唐君蔚芝因太仓告急，亦派员随船驰往救济难民。

第二（大同）代用医院昨日将治愈伤兵五名送回办事处，当即令其卸除军服，每名给予银洋两元，分别遣散。

原载《无锡新报》1924 年 10 月 3 日

不可说

伯　超

风鹤声中，最出风头的，除去军人而外，便要首推红十字会了。

邻邑某县，居沪宁中心，地势冲要。自从风云骤紧，人心惶惶，城中居户门首，高贴“红十字会会员某姓寓”条子的，触目皆是。

人的心理，大数以为既入红会，门首贴了这张条儿，便赛如张天师避鬼灵符一般，所以不数日间会员暴增二三百人。主其事的，明白这般人并非是真正热心慈善，实因为保全身家性命起见，才肯如此慷慨解囊，莫怪要临时高枱入会费，并想出种种特别办法，藉应需求了。

现在既有本来的分会，忽然总会又派人来设支会，难道这分会因为失了这次信，……便……，佛云：不可说……，咎由自取又怪谁呢?

原载《无锡新报》1924 年 10 月 3 日

本报特派员战地调查记（四）

醒

姑苏城外之一瞥：现任赣北镇守使之邑人吴金彪氏素以慈善为怀，江浙军兴，由其夫人组织红十字九江分会，带同九江警察厅卫生科科长兼九江分会医院院长洪君岳如，并看护士随员等四十余人，在苏收医伤兵，设临时治疗所于三新旅社，该旅社楼下房间尽为包赁，每一伤兵吴夫人必亲为包扎慰问，兵士莫不德之。

苏阊商市颇为萧条，地方形势较之吾邑尤为吃紧。各城门七时即闭，进城者概须盘查。红十字旗触目皆是，病院及收容所似较吾邑尤众。次日（三十日），清晨七时至车站，已极拥挤，按照新定时刻八时即须开行，是日因无机车，候至十点三刻，始由昆山开来伤兵车一列，当将客车附挂于后，开驶上行，在望亭侯［候］兵车，迨抵锡已十二时矣。(完)

原载《无锡新报》1924 年 10 月 4 日

红十字分会消息

前晚上行车由昆抵锡，有十九师七十三团一营受伤兵士李桂山一名，送第三（协济）临时代用医院。

九月十八日，由安亭救来第一批难民，内有大小男女九人，由同时出现侨居安亭之本邑东埄钱道士留养乡间。今因为期过久，无力供养，昨日钱道士将男女难民九人送回办事处，即日送入南里永泰隆留养所留养云。

旅津本邑同乡杨味云、林虎侯、王正卿等，募集华新津厂同人，捐助红会经费洋一百元，华雍千君经募严慕记助洋五十元，严新记助洋十元，华少扬、包太太各助洋五元，华雍千助洋十元。

唐蔚芝先生致函分会，担任留养太仓难民五十名，地点在惠山山货公行。

原载《无锡新报》1924 年 10 月 4 日

避难人语

瘦　鹤

日前承俞君之招，往惠麓蒋宗祠为难人诊病，同去者为殷、张二君。驾一小舟，自通运桥直达龙头口。及抵该祠，由红会某队员导至难民宿舍，见百数难人，或坐或卧，或走或立，妇孺老幼，年龄不一。见余等往，即有男者就询焉。曰："先生等殆为参观而来耶?"余曰："非也，为诊病来耳。"曰："先生真热心极矣!"余曰："同胞罹此奇灾，不佞等当来慰问，何热心之有?"言已，即至病人处诊察。计两妇三童，张君诊二，余诊三。诊毕，遂叩男者以姓名及战地状况，彼即一一详述："余（难民自称）居安亭之西，素业染坊。自军队来安驻扎后，人心惶惶，有家早已迁徙一空。该地有典当一，遂闭门歇业，伙友逃避，虽值价物品，早经运往沪上，然所典衣服，则仍留其中。兵士见无人管理，即住宿其间。村妇之贪小利者，顿生不义之心，结队而入，以索取所典衣服为名，任意抢攫，至再至三，继续不已。兵见而怒焉，将典门一闭，行其……，及翌晨放出，而诸妇行动已失自由矣。惨哉!"言已，唏嘘不止。

瘦鹤曰："行军之时，本无纪律可讲，而该兵等能任其所取，不加干涉，已属难能可敬，村妇贪图小利，攫人衣物，宜被兵士……矣。咎由自取，何足惜乎?"

原载《无锡新报》1924 年 10 月 4 日

苏浙两军战事特讯——红会消息

前线战事零闻：本邑红十字分会第三救济队长方文卿，昨由安亭救济难民回锡，据述前线战事，以上月三十日及本月一日鏖战最剧。浙军在方泰方面，冲击甚猛，最得利时，阵线进展三四里，嗣以所得苏军阵地无壕沟壁垒屏障可以据守，遂复退回。

方君又谓前线兵士见红十字会救护员，均肃然起敬，见救济队则现厌恶之色。此次自安亭救得难民妇孺六十余人，同往搭车，道经某地，突有兵士一人，自竹篱内开枪向天射击，难民均惊骇异常。经温语安慰，令勿惊慌走散，各难民悉数席地坐下。未几，见竹篱中续出兵士数人，见状似甚疑讶。既而见余等杂立难民中，始回首唾地曰："怪道如此镇静，原来有保险者在。"语毕不顾而去，余等亦即令各难民起立同行。

方君又谓，浏河方面，浙军守兵仅有数连，以人数过少，故其作战时，常携盒子炮、机关枪，往来奔驰射击，极为活泼。苏军亦奔驰追击，极感疲劳，并以其不易捉摸，故难于取胜。

原载《无锡新报》1924 年 10 月 5 日

红十字分会消息

前晚八时半，昆山开来火车，有负伤兵士刘宪德、孙玉德、曹秋、赵德兰、陈士彬五人，由办事处分送第一、第三代用医院医治。

昨日下午二时，有十九师负伤兵士张文燦、朱树章、苏尔昌三人，当发就诊券，赴第三临时代用医院医治。

七十六混成旅军医院长江定生，昨至红十字分会调查该旅来锡疗治之伤兵，并拟至医院慰问。

昨日下午四时半，第三救济队长方文卿，由安亭、太仓救回难民二百四十余名，分别留养。北门黄泥桥米业担任八十名，留养于延圣殿；北塘三里桥米业担任八十名，蔡君兼三担任九十六名，均留养于府城隍庙。办事处派调查队长龚葆诚，定今日上午八时，乘新裕福轮赴安亭，协同第二救护队长沈景华办理救护伤兵及救济难民等事。

原载《无锡新报》1924 年 10 月 5 日

美国红十字会征求会员

江苏省长韩紫石，近以江浙战区灾情较重，特捐资专托南京基督教会，组织美国红十字会办理救济事务。现在南京总会已经成立，该会于日前特派会员夏光新至苏、常一带接洽一切，并征求会员。前日夏君由宜兴至锡，亲往本邑基督教三公会联合会接洽，现由三公会举定戴尔、杨四箴（圣公会）、夏悦三（浸礼会）、周文敏、胡钟奇（监理会）五人为美国红十字会会员，不日即须出发战地，从事救济云。

原载《无锡新报》1924 年 10 月 6 日

红十字分会消息

镇江红十字分会为设立医院事务，昨派汪君惠人来锡，调查本邑之办理情形。

第三（协济）临时代用医院，医愈伤兵许芝生一名，送至办事处，照章遣散。

办事处准各院伤兵，恳为转催赏犒应用，已另为转函本邑戒严司令核办。

无锡旅沪同乡会来函，交到代募第二批会费洋五百元。

昨日又到十九师七十三团伤兵王连三一名，当即送入第三（协济）临时代用医院医治。

办事处昨接上海总办事处来函，知照以后医队出发前线，所用旗帜均须盖用图记，以资识别，并附与江浙军事当局往来函电原稿如下：

中国红十字会总办事处致江浙军署密函：迳密启者，江浙军事遽行开战，本会与各分会职责所在，自应遵照万国红十字海陆战条约，及本会修正章程，出发医队，分头救护，以重人道，而维慈善。惟该医队人员由本会出发者，所揭旗帜等，均盖有“中国红十字会总办事处关防”

字样。其由分会出发者，所揭旗帜等，亦均盖有“中国红十字会某处分会图记”字样，以资识别。若无此关防及图记，皆系冒用，应请贵署通饬所属各军官长，令知前敌兵士等一体遵照，注意查察，以免混淆观听，而杜奸弊。具纫公谊，相应专函奉达，至希察照施行。此致苏皖赣巡阅使、淞沪护军使。

齐燮元复电：上海中国红十字会总办事处鉴：沪字第二百十二号密启均悉，具征慎重，已通令前方各军转饬所属官兵一体注意矣。齐燮元。文印。

何丰林复函：迳复者，接准贵会二一九号公函，具悉一是，已通传各军队一体知照，并不准随意挂用红十字旗帜、袖章，以符章制。特此奉复，即希查照。此致中国红十字会总办事处。

何丰林启

原载《无锡新报》1924 年 10 月 6 日

红十字分会消息

本邑红十字分会昨接嘉定旅沪临时维持会来函，请抄录嘉定留锡难民。办事处准函后，已将嘉定留锡各难民姓名抄录函复矣。

办事处接上海安亭救护被难事务所来函，道谢本会救济安亭难民来锡留养。

第三（协济）临时代用医院，伤兵徐长胜在院病故，报由办事处，知照第二掩埋队前往抬赴梨花庄掩埋。

邑人胡振平任职北京外交部，昨致函办事处，捐助会费五十元。

昨日又有蔡芳记捐助置办难民棉衣费洋二十元，强建堂捐助难民小棉衣十二件。

日前第三救济队由方泰、安亭等处救济出险居民回锡，因新裕福转往太仓装载难民，在途延迟一日，致所携带干粮告匮。船经苏州，队长方君即命停泊采购干粮，分发各难民。正在分发间，事为苏州商团第五部部长赵复初君所闻，即购备多数食品，到船赠送各难民。各难民收领之下，均深感激。方君等回锡后，即将以上各情报告办事处，昨日蒋理事长特去函道谢。兹录其原函如下：迳启者，据敝会第三救济队队长方文卿报告，本月四日，由太仓、方泰、安亭等处救济妇孺回锡，中途干粮缺乏，幸有苏州商团第五部部长赵复初君赠送多数食品，幸免饥饿等情到会。查赵君痌瘝在抱，志切救济，不第蒙难灾民同深戴感，敝会亦实多利赖。肃函布谢，惟希转达为幸。(下略)

原载《无锡新报》1924年10月7日

今年重阳之新改良

杜伯超

日月不淹，韶华如驶。丹桂飘香，忽又变为黄花笑容。秋光虽好，时局实非。南北内讧，势成煮豆。慨国家之丧乱，叹身世之飘零。风雨满城，凄惨曷极。是以应时节物，亦当随时改良。不揣简陋，略陈如左：

佩茱萸应改佩红会徽章。重九日佩茱萸，古俗也。今则兵连祸结，困守危城，佩茱萸非避乱之符，入红会实救急之策，故应改佩红十字会会员徽章，以资保护。

……

原载《无锡新报》1924年10月7日

青浦近况一斑

红会调查队之报告：红会办事处于四日派调查队队长龚葆诚，乘坐新裕福小轮前往昆山、安亭等处办理救济各事。昨晨七时半，龚君已由青浦方面救济被难妇孺九十八名来锡，并将青浦近况报告到处。兹录其报告之大略如下：四日上午九时半，乘新裕福小轮出发，下午五时抵昆山，与驻昆第二救护队沈景华队长有所接洽。六时向安亭方面进发，当晚十一时抵安亭。是时黄渡战事正剧，炮声隆隆，枪声无间。回顾东北方面，炮火有光，宛如雷电。船泊于镇西新桥头，该处有兵船百余号，河路几为阻塞，日内均须向青浦开拨备战者，皆皖军第三混成旅之队伍。船既泊岸，乃舍舟登陆，与舟子两人，携灯至安亭镇红十字分会，约五里许，与该会职员李仲廉君接洽。初意欲续往方泰、龙里等处救济难民，旋悉青浦方面，因松江战事吃紧，该处备战已有多日，开火即在目前。该县境民如白鹤港、章堰、杜村等处，遍地难民，急宜设法救济出险。于是乃变更原定计划，决计转赴青浦。当由安亭分会派定职员蒋君等二人，及青浦乡民二人充当向导。磋商定妥，安亭分会职员蒋君等亦一同回至船上，略事休息。至翌日黎明五时半，由安亭出发，七时抵青嘉交界处之白鹤港停船，沿途一带纷纷调动军队，沿港一带兵船云集。苏军十九师七十三团、七十四团，皖军第三混成旅，全省水警暨省警备队，均已奉令开拨青浦驻防。青浦县城西南之重固镇旧青浦一带，十九师师长杨春普，为青浦前敌指挥司令官。四日下午，杨师长率队由昆山开拔，抵白鹤港，设司令部于该镇。苏军有皖省第三混成旅守白鹤港，浙军则由青浦城而达重固，转赴白鹤港。旧历上月初六日，苏浙两军在白鹤港小战，击浙军一人，由苏军投之河中，嗣后即各守防地，并未攻击。浙军且退入青浦城，苏军进占章堰，而重固等处已在浙军手中，近原松江方面，由闽赣联军孙传芳派旅长卢香亭抵松江，迫袭浙军。青浦形势亦传为险要，遂有今日备战，接触开火之期，决不在远。重固镇之北干山为浙军所有，山前之地（亦在重固）为苏军所有，两军接触之点，即在重固、章堰之间，以及杜村等处云。（未完）

原载《无锡新报》1924 年 10 月 8 日

红十字分会消息

本邑红十字分会，昨奉齐督军来电云：无锡红十字分会鉴：前发通行证十张，未填姓名，望于空格垫写佩戴人之姓名再行佩用，并将号码及姓名迅速转报本署，以便按照转饬前方各军保护，而资稽考。齐燮元。麻。

办事处奉电后，即将佩戴此项通行证之队长姓名及号数，呈覆齐督军鉴核矣。其原呈云：为呈报事，本月六日奉钧署麻电内开，（中略）等因。奉此。查敝会奉颁通行证，系管字第十三号至二十二号十张，当经发交出发前方各救护队、各救济队等队长，慎重佩用。至队员不敷佩带，即由佩带通行证之队长带领，在前方服务，亦均穿有制服袖章。所有佩带此项通行证之队长姓名及号数，另单附呈，至祈钧署转饬前方各军，一体保护，无任叩祷。

调查队队长龚葆诚昨由青浦方面救回难民九十八人，即送惠山李忠定公祠，归公济社担任留养，并报告办事处，谓青浦西南各乡，如白鹤港、旧青浦、章堰等处难民均已救出，惟观音荡后之郏店方家窑，及昆、青交界之渡场、杨襄泾、斜鹿，与杜村之叶家湾一带之难民，急宜往救云云。蒋理事长据报后，即派第一救济队长蒋仲良，准于今晨乘坐新裕福轮，率队前往救援矣。

留养南尖锦云公所内难民马赞卿，由其子来函，嘱由镇赴沪，该处办事员已为筹给川资，俾后成行。又该处有安亭难民项梦飞赴沪，亦由该处给以川资云。

丹阳红十字分会，昨日来函报告成立。

昆山红十字分会来函，招寻嘉定人陈绮柳及其眷属下落，兹转录其寻人传单如下：兹有嘉定县西门外大街居民陈绮柳，（年六十余岁），因避兵灾，由眷属刘氏、周氏、叶氏及男仆小阿全（姓张），伴同迁居西北乡锡泾下江地方乡民陆伯春家。开战之后，陆家被盗劫掠，各人因而走散，至今杳无音信。如有仁人君子遇见陈君眷属，或知其下落者，祈即报告就近红十字会，或函告上海红十字会，转嘉定同乡临时维持会。如有能奋勇救护，俾得出险者，陈君家属对于报信或救助者，必有相当酬谢。

原载《无锡新报》1924 年 10 月 8 日

青浦近况一斑（续）

红会调查队之报告：七时二十分，在白鹤港登陆，由安亭分会派员蒋君等引道，走六里至徐家舍。该处三数村落，每村四五家、五六家不等。村中少年女子，已逃避一空。其男子及妇女之年老者尚居村中，均聚集于附近牛车棚中，汇坐于车盘之上。男子伫立高处，遥望戒备，每见前村有人来，即群向田中潜匿，见兵士来尤惧，盖该处近有匪徒冒充兵士，三五成群，四散乡中，遽入民家掳掠财物衣饰，奸淫妇女，攫夺牲畜，并时时开枪恫吓乡愚，附近乡民无不畏之若虎，夜不安枕。每至天明，咸备一日之粮，携避牛车棚中，或匿田间，为禾谷所遮，行经其地，固不知为田中有人，此乃乡民避祸之妙计。饮食无恒，居处无舍，数日来经匪徒之掳掠者三四次，痛苦不堪，言者泪下。十九师师长驻节青浦县境，即出示严禁，无如匪胆甚炽，未稍敛迹。余等既抵徐家舍，见有农民三人，远远奔道。未几归来，状极张皇，谓余等言，顷见汝等来，疑复有变，相率而逃，越河三道，旋知君等系红十字会救济而来，始敢归来。衣裤泥水遍体，形极可怜。有顷，忽闻枪闻（声），遥望有两人来，一携枪，一携棍，一穿元色短衣，一穿白绒头绳衫裤。见余等在，即折向他村而去。类此等事，时有所见，不足为怪。时在徐家舍救出被难妇孺二十余人，内乡民在河中捞起小船一艘，载之赴白鹤港，登庆源拖船，十时由从徐家舍行四里许，至旧青浦之转方桥、平桥、小环桥等处各村救济难民。该处居民均遭四五次之劫掠，室空如洗。或因尚存一牛，或存一猪一羊者，均不欲舍之。避难者在平桥地方，前后有三村，余等在后村。忽有前村人来报，称前村有兵先生七人，入某家抢棉被一条，布衣多件，赶为防备。余等闻之前往，见所谓兵先生者，不类兵士，皆穿便衣，各负衣包而出。后有八十余岁老者，男女两人，步履歪斜，哭不可仰，合掌哀告，乞还棉被，匪徒不顾而去。被难妇孺随余等行者数十人，走行三里许，至章堰、可桥等处。章堰为苏军布防区域，开火后，即在火线之内。离章堰里许为重固，即浙军集中之区，余等不能前进，乃在可桥觅一民船，将难民五十余人，满载一船，驳至白鹤港上拖船，时已下午六时半矣。

自章堰至可桥间有小港，名胡家港，港内有尸体一具，衣白短衫青布裤，左腮有血痕合扑水中，肤肉溃烂，一足已为野兽所食。询诸乡人，或谓此人在白鹤港开一小店，一月前被人戳死，投入河中，家中妻子散失，无人承领等语。余与安亭分会派员蒋君，商给乡人小洋六角，为之掩埋于左岸，冈上复一小丘，用资识别云。

就附近调查，该处乡民避难以前，均从观音堂而达上海，日来双方军队调动，观音堂交通阻塞，已无出路可走。昆山、青浦交界之处，如渡场、杨襄泾、斜鹿等处，乡民均未出险。港内有小船三百余艘，皆载难民。旋因水师船只封口，小船欲出不能，并白鹤港之杜村地方难民数百，尚未救出。叶家湾被匪放火，全村焚毁，灾民遍野，均待救济以冀出险云。

原载《无锡新报》1924 年 10 月 9 日

红十字分会消息

本邑红会办事处昨接上海总办事处来函云：迳启者，顷准内务部函开："准四川邓省长宥电开：'川中各县红十字分会，对于省公署来往公文，有用呈者，有用公函者，至为纷岐，应如何划一办理，请核定赐示，并行知红十字总会查照。'等因到部。查红十字会向来对于各机关行文用函，虽未经明白规定，惟查贵会系属慈善性质，对于行政机关，原无系统关系，似可一律用函。除电复外，相应函达知照转行各分会，嗣后对于各行政机关行文，一律用函，以照划一。"等因前来。除分行外，相应函达贵分会查照，嗣后一律遵照办理可也。（下略）

前夜有南门外南禅寺留养难民富姓幼童一人，因事出外迷途，由东北一救火会留宿一宵，昨日送至红会办事处，查明号数，仍发原处留养。

强建堂续捐衣服四件，小人帽七顶；陈仲英捐助小衣服三十件；无锡市立第一小学校职员、学生，捐助留养难民大洋三元，小洋十二角，铜元四千六百三十文，衣服大小三百零一件，大小袜二十九双，大小帽二十五顶；钱恽记捐助留养难民大洋二十元，衣服二十七件；均送至办事处转给各留养所。

原载《无锡新报》1924年10月9日

红十字分会消息

本邑红十字分会，昨接总兵站驻锡办事处公函云：敬启者，敝处顷奉督军齐阳电开，伤兵应用棉衣，由各该驻院地查明各师旅伤兵数目具报，以便筹备等因。查住锡受伤官兵，重赖贵会医治，截至今日止，实有若干。相应函请查明，开掷清册，并将师旅营连注明，俾资转报。再嗣后遇有来锡受伤官兵，仍希知照敝处，请速赐复，至为企荷。（下略）当经办事处造具清册，并函复云：迳启者，准本月八日函开，嘱将敝会各医院截至本月八日止，留院治疗受死（伤）官兵实数开册，以凭转报，俾便发给棉衣等情到会。查敝会救护来锡受伤官兵，除陆续医愈按照万国公法酌量资遣并伤重死亡棺殓掩埋外，截至本月八日止，敝会各医院留院治疗受伤官兵，尚有一百三十二人。兹特列册送请查收，以便转报，嗣后续到，当再函达。再发给棉衣，谅因御寒，非若前敌必用军服，按照万国公法，红十字会对于救护留院各伤兵，未便接受军衣，致背恤兵之旨。惟兵站医院暨敝会遣散治愈伤兵转赴他方，不在此限，尚祈谅察为荷。（下略）

办事处昨日又接到总司令部军医院发下齐巡帅布告病院规则，业已转发各医院张贴。兹录其布告如下：为布告事。查病院通例，凡在院疗治之病人，坐卧行走，均应受医官指挥，不准无故出院，以致劳力伤神，原为保护病人慎重调养起见，至于战时病院之设置，及各慈善机关设立之医院，医治创伤，关系尤重。设于坐卧行走不加检点，或因间游而致劳乏，或因风雨而致感冒，皆于养伤有碍，大背卫生之道。嗣后各该病院养伤士兵，务须顾念本总司令体恤伤兵之至意，恪遵医官指挥，谨守各该院规则，在院养伤，不得无故出外，致伤身体，而玷军誉。合行剀切诰（告）诫，一体遵照。特此布告。

第一（普仁）临时代用医院所收伤兵内有第二师第五团二营八连兵士康得功，因弹伤脑部，势极危重，延至昨日下午身故。经该医院报由红会办事处，派第二掩埋队舁往西门外万寿庵义塚掩埋。

上海总办事处发来普通会员章照二十份，由办事处交由第一分办事处保管，如有请领章照者，可至该处接洽。留养南门外永泰隆之难民钱载之一家大小六人，昨由其亲戚苏州正茂祥绣庄来锡招领前往。

留养惠山李忠堂公祠之难民刁顾氏及子女三人，昨由其本夫刁约翰领往圣公会居住。又难民周乔氏，其本夫周应侯，在本邑南门外清名桥王利和染坊，昨亦亲往领去暂居其亲戚某姓家。

无锡市第一小学校职员、学生，昨日第二次捐助难民衣裤帽袜四百零五件、大洋一元、铜元一百枚，又张润夫捐助大小衣服一百五十二件。

原载《无锡新报》1924 年 10 月 10 日

红会救济队之报告

青浦状况：红会第一救济队长蒋仲良，于前日（八日）率队乘坐专轮前往青浦救济难民。昨日蒋君等事毕返锡，报告到会云：本月七日奉命，于八日上午六时，率领副队长李梦菊、队员胡国荣及夫役一名，会同输送队副队长蒋汉卿君，乘新裕福轮，随带广源、豫兴两拖船出发，下午三时抵昆山。当将豫兴拖船及信件等检交第二救护队接收，一面鼓轮前进。至朝阳门外朝阳桥，适有陆军两营开赴朱家桥，以致河道拥塞，守候至六句钟，始得通过。至九时抵安亭，船泊六泉桥下，登岸至该处收容所接洽妥帖，于九日晨五时，商请蒋副队长，带同队员胡国荣，乘船赴青浦交界之杜村等处救济难民。该处尚未开火，居民咸不忍抛弃其棉禾牛牲等而走，是以只救出男女妇孺五十名。队长与李梦菊由安亭事务所拨人船同赴方泰，该处收容有男女妇孺四百余人，因连日炮火声远，咸料苏军已前进，或者日内有收获割稻，是以一律不准离乡，只有妇女三人跟随来锡。队长等即步行返安亭镇，会同蒋副队长再赴白鹤港登岸，同赴洋泾园头湾等处。两军已于一时开火，惟不剧烈，乃该居民等仍不肯随来，时因时间之关系，而其他各村如渡场、施相公庙、南姚亩塘、北姚亩塘、杜村，均由蒋副队长去过，且时间又晚，只得复返安亭。至白鹤港，时驻有陆军十九师七十四团三营军医黄乐山，以野战病院名义送来口令，当已回片致谢。既抵安亭，即由该处收容所主任李君仲廉，嘱将收容之庙家村、李家村、朱家桥处等难民一百二十七名引渡回锡，即经派员领至广源船安置，于五时启椗返锡。是役共计救回难民一百八十名，晚间九时抵昆，拖带豫兴船之第二救护队，至今晨六时抵会。又驻安之警备队病兵两名要求来锡医治，队长察其病状属实，而本会以慈善为怀者，故已承认嘱乘新裕福一同来锡，合并声明。

原载《无锡新报》1924 年 10 月 11 日

红十字分会消息（存目）

原载《无锡新报》1924 年 10 月 11 日

红十字旗与丧日节

应　秋

到了双十节，人民都要悬旗挂灯，还有什么庆祝会咧，提灯会咧，演讲咧，种种事情，来点缀这强为欢笑的国庆纪念日。可是今年的双十节，凄凉惨痛，只见得红十字的白旗，高高地飘扬于空中，竟使得疏疏落落的五色国旗，现出惨淡的色彩。萎靡的景象，如若经过无数次风雨的飘摇，霜雪的打击，使他娇艳的色彩侵蚀掉，将要到晚景暮年的时候，渐渐地破碎了。还有住在插红十字旗屋里的人，时时啼号悲泣，呼饥呐寒，并不住地嚷着："无家可归……没日可过……"这种惨痛的哭声，把学生游行时唱的歌声，名人演讲时欢呼的庆祝声，早已盖得干干净净。所以今年的双十节，完全是凄惨景象，竟不成其为国庆纪念日，简直是丧日节哩！

原载《无锡新报》1924年10月11日

红十字分会消息

本邑红十字分会，昨接上海旅沪同乡会函汇代募会费洋一千元，前后共二千元，声明已全数扫解。兹录来往函文如下：

旅沪同乡会来函：迳启者，敝会经募贵会经费，前后计共募得洋二千元，第一、二两批，业经汇奉洋一千元外，兹再汇奉洋一千元正，至希察收。敝会棉力所竭，知此区区无裨博济，惟是同人心有余而力不足，幸乞鉴原，并祈见复为荷。

复旅沪同乡会函：迳复者，顷奉十月八日大函，并汇到第三批代募经费洋一千元，照收无讹。此次战事，敝会需用各款，重赖各方协助，贵会惠我实多，感篆曷极。专复并申谢忱，惟希亮察不尽。

旅沪安亭救护被难事务所，昨派嘉定分会救济队队员葛子眉、葛欣初二君，自申来锡至办事处接洽。据云闻安亭尚有难民数百人未曾出险，办事处因请葛君等赴安探视一切，如确有未曾出险居民，即用长途电话报告，当随派专轮驰往救济。

在第二（大同）临时代用医院疗治之江苏陆军第二师六团二营一连兵士傅干臣已病愈出院，当由办事处照章遣散。

上海扬子江测量所职员安亭人陆超来锡，在难民留养处领去其弟陆安及其妹陆瀛、娣陆复三人转赴上海。

办事处昨日函请女界社会服务团推荐之沈毓秀女士，担任广勤路福林禅院留养灾民处女监察员，沈女士已到处任事矣。

办事处因战事一时尚难结束，各留养灾民处急应撙节财力，以便持久，昨特分函各留养灾民处女监察员云：迳启者，留养灾民，各处热心担任，本会非常钦佩。除首应注重卫生外，饮食应以清洁茹蔬为限。现在战事尚难结束，无论何方捐助，与其购给荤食，胡乱发给财物，供作奢侈无谓之费，不如汇捐来会，凑作广救灾民来锡之用。至担任留养灾民各慈善团体，或各慈善家，尤宜撙节财力，以策善后。合亟函达贵女监察员，对于前项情事，竭力阻止，并将此意转达各处常驻办事人员，务须体恤本会博爱恤灾之旨，勿浪费财力，徒博已经救济来锡少数灾民之好感，致遗前敌无告灾黎之苦惨。至所企盼。

又闻邑人有向贫困灾民探询愿否将子女为人婢仆者，昨特分函各留养灾民处女监察员，禁止前情。其原函云：迳启者，留养灾民，除由的实家属亲友领往他处暨事平送还原处外，凡有贫困欲在无锡将子女许配，或作人婢仆情事，均应一概禁止。慰问人士有提及此事者，亦应严词拒绝。特此函达，即祈查照为荷。

原载《无锡新报》1924 年 10 月 12 日

红十字分会消息

第二师步兵五团机关枪一连排长张朝义，手部受伤，昨日由火车来锡，赴红十字会求治，当由红会送入第三（协济）临时代用医院医治。

十九师七十四团三营十一连兵士徐大胜，及湖北第五混成旅九团一营十二连兵士臧东扬，均经第二（大同）临时代用医院治愈，当由红会分别遣散。双十节私立竞化第一女学校校长施献臣君，率领全体学生至惠山救济妇孺留养所慰问被难妇孺，并将该校职员学生捐助大小衣服二百二十三件，赠送施祠内被难妇孺穿用，余则送交红会转发。

豫康纱厂经理方寿颐君，担任留养救济出险妇孺五十名，地点在豫康纱厂工房内，又有冯耀山君捐助衣服二十件。

原载《无锡新报》1924 年 10 月 13 日

慈善家留养战地妇孺

北塘三里桥两段米业组织留养战区妇孺所，假定于都城皇（隍）庙为安置之处，前日由红会救济队向白鹤港等战区运锡灾民妇孺八十名，经该会收容，转瞬已经旬日。兹悉该会举定各科职员热心从公，措置有方，故内容完备，秩序井然，灾民非常感激。兹由红会委任孟竞我、秦文佩、宋绮文、冯霞明四女士为女监察，轮流办事，颇为得力。又函聘北里名医张亮生、单养和、龚炳南诸君义务诊治，亦非常热心，逐日莅所视察。并承各慈善家赠送衣药等为数非少，足征善与人同。兹查该所承各慈善家助下衣物如下：永大生、新塍、王泰贞客（各）助大洋十元，又第六莲社各善士助大小衣服一百四十一件、鞋袜各三十双、又十滴水十瓶，俞信泰衣庄助大小衣服四十件，又赵正大米行助三十件，范寿坡君助八件，胡月清助十二件，无名氏助九件，大丰盛米行助十一件，孙叙兴号助十二件，又张念絅君向各善士经募十件，及帽袜十余件，永茂南货号助十滴水一百瓶，金源隆助念四瓶，朱少兰助十五瓶，大生春药号助伤膏十个，陈伯贤助大小剪刀六柄，孟景笙助中药五十帖，又永济宫救火会干事经募大小旧鞋一百余双，又大小衣服十余件。该所灾民有顾龚氏、储桑高二名，系昆山人，其夫家在杨里埠，业已查明确实，报告红会遣送回夫家原籍云。

又蔡承裕堂与储业公所亦收容战区妇孺九十六名，嘉定都城皇（隍）庙东廊楼为安置所，多数由白鹤港救出，与米业收容之灾民同日来锡。该会办事人亦非常精干，（章程等与米业均同）表面虽界限分明，实则合并办事，互相联络，颇为融洽。更承慈善家助与该会物件，计蔡承裕堂助大小衣服四十六件，又蔡松如助大小棉衣三十件，薛祖康助八件，赵承泉代募大小袜念四双，德新堆栈助朋寿面药一百包，吴恕之夫人助大洋二元。

原载《无锡新报》1924 年 10 月 13 日

发起遣散灾民协会

军兴以来，各战区被灾人民之经红会救济来锡者，已有千余人之多，经本邑慈善家分别留养，幸免冻馁。现在战事可望敉平，将来各灾民之返归故里者，难免有生活失所之苦，昨闻有邑人士之热心救济者，特发起组织遣散灾民协会，募集巨款，发给灾民中之确无生活者，俾作小本经纪，藉资糊口。现已印就募捐启，俾向各界筹募，兹转录募捐启原文如下：

无锡遣散灾民协会募捐启：吾邑红会除救护伤兵外，陆续救济战地出险居民留养来锡者约二千人，愿力之宏，至可钦佩。惟筹募衣食，虽有当地各慈善家分别担任，而将来事平送归故里，需费已属不赀。同人等悯战地室庐之俱空，灾黎生活之失据，拟募集专款，分别发给灾民中之确无生活者，俾作小本经纪，藉资糊口，用是有协会之设。除捐集总数及散给细数另册征信外，务恳各界热心救济诸君慷慨解囊，无论多寡，俾得集腋成裘，聊苏涸辙。加惠灾黎，宁有涯涘。是为启。

原载《无锡新报》1924 年 10 月 14 日

红十字分会消息

本邑红十字分会办事处，昨日请定华效罗女士为延圣殿留养灾民处女监察员，华女士已到所视事矣。

办事处昨日收到徐采丞君函复捐助会费洋一百元。

又蒋瓯荪君及许骏标君，各捐助留养灾民经费洋五元，程华贞及钱琴秀两女监察员交来杨祖云捐助洋五元，杨世凤捐助铜元二十千，陶女士捐助大小衣服二十四件。

留养延寿司殿灾民侨寓安亭原籍句容王金根，其妻王孔氏，先期由红会救锡，留养于蒋氏宗祠。昨日王金根至办事处声明，偕其妻回原籍句容居住，经办事处允准，即挈其妻首途回句容矣。

又留养李忠定公祠灾民汤忠佑，原籍丹阳，前日亦已乘车遄回故乡矣。

各留养灾民处妇孺，在战地饱受惊恐，餐风露宿，抵锡后间有患病者，除府庙及延寿司庙两处自请中医驻处诊治外，办事处特请定普仁医院谭医生担任惠山各留养处医务，本会职员徐元春君担任其余各留养处医务。谭、徐二君逐日驱车往各处诊治患病者，一经二君诊治，无不即行痊愈，二君热心慈善，殊堪钦敬。

原载《无锡新报》1924 年 10 月 14 日

红十字分会消息

江苏七十六混成旅一百五十一团三营九连兵士于世昌，业经第一临时代用医院治愈伤病出院，由红会办事处照章遣散。

苏警厅警察保安队巡士汤汉林、谢世昌、邢汉斌、郭从山等四人患病，由警察所函请红会通融收受，转送第一临时代用医院医治。

留院治疗第二师第六团受伤官兵二十四人，因在院缺乏养伤费用，推举代表萧锡璋赴红会请求致函昆山总兵站医院院长发给犒赏，当由红会备一公函，交萧锡璋前去接洽。

顾资箴君交到无名氏捐助洋二十元，充留养灾民经费。

扬名西乡张氏尚德小学校小青年会，交来经募捐助留养灾民洋十三元、小洋二十八角、钱十三千三百十文、男女大小棉夹衣裤一百四十九件、男女帽子二十六顶、鞋二双，并附来函如下：红十字会会长先生钧鉴：谨启者，苏浙开衅，倏已月余，战地小民，不得安居，因纷纷避难别地。近闻吾锡亦到有难民甚多，大都单衣薄片，寒苦可怜。夫此许多难民，谁非吾最亲爱之同胞？今不幸而遭此浩劫，吾辈宁可漠然视之而不一援手乎？孟子云："恻隐之心，人皆有之。"因此敝会特于十月六日组织临时小慈善救济会，推定募捐员二十余人，分向校内外劝捐衣服银钱，以救济可怜之难民。兹将捐得男女大小棉夹衣裤一百四十九件、男女帽子二十六顶、鞋两双、大洋十三元、小洋二十八角、铜元十三千三百十文，汇送贵会，请即代为散发各难民，虽属杯水车薪，无补实际，亦聊表吾小青年辈应尽之天职也。区区微忱，幸希查照，并乞将此函转录本邑各报，俾地方人士观而奋兴，宏发慈悲，广济难民，尤为殷盼。肃此敬请赈勋。扬西张氏尚德小学校小青年会会长张锡华、叶伟兴谨启。

原载《无锡新报》1924年10月15日

红十字分会消息

第一临时代用医院治愈伤病十九师七十三团兵士曾有绪，二师六团兵士刘保全，六师二十三团兵士沈士流，苏省警备队兵士马得山、苏尔昌；第二临时代用医院治愈伤病六师二十一团兵士姜钦瑞；均经办事处照章分别遣散。

南禅寺留养灾民处因天时渐寒，各灾民衣服均虞单薄，昨特由孙祥仁君至办事处领去大小男女衣服三百件，以便分发各灾民作为御寒之需。绸缎公所留养灾民处，昨亦函领大小衣裤一百五十件，办事处当即照发。广勤路福林禅院留养灾民处沈监察员，昨亦来所领去大小男女衣裤五十一件，分发各灾民。

留养交际路灾民林金氏及其子，昨日由其本夫来处领往苏州居住，同去者有其亲戚李朱氏、李李氏，及留养南禅寺之林王氏。

昆山兵院院长徐涛，派该院庶务员张瑞廷来会调查在锡未领赏犒受伤官兵名册，以便转呈齐巡帅，照册发给。

中华轮船公司捐助洋一百六十五元，钱味青君捐助洋一百元。

昨有江阴红十字分会捐助本邑留养难民衣服四百件，又吴仁原君捐助衣服十八件，张志善堂捐助衣服六十五件，华耀庚捐助大小棉夹衣服十九件、帽子一只。

原载《无锡新报》1924 年 10 月 16 日

红会消息汇志

昆山兵站医院派来庶务员张瑞廷君，调查留锡未领赏犒官兵姓名及伤病情形，当由红会办事处派员陪同张君赴各医院实地调查，并由红会造册证明云。

第二混成旅一团二营五连下士曹秋经第三临时代用医院治愈，当由红会照章遣散。女界社会服务团团友，捐助大小衣服一百二十二件、袜十四双。

原载《无锡新报》1924 年 10 月 17 日

府庙妇孺安置所近况

北塘三里桥两段米业，暨蔡陈裕堂、储业公所，假定于府庙东西两廊为留养战区妇孺安置所，其内容之完备，办事之热忱详情已屡志本报。且承各慈善家恻隐在抱，赠助衣药者络绎不绝，灾民受惠匪浅，莫不颂声载道。惟所助者衣裳为主，裤子绝少。近日天时骤寒，灾民妇孺尚衣单裤者居多，倘上暖下冷，似觉缺憾。各慈善家倘续助棉夹单裤子者最为适用，既可替换，并以御寒，则灾民尤当感激矣。

原载《无锡新报》1924 年 10 月 17 日

红十字分会消息

本邑红十字分会，以现在战事已经停止，会务行将结束，拟先取消各妇孺安置所，并请将原备留养妇孺之费用，捐交本会作为遣送灾民回籍之需。昨特致函各安置所所长云：迳启者，现在战事业已停止，所有留养灾民各处所，不久可以结束，其未开所收受各妇孺安置所，尤应及早取消。为特函达贵所长，请即将前领各物收齐送还，以便核销。至贵所原备留养妇孺三日费用，并祈一并捐交本会，以备遣送灾民回籍之需，谅荷赞同也。

第一医院治愈十九师七十三团一营正兵傅期梁及董春德二名，均照章遣散。

杨少棠君自汉口函托友人交来捐款洋三十元。

公济社留养灾民处，来回领取男女棉衣一百件，分发各灾民，作为御寒之用。

济南茂新厂捐助洋五十元，绣工会女生刘婉英捐助衣裤二十七件、男女帽三只，又女生华宝贞捐助旧棉衣三件，杨少云君捐助棉夹衣服四十件。

原载《无锡新报》1924 年 10 月 18 日

溥仁慈善会筹赈战地灾民

溥仁慈善会长华君叔琴，以此次江浙战事，战地被难人民流离失所，饥寒交迫，现在战事已告结束，急应筹办赈济，以救灾黎。迭经邀同各董事及各职员开会集议，议决筹募款项，即日赴灾地施放急赈。现已筹备就绪，华君定于今日赴宁晋谒韩省长接洽一切，并请领护照两纸：一以输送赈济物品，以便沿途免税：一以便赴被灾各地调查，俾可通用。闻华君尚有其他要事，大约有一星期之勾留矣。

原载《无锡新报》1924 年 10 月 18 日

红十字分会消息

红十字分会办事处，因黄渡、青浦方面战事业已结束，而该处地方现状如何，是否安谧，无从悬揣。昨特派调查队队长龚君葆诚，暨第一救济队队长蒋君仲良，乘车同往黄渡、安亭等处调查情形，以便从事准备，遣散灾民。

安亭灾民侯鉴英携带家属七人来锡，要求红会留养，即由办事处送入绸缎公所留养灾民处留养。

侨寓罗店丹阳人陈幼之避难出走，中途被人骗去财物，并被药哑，口不能言。辗转至锡荡口镇，经第四分所惠巡官以笔询问流落情形，即函送本邑红会，请求转送医院医治。当经办事处询问一切，陈幼之笔答甚详，即由办事处送入第一医院医治。

留养惠山蒋氏宗祠灾民安亭杨家桥人郭陈氏及其二女，昨由其夫郭琪林来处领去，同去者并有其戚安亭姚村人张郭氏及其一子一女。

吴县分会来函，询问本会在安亭救出被难灾民，有无黄渡施张家村人陈锡元之妻陈龚氏及子陈伯畬一人。办事处当经查明二人均确留养在交际路孙姓留养处，当即据请函复吴县分会。

济南张文焕君，由上海银行汇来捐款洋五十元。

第二医院治愈第六师二十一团一营三连兵士王振青一名，照章遣散。

县立女子师范附属小学学生，汇集捐助棉夹衣服二百三十件，王隆茂布行捐助棉夹衣服十三件。

原载《无锡新报》1924 年 10 月 19 日

红十字分会消息

湖北第四混成旅七团三营十一连兵士李凤翔，又八连兵士杨景文，均经第三临时代用医院治愈，当由红会照章遣散。又第一临时代用医院治愈第六师二十四团三营十一连一排排长徐鹏，照章遣散。

办事处因战事业已结束，所有各界热心慈善家，认定担任留养灾民，尚有未曾派往，及虽派往而未足额者。现遣散灾民回籍，需费甚巨，昨特致函各慈善家，请其将预备留养灾民费用送会，移作遣散之需。原函如下：迳启者，现在战事业已结束，所有尊处原认留养灾民额数应即取消。惟遣散灾民回籍，需费甚巨，拟请执事将预备留养灾民费用，尽数移作遣散之需，尅日捐交本会，以便汇数支配，无任企盼。(下略)

窦文瀚女士捐助大小衣裤十四件，龚静娟女士捐助大小衣裤十九件。

原载《无锡新报》1924 年 10 月 20 日

滑稽和平办法

伯　超

风云紧张，人们都争入红十字会，以求保护。红十字会确是抱人道大同主义，我意不如全国人民一概都投身红十字会，那么大家都是红会会员，都抱人道主义，慈善之气，充满全国，自当彼此维护，决定不至于兵戎相见，自相残害了。

原载《无锡新报》1924 年 10 月 20 日

红十字分会消息

红会办事处前昨分函各安置所，请其将预备三日留养费用捐作遣送灾民回籍之需，并致函各慈善家，认定留养灾民之未派往者，请其将留养费用移作遣散灾民之需等情已志本报。兹悉昨日唐蔚芝先生已函复红会，并附来预备留养费用洋一百元，捐作遣散灾民之用，办事处当即去函致谢。

又第十安置所（陈氏小学校）昨亦函复办事处，遵即取消，缴还原领各物。并声明原认留养妇孺额数一百五十名预备三日费用，除准备食品之损失，及装置临时电话一切设备等费已耗去半数外，特将余数凑足五十元，捐作遣散灾民之需。

办事处昨接常熟红会分会来函，询问锡地各留养灾民处，有无周云章之妻及其子女。办事处当即查阅留锡灾民名册，确有其人，当即据情函复常熟红会矣。

第三临时代用医院，治愈河南三旅一团三营十二连兵士王慎修，又六师十二旅二十四团一营二连兵士李扬振，十九师七十三团一营一连兵士王连之等三名，当由红会照章遣散。

美国红十字会救济队队员俞友仁、伍善龄，在南翔目睹灾民多至数十，有缺乏粮食之虞，特来锡与红会接洽，磋商协助食米事宜。旋由红会派员持公函往南翔实地调查，兹觅得函稿如下：迳启者，顷准美国红十字会救济队队员俞友仁、伍善龄来会声称，南翔留养灾民多至数千，现患缺米，请求协济食米五十石，以便运往接济等情到会。兹特派敝会职员沈景华、李石安、杨立人、杨树宽来前接洽，究竟尊处及监理公会陆牧师子庄所办妇孺救济会是否缺米，应否不分畛域，酌量协助，统祈见复为荷。此致中国红十字会南翔分会。

原载《无锡新报》1924 年 10 月 21 日

府庙妇孺收容所近闻

北塘三里桥两段米业暨蔡承裕堂、储业公所，留养战区妇孺收容所成立至今，屡承各慈善家赠助医药者络绎不绝，兹各慈善家仍有续助，计亦恩堂助棉夹裤子一百八十八条，朱皓亭助大小衣服念件、新鞋四双，张之彦助大小衣服十七件，华掌文助大小衣裤念六件，又袜念双、鞋子六双、帽子十三只，段蒋氏助大小衣服五件，李殷氏助大小衣服十二件，并有灾民徐大姐一名，系黄渡人，缘患病甚笃，故该所已报告红会转送普仁医院治疗云。

原载《无锡新报》1924 年 10 月 21 日

战后灾区调查记

忆　梅

东南战事已告结束，苏闽各军领袖正在与残余浙沪联军洽商改编遣散办法，尚未完全就绪。战后被灾各地仍陷于纷乱状态之中，秩序尚未易恢复。记者于十八日经本邑红十字分会委派安亭、黄渡、南翔各地调查现状，以为资遣本邑留养难民之准备，勾留各该地者历时三日，昨日始行回锡。三日中所见所闻可记者颇多，兹志其大概于下，谅亦阅者所乐睹也。

安亭镇之现况：战事结束以后，前线黄渡、方泰各地驻军暨浙沪降军之一部均退驻安亭，故该镇日来驻军云集，较前更为增多。全镇商店全数为军队占作驻地，昆山省议员蔡璜（字望之，现任该地保卫团长）以该镇既无商店，日用什物几至无法购买，殊感困难，特商准当地军官，开设公店一所，专售日用什物，生涯颇为不恶。此外香烟及零星食物等，仍由军人售买，价颇昂贵。镇上赌风甚炽，附近乡村时有匪人出没，奸淫抢劫之事日有所闻。记者于十八日自锡偕红会调查队长龚葆诚君等启程，当日即抵该镇，留宿一晚，翌晨由镇步行前往黄渡。

黄渡镇之一瞥：自安亭镇至黄渡镇约十余里，途中见民居之被火烧毁者颇多，两军炮垒及战壕等遗迹历历可睹。将见兵士多人相聚蹲踞壕中，挖取子弹及弹壳，据云：挖得弹壳千枚，或子弹百发，交至司令部，均可得洋一元。余等亦沿途随手捡取数枚，计检得炮弹、子弹、空炮弹、空飞机炸弹等各数枚，将来当送至通俗教育馆陈列，亦可作为此行之纪念也。

途中又见有未曾炸发之炸弹一枚，惧携带上道后发生危险，未敢携取。炮弹每枚重七斤半，以分量甚重，亦未多取，只取一枚。近午行抵黄渡，居民大半流亡在外，尚未归来。镇上商店全数停业，尚无恢复营业者，萧条情形殊难以笔墨形容。当在该镇耶稣教堂内暂行休憩，见该堂墙中陷有炮弹一枚，较所见他弹为大，当即取下携回，以作纪念。

南翔镇之情形：下午乘上海红会会员毕范宇、华保仁之汽船至南翔镇，复在该镇耶稣教堂稍憩。据该教堂牧师陆子庄谓，该镇月来军士云集，加以匪人乘间焚掠，火警四起，乡人惊惶异常，相率逃亡。该镇慈善机关连日收容难民已有四千余人，而所备食料已将告罄，殊难为继。

陆君言时，貌蹙然不胜其忧，并丐以代为设法。余允以俟回锡商明本邑红十字分会代办米粮接济，惟火车难得，颇为可虑。休息片刻，由毕范宇君偕记者同赴车站司令部要求拨车，为运送米粮之用。据答须问军署参谋唐显章，余等遂往访唐君询问一切，先晤副官吴在鲁，吴系现任赣北镇守使邑人吴金彪之子，晤后略事寒暄，即叙乡谊，招待颇为亲切。嗣由吴君导往晤唐，极蒙优待，立时作函，嘱余送交昆山车站司令部张司令照拨车辆，余遂辞出。

南翔火警日有所闻，此灌彼燃，救火者奔波不遑，救火器具不敷应用，前曾向昆山商借应用数日，业已损坏，闻该地红会已于昨日派会员邑人刘澡（系东吴大学学生），来锡与救火联合会接洽，商借救火器具，运往灌救。

上海南翔间火车，因浙军第十师三十八团尚驻真茹，故仍未通行。沪报亦难寄到，间有私人步行自沪来翔，带来当日沪报，镇人争相索睹，如获珍宝，盖步行甚为危险，当日报纸带来殊昨易易，且不可多得也。

昆山县之一瞥：在南翔勾留半日，当晚乘毕范宇、华保仁二君之汽船赴昆，于今晨（二十一日）六时抵昆山城外。登岸略事游观，见城内外秩序渐复，小贩商店大都已照常营业，店肆门首均悬红旗，旗上或书“欢迎军人”、“军人万岁”，或书“欢迎胜军”、“欢迎凯旋”，种种不一。嗣至车站谒车站司令部张司令商拨车辆，当以车辆缺乏，无法照拨，嘱令返锡另行设法。遂辞出，偕龚君等搭车返锡，迨抵锡时已上午十一时许矣。

原载《无锡新报》1924 年 10 月 22 日

红十字分会消息

本邑红十字分会办事处办就白米四十石、面粉二十袋，运赴南翔接济灾民，昨日十二时，已派调查队长龚葆诚随车护送前往。

办事处特制棉衣裤多套，连同兵站处发下客军棉衣二十一套，一并发给本会各代用医院伤兵御寒。

昨日又有贺君儒交到捐助遣送灾民回籍费洋五十元，理门广善堂捐助白米八石，洋四十元，陶寄尘经募到新布女棉裤二十件。

嘉定陆渡桥乡公所致函红会，道谢救济难民等事。据云：该乡驻兵现已进驻嘉定、罗店、南翔、真茹等处，该处难民可设法送回原籍云云。

太仓红十字分会派救济队员蔡子芸、李林士两君乘轮来锡，与无锡红会商量接该处难民回籍，现定于廿四早晨装齐难民，开回太仓。

督军署军医何季澄君来锡，发给受伤官兵赏犒，当由红会派孙迪刚君陪同赴各医院犒赏。

省立第三师范学校原设第一救济妇孺安置所，兹因未曾开所，该校长陈谷苓（岑）君将预备安置所经费五十元，捐作难民遣散之费，业已送交红会汇集支配矣。

省立第三师范学校校长陈谷苓（岑）君，函请红会将作废物件送交该校附设之教育博物馆陈列，以作纪念。当由红会函复允许，一俟结束，即当通知到会选择。

县立女子师范学校教职员、学生，合捐大洋九十一元，小洋一百十五角，铜元三千二百二十文，作为遣散难民之费，交红会收集发放。

原载《无锡新报》1924 年 10 月 23 日

遣散灾民协会近讯

军兴以来，战区各地被灾人民，由红会救济来锡者，已有千余人之多，经本邑各慈善家分任留养，幸免冻馁。现在战事已经结束，将来灾民之返里者，难免有生活失所之苦。日前经邑人孙见初等发起组织遣散灾民协会，募集巨款，发给灾民中之确无生活者，俾作小本经济，藉资糊口，业已印就募捐启，向各界筹募。本邑热心慈善家对于孙君主张颇为赞同，故均能踊跃捐助，闻已募到三千余元，而孙君之意拟募满五千元。按调查现在留养灾民，除陆续离锡外，尚有大小一千六百余人之多，平均分给，每人所得亦已甚微，日前由孙君商诸红会办事处，拟分给各灾民领款证一纸，以便按证发给，俾危（为）冒领，办事处对于此举亦极赞同，由职员陈尔榆、沈锡钧、陈进立等分往各留养处发给，俟各灾民离锡时，由协会派员按证发给赈款云。

原载《无锡新报》1924 年 10 月 23 日

绸业难民留养所近闻

北门外南尖绸业锦云公所难民留养所收容之难民，均由九余、懋纶、世泰盛、协成永、丁源盛、丁双盛、唐瑞成等七绸庄担任出资留养。自月初红会交来安亭、嘉定、方泰等处难民八十五名，即分别男女安置，并于所内设立学校，以免儿童失学，教员即由灾民项竹筠暨其子项翔高担任，（按翔高系省立第一代用师范教员），书籍则由日升山房赠送。收容迄今，各慈善家捐赠另用铜元及衣服、白米、肥皂等物颇多，兹列志于后：唐水成捐赠男夹袍二件，棉马褂二件，女衣三十二件，小衣十一件，女帽五只；唐驤庭大小衣服三十一件，棉被四条；程敬堂大小棉夹衣十六件；朱绍用大小衣服二十件，棉袜一双，大小衣服十四件，棉线廿二束；丁双盛蒋先生大小衣服十五件；陶寄尘肥皂八十块；懋纶经募无名氏捐赠夹单大小衣服十件；马志尚衣服四件；方孟栖大小衣服五十二件，小布袜十三双；过锡金大小衣服十七件，小袜四双；华仲衡大衣服八件，小棉衣五件；曹子余棉夹衣服十四件；陶子明棉衣裤十三件；朱云亭布棉袄二件；锦泰隆茶叶号白米九斗；丁双盛各友捐赠难民零用钱五十六千五百文，每一难民成人发一千文，小孩发五百文。

原载《无锡新报》1924 年 10 月 23 日

感谢中国红十字无锡分会

敝处自遭兵祸，一般哀号妇孺幸蒙贵会援手，得免于危。功德之大，如同再造。为此登报申谢，以扬仁风。

寓无锡酒业五家留养所内嘉定陆渡桥护送员凌赋勋、费英仲、陆友良、顾公若、曹启文、傅叔南同启

原载《无锡新报》1924 年 10 月 24 日

感谢无锡留养所

江浙交绥，敝处适当其冲，一般哀哀妇孺，幸荷酒业五家、孙氏、蒋宗祠、施宗祠诸大善士之留养，得解倒悬。深仰诸大善士痌瘝在抱，一以己饥己溺为怀，鄙人等铭感五中，无以为报，特此登报鸣谢。

寓无锡酒业五家留养所内嘉定陆渡桥护送员凌赋勋、费英仲、陆友良、顾公若、曹启文、傅叔南同启

原载《无锡新报》1924 年 10 月 24 日

红十字分会消息

本邑红十字分会，现因战事已经结束，所有各战区灾民救济来锡者，亟应遣送回籍，昨特致函沪宁铁路车务总管，请给免费执照，俾多数灾民早日回里。兹录其原函如下：迳启者，此次江浙战事发生，自昆山至黄渡沿沪宁铁路一带灾民救济来锡者，约有一千四百人。现在战事停止，该灾民等久居客地，衣食堪虞，在此两星期内，均须陆续遣送回籍，素念贵总管慈善为怀，对于公益事务，无不热心扶助，际此战事灾难，尤必格外尽力。拟恳贵总管给自十月二十五日起至十一月七日止，准许由无锡免费乘车至昆山、陆家浜、安亭、黄渡四站下车灾民之执照，俾得多数灾民早日回里，感激无既。敝会此次战事办理事务，经费已万分竭蹶，留锡灾民，能早归一日，敝会亦受赐多多，此项遣送灾民回籍免费乘车要求，务望立即惠允，电知无锡车站，转达照办，尤为纫感。此致沪宁铁路车务总管。中国红十字会无锡分会会长孙鸣圻。十月二十三日。

办事处准太仓分会派员专轮来锡迎接难民回籍，定于今晨先行送回，昨特派职员施襄臣、蒋汉卿二君携款送往散发，规定大口每名三元，小口每名一元，并致函太仓分会，请照证代为散给。兹录原函如下：迳启者，昨准贵会救济员李林士、蔡子芸两君专轮来锡，迎接太仓、陆渡桥、嘉定、娄塘、浏河、望仙桥、方泰等处留锡灾民回籍等情，兹特点交李、蔡两君护运至贵会，分别妥送回里，应如何善后之

处，想贵会自有办法。惟敝会深恐此项灾民回籍，于最短期内，一时无款度日，已查明大小口，分别给予领款凭证，规定大口每名发给银元三元，小口每名发给银元一元，由贵会分别遣送回里时，凭证付款，以免锡太中途遗失，或有意外情事。除派敝会职员施襄臣、蒋汉卿两君携款亲诣贵会外，请即费神代为散给，并将实发款数暨收销凭证交由敝会专员核带回锡，并赐复函证明，以照郑重，至纫公谊。

一面又致函遣散灾民协会，请派定职员连同红会职员携款亲赴太仓，凭证给款。其原函云，迳启者，遣送灾民回籍，重承贵会筹款协助，感同身受。除酌量拨款外，兹有太仓等处难民，明早须先行送回原籍，拟请贵会派定职员一人，连同敝会专员，携款亲赴太仓分会，将敝会预发之凭证，分别大小口给款收回，以昭郑重，无任盼切。遣散灾民协会准函后，已派定陆安生、吴廷枚二君，于今日同赴太仓矣。

职员李石安、杨树宽由南翔回锡报告，运往南翔之白米四十石、面粉二十袋，计派监理会米二十五石、面粉十二包，安息会米十石、面粉六包，南翔会米五石、面粉二包。

高叔芳、金元臣经募丝业公会同人洋五十元，无名氏捐助洋十五元，第二至第九八个安置所共捐助洋二百元，振新同人捐助洋一百元，沈云初捐助洋五十元，俞勋臣捐助洋五十元，吴若鹏捐助洋十元，周念耕捐助洋十元，隐名氏捐助洋五元，荣氏女学捐助大小衣服四十二件、帽鞋袜二十三件，恒善堂捐助新布大小女棉袄裤一百件，绣工会主任华耀庚、女教员张应秀捐助新布大小女棉袄裤五十六件，丁源盛同人捐助新布大小女棉袄裤四十四件，徐章氏捐助小洋八百角，戴鹿苓（岑）、荣广明昆仲合捐遣散灾民［洋］四百五十元。

原载《无锡新报》1924 年 10 月 24 日

延圣殿灾民留养所近讯

黎（梨）花庄延圣殿内灾民留养所收容之难民，由北门陶谦益、陶锡侯两君担任留养半数，其余半数由王定安、李砚臣两君分任。自红会交到白鹤港、安亭、浏河等处灾民一百零六人，即由该所主任王定安分别男女安置东西两楼，秩序井然。染有疾病者，即为延医调制，并劝灾民各习手艺，代为出售，一切物料，均由所中送给。且于所内设立临时学校，以免儿童失学，教育即由灾所附近之惠黎学校教员孙春圃、唐祖寿、唐壁如，及陶氏绩成学校教员汤时斋，灾所中女监察员潘孙颐女士，灾民徐兖华等轮流担任，书籍等费全由所内赠送。收容迄今，各慈善家捐赠物件颇多，兹分志于后：陶氏绩成学校学生鲁宝卿、杨盘锦合捐大小衣服一百件、鞋袜四十六双，陶锡侯先生独助棉夹衣二十四件，张宝泰米行助大小衣服四十件，红会送来大小衣服一百零五件。

原载《无锡新报》1924 年 10 月 24 日

红十字分会消息

本邑红十字分会办事处于昨晨将太仓、陆渡桥、浏河、嘉定等处灾民二百五十二人，专轮护送回籍，尚有留锡各灾民，亦将于日内陆续遣送回籍云。

河南军三旅一团一营四连兵士康金贵，十九师七十四团二营五连兵士卢梦辅，又三营十二连兵士夏胜昌，均经第一临时代用医院治愈伤病；六师念一团一营一连输卒李兴仁，二师六团三营十一连兵士朱润田，湖北第五混成旅九团二营六连兵士杨清山，均经第三临时代用医院治愈，送交红会照章遣散。

原载《无锡新报》1924 年 10 月 25 日

红十字分会消息

本邑红十字分会，前派调查队队长龚葆诚，押运白米四十石、面粉二十包，至南翔交该处分会救济难民。昨接南翔分会复函云：谨覆者，顷承贵会沈、李、杨诸君莅翔，调查敝地被灾状况，又龚君来运到白米四十石、面粉二十包，并两次颁到公函，捧诵一过，具见贵会轸念灾黎，不分畛域，敬代劫后孑遗九顿以谢。承赐米面，当与龚君面定支配方法，计东市监理会及敝会收容所，白米三十石，面粉十四包，南市安息会收容所，计白米十石，面粉六包，从此一般被难妇孺，暂时得免饿殍，皆出贵会诸大善长之所赐也。至沈、李、杨三君，沿途因兵车拥

塞，直至本日午前始到，宿露餐风，备尝艰苦。感激之余，更深歉仄。一切招待不周，诸祈鉴谅。（下略）

又接南翔基督教妇孺救济会复函道谢，其原函云：敬启者，今晨多蒙诸公贲临敝地，察看灾民状况苦慑。幸承贵执事诚念灾黎，赐到白米四十石、面粉二十包，并委子庄量情支配，当即会同沈君照各收容所收留口数分派粉米。顷查敝所避难人民，现合尚有三千余人，安息会一千余人，红会百余人，平均拨敝所白米二十五石、面粉十二包，安息会白米十石、面粉六包，红会米五石、面粉二包，从此可暂充饥莩，感出贵会诸大善士之鸿德也。专肃谢忱，祇颂公绥。基督教监理会牧师、救济会会长陆敬熙，安息会同人谨启。

办事处昨接本邑圣公会牧师杨四箴君自安亭来函报告，灾民暂缓送归，缘该处仍有奸淫情事，且旦夕均有抢掠数起，如灾民遣归，殊多危险云云。办事处准函后，拟缓遣送，并派职员张子明、葛万方，于昨日同赴安亭、白鹤港、青浦等处，调查该处是否安静，遣散各该处难民回籍，中途有无阻碍，俟张、葛二君返锡后，再行继续遣送云。

第三代用医院医愈伤病五名，由办事处照章遣散。

前次伤故在锡之兵士荣长悦之棺木一具，昨由鄂军七团二营八连排长胡在藩来锡代领回葬。

办事处昨又收到北塘三里桥米业拨助遣散灾民费洋五十元，苏养斋交来黄泥桥段米业拨助遣散灾民费小洋五百角，蔡兼三捐助遣散灾民费洋一百元，丁馥初捐助大小棉衣裤廿七件，陈公余堂捐助大小棉衣裤十四件，杨某捐助大小衣裤二十六件。

原载《无锡新报》1924 年 10 月 26 日

红十字分会消息

十九师七十三团三营十一连兵士魏锡福，又七十四团二营八连兵士王同发，均经第二、三临时代用医院治愈伤病，由红会照章遣散。

戒严司令部奉齐督军电查无锡红会收容受伤官兵数目，特行转函询问红会办事处，昨经办事处查明在锡受伤官兵，截至昨日止，尚有五十九名，随时函复戒严司令部查照。

县公署以本邑红会救护之各营伤兵，有因伤而亡者，其葬厝处所自应调查，以便具报各该营长官，爰于昨日函请红会查复。

原载《无锡新报》1924年10月27日

红十字分会消息（存目）

原载《无锡新报》1924年10月28日

红十字分会消息

本邑红会办事处因战区军队业已将次开尽，而留锡各灾民以已届稻谷登场之时，急须回家从事收获，均归心如箭，遂拟自今日起分日将各灾民运送回籍。当即分咨各留养处准备一切，并派员面商马站长，请其允准免费乘车。马站长因锡站无此权限，嘱向该路管理局局长直接请求，办事处随即拍发急电致该局吴局长，文曰：敝会灾民千四百人，立待乘车，回至安亭、黄渡、南翔各站，请准免费乘车，迅饬车务处转知锡站，并盼电复。无锡红十字会叩。艳。办事处又恐该电得覆尚需时日，而灾民之急于回籍者颇有迫不及待之势，即又函恳总兵站驻锡办事处处长，请其迅拨军用车辆，为遣送灾民之用。函曰：迳启者，敝会尚留有安亭、黄渡、南翔等处灾民约共一千四百人，立待火车输送回里，敢乞贵处迅拨军用车辆，分日或一次预定时刻到站，以便妥送回里。素念贵处长痌瘝在抱，当能俯如所请，俾利遄返。专此奉恳，惟希慈鉴。兵站办事处接函后，已在设法拨车，红会俟得确实答复，再行依次通知各留养处准备起程，谅为期必已不远矣。

原载《无锡新报》1924年10月30日

红十字分会消息

红会办事处准备分批遣送灾民回籍，分向沪宁路局及驻锡兵站办事处，请拨车辆一节已志昨报。兹悉兵站徐处长，因锡站缺乏空车，已急电南京总兵站，速将空车驶锡，一俟抵埠，即行拨作红会遣送灾民之用。红会又因白鹤港、青浦等处灾民车行颇不便利，特向中华轮船公司商租通运轮船一艘，并雇到民船六艘，定于今日（三十一号）先将南禅寺及惠山蒋氏宗祠等处灾民六百余人送往安亭，交由安亭分会分别遣送回籍。

绸业留养处交来代募遣散灾民捐款，计：张孟肃十二元，钱保稚十元，徐湘文十元，吴佩秋八元，达昌祥五元，达昌祥同人七十角，吴少之五元，高子坚五元，大丰五元，大丰同人五元，范瀚卿五元，华仲英五元，方瑞和五元，方孟栖五元，九大五元，孙宝卿三元，同泰昌五元，徐仲丹二元，徐云山二元，朱士俊二元，九余十元，邹季皋五元，唐骧廷十元，蒋镜海十元，程敬堂十元。

王海涛捐助大小棉夹单衣裤三十件，李忠定公祠公济社留养处交来徐章氏捐助遣散灾民费小洋四百角。

昨据延寿司殿外黄泥桥米业留养处来函报告，该处灾民因在战区餐风露宿，饱受惊恐，抵锡后患病者颇多，由该处延请外科医士胡最良之媳胡马氏及子胡金奎君诊治，均渐痊愈。胡君热心公益，不受酬劳，该处职员及各灾民，均感佩其热忱云。

原载《无锡新报》1924 年 10 月 31 日

遣散灾民协会消息

邑绅薛君南溟等发起遣散灾民协会各协助红会筹募遣散灾民经费等情，已志前日本报。兹悉该会委托各界热心人士分头劝募，各界仕女慷慨解囊者颇为踊跃，即乡僻之间亦有闻风兴起者。昨日该会通讯处，接怀下市严家桥第四国民学校须煜泉、过新寄来该校学生捐款洋八元，并附来函略云：因闻灾民不日遣送回籍，特勉尽微力，向校内从事募捐，集得大洋八元，虽为数甚微，亦聊尽义务云云。乡校学生热心慈善，殊堪钦敬，并足愧世之守财奴矣。城中捐款各经募人，因灾民回籍之期已定，亦均陆续将募得捐款，送交该会通讯处矣。

原载《无锡新报》1924 年 10 月 31 日

红十字分会消息

红十字分会办事处向中华轮船公司商借通运轮，拖送安亭第一批灾民回籍等情已志昨报。兹悉该会昨日遣送回籍灾民，为惠山蒋氏宗祠、李忠定公祠、南门南禅寺、永泰隆茧行、广勤路福林禅院、梨花庄延圣殿、南尖绸布公所、酒仙殿孙氏留养处等所留养难民，共约八百余人，分乘广源公司船一艘及民船六艘，由办事处派职员陈尔榆、周廉生、张子明、丁芥轩、刘士敏、蒋汉卿、张志初、黄敬身、宋俊生、王丹伯等十人，携带致安亭分会公函随船护送，并由无锡遣散灾民协会派职员吴少英、赵文柏二人，携带现款同船赴安亭，委托安亭分会按领款证散给各灾民。下午三时在会启椗，预计抵安亭之时，总在明日上午。路途虽携带干粮，而抵埠后，必须供给饮食，遂致电安亭分会，请其于明晨备粥充饥。兹录办事处致安亭分会原函于下：迳启者，兹敝会派职员陈尔榆、周廉生、张子明、丁芥轩、刘士敏、蒋汉卿、张志初、黄敬身、宋俊生、王丹伯护送第一批灾民前赴贵会，除携带干粮并分嘱护送各职员，务将各地灾民妥送回家，并先事奉托贵会，酌雇船只转运，实在不能步行回家各灾民外，务望贵会随时照料指导一切。再敝会深恐此项灾民回籍，于最短期间一时无款度日，已查明大小口，分别给予领款凭证，规定大口每名发给银元三元，小口每名发给银元一元，由贵会转道回里时，凭证付款，以免中途遗失，或有意外情事。此项专款，并由敝会商同敝邑遣散灾民协会遴派吴少英、赵文柏，亲携汇交贵会，请即费神代为散给，并将实发款数暨收销凭证，交由敝会专员核带回锡，并赐复函证明，以照郑重，至纫公谊。（下略）

红会救锡灾民，除逐批遣送回籍及先期由亲戚领往他处，并自费回籍者，至昨日为止，留锡者尚有四百余人。办事处本拟今日续行护送回籍，因雇轮无着，而火车亦未交涉就绪，傍晚又接某方面消息，安亭车站驻军尚多，灾民车行殊非妥善，故决意略缓数日，再行遣送回籍云。

原载《无锡新报》1924 年 11 月 1 日

红十字分会消息

红会办事处前因准备逐批遣送灾民回籍，曾两电上海沪宁铁路管理局，请予免费乘车。昨日叠接该局陷日快邮代电，并世日急电，允准减半收费，嘱向锡站接洽。兹录两电如下：

陷电云：无锡红十字会鉴：艳电祗悉。贵会运送灾民至安亭、黄渡、南翔各站，照章应减半收费，业饬车务处查照，惟乘车人数较多，事前希先派人与锡站接洽，以便随时备车，即祈查照办理为荷。沪宁铁路局。陷。

世电云：红十字会鉴：陷电祗悉。灾民乘车，如乘四等车位，可照四等车价减半收现，至付四等半价，乘三等车，敝路向无此例，碍难照办。仍希查照敝局陷日代电半价办法，酌定车位，与锡站接洽办理可也。沪宁铁路管理局。世。

办事处接电后，即派员与锡站马站长接洽。马站长当以安亭、黄渡等处车站，向不发售四等车票，如运送灾民，只可半价乘三等车，且近日旅客异常拥挤，人数过多，虽先期通知，亦难备车。办事处得复后，当以车行手续颇繁，于灾民又不甚便利，故拟俟护送灾民运赴安亭之职员回锡，得悉安亭车站确实情形后，再行决定运送办法矣。

灾民业已如数回籍之各留养处，昨日均已结束就绪，由红会派往各处之女监察员，亦因任务终了，均陆续到会缴销袖章。此次各女士担任监察事务，历时最久者达四旬余，而各女士均热心服务，始终不懈，实为难得。是以各灾民均甚感佩，临行时对于各女监察员，均有依依不舍之象，恩德之动人深矣。

杨棣华堂捐助大小棉夹单衣服三十件，张孟昭君经募无名氏捐助大小衣服十一件。

原载《无锡新报》1924 年 11 月 2 日

红十字分会消息

红十字分会办事处，日前遣送安亭灾民回籍之通运专轮，业于昨午返锡。护送专员周君莲生、张君子明等，亦于昨日下午乘车抵锡，当至办事处报告护送灾民回籍情形，称各灾民已会同安亭分会分别妥送回籍，协会带往遣散经费亦已由安亭红会收回无锡红会所发之领款证，按证给资，并将销证交还该会专员。现留在锡地之灾民，办事处已决定由火车遣送，昨由该会职员陈君进立与马站长商定，准于今日下午预备四等车三辆，由头班客车拖往安亭，业已分别通知各留养所准备一切矣。

原载《无锡新报》1924 年 11 月 4 日

美红会赈救战区灾民

苏浙军兴以后，省长韩国钧曾捐资委托南京基督教中西教士组织美国红十字会，赴战区救济灾民。现战事业已了结，各地灾民流离失所者甚多，韩省长特再捐集巨资，托美红会散发各灾民，以资赈救。当经美红会于昆山设立办事处，调查灾民实况，分别散发银米。惟以该处一带灾情甚重，而严冬转瞬即届，赈救急应从速办理，特由南京美红会会长慕维德，及该会驻昆办事处主任司徒华林，于日前电邀本邑美红会会员戴尔、杨四箴、华彼得、夏悦三、周文敏、胡钟琦等，赴昆襄助办理。戴尔君等得电后，业已先后乘车赴昆。闻该会驻昆办事处已散发银米一次，共发去白米二百石，现款三百元，并夏悦三君赴沪募得之大洋一百元。又本邑圣公会曾募集捐款数百元，监理会捐洋一百四十元，浸礼会西教士华彼得捐洋五十元，中西教友会捐洋四十元，业已一并汇往驻昆办事处散发云。

原载《无锡新报》1924 年 11 月 4 日

红十字分会消息

昨日红十字分会办事处，派职员陈进立、方文卿、徐元春、李石安、程敬堂、王翰声、陶原浩，乘船护送安亭等处第二批难民四百余人，回安亭等处原籍，并由遣散灾民协会派会员杨树宽、杨立人携带现款同往，会同安亭红会收回所发领款凭证，按名散发现款。

兴记煤号昨日捐洋五十六元送交红会，作为遣散难民费用。

原载《无锡新报》1924 年 11 月 5 日

红十字分会消息

本邑红十字分会办事处，昨接安亭分会来函云：迳复者，敝会接奉函开，敬悉派员护送第二批灾民妥护回乡，分别给予银元等因。今敝处业已协同贵处职员，分给大口一百九十四人，小口一百七十三人，共计给洋七百五十五元正，并上次代垫之洋十七元，今亦照收无讹。诸承惠恤，无任感荷，专此祇颂公绥。附另代送灾民舟费洋十元。中国红十字会安亭分会启。十一月五日。

办事处因战事业已结束，新有临时分设之各分办事处及各队应即取消，昨特分函各分办事处云：迳启者，江浙战事业已结束，所有本处临时分设之各分办事处应即取消，为特函达贵主任，将贵分办事处即日取消。所有原领物件，至希汇齐缴处，勿迟为幸。此致第一、二、三分办事处主任冯云初、孙见初、周廉生先生。中国红十字会无锡分会办事处启。十一月七日。

又致各队函云：迳启者，现在江浙战事业已结束，所有本处临时设置各队伍应即取消，为此函达贵队长，系即将贵队事务尅日结束，尽三日内将原领各物，汇齐移交本处，如有经手款项，并祈同时报销。职员自备服装，规定每套给价洋五元，应即全数缴处，以昭郑重，免滋意外，统希查照。此致调查队长龚葆诚先生、第一救济队长蒋仲良先生、第二救济队长张公威先生、第三救济队长方文卿先生、输送队长程敬堂先生。中国红十字会无锡分会办事处启。十一月七日。

原载《无锡新报》1924 年 11 月 9 日

军民两长颁赠红会匾额

本省督、省两长因此次战事，各处红十字会分会办理救护、救济并战后灾区善后事宜，异常热心，为特制赠匾额，以昭激劝。本邑县公署昨已奉到督、省两长令发本邑红十字分会匾额一方，文曰“泰昌煦育”。兹录原令如下：军兴以来，各处红十字会分会热心救灾，殊堪嘉许，应各赠匾额一方，以昭激劝。除分行外，合行检同匾额一方，令仰该知事即便查收转给具报。此令。

原载《无锡新报》1924 年 12 月 1 日

红十字分会开会记

本邑红十字分会于昨日下午四时在事务所召集会议，到会者会长孙鹤卿，副会长华艺珊、高映川，理事长蒋哲卿，副理事长陈尔同，职员孙见初、钱湘伯等，由蒋哲卿主席。兹纪其议决事项如下：（一）会所租用四乡公所楼房一幢，并办事室一间，开会时借用会场，拟出每月租金两元，电话借用，电灯自行装置。（二）职员筹备重选，章程重行起草，经旧职员会议通过后，提交新职员会。（三）职员酬庸，由会制就纪念章，分甲、乙两种赠送各职员，并附带证书，决定制纪念章费以三百元为限，印刷证书等费不在内。继由主席报告，各代用医院每伤病一名，每日本拟贴费三角，各医院以苏州每名每日四角半计算，要求援例津贴，现在决定援苏州例，每伤兵一名，每日贴费洋四角半，普仁医院另行捐助。报告毕，即行散会。

原载《无锡新报》1924 年 12 月 2 日

红十字会迁移办事处

中国红十字会无锡分会，前因江浙战争，就本邑光复门外瑞昶润堆栈设立办事处。现因战事业已结束，特租定四乡公所一部份房屋为办事处，日内正在迁移，并暂聘陈、陆两君为常驻办事员，以便接洽一切。电话即借用四乡公所四百三十五号，以资节省云。

原载《无锡新报》1924 年 12 月 17 日

《吴语》上的红十字

1924 年

中国红十字会苏州分会招待所

中国红十字会苏州分会招待所设立在马路广济桥堍苏州饭店内。

原载《吴语》1924 年 8 月 21 日

山塘亦设立妇孺收容所

山塘一带市民，近亦发起组织妇孺收容所。主任为韩慕陶、张成琅等，职员为董朝麟、鲍翔云等，并定该所为中国红十字会吴县分会第八十二收容所。其简章如下：

一、本所遵照红十字会收容通则第三条之规定，设立办理；

二、本所在战祸紧急时，收容无所逃避之妇孺；

三、本所设主任一人，干事、仆役若干人。甲、主任管理本所一切事宜；乙、干事分任会计、文牍、书记、庶务、纠察事宜；

四、本所职员以及仆役，一律给以红会印证；

五、收容之妇孺，每日给以相当饮食，内中如有疾病之人，即移送就近医院。

（其余各条与他所略同，兹不赘。）

原载《吴语》1924 年 9 月 8 日

苏州饭店启事

启者，本饭店自即日起，将楼下房间暂由中国红十字会组织临时医院外，其他二层楼层、三楼特别房间，仍旧照常居住，旅客宴安，无警无异，平日恐有误会，特此布告。

原载《吴语》1924年9月10日

江浙战云中之芦墟现状

芦墟士绅，因江浙现已开战，为救护伤兵收容妇孺起见，已组织红十字分会，特请本地功成医院张医生，亲自赴沪与总会接洽一切矣。

原载《吴语》1924年9月10日

张卜熊在前线救护

中国红十字会吴县分会成立后，指定之各医院医生，均担救护疗治伤兵事务，甚为忙碌。惟闻赴前线救护者，仅有卜熊医院主任张卜熊一人云。

原载《吴语》1924年9月12日

伤兵与医院茶房冲突

昨有前敌运苏送持德医院医治之某伤兵，因与茶房言语不通，互起冲突。经该茶房面禀院长余生佳君，余君因该兵士不遵万国红十字会章程，即将情转告守备司令。赵司令据报后，立派保安队长前往该医院，当众演说，并将该伤兵带回司令部核办。

原载《吴语》1924年9月14日

战事新苏滩（六）

老苏州

世事茫茫一局……棋，强者胜来弱者死，各位诸君才晓得，耳朵听得老茧起。就唱浙沪军，连日大失利，失守嘉亭城，一路败下去。伤格伤，死格死，兵士死伤二千几。红十字会里，救匣来弗期，赛过猪猡猡，一车一车拖得……弃。

沪军现在真该……死，兵马后头□接济，木渎鼓手一套头，一败就要尴尬戏。苏军离上海，不过七八里，沪军司令部，移到九亩地。各商家，工厂里，完全停歇才关闭，大家逃到租界……里。

龙华一带最严……厉，划入军事区域里，不论上中下三等，检查之后好过去。一到下午七点钟，凭倷要紧大事体。来匣弗好来，去匣弗可以，走过来，走过去，才是着格老虎皮，外加肩架浪，个个背子杀人……器。

原载《吴语》1924 年 9 月 16 日

改选后之吴县红会

吴县红十字分会于本月十、十一两日正式开会、选举等情业志报端。兹将是日开选次序，为各报所未详者，再行追志如下：查当日选出议事员廿四人后，即于次日先选正副议长。结果，宋绩成当选为正议长，季小松当选为副议长。遂公推宋议长主席，开会讨论选举理事人数问题。当经公决，除正会长一人、副会长二人外，应另选理事长一人、理事四人、资产委员三人。迨通过后，即依次逐一选出。惟闻理事会与董事会性质相同，故当选理事人员照章应备函声明辞去议员本职。并闻宋友裴、丁春之二君，有不允就资产委员之说。宋议长拟俟各人书函到齐后，即将候补议员挨次递补，再行定期召集开会云。

原载《吴语》1924 年 9 月 17 日

吴县红十字会敬告本会会员

吴县红十字会敬告本会会员，非服务时间，万勿轻用袖章，以符定则，而昭慎重。

原载《吴语》1924年9月18日

红会推举代表赴沪

吴县红十字会分会改选职员后，须推举代表二人赴沪接洽总会。现已推定本会副会长潘起鹏、议事长宋铭勋二人为代表，潘、宋接到该会被□通知书后，昨日（十七日）已乘车赴镇，搭轮往沪矣。

原载《吴语》1924年9月18日

红会救护队之勤劳

苏州吴县红十字会救护队现已分为三队：第一主任为李云生，第二主任为盛庭华，第三主任为范水□。近数日内，以事忙日夜不能安眠，辛苦异常。昨由该三队长面谒理事长，请仍照旧章，另派童子军协助，闻童子军方面业已允可矣。

原载《吴语》1924年9月18日

希望收容所为无用所

刘　郎

各处挂红十字旗，纷纷的作为收容所，诸位先生可算热心的大慈善家了。可是办理之前兴高采烈，万一兵祸延及苏城，吾恐大慈大悲的各菩萨一定也怒目皱眉，大呼其不得了。现在苏军战胜的消息日好一日，近且战到吴淞去了，吾不禁为苏州办收容所诸大慈善家恭喜道：“收容所无用了，收容所无用了，收容所改为无用所了。恭喜恭喜!”

原载《吴语》1924年9月18日

外跨塘之现状

（一）商团外跨塘支部，因鉴于每有无知乡民一见兵船过境，辄互播谣言，东奔西跑，自相惊扰，殊与商市秩序有关。特开会议决：全日站岗，以资禁阻，而安秩序。闻业于中秋日起，实行荷枪站岗，每三小时换班一次，轮流服务。惟各团员则颇形辛劳，热心可嘉。（二）昨日（十八）下午，有红十字会无锡分会之救护队小轮一艘，拖带民船三号，高插红十字旗帜，满载妇孺难民三百余名向西驶去。曾询诸该船队员云，系由黄渡、方泰等地方救护，刻送锡收容云。

原载《吴语》1924年9月21日

大可注意之劫后卫生

昨有人投函本馆云：主笔先生大鉴：兹送上保卫劫余生命劝告三则，恳祈登入来函门内，广为劝告。并望仁人君子指示，无任感幸，此颂撰祺。隐名氏启。

保卫劫余生命劝告：一、劝红十字会将战地伤亡未殓尸身，务速会同当境善堂，刻日埋葬义塚，勿任延久暴露；二、劝医学大家速拟解避炮烟毒气药品及解腥秽药品，或闻或吃，简要为贵，登报广布，俾众备用，以期减少疫疠；三、劝战地下游各境居户，宜食井水，少食河水，或多备水缸接受天水，俾作食料，以卫劫后余生。其熟食店铺，用水尤宜格外注意，又鱼虾蟹蛤等，均宜戒食。

原载《吴语》1924年9月22日

昨日县署会议红会筹费

吴县知事郭于野氏，昨以红十字分会请求拨款补助，苦于无术应付，须与地方士绅共同商榷，乃定期邀集各法团各绅士在县会议。

兹录其原函云：迳启者，中国红十字会吴县分会，业经正式成立，一切进行事项，需款甚殷。当此军事倥偬，官厅罗掘已穷，实苦无从补助。亟宜召集地方各界人士，妥筹永久经费，俾资应用，而维善举。兹定于本月二十一号（即昨日）下午二时，在县公署开会集议。届时务乞惠临，无任企盼，除分函外，此致云云。

原载《吴语》1924 年 9 月 22 日

吴县红十字分会救护队长李云生启事

兹遗失第四千零九十六号十字袖章一方，除报会备案外，为特登报，声明作废。

原载《吴语》1924 年 9 月 24 日

伤兵收容所之近讯

吴县伤兵收容所设在阊门外上津桥第五团团部，并另开有医药部。至昨晚止，陆续装来二百六十余人，逐日由医生盖章，呈达守备司令部立册备考。驻所医生，由更生医院邀请城内仓米巷西医赵膺生君担任。又派看护生二人，帮同包缠伤痕。赵君前曾在保定陆军医学校毕业，直皖之战，亦在红十字会服务，复为当局推就军医官之职，经验宏富，疗治伤兵，莫不应手而愈云。

原载《吴语》1924 年 9 月 25 日

中国红十字会吴县分会通告

本分会仓卒成立，荷蒙各界博爱慈祥，慨助会费，应由本分会转请上海总办事处照章赠与徽章、凭照。惟前项章照虽经先后寄到若干份，不敷甚巨。业经电催，一俟全数寄到，再行登报，定期给发，以昭划一，而免偏歧。特此通告。

原载《吴语》1924 年 9 月 26 日

张卜熊启事

鄙人现任中国红十字会出发队长之职，奔走各处阵线。苏埠医务暂告停顿，俟任满后再行通告应诊。特此启事。

原载《吴语》1924 年 9 月 28 日

中国红十字会吴县分会紧要启事

本分会收养伤兵数已逾千，近又经热心义务人员前往昆山及嘉太一带救济难民，日内即可到苏。举凡医药、饮食以及护送、掩埋等费开支浩繁，罗掘已穷，不得已敬恳各界诸大善士淑媛名姝慷慨解囊，源源接济。并请捐助棉衣裤及棉被，俾资御寒。衣裤则无论大小男女，被褥则旧棉絮亦可。其功德非寻常可比，本分会同人敬先代伤兵灾民馨香祷祝。如蒙乐助，请交本城王废基公园图书馆本分会办事处。再：本分会并无刊印募启派人在外劝助，并此声明。

谨启

原载《吴语》1924 年 9 月 30 日

平岩徒步记

江南浪蝶

斗室枯坐，兴趣索然。偶忆去岁此时，则正放浪乎山水之间，与良朋握手言欢时也。今则何如？干戈遍野，戎马仓皇，不胜感慨系之矣。不佞视出户如畏途，似此遍地荆棘之慨，又复何心？聚良朋，涉山川，作汗漫游哉！二十三晨，正早餐，至友逸君，以电话就询余状况。余告以他无所苦，惟蜗居踽处，颇无生人乐趣耳。逸君曰："迩来时局渐入乐境，君既苦闷，盍偕游天平灵岩，得稍疏散乎？"余感而诺之。乃亟取热水壶与手杖，匆匆出户，雇街车访逸君。既至，清谈娓娓，破涕为笑。惟偶及战局，则不禁默然神伤耳。八时十五分，自逸君寓出发，雇车至阊外，乃徒步行。盖今次游玩，相约须步行，藉以互测两人身体之康强。且军队需舟船，几尽雇以去，虽欲出资雇一舟，亦不可得。乃□留园马路，经西园，西园寺院巍巍巨刹，今亦作红会医院，菩萨有知，视此疮痍，想亦低头叹息也。寺外树荫下，三五伤兵，踞石上互诉，虽不知其所诉何语，以意度之，或亦有所感慨欤。出庙循运河行，□观对岸二师五团营场，渺无人迹。则此于以知此纠纠桓桓者，均在枪林弹雨下，作捍卫疆土之举矣。过省二农校，双门紧闭，仅留傍门出入，贴有通告，亦已为红会作收容所，不闻弦诵声久矣。与昔日之状况，判若天壤，战争之影响，大矣哉！（未完）

原载《吴语》1924年9月30日

吴夫人督率医士疗治伤兵

阊门马路广济桥三新旅社，附设之中国红十字会九江分会临时医院内，前日（三十日）又收容昆山等处送来伤兵八十名，均由该会会长吴夫人（即赣北镇守使吴金彪之夫人）督率医士，分别治疗，并检取枪弹，异常忙碌。若吴夫人者，洵当世妇女中之热心人也。

原载《吴语》1924年10月2日

车站看客之自相惊扰

近来火车站上闲人极多，大多为饭后无事而前往看热闹者。前日下午，昆山火车抵苏，有微伤之兵士若干人下车，乃一般看热闹之闲人即一哄而逃。当有伴同伤兵来苏之排长一员，见看客极多，遂托彼等代为扶同伤兵下车。而一般看客又误认为拉夫，逃避更快。及排长说明原因，众始安心。惟又群集而观，致招待伤兵之红十字会职员反为阻碍。故此等闲人，似颇可恶也。

原载《吴语》1924 年 10 月 2 日

红会又有难民救护来苏

吴县红会第二救护队长金志仁、诸辛生，昨日（七日）下午七时又由嘉定、安亭、方泰等处救护难民妇孺七十二口。内大口约四十余口，童孩十余口，尚在襁褓之婴孩约七八口。以民船两艘装运，仍由前次借到之日商戴生昌小轮拖带抵苏。该难民等当夜寄宿阊门外普益社灾民事务所，次日（八日）即在该批难民中拨四十名至南濠街吴文钦收容所收养，拨二十九名至宫巷乐群社收养，其余三名因病送往医院去。

原载《吴语》1924 年 10 月 9 日

我眼中的双十

刘　郎

国庆日偏偏是双十节，我道是十全十美，十满十足，糊里糊涂了十三年，那一年不存着十分的希望。到了今年，正是三个钱一条臭咸鲞，越看越不像了。论人家十室九空，论年岁十年九荒。听有枪炮声，十分惊慌；撑着十字旗，十分不忍，不料这十字原是样用法的。其实不然，我看自进民国以来，十字旗大出风头。红十字会，又有白十字咧，黄十字咧，蓝十字咧，将来或者这种十字要大出风头。一对一对十字旗临风飘扬，才显出这双十的命义来。呜呼双十节，两字来源，果真是这样么？

原载《吴语》1924 年 10 月 10 日

甲子双十节

夹　人

英雄肝胆男儿血，换此中华五色旗。可爱哉！可敬哉！

民国元年第一次双十节纪念，提灯会兴高采烈，民气发扬，同声欢祝。年年今日，太平之气象如何！国家之强固如何！预料十年以后之民国，必驾英美日本而上之。今何如乎？

今民国已十三年矣！今朝又双十节矣！炮大声声庆祝，难民处处收容。不提双十节灯笼，而用红十字旗帜。不去庆贺双十节的纪念，而作红十字会救护灾民的事业。今天明明是双十，而袖上所绕，胸上所悬，旗上所挂，偏偏只有一十。十字十字，何不成双作对，为欢天喜地之十字，而作尸骸遍地血流成河之十字。呜呼痛哉！

以前种种，譬诸昨日死；自后种种，譬诸今日生。自今以后，吾愿旗上莫悬红十字，家家双十去提灯，仍作元年之景象也。

原载《吴语》1924 年 10 月 10 日

来　函

敬启者，鄙人日前经募到浒墅关诸大善士乐助大小男女旧棉袄裤夹单衫裤帽鞋袜等，经由鄙人分批送至中国红十字会吴县分会，全数点收，取有收据。理合将先后募到诸君慷慨乐助之大小男女旧棉袄等，已六（陆）续如数送至会中入册备发外，缘此先行代为鸣谢（再：十月八日续募到大小男女旧棉夹袄裤帽鞋袜等，总计大小男女棉夹衣一百数十余件，另有鞋帽在内，经由第二救护队汪君遣□至浒关航船埠头候取，以备带往灾地，先行散发被难人穿着。惟此项收据皆由第二队队员汪君经手，日后分别补给收证），即请各慈善诸君惠鉴。

经募人姚福卿敬启

原载《吴语》1924 年 10 月 11 日

社会新语

中国银行之行长与司令有旧，庇荫运送现金维持市面名义，盛嘉轮改开一班，幸得通行无阻。虽司令容情，未始外中行长之力也。因乘客过多，晚泊河心，上午四时即开。乘客几视该轮为普度众生之慈航，以为得渡者可以出死入生，披星戴月□小船摆渡而登，后至则受捷足者之排挤，怏怏而返。

廿四日，风声益急。吴江县署因知战事万难幸免，特传省谕召总董警佐等到署，商量赶速整顿防务，维持市面等事。连日开会，佥以各公团各办各事，辄苦呼应不灵。乃合组保安办事处，以沟通声气。推举沈子万、王恺军、洪雄声为正副处长，简寅生、沈卓权、徐因时、吕君豪、蒋友兰、洪鸣韶等为总务、文牍、会计、庶务员。即日呈县备案，借绸业公所开始办事。各职员夙夜从公，殊见热心。办事要旨有二：一在安慰人心，勿□迁徙；二在扩充警团，整理消防。迄九月初而大致就绪。同时兼组织红十字会，入会者纷至沓来，二日间已达百余人，纳费有二千余元之多。时有二十五元可保一家，十元可保一身之谣。更有商家，问货物能否保险者。于以知一般人民对于红十字会之真意义，类未明白也。

九月三日，消息更险恶。红十字会之职员均争相舍家为收容所，借公济私。蓝地白字红十字之妇孺收容所牌额，全镇不下十余处。更有私制红十字旗帜，以备急用，痴心妄想，实属騃呆。贪生畏死辈，尤大起恐慌纷纷逃避。无力往申者，亦大都迁至黎里、新塍、濮院等处，冀避炮火。船户见此情形，乃相率百般居奇，六七里路程，一小时可达亦需十元左右。春间双阳会汛中，船价已令人咋舌。不料以较今兹，又□乎□矣！

四日晨，枭匪突如其来。盖本镇歹人沈某，意在□其大欲，而□计以媚匪。来时分道□进，步骤尚不紊，片刻全镇各处均已星旗密布。当时即有苏水警迎头痛剿，究以人数众多，不免四窜惊扰，旋即由苏陆军辅水警击退。然人民大都以为接触，扶老携幼，肩负背挑，望西南一带奔避，狼狈情形，殊为怜悯。有因惧拉夫而逃入河中，以不谙水性溺毙者二人；有因适在分娩，孩头已露，骤闻枪声而晕厥者；有因急于逃□，一时痰厥毙命者；有因所携小孩啼哭不止，而恐闻声追至，即将小孩弃诸河中者，一时秩序大乱，难以言宣，总计死于此役者，不下二三十人。呜呼惨矣！（未完）

原载《吴语》1924年10月12日

救济难民

刘　郎

救护队一队一队救得难民来，扶老携幼，蓬首垢面，大都只搿得一条棉花胎。简直是一幅郑侠流民图！我也止不住一阵一阵伤心，那些难民，在先不是有家有室，安居乐业么？如今这般模样，又何曾想及。我想我们苏州人，真是侥天之幸。假使也在战线之中，怕不也是同那些难民一模一样么？如今我们总算有衣有食，对于那些无衣无食的难民，自当看如自己的事，各各尽些力量。那些本来创办的收容所，大家收些难民去教养教养；准备结束不办下去的，也应当把以前预备的粮食等等，送到红十字会里去，作救济难民的用场。可知道不是省省的时候，你果真要把这笔钱都省去，那末你开办收容所的时候，正是别有作用了。

原载《吴语》1924年10月12日

中国红十字会吴县分会第一次敬谢诸大善士启事

敝分会自十月六日起至十日止，所收诸大善士捐助银钱及衣被等件，除掣给收据并汇造报销外，谨登报端，藉扬仁风。再：此后如蒙乐助，仍请迳交敝分会，随时拨给应用，按旬汇登市乡、平江、苏州吴语各报伸谢，并此声明。

费仲深先生经募旧棉衣七十件，小袜一扎；马君捐助大小棉衣一百件；潘经耜先生捐助大小棉衣五十件；惠更生先生经募南京隐名氏捐助洋五百元；李云生先生捐助大小棉衣裤三百件；华盛纸版厂捐助稻柴六百二十捆，又二百捆；金松岑先生捐助婴孩哺乳费洋二十元；周寿纶先生捐助单夹小衣六件；瓣莲巷王善士捐助小棉衣五件；金秉璋先生经募旧棉衣裤二十件；苏州市第八小学校捐助旧衣五扎，鞋子一扎；又第二十一小学校捐助大小男女衣裤鞋帽共一百三十四件，小洋六角，铜元一百枚；又第十一小学校捐助旧绵（棉）夹衣一百十八件，棉被一条，鞋袜一扎；县立第三高小校捐助旧衣裤七十一件，又旧棉衣五件；汪殿臣先生捐助大小旧棉衣裤八件；姚福卿先生捐助大小男女棉夹单衣十四件，小夹裤一条，大小鞋子十二双；又经募吴永昌善士捐助旧棉衣四十件；陆仲英先生捐助新棉被三百条，新棉袄裤各三百件；无名氏捐助旧衣裤三十件；吴永和捐助大小男女棉夹袄十九件，大小鞋子五十双；吴钰臣捐助大小男女棉夹、马甲八件，棉夹裤十条，帽子十二只；吴仁和捐助大小男女单短衫十九件，袜十双；姚昭埭捐助大小男女棉夹袄衫十九件，夹裤六条；杜鲁林先生捐助小旧棉袄裤四十四件；又经募王韵笙善士捐助大小旧棉衣裤二十一件；吴鼎丞善士捐助大小旧棉衣裤廿四件；陶藕敏善士捐助大小棉衣裤十九件；邹宗洪先生捐助大小旧棉衣一百另七件；天铎药房捐助大小棉夹衣六十三件；吴善庆先生捐助小洋廿六角。附：启者，十月四日收到苏州总商会转来旅沪同乡协济会捐助洋五千元，俟函询捐户姓名，另再登报鸣谢。

原载《吴语》1924 年 10 月 13 日

吴江红十字分会通告

本分会会址设在吴江县震泽镇，苏州通讯处：城外老苏台旅社陈君镜蓉，电话三百五十六号；城内养育巷一百八十二号周中浩律师，电话三百十五号。如各灾民家欲讯本分会所收之避难人姓名及一切情形去（者），请就近接洽可也。

此启

原载《吴语》1924 年 10 月 14 日

时事新苏滩

老苏州

各界先生大老……板，大家恭喜大发财。现在大局已平定，军事结束舒齐哉。苏闽各军队，统统到上海，龙华制造局，吴淞大炮台。南车站，北车站，警察厅，江海关，斛而三姆才收回，所有一班投降兵，遣敌回籍吃便……饭。

上海交通各机……关，马上派出工匠来。电报局里接电线，沪宁路修铁路轨，红十字会里，发出掩埋队。收死尸，葬棺材，一切事体才完备，即日可以通车好来……回。

苏州城里各绅……宦，笃定心思□末哉。上海有句窑谈话，邹德山来弗兜关。停格几日天，吃格几碗饭，到子十月初，年常老旧规。大言牌，挂出来，收租米，发由单，乡下人，朱头三，麦恰麦恰袁世凯，一五一十送上……来。

原载《吴语》1924 年 10 月 17 日

莫错过了造福的机会

祸果宜避，福亦当求。博施济众，求福之首。战地难民，无告者流。红会诸君，设法拯救。千百哀鸿，在苏居留。计衣计食，经费谁筹？全仗善士，解囊相投。有心无力，善机亦有。冬令寒衣，亟须绸缪。无论大小，不拘破旧。送去周济，功垂不朽。每家一件，集腋成裘。一般灾黎，御寒无忧。眼前功德，增福延寿。时乎时乎，勿落人后。

收衣处：西百花巷总商会。

本报同人谨启

原载《吴语》1924 年 10 月 19 日

中国红十字会吴县分会紧要通告

本分会入会各员约分三组，计正会员四百六十二人，普通会员一千五百九十七人，学生会员八百二十九人。应领章照迭经函请上海总办事处分别照发□准，先后交到正会员佩章四百五十九份、凭照四百三十九份，普通会员凭照一千四百二十份，学生会员章、照各八百二十五份。尚少正会员佩章三份、凭照二十三份，普通会员凭照一百七十七份，学生会员章、照各四份，至于普通会员佩章全数未来，据云未经制就，尚需时日。兹因入会各员迭来催发，定期于十月五日起，每日上午十时至下午四时止，在本办事处先将寄到之件照数给发。各会员务祈随带前发收据来处，填注姓名、年岁、籍贯、住址及介绍人，并将袖章缴销，以便倒换章、照，藉备造册转报。特此通告。

原载《吴语》1924年10月22日

中国红十字会吴县分会第二次敬谢诸大善士启事

查敝分会自十月六日起至十日止，所收捐助银钱及衣被等件，业经登报鸣谢在案。兹将十月份中旬十天所收诸大善士乐助银洋物件，除仍掣给收据并汇造报销外，谨登报端，藉扬仁风。（捐户姓名及所捐物品件数另纸开奉）

无名氏旧衣裤七套；石福记正三輧材二具；钱梓楚新小帽二十只；苏州市第三十二小学棉夹单大小衣服五十二件；又第二十二小学衣裤鞋袜六十一件；县立女高小学校大小绵（棉）衣六十四件；张培之大小棉夹袄裤十一件，男女帽子四只；隐名氏棉马甲裤五件；吴鸿根大小棉袄裤九件；吴鸿时小短衫裤六件，帽子二只，袜七双；苏州第三十小学大小旧棉单袄裤十四件；胡印之馒头二百个；张继平糕四大蒸笼；公民厂罗葡干五十斤，冬菜二罐，饭碗一百只；吴剑英肥皂洋一元；无名氏馒头四百个；临南市民公社大小棉夹裤五十件；苏州市第二十六小学校大小棉袄裤四十六件，棉胎一条，帽子三只；明修堂胡旧棉衣五件；隐名子棉袄裤五十套；王獬卿大小旧衣四十二件，鞋袜一扎；汪周氏大洋三元；董和程慈记花牌牛乳两箱；陆芝廛大洋一百元；护北市民公社第七十八临时收容所大洋五十元，小洋十六角，铜元三千三百八十文，面粉廿二袋，痧药、药茶各一包；苏州市第三小学校大小旧棉衣裤三十二件，帽子十九只；又第十一小学校大小棉夹衣裤一百十件，棉被二条，帽、鞋、袜各一扎；胡印之棉衣十件，棉裤二条；思补子大小棉衣二十四件；陈瑞金旧小棉衣五件。

原载《吴语》1924 年 10 月 24 日

中国红十字会吴县分会第二次敬谢诸大善士启事

查敝分会自十月六日起至十日止，所收捐助银钱及衣被等件，业经登报鸣谢在案。兹将十月份中旬十天所收诸大善士乐助银洋物件，除仍掣给收据并汇造报销外，谨登报端，藉扬仁风。（捐户姓名及所捐物件品数如下）

顾三媛单夹棉衣八件，小帽三只，小鞋三双；许二媛大棉衣二件；朱瑞和大小棉衣五件；高蟾香大小旧棉衣五十件；苏州市第十九小学校大小旧棉夹衣十三件；又第十八小学旧棉衣裤二十五件；务本堂大小棉衣二十五件；王谢长达女士大洋十元；□王氏大洋十二元；程潘氏大洋二元；久记同人大小旧棉衣裤九十六件；朱皓如大小棉夹衣三十件，帽兜鞋十二件；潘余记大洋二十元；潘□记大洋十元；张友霞鞋子小衣二十一件；胡宅大小旧衣二十件，馒头三百个，糕□十四包；夏庆记新小衣十四套，尿布一包；张继平大小棉夹衣四十八件；张静记米一石；无名氏米一石；顾晓六米二石；潘义庄萝葡干四十斤，雪菜二罐；征集破衣团大小旧衣一百件，被胎二个；周渭石新棉衣裤一百七十套；市乡报馆经募棉衣裤一百另二件，男女帽十九顶，棉袜五双；潘璧臣大洋五百元；雷诵芬堂大洋二百元；雷滋记大洋一百元；盛贻本堂大洋五十元；盛泽承大洋五十元；盛老太太大洋一百元；王怀婉棉单旧衣四件；中和臻大小旧衣十二件；善与人同新棉袄裤二十套；鉴湖渔隐大小旧衣裤十六件。

原载《吴语》1924 年 10 月 25 日

中国红十字会吴县分会第二次敬谢诸大善士启事

查敝分会自十月六日起至十日止，所收捐助银钱及衣被等，业经登报鸣谢在案。兹将十月份中旬十天所收诸大善士乐助银洋物件，除仍掣给收据并汇造报销外，谨登报端，藉扬仁风。（捐户姓名及所捐物件品数如下）

县立第一高小校信教室大小棉衣裤帽袜二十件，又礼教室洋缎女袄一件；葛念农大小衣裤十一件；徐治平棉夹衣裤十四件；徐筱珊大小衣裤等二百另七件；第二高小校大小衣裤等二百八十七件；北街吴宅大小衣裤十件，兜帽四只；幽兰巷顾大小衣裤三十一件，小鞋子八双；□记大洋五元；地方审判厅大小棉衣等一百另七件；陈叔梅大小棉袄裤二件，鞋子二双；陈绩娴大小衣服六件；王寿鹏小棉衣裤六件，小袜十二双；王氏棉夹衣裤十一件；张默庵大小棉衣十四件；邱栽之大小棉衣二十件，鞋、袜二十二双，帽子七顶；陈子元小衣裤五件，鞋袜二双；施秋霆棉衣裤六件；城南公社旧操衣四件；苏州市第十小学旧操衣裤十套；汪仁候棉袄、马甲各二件，鞋、袜各五双；临南市民自卫团大小衣服五十件，鞋子二提；潘太太旧珠皮褂一件；施太太旧棉衣四件，鞋子三双；邹戟候大小棉衣二十件，鞋袜一包；朱太太馒头一百个；庄太太衣裤四件，鞋袜十二双；荣鸿达女帽两只，另星食物一包；钱太太馒头一小篮；许太太大小棉衣裤九十五件；张太太衣十三件，帽十三顶，靴三双；朱师长太太棉被十条，棉衣裤二十套；邱汪宅单夹衣十六件。

原载《吴语》1924 年 10 月 26 日

承天寺五十八收容所撤消（销）启事

前承诸大善士、各大商号热心慈善，慷慨解囊，乐助敝所，俾于果真危急时救济本地被灾难民之用。现时局平靖，本地居民幸获安宁。本所准照前定规章，定于夏历九月廿一日午前十时，通告诸大善士、各大商号：

全体议决，补助桑葭巷第四难民收容所黄米十石，拨助城北公社棺灯六盏、洋油听余、炭二篓；拨助吴县红十字分会黄米十石、桅灯六盏、白帽十只、白短衫裤十套余多、黄米廿六石五斗五升、竹柴萝葡干麦糠等，及余多小洋一百三十角，补助与城北平价饭店应用。另刊报销单，分送各大善士、各大商号检阅，以昭信实。再登《吴语》报、《明报》，俾昭信用，以便结束。再：月前八月初八日紊乱之初，遗失红会袖章一块第二千四百五十五号，倘有发现此号袖章，立即查究作废。再：遗失高俊人本所十三号印布一方作废。特此完全结束声明。此布。

原载《吴语》1924年10月28日

中国红十字会吴县分会第二次敬谢诸大善士启事

查敝分会自十月六日起至十日止，所收捐助银钱及衣被等件，业经登报鸣谢在案。兹将十月份中旬十天所收诸大善士乐助银洋物件，除仍掣给收据并汇造报销外，谨登报端，藉扬仁风。（捐户姓名及所捐物件品数如下）

彭恭甫棉衣裤四十一件，白冬五担，大洋二十元；吴经锄大洋一千元；吴子深大洋五百元；顾海野大洋二百五十元；许博明大洋二百五十元；陆稼孙大洋二百五十元；曹智涵大洋一百五十元；张仲仁大洋一百五十元；汪云卿大洋一百元；沈惺叔大洋一千元；朱润生大洋三百元；吴县第□高等小学校大小衣服等二十六件；江苏银行同人大洋十元；喜闻过斋大洋一元，新棉被二十条；江苏银行新棉被二十条；宋伯华大小棉夹单衣十六件，棉马甲八件，帽一只，袜一扎；□关吴永昌经募男女大小旧棉衣八十件，大小旧棉夹衣鞋帽两袋；平昌氏旧棉夹裤一百零五件，棉胎一条，帽子一扎，鞋袜四扎；北街吴宅棉被两条，大小棉衣裤六件；彭女士旧棉夹单袄裤三十件；商团第三支部旧制服十八件，裤三十条；孙孟九棉夹袄两件，棉抱裙一条，大小尿布五方；朱佩玉大小棉夹袄裤六件；唐调叔大小男女棉夹袄五件；滕复兴大钵头、粗茶杯各十只；朱辅成大小男女棉夹袄裤五十六件；陈寿生小棉袄裤褂五件；陈汉祥小棉袄裤五件；韩式琪大小棉袄裤衫二十四件，小鞋子七双。

原载《吴语》1924年10月28日

时事新苏滩

老苏州

以和以和以和……以，和琴拉得阿写意。各位请坐听吾唱，苏州新闻大事体。沪宁客车已通行，就剩时刻有高低。每票加五分，拿去做赈济。每日开一次，轧得真邪气。因客军，回府去，一时车子来弗及。诸君要趁车，第一要注意，拿个肚皮吃饱□，否则饿得子哩……哩。

现在交通才舒……齐，不论南北各东西。杭班沪班小轮船，各处通行才好去。各路客商等，照常做生意，各工厂，做手艺，统统开工办事体。观前收容所，难民三百几，才有十字会，分别资送回乡……去。

还有一件大事……体，就是伲个吃饭米。目下来货弗弗少，白米只卖八块几。一班米蛀虫，两家米行里，赚得□勒□，身边且康且。一张嘴，嘻勒嘻，满载而归真写意。伲子讨媳妇，囡唔嫁出去。一月连吃两杯酒，洋钿用脱三千几，只只箱子才如意，完全大吉大恭……喜。

原载《吴语》1924 年 10 月 28 日

中国红十字会吴县分会第二次敬谢诸大善士启事

查敝分会自十月六日起至十日止，所收捐助银钱及衣被等件，业经登报鸣谢在案。兹将十月份中旬十天所收诸大善士乐助银洋物件，除仍掣给收据并汇造报销外，谨登报端，藉扬仁风。（捐户姓名及所捐物件品数如下）

韩经善小棉袄裤十件，小鞋子两双；韩济寿小夹袄裤襕五件，帽子二顶；蒋毓泉小棉裤夹袄三件；徐兰娟女士大洋一元；吴县女高小学校全体小棉夹袄裤帽袜等一百六十七件；鹤云斋伤膏药三张；大有昌小棉袄裤衫八件；韩式琪白米一石；韩济寿乳粉两瓶，乳瓶一只；张姓男女大小棉袄裤帽十五件；曹姓女短衫棉马甲套裤十六件，帽兜十二只，卷膀三双；邱太太小棉襕四件，小马甲二件，操衣一件，被单二条，长夹袄十件，棉胎四条，女短衫一件，棉袄一件；卫振华棉被一条，棉襕一件，棉胎一条，褥子一条；商团第三支部旧操裤十条；黄寿贞女马甲一件；王彦龙小棉袄两件；徐建云太太小棉裤三条；陆少奶奶大小棉袄裤袜十三件；薛姓男女破棉袄四件，鞋袜二双；盛姓棉套裤一双；临南市民自卫团庶务部大小衣服五十件，帽子十只；征集破衣团男女棉袄裤四十六件，棉胎六条；沈姓小孩棉袄两件；蔡福芹男女布棉夹袄裤二十三件，帽子七十二只，鞋子十六双，布袜六双；周姓单夹棉袄裤九件，代乳粉一瓶；吴县第一高等小学校大小旧棉衣裤十件，又信教室饼干大洋四元、小洋十二角、铜元二千五百文；韩菊仙鲜肉十七斤，小衣裤十二件，帽子二只。

原载《吴语》1924 年 10 月 29 日

张卜熊启事

鄙人前任上海红会职务，现已事赢返苏，仍在接驾桥本院照常应诊。特此通告。

原载《吴语》1924 年 10 月 29 日

中国红十字会吴县分会通告

查本分会入会会员应领章照，业经登报通告，自十月五日起，每日上午十时至下午四时止，在本办事处先就领到各件分别发给在案。所有普通会员佩章，现经红十字会总办事处寄到一千三百份，尚少三百份左右。除由本分会另再函请补寄外，特将前项寄到佩章自即日起先行给赠，应请普通会员按照上开时间携带凭照到本办事处领取。至于参加会员，亦应检取原有凭照及本分会草收据，送会加章，并倒换正式收据，以昭慎重。再：截至十月十六日止，新入会会员章照亦已到齐，即望随带前发收据来处倒换，如有尚未填写介绍书者，仍请到处补填。特此通告。

原载《吴语》1924 年 10 月 31 日

遗失红十字袖章声明

兹因鄙人由长江赴申途次，遗失皮夹一只，内藏银洋不计，并有吴县分会发给红十字第三千七百十一号袖章一副，一并失去。现已函告本会作废无效外，特再登报声明。

潘绶之启

原载《吴语》1924年11月2日

中国红十字会吴县分会第三次敬谢诸大善士启事

查敝分会所收捐助银钱衣物等件，业经两次登报鸣谢在案。兹将十月份下旬十一天所收诸大善士乐助银洋物件，除仍掣给收据并汇造报销外，谨登报端，藉扬仁风。（捐户姓名及所捐物件品数如下）

方保生大小旧棉夹衣裤十二件，大洋三十元；□兰苑唐公馆衣帽鞋袜共四十五件；女子公益社大洋五十元；县立第二高等小学校经募大小男女衣鞋帽袜一百三十二件；费仲深平社经募新棉胎一百条；□伯□经募大洋六十元；周紫翁大洋二十元；庞复庭大洋十元；顾谓琦大洋二元；钱强斋大洋三元；临南公社经募各大善士夹裤棉衣单袜七十件，鞋帽五扎；陶晓湘棉夹衣裤廿件，鞋袜一扎；姚太太衣裤二十六件，□袜三双，男女帽十二只；姚盛卿衣裤鞋袜帽等八十六件；第八十三收容所盆子三十只，碗二百五十只，米十担，萝葡十二蒲包，竹筷五大把；县立第□高等小学校衣裤念七件，帽袜一扎；道教公会私立进德小学校衣裤帽鞋念八件；顾蕙记大洋十元；岳香华棉衣念八件，鞋子四十七双，袜三十二双，帽子四顶；殷颂亮大小衣□一百件，帽三只；潘郑氏太太捐助第四收容所大洋五十元；程家弗男女棉衣十八套；高等审判厅旧单制服十六件；□记孩奶粉洋六元；宋悌大洋十元，鞋、帽各一扎；万姓旧衣帽十九件；吴县第□高小学校旧衣裤八件；彭女士旧帽六顶；平吕氏第三次经募衣裤廿件，袜一扎。（未完）

原载《吴语》1924年11月4日

中国红十字会吴县分会第三次敬谢诸大善士启事

查敝分会所收捐助银钱衣物等件，业经两次登报鸣谢在案。兹将十月份下旬十一天所收诸大善士乐助银洋物件，除仍掣给收据并汇造报销外，谨登报端，藉扬仁风。（捐户姓名及所捐物件品数如下）

小隐庐新小棉袄裤三十二件，帽子十六只，旧衣十二件；隐名氏□子一包，饼干二十二瓶，旧马甲一件，套裤一双；良记鞋袜料约十元；徐才之旧衣鞋袜帽共一百十三件；南濠林君旧衣帽廿一件；张仲青、周知华新棉衣裤三十六套；苏稼秋旧衣念五件；汪姓旧衣裤三十二件；美孚行周及仆人旧衣十件；黄驾□奶粉洋二元；曾老太太旧衣三件；周老太太旧衣十四件；张姓旧衣六件，尿布一方；周姓大洋二元；载老太太衣裤十四件，袜八双；许老太太衣裤六件，棉胎一条，袜三双；潘姓大小棉衣七件；张竹君棉花马甲八件；徐姓旧衣等四件；学士街徐衣裤十四件；无名氏医药费洋十元；金文卿太太哺乳灾民洋十元；周冠春女士哺乳灾民洋十元；金珊之女士哺乳灾民洋十元；沈丹忱女士哺乳灾民洋十元；金明台哺乳灾孩洋一元；袁同荪哺乳灾孩洋一元；金式如哺乳灾孩洋一元；金□真哺乳灾孩洋一元；□敬修哺乳灾孩洋一元；沈春葵哺乳灾孩洋一元；县立女子高等小学校卷膀二双，旧大小衣裤四十二件，尿布鞋袜三扎；位育堂大洋十元；庞志□大洋二百元；苏州市第九小学校棉衣裤十八件，小鞋□双。（未完）

原载《吴语》1924年11月5日

卜熊医院启事

敝院长卜熊发博士前应上海总红十字会□电，相聘在总医院任割症之职。因职务重要，必须亲自主持，以致不克分身来苏。近今兵士相继出院，难民亦陆续回籍，故医务一项渐告结束。兹为便利病家起见，敝院长已急急返苏，照常候症。特此通告。院址：接驾桥五十五号。

原载《吴语》1924年11月6日

中国红十字会吴县分会第三次敬谢诸大善士启事

查敝分会所收捐助银钱衣物等件，业经两次登报鸣谢在案。兹将十月份下旬十一天所及诸大善士乐助银洋物件，除仍掣给收据并汇造报销外，谨登报端，藉扬仁风。（捐户姓名收所捐物件品数如下）

祝总青女士棉衣裤二十件；□生记大洋二元；证记大洋三元；益大鲜肉十斤；陈子仙棉夹衣裤廿四件，鞋子八双；潘少白棉夹衣六件；袁振声棉夹衣十一件；惺冶居士帽子八顶；许瑞卿盐鱼十斤；赵太太棉衣六件；陆许太太棉衣九件；许君衣裤五十二件，帽子念一顶；祝小庄棉夹单衣念四件；周君棉夹单衣十三件；朱君棉夹衣十一件，鞋袜三双；彭圣久馒头二百十个；胡君棉夹衣念一件，鞋、袜各一提；隐名氏馒头二百个；万康酱乳腐一罐；傅君鲜肉十斤；尤君棉衣五件；仁和昌萝葡干二担；电器厂棉夹衣三十五件，鞋子十一双，袜八双；源泰昌大、小洋烛各一箱；盐公堂食盐一担；周顺兴桑梗一千斤，木花五百斤；程燕记新棉袄裤一百六十件，新被念条；程鳌记新棉衣裤八十件，被念条；小隐庐新小棉袄裤念件，旧衣三十件；第八十一收容所萝葡干三十斤，火油听半，白米五石，食盐七斤，便桶四只，蚕豆一斗，草纸五捆，菜油十二斤，盐菜四罐；潘宅旧衣裤廿九件；平昌氏第二次经募衣裤八十五件，鞋帽袜二扎。

原载《吴语》1924 年 11 月 6 日

中国红十字会吴县分会第四次敬谢诸大善士启事

查敝分会所收捐助银钱衣物等件，业经三次登报鸣谢在案。兹将十一月份上旬十天经收诸大善士乐助银洋物件，除仍掣给收据并汇造报销外，谨登报端，藉扬仁风。计开：

沈挹之大小衣裤七件，卷膀一双；盛家□项□衣二十件；周渭石新小棉袄裤三十套；王秋畦苏州银行特别有奖储蓄存款缴过两期洋二元；吴新臣草绳十二斤；老兴成草绳十斤；江苏银行经募农遗洋二百元；吴世德堂白米十石；常州恒成裕提庄助移筵资洋十元；常州信裕提庄洋十元；苏州市立第二十三小学校小衣服十四件；雷磐如白米五石；大东阳南货十八件；无名氏旧衣裤八件，鞋六双，袜七双；商团十二支部充公旧衣三十一件；徐茂之指助灾民马德魁医药费洋廿元；苏民医院洋一百元；林苏民洋二百元；余生佳洋二百元；邹梁臣衣裤三十四件，鞋十一双。

原载《吴语》1924年11月14日

中国红十字会吴县分会紧要通告

本分会现将结束，各项佩章均已寄到。未领各会员请查照前登通告手续，于十月十七日起一星期内来会领取。过此一星期后，每逢星期日上午十时至十二时发给，其余时日恕不招待。参加会员并请注意。特此通告。

原载《吴语》1924年11月17日

中国红十字会吴县分会第五次敬谢诸大善士启事

查敝分会所收捐助银钱衣物等件，业经四次登报鸣谢在案。兹将十一月份中旬十天经收诸君大善士乐助银洋物件，除仍掣给收据并汇造报销外，谨登报端，藉扬仁风。右稿请在：

县立第三高等小学校旧操衣裤四套；李仲起旧衣裤三十二件；东吴旅社洋十元；吴椿庭洋二十元；施善畦洋三十元；陆颂候洋三十元；陶赓生洋十元；毛吟石洋十元；薛荫梅洋十元；无名氏被头一条；第七十七临时妇孺收容所面粉七袋；婴仲嘉捐助灾地洋五十元；姚佩衡又洋三十元；姚延龄又洋二十元；同升德又洋二十元；恒兴德又洋二十元；泰安恒又洋二十元；和昌永又洋二十元；恩庆堂又洋二十元；裕祥福又洋二十元；裕厚堂又洋十五元，又洋五元；朱恂如又洋四元；姚子芬又洋四元；姚松筠又洋一元。

原载《吴语》1924年11月23日

咏战事

程冠人

太息荆榛到处长，无端烽火达申杭。可怜多少男儿血，一片殷红染战场。

原载《吴语》1924 年 11 月 23 日

中国红十字会吴县分会第五次敬谢诸大善士启事

查敝分会所收捐助银钱衣物等件，业经四次登报鸣谢在案。兹将十一月份中旬十天经收诸君大善士乐助银洋物件，除仍掣给收据并汇造报销外，谨登报端，藉扬仁风。

周景鸿又洋一元；周景静又洋一元；徐肇映又洋一元；徐肇熙又洋一元；姚良寂又洋一元；第三十一临时妇孺收容所洋烛一对，洋灯六盏，豆一包，莱卜干一包，煤油一听，冬菜一罐，饭碗四十只，毛竹筷六把，面粉五袋，米一石；陆应之洋五百元；无名氏洋一百元；吴沈凤梧女士洋二十元；吴伟臣洋十元；吴祥康洋五元；屠再春洋五元；沈伯逵洋二十元；倜记新棉袄裤二百套；宏大提庄新棉被二十条；杨氏洋五元；江苏全省兴业公会洋一百元；兴业公会五省赈灾洋一百元；黄宏远堂洋五十元；见大心宝庞洋五十元；王秉青洋十六元；林楚云白米一石。（完）

原载《吴语》1924 年 11 月 24 日

时事新苏滩

老苏州

过子（了）一朝又一……朝，朝朝才有大好老。新官上任旧官出，各有能力各路道。真是天然大舞台，文武角色才全套。匣有武行戏，匣有二簧调。逍遥津，捉放曹，取成都，哭祖庙，彩头戏，洛阳桥，铁公鸡，打长毛。一歇哭，一歇笑，一歇开打弄枪刀。迁跟多，豁虎跳，飞铜叉，使单刀，一个不小心，脱手一飞刀，看客才带伤，倒灶弗倒灶，霉头触得半天……高。

新戏看得呒趣……道，还是寿星唱老调。说到苏州市面上，各行各业各字号，近来生意打折头，老班才是呼呼叫。看看城外马路里，瞎子买蛋大弗照，戏馆弗开锣，堂子弗相交，袁大人，杨大少，张三李四才弗到，不知为点啥路……道。

有位社长卯金……刀，请求军警各当道，保护马路各商家，现在统统接洽好。城内警察护，城外军队保，如匪徒，敢窃盗，准许就近去报告，马上请吃利之……佬。

苏州地方呱呱……叫，慈善事业啥盖照，因为灾区各灾民，饥寒交迫不得了。十字会，各学校，棉衣办好几万套。送到各灾区，黄渡朱家桥，不论老，不论少，见人头，派一套，格种善事好不好，活到大年夜，还有两条硬年……糕。

原载《吴语》1924年12月5日

中国红十字会吴县分会第七次敬谢诸大善士启事

查敝分会所收捐助银钱衣物等件，业经两次登报鸣谢在案。兹将十月下旬十一天所收诸大善士乐助银洋物件，除仍掣给收据并汇造报销外，谨登报端，藉扬仁风。（捐户姓名及所捐物件品数如下）

陶桂一男女大小衣裤、兜帽鞋十八件；周渭石大洋二百元；无名氏大洋一百元；金业交易所大洋一百元；朱献记大洋一百元；顾珍记大洋三十元；留余堂洋五元；周豹元洋五元；无名氏洋十元；朱子雍洋三十元；郑燕山大洋一百元；润泽堂大洋十元；吴慈湛大洋一百元，顺记大洋二百元；杨荫记洋二百元；教经堂洋四十元；顾先记洋三十元；杜萧谱洋十五元；周文石洋五元；汪新斋洋五十元；宝泰号洋二十元；乾妙居士洋三十元；永思堂洋十元；尤慧贞、尤兰英棉袄裤六件；褚振华棉袄裤帽十七件；马毓芳棉马褂绒衫二件；黄孟如大棉马褂棉袍二件；沈清和棉袄一件；杨德贞、杨美贞棉袄裤褂袍七件；王颖婉、王令娴、王原达棉袄、裤袍、绒衫十一件；卢佩芬、卢小琳棉袄、绒衫三件；李韵静、李明琦棉夹袄衫五件；金惠芬棉袄一件；吉祝平夹裤一条；顾祖俭棉衣三件；顾蕊芝棉袄一件；项蕴文、项蕴华棉袄四件；岳瑞瑛棉夹衣裤四件；王橘芬棉夹等衣十一件；王珊记棉袄一件；王静记棉袄一件；俞绳武棉衣六件；王锡陛衣服二件；袁耆龄、袁延年棉衣二件；袁恭寿、袁延年棉袄裤二件；金汉桢衣裤二件；薛季任、薛时衡棉衣四件；顾先生夹裤一条；蒋纫兰、蒋文兰棉衣三件；陈元鋆棉裤一条；尤兰英棉裤一条；尤奇林棉裤袍三件；王恒棉袄裤二件。（未完）

原载《吴语》1924 年 12 月 14 日

中国红十字会吴县分会第七次敬谢诸大善士启事

查敝分会所收捐助银钱衣物等件，业经两次登报鸣谢在案。兹将十月下旬十一天所收诸大善士乐助银洋物件，除仍掣给收据并汇造报销外，谨登报端，藉扬仁风。（捐户姓名及所捐物件品数如下）

沈松林、沈望林、沈□林棉袄裤三件；程佩宜棉袍一件；朱章华棉袍一件；沈树本棉袍马褂二件；孙梦环棉裤袍三件；孙西生棉套裤一双；侯桂贞棉袄一件；魏□男棉裤马甲二件；陆琪贞棉袄一件；吴瑞焜棉袄马甲二件；彭庆修棉袄一件；许兆椴棉袄马甲三件；陶罗珊棉袄一件；陈如兰棉袄套裤二件；庞文贤棉衣等四件；振记棉套裤马甲二件；王若霖旧衣裤十五件，鞋子二扎；胡蒋侠如中棉衣裤三十套；汪鼎洋九元六角；顾竹庵四元八角；顾欣伯三元四角；杨南琴三元四角；陈晋贤洋两元四角，又小洋五角；汪怡之二元四角；蒋乳虎洋二元四角；徐印若洋二元四角；汪毓周二元四角；赵孟韶洋二元四角；祁陶甫洋二元四角；徐畴青洋二元四角；省立二中学生会洋六十元；省立二中溧阳同乡会洋一元；省立二中常熟同乡会洋一元；省立二中高二乙组数学系学生大洋一元二角二分；省立二中全体学生小洋三百三十一角，大洋三十三元七角八分；省立二中学生唐景贤代募唐仲芳洋一元，小洋四角；省立二中全体教职员学生棉衣裤二十七件；徐筱珊经募代做棉衣被施放灾区；苏州钱行同人大洋二百元；洪少甫洋一百元；徐筱珊洋二十元；王□山洋二十元；徐□敏洋十元；徐琴芳洋十元；王达三洋五元。（未完）

原载《吴语》1924 年 12 月 15 日

中国红十字会吴县分会第七次敬谢诸大善士启事

查敝分会所收捐会银钱衣物等件，业经两次登报鸣谢在案。兹将十月下旬十一天所收诸大善士乐助银洋物件，除仍掣给收据并汇造报销外，谨登报端，藉扬仁风。（捐户姓名及所捐物件品数如下）

屠培成洋五元；高蟾香君经募代做棉衣被施放灾区；叶永元洋五十元；吴慈堪洋十元；高梓琴洋五元；上海乾昌衣庄洋五元；朱江秀洋二元；沈王氏洋二元；李祖均洋一元；汪松溪洋一元；洪受百君经募代做棉衣被施放灾区；洪寿理洋二十元；洪受百洋二十元；李耆卿洋十元；南京东南银行洋十元；素心书屋洋十元；江禅山洋四元；蒋绍吕洋二元；蒋仲和洋一元；吴维馨洋一元；洪五太洋一元；洪张氏洋一元；李桐生洋一元；张春荪洋一元；魏际堂洋一元；蒋景贤洋一元；洪叔鲁洋一元；缪士衡洋一元；张震东洋一元；罗定如洋一元；姚德卿洋一元；王鼎臣君经募代做棉衣被施放灾区；王鼎臣洋□十元；刘念椿洋十五元；无名氏洋十元；洪少圃洋五元；王勖甫洋五元；侯紫纶君经募代做棉衣被施放灾区；董慎卿洋二元；侯筱松洋二元；双林苑王太太洋一元；南濠街罗太太洋一元；桃花坞朱太太洋一元；徐志达洋一元；徐太太洋一元；华太太洋一元；严太太洋一元；杨太太洋一元；邹太太洋一元；沈平氏太太洋一元；李鸿文洋一元；孙化南洋一元；孙干城洋一元；鲁莲福太太洋一元；吴寿鹏洋一元；王孟文洋一元；隐名氏小洋四角。（未完）

原载《吴语》1924年12月16日

中国红十字会吴县分会第七次敬谢诸大善士启事

查敝分会所收捐助银钱衣物等件，业经两次登报鸣谢在案。兹将十月下旬十一天所收诸大善士乐助银洋物件，除仍掣给收据并汇造报销外，谨登报端，藉扬仁风。（捐户姓名及所捐物件品数如下）

王□宇君经募代做棉衣被施放灾区；采芝斋洋五元；嘉穗芳洋二元；王老太太洋一元；何懿福洋一元；张少梅洋一元；吴永发洋一元；

程□厂洋一元；黄醉菊洋一元；韶湘女士洋一元；王少太太洋一元；严子明君经募代做棉衣被施放灾区；严慎远庄洋十元；子记洋二元；无名氏洋一元；王惠记洋二元；唐仲芳洋一元；顾叔英君经募代做棉衣被施放灾区；王际平洋五元；顾叔记洋三元；菉葭子洋两元；顾文钦洋两元；王星角洋二元；李漱六君经募代做棉衣被施放灾区；绵力氏洋五元；颍川氏洋二元；徐咏春洋二元；河南氏洋两元；果畏三君经募代做棉衣被施放灾区；李翰卿洋二元；王郇膏洋一元；潘兆林洋一元。（未完）

原载《吴语》1924 年 12 月 17 日

中国红十字会吴县分会第七次敬谢诸大善士启事

查敝分会所收捐助银钱衣物等件，业经两次登报鸣谢在案。兹将十月下旬十一天所收诸大善士乐助银洋物件，除仍掣给收据并汇造报销外，谨登报端，藉扬仁风。（捐户姓名及所捐物件品数如下）

董孟玉君经募代做棉衣被施放灾区；孙董氏洋一元；董孟玉洋一元；王麟石君经募代做棉衣被施放灾区；程杏生洋一元；吴进召洋一元；吴县公立第一小学校职教员、学生募集衣裤等共计三百四十件；蒋□余旧衣十一件；无名氏新棉衣裤一百套；无名氏新中小棉衣裤二百套；无名氏新棉衣裤四十套；汪太太新棉衣裤一百套；中国银行洋一百元；无名氏洋五十元；上海银行洋二百元；交通银行洋五十元；隐名氏洋五十元；江苏银行洋□百元；孙伯翔洋五十元；田业洋一百元；兴业银行洋二百元；东南银行洋六十元；淮海银行洋五十元；杭伯华大洋五十元；方少云洋十元；陆质卿洋十元；陆龚氏太太洋十元；隐名氏银锭二只，计十两八分。（完）

原载《吴语》1924 年 12 月 20 日

中国红十字会吴县分会敬谢

潘子义、潘子起先生敬承先志，移助赙金银一千元充作本会救济灾民之用，谨代灾民九顿以谢。

原载《吴语》1924年12月26日

1925年

中国红十字会吴县分会第九次敬谢诸大善士启事

查敝分会所收捐助银钱衣物等件，业经两次登报鸣谢在案。兹将十二月份下旬十一天所收诸大善士乐助银洋物件，除仍掣给收据并汇造报销外，谨登报端，藉扬仁风。（捐户姓名及所捐物件品数如下）

吴门再生氏大洋二十元；临风醉月轩大洋二元；盆月轩大洋二元；求是斋主大洋二元；安吉堂成大洋二元；蒋佩初洋二元；旅津同乡兵灾救济会大洋二百元；吴云盦君经募丁王希韫新棉衣裤五十套；谢通天洋十元；王鼎臣君经募指定充作灾区棉衣被经费；徐斌大洋五元；又徐芬记洋三元；徐雪记大洋二元。

原载《吴语》1925年1月9日

恭贺春厘

恭贺春厘。

中国红十字会吴县分会鞠躬

原载《吴语》1925年1月27日

恭贺春厘

恭贺春厘。

吴县红十字会第一救护队李云生鞠躬

原载《吴语》1925年1月28日

中国红十字会吴县分会紧要通告

本分会雇用轮船派队护送居民避往上海，一切费用均由本分会担任，并无向人索取船资。间有鉴于本分会经费竭蹶愿助捐款者，除填给收据外，容当汇案，登报鸣谢。如有假借本分会名义混用旗帜、诈取船价，或造作谰言，毁坏本分会名义等情，均应查究。特此通告。

原载《吴语》1925年2月2日

中国红十字会吴县分会紧要通告

查本分会所发印布、袖章、旗帜，均有本分会图记并编列号数，谆嘱各职员于服务时慎重佩用。现闻城厢内外发现自制红十字印布、袖章、旗帜，盖印他项机关图章，关于本分会名誉既大，关于自身危害尤非浅鲜。除派员调查外，用再登报劝告，幸勿自误。此布。

原载《吴语》1925年2月2日

中国红十字会吴县分会启事

本年一月间，锡常一带发生战事，苏沪交通断绝。吾苏居民恐遭危险，纷纷来会请求救护。特由本会雇定专轮数艘，派员分批护送至沪，计共用去洋二千九百五十五元五角八分。当蒙搭趁各轮诸大善士有鉴于本会经费竭蹶，解囊捐助，合计洋三千四百念八元。谨将当时所收捐户姓名、数目及支出各项登报通告，以昭大信，而表谢忱。

此启（未完）

原载《吴语》1925年3月11日

中国红十字会吴县分会启事（续昨）

捐款项下共洋三千四百二十八元：李武诚、张辅卿、吴春海各二百元；潘轶仲、潘季瞻一百五十元；顾珏荪、自得庐、彭叔华、丁毓青、钟慰臣、张季常、潘岁可各一百元；邹梁臣、蔡绶臣、何矩门、顾选青、杨耀鸾各五十元；周杏溪、振亚公司四十五元；潘养安、周范溪、潘笙龙、袁鹿笙、吴铭新各四十元；李云甫、杨学才、江镜心各三十五元；秦第花、金觉生、卫盘伯、江志和、王养之、徐筱舫、王剑英、潘少伯、胡佩卿、周一鳌各三十元；王济田、邹郑叔、倪季良、史锦卿各二十五元。（未完）

原载《吴语》1925年3月12日

中国红十字会吴县分会启事（续昨）

贝仲龄、邵仲英、郭辅成、顾幼兰、吴寿山、汪植安、沈祖德、江志□、王春舫、汪蔚青、叶少卿、费季昂、严张鼎、孙筹成、胡星若、吴子寿各二十元；章伦伯十六元；施云龙、王良卿、林厚之、周荣根、江志和、王亦民、吴□成各十五元；汪蕙青十二元；贝丰庚、周凤瑛、蒋乳虎、胡芝楣、马望屺、陶淡安、闵韩氏、孙绥珠、江镜心、徐子卿、朱伯英、袁良乎、夏二和、祝伯旗、王梅仙、吴馥成、王庚舜、郭学廷、杨济之、华子仪、屈太太、盛载荣、马柏生、沈协平、顾松涛、李笑侣、万铸九、陆振舟、杨德昌、朱献文各十元；杨女士、黄女士、沈拜言各八元；汪葵□六元；徐镜清、韩乐吾、彭小峰、蒋达微、潘介蒂、田柏龄、高受伯、车润卿、彭慰曾、顾新卿、陆明秋、汪葵生、顾选青、陈端老太、唐直夫、萧星槎、张氏、张云槎、吴福顺、叶少卿、姚荫荪、田鉴堂、唐汉良、陈雨权、王秋生、载雨人、李伯康、贝吉六各五元；潘向孙、陈省吾、徐幼亭、倪楚白、徐咏春、汪乐宝、邹鲈文各四元；袁锦定、赵士介、孙念荪各三元；梅朗丞、林三和、胡仲平、钟汉庭、沈海□、沈雷渔、蒋薇初、彭性初、葛子仁、孙琴轩、鲁如锦、钱善甫、金小白、蒋明甫、陈文伯、徐文农各二元；顾宝善、陆懋卿、张女士各一元。（未完）

原载《吴语》1925 年 3 月 13 日

中国红十字会吴县分会通告

本会现设临时时疫医院两处：一在城内旧学前平江书院旧址，一在城外钱万里桥更生医院附近铁房子内。并附设分院六处：（一）阊门外省立医院，（二）燕家巷县立医院，（三）天赐庄博习医院，（四）齐门外福音医院，（五）阊门外铁香炉苏民医院，（六）张广桥下塘持德医院。以上各医院均于旧历五月十一日开办，每号只取号金铜元六枚，医药不取分文，不分昼夜，随到随诊。院中经费悉由本会担任，并未派人在外募捐。倘蒙善士乐助，务祈迳交本分会，随时填给收据，以昭慎重。特此通告。

原载《吴语》1925 年 7 月 2 日

中国红十字会吴县分会临时时疫医院通告

本分会以时届夏令，为预防疫疠起见，本博爱慈祥之主旨，特设临时时疫医院两处：一在城内旧学前平江书院，一在城外钱万里桥更生医院附近铁房子内。另设分院六处：第一分院附设阊门外省立医院，第二分院附设燕家巷县立医院，第三分院附设天赐庄博习医院，第四分院附设齐门外福音医院，第五分院附设阊门外铁香炉苏民医院，第六分院附设张广桥下塘持德医院。以上各医院均已于七月一日（即旧历五月十一日）开办，每号只取号金铜元六枚，医药不取分文，不分昼夜，随到随诊。

近日时疫流行，势甚可怖，一经发现，往往不明治疗之方，以致耽误生命，殊为可怜。红十字会创办之时疫医院已有多处，凡患者，宜速往求治，定可获救。第恐未及周知，爰将各项治疫医院之所在地及其定章汇列于已（右），俾患病者就近求治，以免耽误，谨请公鉴。（此处广告均为程寅生送登）

原载《吴语》1925 年 8 月 13 日

虎军入境

老苏州

近来苏州各城……镇，发现霍乱虎烈军。其势来得真凶勇，碰着无不小性命。前敌先锋将，就是瘟将军，一路冲下来，如入无人境。苏州幸亏得，红会十字军，信息得来早，先事才端正。分兵六大队，扎在六城门，用注射，药水针，以备虎军杀进……城。

说到各路各司……令，待吾唱拨诸公听：第一路在天赐庄，美国老将柏乐文；第二路在四摆渡，小辈英雄惠更生；第三路司令，阊门林苏民；第四路是余生佳；第五路是陈鲁珍；第六路是徐维达，个个才是大本领。军械亦是好，战法又精明，外国人答话，佛立咕笛那摩……温。

警告各家当家……人，快点组织准备军。大街小巷去调查，垃圾瓜皮扫干净，使得虎奸细，无处好藏身。无线路，不通音，敌军不敢杀进城。夜里□，要当心，恐其敌军来偷营。军需要常备，饮食要卫生。古人有句常言道，为人须要预防心，就叫篱笆扎得紧，外面野狗攒弗……进。

原载《吴语》1925 年 8 月 15 日

中国红十字会吴县分会志谢

兹将敝会自五月起至八月十五日止收到各善士捐款登报宣布，藉扬仁风，而昭大信。

善士捐款表如下：冯超然五十元，雷子凡二十元，涵雅记三十元，雷梓记五元，冯翎安五元，海记二元，炽记二元，锜记二元，信记二元，熹记二元，樊记二元，光裕堂丁二元。

原载《吴语》1925 年 8 月 17 日

中国红十字会吴县分会紧要启事

本分会去秋成立以来，所办一切慈善事业经费，幸蒙各界好善君子慨助巨款，藉资开支，殊深感荷。本年五月间，同人等以兵灾之后易生疫疠，筹设临时医院两处，专治一切时疫，不分昼夜，随到随诊。重者并可住院调治，每号只取号金铜元六枚，医药不取分文。又因便于病人起见，另托省立、县立博习、福音、持德、苏民各医院为本分会临时时疫分院，于七月一日同时成立，当经登报在案。近因天气不正，疫气盛行，各医院踵门求治者实繁有徒，而旧学前、钱万里桥两处所设病房已有人满之患，急待扩充，以符红十字会博爱慈祥之主旨。惟秋暑正酷，来日方长，本分会经费困难，尽人皆知，力绌愿宏，难乎为继。惟有吁恳我父老昆弟、诸姑伯姊，同深恻怛，解囊相助，俾本分会所设各医院应需各项费用得以源源接济，不致中途告辍与。夫患病者多活一人性命，皆出自诸大君子所赐也。再：本分会并无募启在外派人募捐，如荷慷慨捐赠，请迳送至王废基公园图书馆内本分会收纳，随时掣给收据，并登报鸣谢。

谨启

原载《吴语》1925 年 8 月 19 日

吴县红十字会承诸善士捐助本会时疫医院经费特此鸣谢

殷颂亮大善士续助洋十元，南阳世家大善士洋念元，吴恒荪大善士洋一百元，杭伯华大善士洋念元，费仲深大善士喜礼移助洋一百元，雷诵芬堂大善士洋念元，贝海寰大善士代募洋二十三元。（以上自阳历八月十六日计起，至九月二日为止，以收到先后为次序。）

原载《吴语》1925 年 9 月 4 日

吴县红十字分会改选议事员通告

本会现届第一次改选议事员之期，业经按照分会通则第十二条，抽签改去议事员三分之一在案。兹定于十月十八日（阴历九月初一日）上午九时起至十二时止，开会员全体大会，选举议事员八人。下午二时，当众开票。应请本会会员届时携带入会凭照，准时驾临苏城皇废基公园图书馆内本会办事处，领取选举票，依法选举。恕不另函通知，幸不放弃，是所盼祷。

原载《吴语》1925 年 10 月 17 日

吴县红十字会紧要通告

兹因时疫肃清，本会前办医院两处于本月二十一日起停止诊治，办理结束。特此通告。

十四年十月十九日启

原载《吴语》1925 年 10 月 21 日

吴县红十字分会改选议事员日期通告

本会原定改选议事员日期，前因时局关系，屡缓举行。兹定于阴历十月初一日上午九时起至十二时止，开会员全体大会，选举议事员八人。下午二时，当众开票。应请本会会员届时携带入会凭照，准时驾临苏城皇废基公园图书馆内本会办事处，领取选举票，依法选举，恕不另函通知。特此通告。

原载《吴语》1925 年 11 月 7 日

1926 年

介绍名医德医方嘉谟

先生在同济医科大学毕业后，服务于上海宝隆医院。今夏本会开办时疫医院，同人等聘请来苏。凡患时疫险症及一切内外杂病者，来院求治，无不立奏奇效。现在医院已告结束，而方君仍拟回沪。经同人等一再挽留，乃承勉徇所请，择于十月十二日悬壶于钮家巷十三号，爰为登报以告病家。

吴县红十字会会长贝理泰，副会长潘利谷、潘起鹏，理事长钱鼎，理事费树蔚、杭锡纶、蒋□华、朱辅成，议事长宋铭勋、季厚伯同启

原载《吴语》1926 年 1 月 6 日

苏州临时慈善筹备会

敬启者，亳州兵灾，焚劫遍地，见者酸鼻，闻者寒心。苏鲁之间流离载道，同人等筹捐筹赈，竭蹶不遑。苏州三次被兵，幸□天佑，积善获报，人心所同。爰特商垦上海共舞台园主，全班艺员来苏演戏十一、十二、十三三日。所有戏资全数委托济生会，派员出发充赈。慨蒙允许完全义务，谅各界诸君无不乐从也。

吴荫墙、贝理泰、钱鼎、曹元恒、刘正康、宋铭勋、黄金荣、张一□、曹岳申同启

原载《吴语》1926 年 1 月 23 日

苏州临时慈善会紧要启事

兹因亳州兵灾重大，业经同人等发起演戏三天，筹款赈济。所有预

印戏券七千张，现已分送各机关、各团体暨诸大善士。恳请分别担任慨予施将其应付戏资，务请三日内如数送交东吴旅社七号临时事务所，以便汇交济生会，即日派员分往灾区散放。事关慈善，诸希垂察。

原载《吴语》1926 年 1 月 24 日

费仲深启事

七月间长男完婚，以亲旧朋好宠锡隆仪移充善举，并登报鸣谢，度邀公鉴。比者次儿结缡已月余矣，谨以诸君所赐，为诸君造福，仍援前例，藉谢高情。计：开元墓、万佛阁三百元，亳州灾赈一百元，吴江红十字会一百元，盛泽施粥厂一百元，南京感化园五十元，天津兵灾赈恤会五十元，积善局施米五十元，苏城内外贫民习艺所五十元，苏城内外施粥厂二百元，均经分别致送。再：两儿婚事中宾朋络绎，照料未周，愆慢疏忽，知所难免。谨掬歉忱，统希垂谅。

原载《吴语》1926 年 2 月 6 日

介绍医学士李云之

李君卒业于日本冈山医科大学，归国后曾任吴县红十字会临时医院及上海福民医院医务，学问经验均极丰富，于内科、儿科尤所擅长。今设诊所砂皮巷三号（电话一六六八），爰为介绍，已告病家。送诊：上午八时至十时，号金小洋一角。门诊：上午九时至十二时，诊金号金大洋四角。出诊：下午二时至八时，诊金二元，号金一角，车资六角。种痘：每人大洋五角，注射及戒烟等取费从廉。

宋绩成、陈惠农、潘砚生、贝哉安、冯心支、金松岑、钱梓楚、刘正康同启

原载《吴语》1926 年 4 月 26 日

戏拟组织红十字会征求同文

医学士徐孟翁

慨念吾吴，自经仇执政手辟战场以来，兵连祸结，已非一日。双方才士经笔锋之横扫，呕尽心血而受伤毙命者，不知凡几。致笔架山畔，暴骨如纸；砚水池内，流血成墨。本医士目击心伤，惄焉忧之。爰本悲天悯人之宗旨，发起组织红十字会于管城中，兼立救护、掩埋二队，同时出发，俾收指臂之效。但战区浩大，同志稀少，顾于此，不免失于彼；救于东，万难及于西。因此广为征求，共襄善举。如有当仁不让、见义勇为之士，愿尽义务而加入本会者，本医士无任欢迎。或慨解书囊，捐助珠玉，亦所铭感。若得早日成就，不特为投稿诸君造无疆之福，且为吾吴将士积无穷之德也。

此启

原载《吴语》1926 年 4 月 27 日

吴江红分会之近事

吴江红十字会会长费仲深，今春议决：春秋布种牛痘，夏秋施诊给药，以嘉惠贫病。现在夏令已届，该会昨日开会讨论夏令卫生事宜。议决大略：一、开备施医药局，聘请本城中西医士担任诊务；二、清洁街道，添雇清道夫，洗扫城厢街道；三、施送痧药，购备十滴药水、痧药、避瘟丹等施送云。

原载《吴语》1926 年 7 月 17 日

吴县红十字会第一时疫医院鸣谢各大善士捐款

芰裳氏五十元（晋生庄经募），殷颂亮十元，城中饭店二元。

原载《吴语》1926 年 8 月 10 日

颜忍公启事

夏历兹月十九日为小儿和生周岁之辰，乃承诸亲友宠锡赐贺又惠锡多，更荷光裕社杨月槎、周亦亮、田怡良、金耀荪、陈芝峰、王畹香、周筱春诸社员公送会书，猥以愧不敢当，随将原礼奉璧外，本拟薄治粗肴，聊答盛意，又以秋暑未退，馆蔬不洁，未敢轻举。爰申微意，聊将筵资一百元移助红会第三时疫经费，敬为诸君子造福。特此披露，务祈公鉴。

此启

原载《吴语》1926 年 8 月 29 日

发起陆仲英先生追悼会启事

迳启者，大慈善家陆公仲英逝世噩耗传来，同深哀悼。敝会等特发起举行追悼会，定阳历九月十二日（阴历八月六日）下午三时，假座菉葭巷临平公社开会筹备。如蒙各团体暨各界人士赞成加入，届时请派员出席为荷。

吴县红十字会、苏州救火联合会、青年会、商团第九支部、临北市民公社、临平市民公社同启

原载《吴语》1926 年 9 月 9 日

红会时疫医院之近讯

红十字会，今夏在城内外办理之第一、二、三时疫医院，成绩至佳。现该会以上列各医院均系临时性质，兹届秋凉，疫气渐消，而赴院求治者亦日益减少，业经决定于本月月底一律撤销，以资结束。据闻三处医院，以长洲署内之第一医院比较最善。今有朱某其人者，因患急痧，势将垂毙，为该处医院救活，特于昨日雇人送往匾额一方，以为表

扬。惟闻本年所用经费，则较前届为巨云。

原载《吴语》1926年9月27日

红会时疫医院一律结束

吴县红十字会，现以秋暑渐消，疫气已衰，该会所设第一、二、三等临时时疫医院，现已定于夏历九月初一日起一律停诊，以资结束云。

原载《吴语》1926年10月6日

1927年

排长伤愈后仍赴前方工作

第一军十四师四十一团三营八连排长章鸿伟，由广东出发到杭。三月间因受伤，遂留于杭州红十字会医院疗治，现已痊愈。拟仍往前方，归营工作，无如川资缺乏。前日下午六时许过苏，遂往北区警署陈明原由，并请验符号，要求酌给川资。钟署长据报后，遂留于该署膳宿。翌日章排长即行动身。

原载《吴语》1927年6月15日

中国红十字会吴县分会时疫医院来函

敬启者，敝院于本月十日准上午九时行开幕礼，务请各界惠临。除分发请柬外，恐有遗漏，特再奉邀。

院址：护龙街北寺内。

原载《吴语》1927年7月10日

中国红十字会吴县分会第一临时时疫医院通告

本医院业于七月十日（即旧历六月十二日）起开诊，专治疫症，不分昼夜，随到随诊。轻症给药，重症住院，概不取资。

院址：城内护龙街北首北寺内；电话：一千四百四十四号；附告：本年附设特别病房便利病家。

原载《吴语》1927 年 7 月 17 日

中国红十字会吴县分会第一临时时疫医院代制及赠送痧药水

本医院鉴于市上出售之痧药水（即俗称十滴药水）质料混杂，贻误非浅，特由本院著名德医陈鲁珍、方嘉谟、秦道源、吴尧祥、杨兴龄五医师依照德国最新方法拟定新方，配置痧药水一种，专治轻症霍乱所用，高贵药料均非市上营业出售者所肯用，每瓶约重十二格兰姆，原料药价在五分以上。本拟一律赠送，惟因成本太贵，且赠送分配往往需要者不能多得而得者反多弃置，不能普及。爰改为代制办法，每二十瓶收回成本洋一元，瓶匣仿单等由院赔贴庶几。各市、各乡、各机关可以视其需要之多少委托代制，而资普及。惟因手续一系暂以二万瓶为限，百瓶以内可以现取，多须三日前通知。其外，另行提出五千瓶赠送各界，赠送办法：凡个人来院注射防疫针者，各赠一瓶；团体由本院酌量赠之；其他则由宣传队随带分送。再：代制品概由北寺本医院直接取药，并不委托任何商店及机关代理。特此通告。

原载《吴语》1927 年 7 月 25 日

中国红十字会吴县分会第二临时时疫医院开幕通告

本医院专治轻、重霍乱痧症，与第一医院一律办理。

院址：阊门外大马路宁波会馆；时间：不分昼夜，随到随诊，重者留院医治；药资：药资医费不取分文；开诊日期：七月念九日，即旧历七月初一日；免费注射预防针：凡来院注射预防针者，亦不取费；时间：上午八时至下午六时止；号金：每人只收铜元六枚；电话：六三四。

原载《吴语》1927年7月28日

吴江红分会施诊给药

吴江红十字分会去年施行夏令送诊给药，惠及贫病。本年该会仍循旧例开办，分中西两部：中医特聘名医王廉钦、任松孙、费石嵚、洪次青等担任；西医延请松陵医院林应璧。地点在城内市公所，已定今（初一）日开幕矣。

原载《吴语》1927年7月29日

红分会改选议事员

吴县红十字分会现届第三次改选议事员之期，业经按照分会通则第十二条，任满议事员三分之一，卸职在即，亟应补选。故定于八月二十一日上午九时起至十二时止，开会员全体大会，选举议事员八人。下午二时，当众开票。该分会会员，届时可携带入会凭照，准时至旧元和县前该分会办事处，领取选举票，依法选举。

原载《吴语》1927年8月14日

警告东区市民

近数日，本城东区第四分所辖境张香桥一带发现剧烈之真性霍乱。敝队前往宣传时，经调查所知，二日内不及救治而死者已四五人，送至敝医院求治亦有三四人。推厥原因，其传染之速均由于饮料不洁及苍蝇群集之故，而市民复不知自防。若不设法扑灭，不但该处一带市民生命可危，势将蔓延及于全城。除由敝医院函请公安局严行取缔该处一带水灶混用不洁河水及设法严防外，请该处市民从速起而自谋扑灭，并严守敝队所发各种防疫规则，或来院注射防疫针。救人即以自救，去岁前车可鉴，各界幸弗忽视，是所至祷。

附预防必知方法：（一）附近河内之生水，于洗涤碗盏及煮物，千万不可使用；（二）一切饮食物，临食概须煮熟；（三）扑灭苍蝇；（四）服侍病人之人，临食必须将碗盏沸水泡过及洗手洁净；（五）稍有病状嫌疑，即至医院求治；（六）水灶之水，必须见其确曾煮沸者方可饮用。

北寺时疫医院防疫宣传队谨启

原载《吴语》1927 年 8 月 21 日

绝命霍乱来了

连日秋热，酷烈异常，本城霍乱之传染，亦猖獗异常，其来势之迅速与危险，已不减去岁之剧烈状况，且所患多系干霍乱（医界专名谓之绝命霍乱）。其病发觉至死，不过三四小时，前警厅司法科长仲铁如之子仲恩九，即系此项干霍乱病，殁于红会第一时疫医院。现在红会第一、第二时疫医院，尚有此项干霍乱者数人，均未脱危险时期，其他不及赴医院求治而死者，闻日有数人。此项急症，发现于各国都市，时市政府及地方有人民公共卫生之责者，皆用全力预防，颇望吾苏各机关，从速起而扑灭此危机，勿使人民生今年防疫事业反不如去年军阀时代之感想也。

干霍乱之病状，不吐不泻，间有吐泻，亦不过一二次。传染原因与吐泻之霍乱相同，不过传入病菌较多，不及吐泻，心脏即行中毒，故病发现之后，十死八九。据红会第一时疫医院医生云，医治仲恩九，用药针至十二三种之多，代价须四五十元，卒无效果，亦可见干霍乱之危急矣。

又第一医院防疫宣传队，连日朝夜出发宣传，冀图扑灭疫势，因队员及经费之有限（且队员并有冒暑患病者），故柳济安君，拟即日商请市政筹备卫生科主任章君畴，及公安局卫生科长劳书一君，合议扑灭方法，以减少人民之枉死。

再霍乱传染之二大原因，为苍蝇与不洁饮料品。苏州本年因市民清洁会经费无着，不能遍浇氰化钾于坑厕，致蝇类到处群集，倘各市民公社等，从速起而扑灭苍蝇，亦防疫之要着也。

原载《吴语》1927 年 8 月 27 日

中国红十字会吴县分会第一、第二时疫医院劝募经费启事

本年时疫医院因红分会经费无着，由地方热心人士组织临时经济委员会募款，设立预算。两院经费约八千元，除由吴子深、沈惺叔、杭伯华、刘正康诸先生暨旅沪同乡会捐募外，款不敷尚巨。而入秋以来疫势猖獗，开支浩增，且已超过预算。吾苏向多好善之士，尚望源源接济，使竟全功。须知，救人一命胜造七级浮图，而传染急症诚少病源，救人亦即自救。蒙施仁惠，请赐交桃花坞吴子深先生或丁家巷刘正康先生处，当付正式收据。再：本委员会除上列二处收取捐款外，其他并无派人在外募捐之事。特此谨启。

红十字会第一、第二时疫医院临时经济委员会谨启

原载《吴语》1927 年 8 月 28 日

市民生命危机　各界速图自卫

连日苏州市霍乱急症猖獗异常，日多三四小时即死之。干霍乱在敝医院发现及敝队调查所知，死亡日有多人。初仅在东区一带，近已遍延全市，而阊门一带为尤多。请各界从速至敝医院注射防疫针及严守敝队所发各种预防方法，以自保生命之危机，是所至祷。

北寺红会时疫医院防疫宣传队警告

原载《吴语》1927 年 8 月 28 日

时疫医院有人满之患

红会时疫医院及苏州卫生会，昨致公安局及市政筹办处函如下：

迳启者，今日苏州市疫势蔓延。敝处第一、第二时疫医院，病人均已住满。而军队士兵之患疫求治，尤为众多。而两院以经费困难，又无从扩充。在此情形之下，医生职员，已继续一旬以上，昼夜不眠，有无能为继之势。来者不已，业成顾此失彼之局。而疫势之盛，则更日有所增。若不急谋救济，市民全体生命堪危，事机急迫。爰于昨日邀请贵处卫生科主任，暨公安局卫生科长、苏州卫生会干事，先行开一谈话会，谋救济方法。讨论结果，佥谓惟有陈请贵局长从速谋设第三医院，容纳病人，及扩大宣传，从事扑灭。或依照去年成例，召集地方人士共谋救济之方。事机急迫，民命堪危，务请立予施行，不胜迫切待命之至。

并附谈话会讨论结果：（一）请公安局、市政筹办处函请华严医院收受患疫病人，协助救济；（二）由市政筹备处公安局苏州卫生会第一医院防疫宣传队，组织联合防疫宣传队，并请公安局于卫生捐项下，及市政筹备处指拨经费；（三）请公安局市政筹办处两卫生科合作，沿道路取缔饮料及种种不洁食品。

原载《吴语》1927 年 8 月 31 日

红会第一、第二时疫医院敬告市民之传染时疫险症者

凡传染时疫急症，不分轻重，无论昼夜，随到随诊。如遇重症，虽一息仅存以至最后五分钟之危境，亦必为之设法救治。因之遇救活命者甚众，即他处拒绝，幸勿即认为绝望，亦不妨送院一试。并望各界好善之士，随时传述，功德无量。再：至院求治者，无论住院不住院，除挂号费铜元六枚外，医药费一概分文不取。特此谨启。

原载《吴语》1927 年 9 月 4 日

防疫声中之宣传工作

北寺第一医院防疫宣传队，已于苏地城厢内外各处，宣传防疫必要方法，并散发传单痧药，以期使社会人士咸知自动防疫。近闻该院事务长柳济安君，鉴于连日开回各军士兵之患疫者仍复不少，故特嘱令继续出发。并嘱该院夫役，浇洒青化钾臭药水等尤须认真，俾使苏地疫势不再蔓延。

原载《吴语》1927 年 9 月 10 日

红会重要人选之议改

当选本届之吴县红会正会长庞天笙、副会长陈公孟、理事长钱梓楚三君，现均不愿就任，坚请辞职。该会议事会为此于昨日召集会议。讨论结果，对陈职决再挽留，对庞职拟托张一鹏转请周渭若担任，对钱职拟改请徐浩然担任。未识能否均可达到目的也。

原载《吴语》1927 年 9 月 26 日

第一时疫医院亦结束

红会第一时疫医院开办迄今已届三月，按照原定计划应即结束。近日真性霍乱确已绝少，住院时疫病人危险期已过，业于昨日完全出院。闻三个月内除打防疫针之外，共诊病人二千余名之多，大多数均活命云。

原载《吴语》1927 年 10 月 1 日

《新华日报》上的红十字

1938 年

港团体捐款维持红十字会医疗队

（中央社讯）中国红十字会总会驻汉办事处，自将各地退集汉市之全部医护工作人员七百余人，会同该会救护委员会彻底实施改编为医疗队以来，业已竣事，并先后派往西安、延安、潼关、华阴、洛阳、郑州、信阳、南昌、长沙、衡阳、祁阳及武汉三镇等地，协助各该地军医院工作。惟该会以事业庞大，药品材料之购备需用大批金钱，前曾请求各界捐款维持。现闻该会第一、三、四医疗队经常费，已由香港国际医学筹赈会、中华医学会、中国妇女慰劳会等三团体承认，自本月份起，按月捐助三队各一千二百元，该会除将第一队更名为国际医学筹赈会医疗队、第三队更名为中华医学会医疗队、第四队更名为中国妇女慰劳会医疗队外，尚盼各界闻风兴起，踊跃输将，以竟救护事业之全功。

原载《新华日报》1938 年 1 月 15 日

国际红十字会代表返日内瓦

（中央社日内瓦十五日哈瓦斯电）国际红十字会曾在去岁九月间遣派代表瑞士人华脱维尔上校前往远东视察战区，准备援助中日两国红十字会，昨已返此，十五日曾向国际红十字会执行委员会报告经过情形。据说中国红十字会进行工作极其努力，至渠离开中国时，所委托之代表瑞士人高朗医师，现在汉口方面继续为中国红十字会服务。

原载《新华日报》1938 年 1 月 17 日

简　　讯

武昌红十字会所设两重伤医院近日开始收容，该会并大举征求会员。

原载《新华日报》1938 年 1 月 17 日

简　　讯

武昌红十字会为救护伤兵、难民起见，特组织救护、担架、掩埋等队。昨日下午五时在该会举行成立大会，并定于本月二十八日举行检阅。

原载《新华日报》1938 年 1 月 26 日

社论——展开世界援华运动

半年来的中国英勇抗战，已经在各国人民中引起了热烈的反应，引起了广泛的反对日寇援助中国的运动。这运动，遍布在一切国家，不仅有社会主义的苏联，不仅有反抗法西［斯］侵略的西班牙，也不仅有古老的民主政治的祖国，而且即法西［斯］主义魔手掌握的地方，广大的人民，都参加了这种人类同情心高尚表现的行动，造成一种伟大的国际的浪潮。

在美国，罗斯福总统号召美国人民募捐一百万元美金，救济中国的难民。……

在英国，伦敦市长发起的救济中国难民的捐款，已有九万余镑。……

……此外，苏联红十字会还捐助了三十三万元，为中国伤病难民购买医药。

原载《新华日报》1938年2月2日

简　　讯

（中央社讯）德国红十字会为救济中国受伤平民，募集大宗药品，可供十万人之用。该会现定本月中旬派驻华陶得（德）曼大使公子运送来华，我们驻德大使馆将于本月八日开会欢送。

原载《新华日报》1938年2月4日

各国同情我抗战　协助中国防疫事业

（中央社日内瓦二日哈瓦斯电）国联会大会前于去年十一月间，通过以二百万瑞士法郎作为协助中国防疫事业之经费以后，曾经派遣医疗队三队，由拉斯耐博士（法国人）、穆塞博士（瑞士人）、罗伯逊博士（英国人）分别率领前往中国南宁、长沙、西安三处，业已先后到达。国联会行政院所属对华技术合作委员会，顷接获关于各该医药队协助防疫工作情形之报告，藉悉拉斯耐、穆塞、罗伯逊三人，当与国联会卫生专家、现任中国政府卫生事务顾问之鲍西阁博士（现在中国），组织防疫事务委员会，担任医药队行动之调整事宜。各该队当在中国官所主持之下进行防疫工作，每队组织为医疗队、防疫专员、卫生技师各一名，流动防疫组一组，（其中微菌学家一名，外国籍医师一名，中国籍医师一名，汽车一辆，载重汽车十辆，司机若干人，附带医药救护用具若干）。又各国政府团体与航业公司曾经捐助现额药品或运费，已由国联会秘书所予以接受，列表如下：丹麦国政府捐助防破伤风症血清五千剂，防咽喉炎症血清一百万单位，丹麦国红十字会已允捐助咽喉炎症血清一万剂，又二百万单位；德国巴耶被药厂捐助西药两公斤……

原载《新华日报》1938年2月4日

汉红十字会开办难民产妇医院

汉口红十字会，以各难民收容所孕妇分娩极感困难，特开办难民产妇病院，收容共达百余人。并因难民所距离辽远，已组织巡回治疗队两队，轮赴各收容所为难民诊治疾病。昨又成立两个种痘队，派姜桂聪、杨国华为队长，由医院院长高光述、理事王保民监督指导，即日起分往难民所施行种痘，以保健康。

原载《新华日报》1938 年 2 月 5 日

一个小小的报告

陈学昭

我觉得这是我的义务，来对大家作一个小小的报告，关于汉口万国红十字会里的法国部份的工作状况。因为我们对于我们的国际友人的热心应当表示异常的感激，同时也有加以颂扬的必要，那样更可以坚奋国际友人们对于我们帮助的决心。

自上海战事爆发后，侨居汉口之友邦人士，愤于敌人之无理侵略、滥施轰炸及暴杀我国同胞，自动组织万国红十字会。会中有不同国籍之女会员甚多，与我国女同胞共同工作，为伤兵缝制被单、褥单、衬衣、枕套等等。此外，除每人每月捐会费三元以作经常费用外，并用红会名义向各会员之祖国捐募现款及药品。

最近据该会法国部秘书葛小姐语人，由法国寄交该会捐款已达七万法郎，而此不过一个开始。同时并募得大批药品，已由某处起运来华。葛小姐又谓，她们非常欢迎留法、比同学能予以帮助，希望留法、比诸同学将当年留学时所交外国友人之姓名、住址写寄她们，俾她们可用红会名义去信向其募捐。

葛小姐通信处为：汉口鄂岸盐务稽核处葛处长转交。

二月十一日

原载《新华日报》1938 年 2 月 23 日

德国药品昨举行持赠礼

（中央社讯）德国在华六大著名药房所捐之六箱药品业已运抵汉口，德国大使馆特与汉口市吴市长商定，于昨（八）日下午五时，在安立英堆栈举行持赠礼。

原载《新华日报》1938年3月9日

德红十字会运药来华

（中央社讯）德大使陶德曼夫妇昨日午后，在私邸招待方由德国押运药品莅此之德国红十字会代表，并邀中国官员、中国红十字会代表、汉口外侨领袖及德国侨民多人参加。陶氏即席发表演说词称，余今得此机会，将德国红十字会最近派遣来华协助中国红会服务之德籍医生数人，向各位来宾介绍，甚感愉快。渠等此来，带有德国红会所赠之大批药品及手术器械，同时另有一批，系由德国工厂社团及私人捐赠汉口万国红十字会者，对于减少战争之痛苦必将有重大贡献，此尤足引为欣慰之事实。若干外侨，正如红十字会在此所为，现均参加此项工作，同时外国若干团体，亦正作同样努力，以冀减少中国民众现所遭受之痛苦。中国现时遭遇固属惨痛，但已由此造成一种新的合作与善意，此种精神，现正继续生长，其结果对于受赠者与赠与者双方，或将同蒙□利。惟在目前，吾人所较为关怀者，厥为该项药品之运用及各医师工作之直接结果。兹鉴于各国外侨对战时救济工作之各部门均极关心，余深信各医师所到地方，如有所需，必能获得各种协助，俾援助不幸遇难者之工作能得事半功倍之效，同时并对各友邦之将来合作与友谊树一根基。

原载《新华日报》1938年3月29日

红十字总会救护工作近况

溯自卢沟桥事变发生以还，国内外人士对于救护受伤将士工作关切而表同情者甚众。记者为欲明瞭救护工作近况起见，昨特往访中国红十字会驻汉办事处主任秘书冯子明氏，承告该会最近工作概况颇详。据称，沪战发生后，本会在上海所设立救护医院达二十四所，特约医院十九所，并有急救队九队，救护队十五队，综计所救治之伤兵不下十万余人。此外，在苏州、杭州、松江、昆山、芜湖、保定等地，亦设有重伤医院，淞沪沦陷后，即将□救护队移苏、昆一带继续工作，并在南京设立打破世界纪录能容五千床位之大规模重伤医院一所。一月间，所收容之受伤将士达二千八百余人。自来汉后，为适应环境起见，将所有各地退集之医护人员彻底改编，计截至上月底止，经编竣之男女医疗队共四十七队，分别派往各地协助军医院工作，数月来成绩颇佳。此外，长沙并有运输队一大队，有救护汽车廿余辆，专任护运伤兵及药械材料之运输。又爱克斯光队一队，有最新式爱克斯机廿余部，随时流动分发各队应用。近更鉴于前线战事激烈，正积极计划重行恢复野战救护队，以增加救护力量。总会秘书长庞京周、救护委员会总干事林可胜，特于前晨亲自出发往徐州、开封、西安等战区实地视察，俟其返汉，则此项救护队之重行组织，即将具体实现。总之，本会在此非常时期，无时无刻不在力谋救护事业之推进。但本会为一纯粹之国际民间组织，事业扩展或进行至若何程度，未可预计，端赖各界明达随时督促指导及热心人士之慷慨捐输，则不独使本会能完成此重大使命，而我英勇负伤将士亦受惠匪浅！

原载《新华日报》1938年4月4日

王志圣赴前方献旗各军致敬

自八一三全面抗战以来，国军在蒋委员长领导之下，艰苦卓绝，我海外侨胞异常感奋，节衣缩食，预备长期拥护之外，并制绣旗多面，请由中国红十字会总会南洋特派员王志圣携带来汉等情，业志前报。兹悉王君在汉与外交部陈、徐两次长接洽对海外侨胞捐款救济伤兵、难民等事，业已就绪。王君准于明日（七日）专车赴郑，转赴前方报告越侨拥护抗战之一贯精神，并向蒋委员长、李司令长官、第五路军、第八路军等致敬献旗。

原载《新华日报》1938年4月6日

王志圣谈南洋侨胞踊跃捐款助战

（本报特讯）昨日记者去访问中国红十字总会和上海慈善团联合救灾会南洋特派员王志圣先生，承他告诉记者：“我在去年十二月里从上海出发，到了安南、新加坡、苏门答腊、暹罗曼谷、越南等二十余处。那里共有侨胞一千多万，一般的经济状况，虽受了世界经济萧条的影响，都还算好。他们的爱国情绪极高涨，热烈地做劝募工作。侨胞们购买救国公债的十分踊跃，此外还认捐月捐，帮助祖国抗战到底。到最近为止，南洋各地侨胞所捐的款项已有七千多万，并且还在继续捐募。只要我们国家抗战一日，侨胞的捐款是一日不会停止的。南洋侨胞抵制日货很坚决，谁都绝对不买日货，至于南洋各地当地的政府对我国抗战也多表同情，对我国侨胞的爱国活动取不干涉态度；偶而（尔）有些地方环境比较困难些，但侨胞们还是艰苦地做着救国工作。各地侨胞对于浴血抗战的英勇将士们，表示了莫大的敬爱与拥护，旅越华侨缩食救国会和旅越西堤华侨□敌后援会并且制了几面绣旗献给各军事长官。除献给蒋委员长的一面‘气吞强日’已由杨虎城将军带回外，交我带回来的还有献给李总司令、白副司令员、张向华将军，以及第五路军、第八路军的，明天就出发到前方去献旗慰劳。预定在各战线慰劳视察一个月，然后预备在六月里再度放洋，把第二期抗战胜利的实情转告各地侨胞，以满足侨胞们关心祖国情形的渴望，并使他们能更踊跃慷慨捐款，协助祖国争取最后胜利。”（企）

原载《新华日报》1938 年 4 月 8 日

简　　讯

汉口红十字会近为广储救护人才，特续办救护人员训练班，业已呈奉□□核准，即日起招考及格人员予以训练，毕业后即派充该会救护工作。

……

国际红十字会大会定六月廿日在伦敦开会，至二十四日止，其开幕礼定在圣哲姆士宫举行，将由格洛斯公爵主席，预会者将有六十余国代表。

原载《新华日报》1938年4月24日

德红十字会代表团抵汉

（中央社讯）日前，德国红十字会赠送我方救护伤兵及平民医药品及外科仪器等物，其一部份四百余箱，已于上月廿四日由德国红十字会来华代表团，交长沙中国红十字总会收转前方。其另一部份，不日可送抵汉。昨（五）日该代表团来汉，当晚应蒋委员长之宴会。

原载《新华日报》1938年5月6日

美红会募款援助我国

（中央社旧金山五日合众电）美国红十字会顷在此间举行年会，决议于六月十五日前募集一百万元，充对华教（救）济事业之用。开会时，各会员对于战区华人被难惨状报告极详，多谓前罗斯福总统呼吁结果，本会仅募集十七万美金，为数太少，故决再募一百万元。

原载《新华日报》1938年5月7日

美红会会长为我伤兵难民募捐

（中央社华盛顿十八日合众电）美国红十字会会长达维斯，顷为中国伤兵难民呼吁，谓吾人犹忆昔日日本发生大地震时，美国人民救济日本国民之慷慨情形，今日中国国内数百万人民为战争所迫，弃家远逃，与欧战发生时，仅有少数人民被迫离家之情形比较，实不可同日而语。况今日中国境内已有数万人民被杀，数十万人民无衣无食，望美国人民能踊跃捐助。须知美人捐洋一元，即足以维持中国难民一人一月之生活。

原载《新华日报》1938 年 5 月 21 日

万国红会积极救济

（中央社广州八日合众电）万国红十字会广州分会，现继续捐款医治各医院内被炸伤之平民，并救济无家可归之难民。昨日轰炸时，一弹适中黄沙车站，油库起火焚烧，毁火车数辆。西村之发电厂及水厂中弹，损失约廿万英镑，另有工厂数所亦被炸毁。

原载《新华日报》1938 年 6 月 10 日

英美医生积极反日

（中央社广州九日合众电）广州市内美英籍医士加特尤勒等七人，顷联合致函《香港晨报》，对于日本在广州屠杀平民暴行表示抗议，谓就余等所知，过去数日内，并无任何军事区域被炸，因日机轰炸并不能准确也。现被炸伤入院医治者俱系平民，此外并有医生一人、红十字会工作人员数人于服务时被炸毙。日方发言人曾谓，日机投弹极为准确，但永安堂大厦仅为私人建筑，该处有大批难民，竟亦被轰炸，致被害者为数极众。此外私人房屋被毁者亦不计其数，且日机投弹时飞度极高，故区别军事区域与非军事区域，事实上绝不可能。余等深信日本政策在屠杀广州市民，所有市民房屋、公私建筑一律沦为废墟，非然者日方应即停止大规模之破坏。签名者为加特尤勒、海斯、兰佳斯特、福特、史蒂文生、汤姆生、道特等医士。

美籍医生康德百里今日向记者称：余对广州红十字人员之救护工作深为感动，彼辈中每有十七八岁之男女冒险救护，终日工作不停。余愿记者能将余意转达全美国人民，即余对日机之野蛮行为痛恨异常，今日惟有英美二国能阻止日军此种举动，即与日断绝关系，并抵制日货是也。凡与日本合作者，无异与杀人土匪合作。最近红十字会收到各方捐款已有六千港元，马尼剌美侨亦捐五百美金。

（中央社华盛顿八日哈瓦斯电）关于日本飞机迭次轰炸中国广州市岭南大学等事，国务卿赫尔顷向报界谈称：美国驻香港总领事已向该处日本总领事提出交涉，按岭南大学系中美两国所合办。

（中央社纽约八日合众电）纽约《泰晤士报》今日著文批评日机大□轰炸广州事，略谓：凡一切文明国家均应醒悟，为人道，为其本国之城市安全着想，均应协力制止日方此举。英国日前提议各中立国派人至西班牙视察，惟英与各中立国苟不派人至中国视察，则其效果亦甚细微。今日吾人之所需要者，为英法等国出面坚决协力制止轰炸不设防城市。纽约《前锋报》称：轰炸平民乃残酷之行为。

原载《新华日报》1938 年 6 月 10 日

简　　讯

中国红十字会自抗战以来，先后捐赠政府之医药材料达一百万元，及价值三万元之救护设备一万箱。

原载《新华日报》1938 年 6 月 15 日

中国红十字会征求救护队员

中国红十字会为加强救护前方受伤将士工作，拟征求男性救护队员二百人，先至长沙受训四周后再分发各地工作。受训期内，津贴八元。工作期间，月薪廿元左右。凡十八至三十岁之青年，有志参加者，可速于廿四日前每日上午八时至十二时，下午二时至七时，到怡和街一号报名。

原载《新华日报》1938 年 8 月 22 日

中国红十［字］会总会增派救护队赴前线工作

（本市消息）中国红十字会总会救护委员会前因应战时需要，特在汉招考初级医护工作人员二百名，录取后并调往长沙受训。现已训练完毕，特组成五二至五八等七救护队，每队廿人，队长系医师兼任。下设队副一人，组长五人，队员十一人，厨役、勤务各一人。除五二、五三、五四、五五等四队已于本月初派往阳新、马□岭、乌石门、德安、杨家桥、虬津等地服务外，其五六、五七两队亦于昨日由荣独山医师率领来汉，不日即将赴前线工作，系将前线救下之伤兵经过初步之止血、包扎、接骨等手续后，再运输后方医院治疗，俾于运输途中，减少伤兵痛苦。又该会续行新招之救护员二百名已于昨日赴长，定卅日开始受训。

原载《新华日报》1938年8月28日

红十字会捐赠防毒面具

中国红十字会总会驻汉办事处，以敌军不顾人道，施放毒气，我英勇抗战将士死伤甚惨，昨特捐赠防毒面具□付，送第□战区政治部，以便汇送前方应用。兹闻该部业已复函致谢，并将防毒面具交由动员委员会汇送前方。

原载《新华日报》1938年9月16日

中国红十字会救护训练班第二次续招生

（一）名额：一百名；（二）十八岁至三十岁；（三）资格：初中或初中以上程度，身体健全，并愿在任何情形之下为伤者服务者；（四）报名日期及手续：自九月二十一日至二十四日，每日上午九时至下午六时，在汉口怡和街一号本会登记及□□，登记时并附缴证明文件及最近二寸半身照片两张；（五）检验体格日期及地点：九月二十五日，在怡和街一号本会；（六）训练地点及期限：合格者即填写保证书，于十月初在长沙训练四星期；（七）待遇：训练期内津贴伙食费零用每人每月八元。（供住所及制服，服务期内月给薪金十六元，并供给住所、制服、鞋帽、面盆、毛巾及一部份之膳食津贴，工作成绩优良者并得升级。）

原载《新华日报》1938年9月22日

简　讯

印度救护队明晨三时乘红十字会专车离粤赴湘。

原载《新华日报》1938年9月23日

印度救护队已抵湘报到

（中央社二十五日电）印度救护队亚达尔等五人由粤抵长，彼等已向中国红十字会报到。亚等均义务职，并携来卡车、救护车各一辆。

原载《新华日报》1938年9月26日

贝克将赴西南视察灾情

（中央社香港二日电）沪讯：国际红十字会总干事贝克博士，受美国□灾救济会委托，定八日离沪赴滇、黔、川、湘各省视察灾情，以便救济，年底返沪。

原载《新华日报》1938年10月4日

美国红十字会捐赠粮药救济我难民

（中央社上海十一日路透电）美国红十字会驻华代表顷称，该会捐赠我国救济难民之麦粉六千五百担，药品、罐头、食品七千包，可于本年年底运抵上海。第一批十二月中旬可运到该会，并拟续为我国难民捐助各种必需品。

原载《新华日报》1938年10月12日

国际友人印度救护队到渝

（本报特讯）国际友人，曾在武汉受各界各民众团体热烈欢迎之印度救护队一行五人，已于日昨由宜来渝。印度救护队来华后，即参加救护伤兵工作，医治之精良，工作之热诚，伤愈官兵莫不铭感。在武汉撤退前，奉派去宜，继续工作。最近又奉派来渝。一俟中国红十字会决定，即将开始工作。昨日来渝，记者往访，因旅途疲劳，记者致慰劳后，该队同人发表简单谈话。谓弱小民族之印度，援助中国抗战，不仅义不容辞，亦为获得若干战时救护工作经验，今后仍当在当局指导下努力工作。该队现寓下河顺城街十三号英美会。

（中央社讯）印度人民前为同情我国长期抗战，曾组织印度救护队来华工作。该队一行计医生五人，助理员二人，由亚达尔总领队率领，于本年九月一日离印。十四日经香港来华，历在广州、汉口工作。顷由宜昌乘新昌和轮来渝，昨（廿一）早抵埠，在码头欢迎者，计有蒋市长代表秦孟实秘书，卫生局局长梅贻琳，梅氏并代表卫生署颜署长，外交部代表翁和庆，中印学会代表谭云山，中国佛学会代表、世界佛学苑研究院主任苇舫等。记者当即请亚总领队发表此行工作感想，承告，略谓沿途见我国人民工作之精神甚好，且能忍受战事时期之痛苦，前途极可乐观，且华侨爱国心切，对于祖国颇多贡献，增加信仰心不少。该队来渝，现正等候中国红十字会总会救护委员会总干事林可胜分派工作。闻本市医药界拟开会欢迎。

原载《新华日报》1938 年 11 月 22 日

国内简讯

中国红十字会秘书长庞京周，以救护车四辆在前方被敌机炸毁，职员七人受伤，二十二日去电慰问，并酌给抚慰金物。

原载《新华日报》1938 年 11 月 23 日

本市简讯

红十字会渝分会救护队，今日午后四时假青年会西餐堂举行印度救护队茶话联欢会。

原载《新华日报》1938 年 11 月 30 日

视察返沪贝克谈西南近状

（中央社香港九日电）沪讯：红十字会沪国际委员会总干事贝克返沪谈，经滇、桂、川、湘、黔、陕各省查灾，各地流亡虽□，但政府均设法安插，人民对政府一致拥护，绝无因罹难而抱怨者。日□轰炸已司空见惯，毫不惊惧。

原载《新华日报》1938 年 12 月 11 日

简　　讯

红十字会渝分会，昨晚欢宴该会总会副会长杜月笙等。

原载《新华日报》1938 年 12 月 20 日

1939 年

本市简讯

印度来华服务救护团长亚多尔日前赴港疗疾，并添购医药仪器。事毕，于十日下午赴海防转渝。

渝红十字会为救济难民，特请粥厂施粥三个月，自本月十四日起。

原载《新华日报》1939 年 1 月 12 日

英瑞援华

伦敦二十二日路透电：英援华运动委员会讯：该会在过去四月内，不断向各界捐款，汇华建筑国际和平医院一所，每月捐得的数目平均为四百英镑。此外，尚接到日前跳舞会募捐所得之九百镑，及特别捐助一项，计七百镑。该委员会组织部定廿八日召开会议，由格拉斯顿子爵夫人主席，届时将通过实行“不着丝织物运动”，与以前美国境内抵制日丝运动的意义相似。

瑞典京城二十二日路透电：瑞典救护中国伤兵委员会已派霍尔曼医生赴华，加入国际红十字会工作。霍尔曼已定二十五日启程赴港，并将携带血清剂若干赠与中国。霍氏于意阿战争时即从事救护工作，此行并携有价值一万古仑（瑞典币名）之医科器具。按瑞典国曾于去年捐助中国难民救济经费十二万八千五百古仑。(中央社)

原载《新华日报》1939 年 2 月 23 日

美红会续捐美麦救我难民

中央社香港十四日电：美红会续捐二批美麦救济中国难民，数达一万二千袋，已由美载波脱轮运华。其中四千袋交此间粤国际救济会，作救济华南难民之用。余八千袋将运沪，由美领□转捐上海方面之难民。

原载《新华日报》1939 年 4 月 15 日

菲律宾红会关心沪港难民

（中央社马尼剌廿四日路透电）此间红十字会为准备安置香港、上海撤退的妇孺计，特未雨绸缪，现正筹备住屋及其他各项设施，并于必要时，菲律宾将组织十人委员会，协同办理安置难民事务，由英国驻菲行政专员任主席。准备工作的计划业已完成，于接到通知后数小时内即可实施。

原载《新华日报》1939 年 8 月 25 日

英法医生来华参加红十字会工作

（中央社讯）侨委会据我驻槟榔屿领事馆呈报，九月四日英蓝烟通公司之爱尼士号轮从欧过槟，船上复有由英利物浦及法马赛两埠前来和我国参加红十字会工作之英法男女医生巴柯、伊沙苗、法拉图、佛刘万、兰古、容格万夫妇、甘尾地、格兰士多、奇利格、史幹及陶宾飞刘基等十一名。该会据报后，已函达贵阳红十字会知照矣。

原载《新华日报》1939 年 10 月 27 日

1940 年

国内简讯

中国红十字总会昨在港开全体理监事会议，由会长王正廷报告。

原载《新华日报》1940 年 1 月 15 日

蒋委员长嘉慰红会救护总队

（中央社贵阳十八日电）中国红十字会救护总队，自抗战军兴以来，艰辛工作，成绩斐然。该队顷奉蒋委员长指令嘉慰，并嘱益加奋勉，俾利抗战。

原载《新华日报》1940年1月19日

国内简讯

红十字总会连日在渝派医务人员在各地注射防疫针，各机关团体工厂可随函请该会派员注射。

原载《新华日报》1940年5月26日

国内简讯

王晓籁七日由渝抵筑，视察红十字总会工作及救护总队。

原载《新华日报》1940年6月8日

红十字会等免费诊疗所

（本市讯）中国红十字总会第八十八医疗队与新生活运动促进总会，鉴于时届炎夏，疾病□□流行，一般市民求医颇感不便，兹特在民权路新运宣传场合设诊疗所。二十七日起，每日上午七时至十一时，由红十字会派医师诊疗。除贵重药品外，一概免费，星期日照常治疗。重病须住院疗养者，代为介绍入院。

原载《新华日报》1940年6月27日

简　讯

美国红十字会捐款修建平民住宅，兹已择定地址兴建，定五号上午十时半在望龙门举行奠基典礼。

原载《新华日报》1940年10月3日

美红十字会三职员来华

（中央社华盛顿五日合众电）美国红十字会职员贝克博士等三人，今日由此启程赴旧金山，转乘飞剪号飞华。彼等抵华后，将□□运输兵分配美国捐助中国之大批药品与衣物。按贝克氏于一九二一年曾一度在中国红十字会服务，此次同行者为美国赈济处副处长魏斯柳与该处主计员费德。

原载《新华日报》1940年10月6日

美红十字会运粮来华赈灾

（中央社华盛顿十六日合众电）美红十字会当局称：该会业托美轮“柯林斯威士”号，自西雅图运载米麦共五百吨赴华，以教（救）济中国难民。又美轮“华盛顿”号定十九日驶远东，“快运”号亦定二十五号离美，该二轮将运载药品、衣物至仰光，再由仰光经滇缅路运华。

原载《新华日报》1940年10月17日

美红会代表昨日飞渝

（中央社香港廿一日电）来华主持分配药物之美红会代表贝克、韦斯娄及费佛，廿一日飞渝，将谒我当局商洽，始转仰光料理运输。

原载《新华日报》1940年10月22日

美红会医药将运来华西

（中央社讯）据美国红十字会代表贝克及韦斯晏称：首批医药共重二百余吨，约值美金三十余万元，将由滇缅路运来华西。贝克氏现已与我当局会商运输手续，不日前往仰光料理□□。该代表团之［成］员费佛，已由香港直接往仰光，就地监视。又云药物分配停妥后，将继续进行其他救济事业。华东救济区不日将由美运粮至沪，由上海美军青年会裘赝干事主持分发。

原载《新华日报》1940年10月24日

简　　讯

外交部王部长昨晚在私邸宴请美红会代表贝克及韦斯娄二氏。

原载《新华日报》1940年10月31日

美红会运药来华救济中国难民

（中央社华盛顿五日路透电）美红十字会顷宣称：决定拨款百万美金作救济中国难民之用，现红十字会已由专轮两艘运输救济用品赴华，一艘系开往"自由中国"，其另一艘则系开往日侵占区，将来救济办法如何确定，将以此两艘专轮抵华后之结果而定。其开往"自由中国"之专轮中，载有价值三十五万元之药品，该轮已由纽约开驶，预计十二月可抵仰光，转由滇缅路运华；其另一艘则系由西雅图开往上海，是项食品将在日侵占区内灾区分配予各灾民。若灾民果能得到实惠，则红十字会拟再□数百万元之救济用品赴华。

原载《新华日报》1940年11月6日

美红会又募集大批药品来华

（中央社昆明三日电）美红会又募集巨款五百万美金，为我购买大批医药用品，并派该会中国救济会事业部主任贝克、副主任韦思□来华主持救济事宜。贝氏等由我红总会秘书长潘小萼陪同，于十一月廿八日自滇缅公路乘车抵昆，现贝氏偕潘氏于三日晨乘欧亚机飞渝。闻美红会首批药品计一百廿吨，将于十七日运抵仰光，韦氏则因照料运输，不日即将□昆飞缅。

原载《新华日报》1940 年 12 月 4 日

美红会运药来华救济我战区灾民

（中央社华盛顿十九日合众电）美国红十字会顷宣布，美国救济中国战区灾民捐款已达一百万美元。昨有维他命丸两万颗，自旧金山由飞机运往马尼剌，转运至中国。另有两批定于十二月二十四日及三十一日，由飞机转运至中国。此外，另有维他命丸十万颗，定于明日由“塔虎脱总统”号运华。过去运华之小麦、米、药品、衣服，共值二十九万美元。

原载《新华日报》1940 年 12 月 20 日

中国红十字会扩大征求会员

（本报讯）中国红十字会定卅年一月一日至十日为红十字会宣传周，并扩大征求会员。该会共组征求队五十，每队预期至少征求新会员二千名。十年会员每人缴费五元，终身会员每人缴费十元，名誉会员每人缴费一元，预计五十队最低限度可征募会费五十万元。据该会秘书长潘小萼氏昨晚在招待新闻界席上讲，中国红十字会现共有会员仅十三万余人，英国则有五万，以人口比例计算，中国实落后太远。目下中国红十字会经费每月约需美金五万、港币八万、国币七十万元，大都由友邦及海外侨胞捐助。最近美国国会决定以五千万美金援助被侵略国家，中国可获不少，由美运华药物最近将运到者值×百×十万美金，现我方已准备大量卡车集中国境某地，以备应用。潘氏又谓，按照国际红十字会章程，一国内不得有两种红十字会，今日国内红十字会名义极纷歧，亟应纠正。

原载《新华日报》1940 年 12 月 28 日

1941 年

红十字会征求会员

（中央社讯）中国红十字会总会理事许世英，二日晚在中央广播电台广播讲演，题为《为甚么举行红十字周》，兹志要词如后：

中国红十字会在抗战三年以来，办理战时救护工作，如何努力，早有事实的表现，毋待鄙人赘述。不过三年以来，中国红十字会的职责，一天一天的加重，事实一天一天的扩充，救护伤兵而外，还要顾到各地方空袭救护工作，我们工作的范围，是十分广泛，工作的性质，是十分紧张。

差幸三年以来，中国红十字会能秉承领袖屡次救国爱民的训示，又深得海内外广大的同情与协助，已有相当充分的款项与药物来应付，这一□最艰难的救护工作，综其数量，总在几千百万元。若非海内外这样的通力合作，红十字会今日的救护事业，可以说无多大成就，更谈不到事业的扩展了。

这次我们从今天元旦起，至一月十日止，举行我们的红十字周运动，广征红十字会会员，推进红十字会会务，无疑的有赖全国民众来帮助我们征求会员，因为红十字会的会员，是红十字会的基本力量，这一点是特别要请各位认识的。

我们红十字会会长王儒堂博士说过："红十字会的组织，非从分会努力合作不可，红十字会会员，亦须由各地分会广为征求，方能造成新的记录，这便是举办红十字周的主要目标。”希望全国民众予以热烈的赞助，人人以做红十字会会员，为今日在救国救民工作上所应尽的责任，那么中国红十字会的前途，是更无限量了。今天是民国三十年元旦第二日，恭祝我们听众新禧与健康快乐。

原载《新华日报》1941 年 1 月 4 日

简讯——香港电

美红十字会代表贝克博士，今日乘轮赴沪。

原载《新华日报》1941 年 1 月 4 日

简讯——成都电

中国红十字会成都分会，顷响应总会征求会员运动，于一月一日至十日举行红十字周。

原载《新华日报》1941 年 1 月 7 日

简　　讯

中国红十字会总会举行红十字宣传周，定今（十）日下午一时，假实验剧院举行游艺大会。

原载《新华日报》1941 年 1 月 10 日

简　　讯

中国红十字总会元旦举行红十字宣传周，征求会员，渝市区征得新会员已达五千余人。该会昨日特假国立实验剧院举行游艺大会，招待新入会会员。

原载《新华日报》1941年1月11日

美医药援华会助我陪都救护事业

（中央社讯）今年元旦日，吴市长应国际宣传处之邀请，向美国广播，词中对于美国各种援华行动表示感谢，并提及美国红十字会在本市捐款修建平民住宅，及美国医药援华会帮助设立诊疗所与紧急救护站等。顷接该会代表柯体玉来电，内称："重庆吴市长鉴：在贵市长之广播词中，蒙提及敝会，谨致谢忱。兹拟依照尊意，筹划大规模援华运动，请将贵市一九四一年所需要设立之紧急救护站数目与预算告知为盼。柯体玉叩。"等语。闻吴市长对美方愿助我应用经费之盛意，即将去电致谢，并详细致复。

原载《新华日报》1941年1月11日

国际简讯——海通电

美红十字会交付法国非占领区之物品，价值一百万元。

原载《新华日报》1941年1月14日

美医药品将继续运华

（中央社华盛顿十四日路透电）美国红十字会息，美国医［药］物品现正运抵中国，故该会仍能继续援助中国。自滇缅路重开以后，美国医药物品即由美国运出，现正经由滇缅路在运往中国内地途中。据该会调查，滇缅路虽时遭空袭，但情形至为良好。自开放以来，已有货车五十辆，上载重要医药用品及器具运入中国，以后尚将有更多之物品运入，预料此项物品输入中国者，或将达百万元之巨，因此类援助并无限制。

原载《新华日报》1941年1月15日

国际友人贝克抵渝

（中央社讯）美国红十字会中国救济事业主任贝克氏，昨（廿八）晨乘机由港飞渝。到机场欢迎者，有中国红十字会秘书朱向荣，暨日前来渝之美国红十字会中国救济事业副主任韦思礼等。贝克拟在渝勾留一周，分别拜访我国当局，对于美国捐助百万元药品之运输与分配问题，将有所商讨。

原载《新华日报》1941年1月29日

美人士医药援华

（中央社哈瓦斯纽约航讯）美国名流所发起之“中国救济委员会”业已于月前成立，并已推举名作家赛珍珠女士为主席，罗斯福总统夫人、财长摩根索夫人、美国红十字会会长维斯夫人等均系委员，各捐美金一百万元，由中国行政院院长蒋中正夫人宋美龄女士赠以纪念品一件，以志谢意。该会成立以来，美国各地著名仕女陆续加入者为数甚众。美国时报并曾发表社论，对于该会工作倍加称道，略谓，中华民族即在艰苦抗战之中，仍努力建国大业，特该国战区人民，扶老携幼，逃避内地各省者及死于炮火者，不可计数。更加难民营养不足，流离颠沛，既属痛苦万分，随时随地，且有发生疫病之可能。红十字会医药救济队顷正从事努力预防工作，俾在医药上改造中国。该会共有固定及流动医院五百所，从事急救工作，并兼事指导饮食卫生，防止疫病。凡我美国人士，此后当源源接济医药用品，务使英勇的天赋的中华民族得以永保（葆）健康。

原载《新华日报》1941年1月30日

美红会援华

（中央社十三日合众电）美国红十字会于□年一月内，曾在华中散发麦片五百吨，现尚有五百吨存放在上海货栈内，最近即将散发。

（中央社华盛顿十二日哈瓦斯电）据美国红十字会所接报告，该会对于中国所捐助之各种□□及医药用品一批，约值美金一百五十万元。运到缅甸之后，即分装载重汽车五十辆，由滇缅公路运抵中国内地，分发各救护队应用。该会当局顷决定继续以药物供给中国，惟总值几何，尚未定夺，当视中国需要情形而定。

原载《新华日报》1941 年 2 月 14 日

简讯——路透电

澳洲红十字会将以大批救济品运华。

原载《新华日报》1941 年 2 月 27 日

美红十字会赠我一批卡车

（中央社上海二十七日合众电）美国红十字会当局顷称，现有美国卡车三十五辆，正在运往仰光转华途中。又该会顷任命传教士琼森为该会会长培克之助理，琼氏在江西美以美会服务，先后已垂三十年之久。

原载《新华日报》1941 年 3 月 1 日

美红会救济我难民

（中央社香港八日电）沪讯：美国红十字会纽约总会，近决定以五十万元作为国外救济事业基金，对华捐助救济者，其中尤占多数。明日来沪之“庇亚士”总统号轮载来美麦八千袋，每袋五十磅，价值八千元美金，分别指定在沦陷区发放。另有大来公司邮船“萨泰丹”号，亦载美麦由西雅图准于明日抵埠。按美红会曾于上月三日托由福来洋行经理之“柯林斯华斯”号轮，运来碎麦五百吨，此为第二批矣。

原载《新华日报》1941 年 3 月 10 日

简　　讯

美红十字会于去年捐款，由市政府修造望龙门平民住宅，□□□□工竣，订于廿七日上午九时，在望龙门举行落成典礼。

原载《新华日报》1941 年 3 月 26 日

美红会在渝捐建平民住宅

（中央社讯）美国红十字会捐款委托重庆市政府修建之望龙门平民住宅业已竣工，市府特于昨（廿七）日上午九时，假望龙门码头新屋前举行落成典礼。计到美大使詹森及中外来宾百余人，由吴市长主席，行礼如仪。首致词对国际友人之深切同情深表感激。旋由工务局长吴华甫报告建筑经过，即介绍詹大使用英语致词，略称，余住对岸龙门浩，每日出外必经此处。去岁日机袭渝，望龙门一带平民受害颇烈，遂商得敝国红十字会之同意，捐款委托重庆市政府修建房屋，以供平民之需。兹目睹新屋落成，可证贵国抵抗暴日之侵略，已愈战愈强，愈炸愈坚，大轰炸中落成此宏大之建筑，可谓奇迹。次由美国红十字会中国救济会总干事贝克博士演说，略称，美国红十字会本无政治立场，然对中国抗日之援助向趋积极。美国人士捐赠中国之医药，据余昨夜接电得知，已有十九辆满载医药之卡车抵昆，先行七辆于今日可望抵筑，尚有二十五辆正在中美途中。贝氏续称，中国如在感觉疲惫之余，加倍克服各方面之困难，努力迈进，则中国之抗战必胜，建国必成，苟能如此，中国所需要之援助，美国人士必能供给而超过其所需要。继由康议长演说，平民代表致答词后，奏美国国歌散会。散会后，由吴市长、康议长、吴局长导引詹森大使、贝克博士及国际友人参观落成之新屋。

原载《新华日报》1941年3月28日

美红会援华药品大批经由仰光转运来华

（中央社上海廿九日路透电）中美日报载，美红十字会所捐药品一千二百吨，价值三百万元以上，业已自纽约运抵仰光，转往中国，分赠中国各部队及救护医院。

原载《新华日报》1941年3月30日

美红会为散发赈品将派员来华协助

（中央社华盛顿十二日合众电）美国红十字会宣称，著名赈济事业家麦尔斯定于今日离美，前往中国，协同美红十字会在华救济难民指导长威赛里亚斯在华工作。该会捐赠之药品、衣服及食物已在运华途中，麦尔斯将任分发是项救济品之助理指导长。据美红十字会当局称，今后该会将续有大批救济品捐赠。麦氏在世界大战中服务红十字会，曾在西伯利亚及美中西部诸州办理救灾工作，麦氏先赴夏威夷，定本月二十三日由夏威夷乘飞剪机赴港，然后赴渝。

原载《新华日报》1941年4月13日

南丁格尔女士传略

雷学智

南丁格尔女士，英籍，一八二〇年诞生于意大利之菲伦。赋性果毅慈惠，生前从事于博爱事业，对于国内外医院之视察，去短补长，兴利除弊，细心于慈善医院之改良、护理法之研究，不遗余力。一八四〇年，居于莱茵河畔之卡衣塞尔威尔德新教尼院凡半载，女士即在是处考察医院制度，精研护理方法，更遄赴巴黎，视察圣万山都宝尔等之护理技术。归国后，乃以极大私产经营一完善医院，并为伤兵服务。女士工作实为创立红十字会与护士职业之基础，战后英国国民以巨金捐助女士，女士即以之扩充圣托马斯医院，竭力训练护士，改进军事卫生。女士常出入战场，对于野战医院之设备尤多贡献。至一九一一年，不幸积劳成疾，溘然长逝。今则女士遗容已杳然，其奋斗精神尚永恒长存，供人效法。吾人综观女士一生，献身慈善事业，树立护士职业基础，为后学立楷模，惠世人以福利，举世同钦，□自足多。现值我们抗战方酣，将士用命，前仆后继，喋血于疆场者，正赖我全国医务及护士人员为国效劳，以吾人力量与全国力量配合起来，争取最后胜利！顷者，南丁格尔遗型在前，恭逢女士诞辰，谨志管见，以见女士之精神，期群力而光大之，愿共勉□！

原载《新华日报》1941 年 5 月 12 日

国内简讯——桂林电

王正廷视察筑、柳、桂红会业务，十三日下午抵桂，定十四日飞渝。

原载《新华日报》1941 年 5 月 14 日

美红会药品一批抵昆

（中央社昆明二十一日电）美红会赠我药品一千二百吨，业已陆续运到。该会驻华代表卫思礼，今晨偕红会救护总队长林可胜，循西南公路赴筑公干，卫氏并拟赴渝一行，与我政府当局有所洽商。又红会救护总队派外籍医师杨固伯□，率医疗队若干队来滇工作，刻已抵达滇南某地。

原载《新华日报》1941 年 5 月 23 日

澳红会赠我大批药品

（中央社讯）中国国民外交协会前为响应蒋夫人倡导之吁请国际医药援华运动，曾致函各国红十字会，请予医药援助。兹悉澳洲红十字会已函复外协，决将大批医药用品捐赠中国红十字会，不久即可起运来华，闻该项捐赠之物共值澳币二万五千磅（镑）。

原载《新华日报》1941年6月16日

美红十［字］会宣布续助我大批药品

（中央社华盛顿七月二十日航讯）美国红十字会会长达维斯称，美红十字会现续行购买药品一百万元，供给自由中国，将以最迅速方法送达，以应内地各省之急需。据报缅甸边界至重庆间，疟疾猖獗，现该会在巴达维亚购买奎宁丸一千万粒，运往疟疾盛行之地带。达氏并称，医疗疟疾之“阿施必灵”药丸二十万粒，已由夏威夷装飞剪机运往重庆，美国红十字会在中国境内作救济工作所用去之款额，已超过三百五十万美金。

原载《新华日报》1941年8月8日

美红会药品经缅运华

（中央社华盛顿二十三日合众电）美国红十字会宣称：该会在华各种工作日益扩充，小麦及食米现用美国船只运往港沪，并有大批医药品运至仰光，取道滇缅路运华。现该会用于战时救济之用费达四千七百零八万七千零五十二美元，其中用于英国者达二千五百三十四万零三百三十美元，用于中国者近三百万美元。

原载《新华日报》1941年8月25日

简讯——香港电

菲律宾红十字会救火指导长卡诺，定今（二十三）晨飞渝。

原载《新华日报》1941 年 9 月 23 日

简讯——昆明电

美红会赠我第一批药品、布匹、器材一千二百吨，均已陆续抵达昆明。

原载《新华日报》1941 年 9 月 28 日

红十字会总会在渝诊疗所下月正式开幕

（中央社讯）中国红十字会总会在重庆夫子池新运模范区设置诊疗所，施诊给药便利贫病不少，现正大加扩充，下月一日可正式开幕，并决定在郊外创设规模宏大之医院一所，均以完全免费为原则。

原载《新华日报》1941 年 10 月 10 日

澳印药品援华已由我国接收

（中央社昆明电）澳洲红十字会赠我价值二千磅之药品，印度救济事业委员会以价值缅币五百万盾之医药器材用品作半价让我，刻均已运抵仰光，由我红十字会驻缅代表接收，短期内可陆续抵昆。

原载《新华日报》1941 年 10 月 12 日

美救济我难民

（中央社纽约十四日合众电）美国联合救济中国难民协会十一日宣布，已向中国汇出美金十五万一千三百五十九元，其汇往地点即系美海军撤退后而美国传教师（士）仍愿留居之各处。又该汇款中有美国医药助华会汇交中国红十字会医疗队队长林可胜博士之一万五千元。按林氏曾经宣布缺乏汽油，以致长沙前线医药助华会之救护车因而停顿。

原载《新华日报》1941 年 11 月 15 日

美红十字会赠苏药品

（中央社旧金山六日哈瓦斯电）新任苏驻美大使李维诺夫今日午后抵此，美国海军军官及苏大使馆代表均在机场迎迓。据李氏谈：此次来美，旧地重游，深为愉快。不日即可与贵国伟大总统会晤，尤为欢忭。以言苏德战争，苏联定当作战到底。美国为消灭人类公敌计，予苏联以巨大援助，余特代表苏联全体人民表示谢忱。

（中央社华盛顿七日路透电）美国红十字会宣称，该会正购买医药品五百万美元运苏，以为美国人民之赠品。

原载《新华日报》1941 年 12 月 8 日

1942 年

简讯——衡阳电

红十字会第四中队赴湘北前线工作。

原载《新华日报》1942 年 1 月 9 日

医药救护器材大批陆续内运

（中央社昆明八日电）中国国际救济事业委员会（即万国红十字会），近自国外募获大批救护器材及药品，其第一批计新式救护车九辆、药品卅吨，已于日昨自仰光循滇缅路运抵昆明，其余各批亦已陆续自仰光起运，□期内即可抵昆，转发各战区应用。

原载《新华日报》1942 年 1 月 10 日

简　讯

中国红十字会总会近特创办急救车，凡市民在公共场所因事伤害急须送医院者，概不收费，需要□可通知夫子池该会诊所（电话四一六八九），至私人因急病及产妇等入院需要者，亦可借用，但须偿缴来回油资。

原载《新华日报》1942 年 1 月 27 日

英报论评加强援华

（中央社伦敦四日专电）《泰晤士报》外交访员称，英美此次决定对华贷款，足以证明两国愿就军略及军火之供给等问题，加强对华之合作关系。英美之政策，端在与中国并肩作战之际，军略应趋一致，资源亦应共同利用。中国在过去及目下之重大贡献，英国已有充分之理解，英国之资源除供给自用者外，决尽量供给中国。

（中央社伦敦四日路透电）英下院今日通过拨交中国红十字会六万镑，以协助该会解决运输困难案。外务部次官劳氏谓，该款条由英国救济中国难民基金委员会与中英所共设之委员会会同处理。

原载《新华日报》1942 年 2 月 6 日

美红会助我巨款作救护伤难之用

（中央社讯）中国红十字会自抗战以来，所有前后方伤兵救护及平民治疗等各项工作，每月开支数达百余万元左右，大部经费仰于海外侨胞。自太平洋战事爆发，此项侨捐即受影响。美红十字会驻华代表伊文思、李德二氏有鉴及此，特电商美国红十字会拨款维持此项艰巨工作，顷闻美红会已电复先补助中国红十字会经费美金十万元，另赠中国妇女指导委员会及战时儿童保育会美金五万元，亦由中国红十字会收转。据伊文思表示，美红会将来对中国红会经费尚可源源接济，此举已引国内各界人士感奋。

原载《新华日报》1942 年 2 月 10 日

印以医药援助中苏

（中央社新德里二十三日路透电）印督林里资哥谓，印度红十字会前以防疫针一百万份运华，及大批医药物品输苏一举，仅为医药界准备工作之开始。印度全境现有救护队千余队，惟仍感不足，现有救护队即使增加两倍，纱布与医院所用之衣物，产量即使增加四倍，恐亦难以应付他日可能发生情势之需要。

原载《新华日报》1942 年 3 月 25 日

美红会以蓝布赠川省小学生

（中央社成都二十五日电）美国红十字会为救济川各县市被炸城区小学生，赠蓝布四十吨作为衣料，现已有三十六吨运抵渝，计达十二万九千六百码。省府决分发成都等五十六县市，各县可迳向重庆四川省银行代领转寄。省府已派曹豫立、邱焕斌赴渝，主持分发事宜。

原载《新华日报》1942 年 3 月 26 日

美派大批医师来华服务

（中央社纽约十九日合众电）联合救济中国难民委员会顷宣布，美国医药助华会即将派遣内外科医生、护士、技术人员若干人赴华，在中国红十字会之下，组联合医疗队，医科专家多人则充当导师，现执业中之医生被派赴华，乃专为“帮助中国克服目前因缺乏有训练之医药人员所引起之困难”。

原载《新华日报》1942 年 4 月 20 日

美医药人员在来华途中

（中央社纽约二十日电）美国医药助华会今日宣布，美国即将派遣一批内外科医生、护士、技术人员赴华，与中国红十字会医药救护队合作，担任医药指导及医师双重职务，内中有布支曼医师，前为波多黎各热带医药学校顾问，现已在赴华途中。此外尚准备赴华担任特殊职务者有华人王海仑（译音）及叶成龙（译音）两君，彼等前随斯库得博士学习提炼血液之技术，斯库得博士在皮来士俾得里安医院服务，曾为英人建立第一所“血液储藏库”，王、叶两君则将为中国建立该库，并教授华人学习该项技术。

原载《新华日报》1942 年 4 月 22 日

英美医药援华

（中央社伦敦六日路透电）外务部次官劳氏昨在下院内宣布，英政府已拨款四万一千五百镑，无条件协助中国红十字会。

（中央社纽约五日电）联合救济中国难民委员会今日宣布，价值二万美元之药物及医药供应品，现已首途运印，然后由某路转运中国。

（中央社讯）此间接华盛顿迟到消息：罗斯福总统曾公开致函联合

救济中国难民委员会，赞助该会本年度七百万元募款运动，以为全美“中国周”倡导。罗斯福总统已派总统府情报司司长麦克勒区，于四月十一日晚九时亲往我国大使馆呈递罗斯福总统专函，播音台广播全世界，我国政府与人民均已直接听到此项广播，当时曾由胡大使宣读林主席答词，表示谢忱。

原载《新华日报》1942年5月7日

简讯——纽约电

纽约华商商会举行第二十八届大会，讨论协助红十字会救济中国难民及一般之商业。

原载《新华日报》1942年5月9日

英方拨款赠我红会

（中央社伦敦七日路透电）英政府已拨四万一千五百镑赠送中国红十字会，此为英政府拨款直接赠予该红十字会之第一次。查英方人士去年发动救济中国难民募捐运动时，英政府亦曾慨捐五百镑，以利中国红十字会工作之进行。

原载《新华日报》1942年5月9日

红十字会新建医院昨举奠基礼

（本市讯）中国红十字会总会新建重庆医院一所，于昨（十日）上午十时，在高滩岩举行奠基典礼，到各机关长官、刘总司令峙、金署长宝善、沈副署长克非、社会部代表陆京士、美红会驻华代表顾仁，以及各界来宾、张参政员一麐、黄参政员炎培等共计三百余人，由该会王会长正廷、杜副会长月笙、刘副会长鸿生、潘秘书长小萼、唐处长承宗、冯处长子明、郭处长□□等亲自招待。

原载《新华日报》1942 年 5 月 11 日

简　讯

五月十二日为护士界鼻祖南丁格尔女士诞辰，亦即国际护士节，红十字会订于是日午后七时，假夫子池新运会礼堂举行纪念大会。

原载《新华日报》1942 年 5 月 12 日

简　讯

据日内瓦国际红十字会电讯称，美国红十字会之供应品，现正分配于上海、香港两地之战时战俘及被扣平民。

原载《新华日报》1942 年 6 月 15 日

英助我红会共达五万镑

（中央社讯）英大使馆讯：英红十字会曾于本年四月以六千英镑捐助我国红十字会医疗队，英国救济中国难民募捐委员会以二千五百镑捐与我国红十字会。又本年五月六日，英政府以我国军人医疗工作尚有加以援助之必要，特在下院宣布，决拨款四万一千五百镑捐我国红十字会，连英红十字会及英国救济中国难民募捐委员会之两笔捐款，共为五万镑。该款业由薛穆大使交我国红十字会会长王正廷，英方之慷慨捐助，乃英政府及其人民对我红十字会工作表示深切同情与援助之明证。

原载《新华日报》1942 年 6 月 20 日

美医药助华近讯

（中央社华盛顿航讯）美国医药助华会将派遣大批内外科医生、护士及专家赴华，协助中国训练医药人员。其中一部分医生将参加红十字会，以济人才之缺乏。蒲区曼医生现已辞去热带医校董事长职务，首途赴华，参加中国红十字会林可胜所组之医药救护队，并充任美医药驻华会驻华之代表，现尚有若干美国医生在美受特种医药学训练。

原载《新华日报》1942 年 7 月 2 日

美红会捐赠布匹

（中央社讯）美国红十字会捐赠本市社会局布匹十吨，业由该局自昆明接运抵渝，并组织赠布分配委员会，决定分配办法。兹悉该会通知市属各公私立小学及救济院所负责人，备具手续，于本月二十八日起［至］八月十日止承领转发。

原载《新华日报》1942 年 7 月 25 日

美红会药品将航空运华

（中央社讯）中国红十字总会负责人谈，该会所需药品已与美国红十字会洽妥，以飞机装运来华。第一批所需药品名单已寄往美国红十字会，此后可源源运来，不虞中断。

原载《新华日报》1942 年 8 月 1 日

市闻一束

中国红十字会在郊外新建之重庆医院，兴工以来，已及半载，约

九、十月间正式开幕。据该会负责人谈，为顾全病人便利起见，将设置交通车，专供□□病□来院诊病，及家属亲友□□之用。

原载《新华日报》1942年8月3日

要闻简报

澳洲红十字会宣布，拟于安全航行及不受侵犯保证之下，运送一千二百吨之食物及药物，供给刻在日方羁押中之澳洲俘虏。

原载《新华日报》1942年8月6日

战争圈内——新德里路透电

现有红十字会运往印度及远东各地亚洲战俘之物品数万件，内有印度食品及香烟四百万，送与英国及各自治领之战俘。

原载《新华日报》1942年8月22日

要闻简报

外交界息，纽西兰政府对于我国红十字医药救济基金捐助颇多，近续捐纽币五千镑（合英币四千镑），供我救护艰苦抗战军民之用。

原载《新华日报》1942年9月9日

红十字周十月一日起举行

（中央社讯）中国红十字会第二届红十字周定于十月一日举行。该会会长王正廷对记者谈，红十字周举行期内，列有两项中心工作，即宣传与征求会员也。第二届预定征求纪念会员十万人，下年拟扩至一百万人。

原载《新华日报》1942 年 9 月 19 日

市闻一束

中国红十字会第二届红十字周定十月一日开幕。

原载《新华日报》1942 年 9 月 30 日

红十字会半年工作概况

（中央社讯）中华民国红十字会第二届红十字周，一日晚六时假新运服务所开幕，到孔祥熙、许世英、金宝善等，暨红十字会副会长刘鸿生、监事屈映光及会员二百余人。席间由许世英主席致词，刘鸿生报告工作概况，首述半年来工作，略谓：

一、关于前线救护方面的工作。一为缅甸之役的救护，一为浙赣之役的救护。以言缅甸之役救护，当国军入缅后，本会救护总队部即抽调各队人员，新组医务队三队，为入缅国军服务，由林总队长可胜亲自率领，于三月二十日由筑出发，抵达缅境之时，前方战事日烈，兼程驰往，开始工作。总队部继又遣派医务队三队，救护车一辆，赶入缅境。及至抵达滇边，前方战局变化，后遣之队无法前进，即留滇边工作。至于林总队长亲率之各队，因深入前方，后路截断，乃向印境转进，暂驻加尔各答。至于浙赣之役救护情形，本会所派遣之医务队原在军队或野战医院服务，战幕揭开后，各队仍与原部院一致行动，进退有序，与工作密切配合，成绩殊属可观。此外配置于各战区者尚有百余队。

二、关于后方医疗工作。先就重庆市方面言之，依人口之比例分配病床，则一百万人口中应需病床六千只，最低亦需二千只。现重庆市人口约一百六十万人，根据卫生署统计，全市公私医院共有病床五百只，连同临时病床亦不过一千。处于非常状态下，如空袭，伤害或疾病流行，均感不敷应用。因此在成渝公路高□岩新建重庆医院一所，约在十月间可以开幕。

三、关于救侨方面。太平洋战争爆发后，本会□赈济委员会合作担任一部份运侨工作，并在救护总队部设立归侨招待所。

四、关于分会方面。分会为本会之基层组织，抗战以前，原有分会五百十二处，战□在西南省区□设分会，在此半年中新成立分会四川省三处，云南省两处，湖南省一处，广东省一处，尚有正在筹组中者，分会前途殊令人乐观。以上四点，为本会半年中工作之犖犖□者。

末由金宝善、洪□友讲演，至九□散会。

原载《新华日报》1942 年 10 月 2 日

英籍医师来华服务

（中央社据英使馆讯）为响应救治中国伤兵，英国红十字会特派遣医院工作人员一队来华，现已抵达长沙，即将在该处设立后方医院一所，以应需要。该队包括医生八人，看护十二人，X 光技术员一人，会计一人。该队除长沙之后方医院外，并计划在湘潭设立医院，且已成立流动医疗队，以便在前线附近工作。

原载《新华日报》1942 年 10 月 15 日

美红十字会捐苏大批衣服

（中央社华盛顿廿五日路透电）美国红十字会主席台维斯今日宣布：美国人民志愿制造之医药人员衣服大小一千万件，已在运苏途中，将分发斯大林格勒及其他区域，红十字会并运出上衣五十万件，及价值四百万美元之干粮与医药及医院用品。

原载《新华日报》1942 年 10 月 26 日

红十字会辟小儿科应诊

（中央社讯）中国红十字会总会夫子池新运模范区诊疗所，为响应社会部救婴工作运动，特辟小儿科，于十七日起聘请小儿科专家何馥贞医师在所应诊。

原载《新华日报》1942 年 11 月 20 日

市闻一束

中国红十字会总会顷应永川县分会之请，于昨日派遣医疗队一队，携同药品器械专车前往。又该会沙坪坝诊所亦予扩充。

原载《新华日报》1942 年 11 月 23 日

长沙英红会医院开始应诊

（中央社长沙二十日电）英国红十字会救护队在长沙设立医院，已正式应诊伤兵及难民。

原载《新华日报》1942 年 12 月 4 日

市闻一束

中国红十字会贵阳救护总队部，运到大批珍贵战地救护照片及图表，昨今两日在两路口社会服务处参加社会服务事业成绩展览。

原载《新华日报》1942 年 12 月 26 日

1943 年

伦敦红会募款大会克利浦斯演说

（中央社据英大使馆讯）伦敦三日电：元旦日在阿尔伯特大厅举行之英国及同盟国红十字会募款大会内，曾为中国留学生设特别座位，并悬挂廿九联合国之国旗。克利浦斯爵士出席演讲称，吾人之领袖，在各方面活动之丰功伟绩，吾人应对之极表敬仰。吾人业已明瞭此次战争本质，系男女平民全体之战争，彼等之勇敢牺牲者及英勇已造成一支持力量及反攻力量，因此联合国家得□一九四二年内转换其命运，此次战争由平民从事作战，继之必将由平民享受和平。目前在战争中所将造成之胜利之力量，必可继之在和平时决定世界之命运，吾人必须以与对战争有同样惊人之工作，努力于和平之建树。英美两国放弃其在中国之特权一事，实为最重要之措置，盖承认盟友中国地位之完全平等，及其在从新建设世界时，中国在责任及机会上有重要地位也。在此同一路线之另一实例，为英国政府宣布及英国人民决定，在战事停止之后，以与印度人民能□速决定其新宪法，而在此种新宪法之下，期能运用其自由之时，即予以自治之政府。所有上述种种乃是一种渐进，而向着国际间各方面合作可能性之新概念迈进之步骤。

原载《新华日报》1943 年 1 月 5 日

要闻简报

中国红十字会总会首批选派外籍医师陶维德等十员于上周飞印，为我远征军服务。第二批正在召集中，将继续派往云。

原载《新华日报》1943 年 1 月 8 日

印度人民对华捐款

（中央社新德里二十一日专电）此□获悉一九四二年民众所捐用以救济中国之款项，总数达一百四十八万六千卢比，其中一部分用以购买药品，以供中国红十字会之急需，其余款项，交与蒋夫人供其他救济计划之用。

原载《新华日报》1943年1月23日

蒋梦麟任红会会长

（中央社讯）蒋梦麟氏新任中国红十字会总会会长之职，已于二月八日到会视事。

原载《新华日报》1943年2月17日

美举行红十字月

（中央社华盛顿二十八日路透电）美国红十字会会长达维斯，本日下午对全国广播，宣读罗斯福总统之致词，总统本拟亲自对全国的演说，然因染恙未果。总统于致辞中声称，余已宣布以三月为红十字月，在此一月中，须使每一战场上之每一美国战士，均能获得其所需要之一切。红十字会欲能供给此等需要，至少亦需一万万二千五百万美元。此即吾人所应知者，即吾人不能失败。

原载《新华日报》1943年3月2日

宋美龄抵美后接信札二万封

（中央社纽约十六日合众电）纽约麦迪逊广场今日举行“红十字运

动”大会，蒋夫人特自其旅邸用电话向大会致词。

原载《新华日报》1943年3月17日

美国红十字会赠我美金五万

（中央社华盛顿二十三日合众电）美红十字会宣布：以五万元捐赠中国红十字会，“以协助应付其战时之责任”。据悉，此项基金之使用，将由中国红十字会会长蒋梦麟博士等予以监督。

（中央社讯）美国红十字会驻华代表尼科尔斯氏今日宣布，美国红十字会捐赠法币一百万元（美金五万元）与中国全国红十字会，此乃具体表示扶助其姊妹机构之工作，有此捐款后，美国红十字会捐赠之大量有价值之医药供应品（此乃在使人不能置信之环境下，运入中国），当可迅速送至各战区，救济中国之受伤人民。

此款将由中国红十字会会长蒋梦麟博士及总干事胡兰生作如下之分配：计四分之一用为保管兼支配供应品之费用，二分之一为供应品之运输及分配至各战区之费用，四分之一用以协助战区人民救护之工作。胡兰生博士及尼科尔斯氏不久将赴内地，俾能立即应用该项捐款。

原载《新华日报》1943年3月25日

要闻简报

国民政府四月一日明令公布中华民国红十字会组织条例。

原载《新华日报》1943年4月2日

林可胜将赴滇训练卫生人员

（中央社贵阳四日电）红十字会救护总队队长林可胜，将于日内亲率医师、护士等数十人赴昆明，设立部队卫生人员训练班，尤其注重防疟方面。

原载《新华日报》1943 年 4 月 5 日

英积极援华募集捐款达四十万镑

（中央社据英使馆讯）伦敦九日电：英国援华募款运动现已到达四十万二千三百三十五镑，此数包括上星期中中国国旗日所募得二万镑在内。

（中央社据英使馆讯）伦敦九日电：英政府以五万镑捐于救济中国灾难之英国捐款项下，以四万五千一百镑捐与中国红十字会。

原载《新华日报》1943 年 4 月 11 日

英国红十字会拨款廿五万镑在我国从事救济工作

（中央社据英使馆讯）伦敦六日电：英国红十字会于六月一日之会议中，宣布该会已提出二十五万镑，以备在中国从事红十字会工作。克利浦斯夫人所主持之联合援华委员会，又以二万五千镑充实是项经费。

原载《新华日报》1943 年 6 月 8 日

英国友情拨款助我红会

（中央社伦敦三十日路透电）外相艾登在下院答复质问时宣称，英政府已同意拨三万镑予中国红十字会及中国医药服务队合作，维持在中国战区救护士兵及平民之医药工作。此项拨款直接交与中国医药救护队，该队于一九四一至一九四二年时，曾以五万镑在华作救济工作。

原载《新华日报》1943 年 7 月 1 日

红十字会医院明天起开诊

（中央社讯）红十字会总会重庆医院，院址在迁建区高滩岩，已定于十五日开诊，兼收住院病人，暂分内科、外科、妇科、产科、小儿科、结核科、牙科等。

原载《新华日报》1943 年 7 月 14 日

林可胜博士接受美勋章

（中央社昆明十九日电）军医界首长顾诚、郭琪元等，为庆祝林可胜博士接受美总统赠赐勋章，昨日下午五时设筵邀请各军政首长欢宴，席间由后勤部陈副部长劲节致贺词，续由蒋校长等发表简短演说，对林氏功业备致推崇，并引为中华民族之光荣。

原载《新华日报》1943 年 7 月 21 日

英国医药援华

（中央社讯）外交界息：此次我外交部宋部长子文访英，各方面都有重大的成就，他在伦敦就医药援华一事曾与英国红十字会主席商洽，今后英红十字会援华工作应归纳于直接援助中国红十字会的单一途径，英红十字会并同意以后汇华捐款，一概汇交其驻渝代表，再由其会同中国红十字会及英国驻华大使馆支配用途。至于药品输华，则由中国红十字会开列量轻体小而需要最切的物品，如注射剂之类等名单寄往英国，然后由英红十字会在英买好运华，体积较大的则先运往印度，等滇缅路重开时，再行运入。此外并拟遣送专门人才来华工作。英国援华运动，续在积极进行中。

原载《新华日报》1943 年 8 月 20 日

红十字周今天开幕

红会现有分会九十一处，十个救护大队，医院两所，诊疗所五个。最近将在昆明设立医院和诊疗所。

（本报讯）中国红十字会定于今天下午一时，在夫子池新运服务所举行第三届红十字周的开幕礼。红十字周的意义是在宣传该会的工作，并扩大征求会员和进行募捐。征求队总队长由孔副院长担任，分队长为金宝善和卢致德。同时，该会为筹募一部份捐款，特于今日起在公园路青年会举行国画展览会，陈列许士麒、傅抱石、张聿光等名画家的作品一百六十多幅。昨天午刻，该会秘书长胡兰生氏特招待新闻界午餐。席间，胡秘书长历述该会工作概况。该会在全国范围内，现有分会九十一处。救护总队部共辖十个大队，除两个预备大队驻扎贵阳总部外，其余八大队都在各战区工作。在后方，则重庆有医院两所，诊疗所三个，贵阳有诊疗所两个，并拟于最近期内，在昆明筹设诊疗所和医院。该会经费大部份为依靠国外的援助，今年美国红十字会曾捐助美金十万元，英国红十字会曾捐助五万英镑，其中半数是捐给林可胜博士的。但每月经费随物价的高涨而增加，不够的数目很大。深望国内同胞也多捐输，使红会的事业和工作能日益扩展。胡秘书长特别称颂纽西兰和南美洲的侨胞，他们长期捐款给红会，援助祖国的抗战。最后，谈到该会今后方针，胡氏极力主张多为民众谋福利，使捐款的人获得精神上的安慰。

原载《新华日报》1943 年 10 月 1 日

第三届红十字周昨天举行开幕礼

（中央社讯）中国红十字会第三届红十字周，一日下午二时，在新运服务所举行开幕礼，到卫生署金署长宝善、国民党市党部杨主任委员公达、贺市长代表等百余人，美国医药援华会、万国红十字会都派代表到会。由该会刘副会长鸿生主席，报告会务概况。继由金宝善等致词，金氏指出现在中国红十字会会员人数仅二十万人，凡我同胞都有介绍入会的责任。美国医药援华会代表也诚挚希望中国红十字会发扬光大，为人类谋福利。四时许礼成。

原载《新华日报》1943年10月2日

加拿大红会汇款一百万

（中央社赣县十日电）赣国际救济会顷接美国援华救济会转拨加拿大红十字会捐款一百万元，该会特制棉衣被分散该境粤籍难民。

原载《新华日报》1943年12月14日

1944年

国际妇女会昨请凯尔女士讲演

（中央社讯）重庆国际妇女会昨日下午在女青年会举行本年第一次月会，由各干事报告去年工作情形，就请中印缅区美国红十字会工作人员的领队凯尔女士演讲她服务的经验。凯尔女士曾先后在美国和印度各地组织娱乐部，使士兵获得正当的娱乐。女士月前和助手二人来渝，打算为在渝美军筹设一军中娱乐部，听说十六日就可成立。

原载《新华日报》1944年2月2日

英第五批援华捐款已经分配给各机关

（中央社讯）英国联合援华捐款顾问委员会最近在蒋夫人私邸开会，讨论伦敦汇来第五批捐款十五万镑分配事宜，到委员蒋夫人、孔夫人、王秘书长宠惠、英国大使薛穆夫妇、英大使馆一等秘书盖治、英国红十字会代表布兰特、内地教会主教胡敦、中央银行郭局长景琨。经长时间讨论后，决定分给若干医务、教育和慈善机关，特别顾到他们的需要和捐款人的意愿。兹将接受上述第五次捐款机关和分配款额列下：全国战时儿童保育会一万五千镑，中国工业合作协会九千镑，抗属生产事业三千镑，全国妇女慰劳总会三千镑，全国儿童福利协会二千镑，伤兵之友社五千镑，荣誉军人及家属特别实验区五千镑，基督教高等教育机关一万镑，基督教中学一万二千镑，全国学生救济委员会一万镑，豫灾六千镑，粤灾六千镑，中国红十字会八千镑，卫生署五千镑，国际救济委员会四千镑，保卫中国大同盟所设的国际和平医院（编者按：该院设在冀晋察区，创办人是加拿大共产党员白求恩医生，印度医药援华队曾在该院服务）一万镑，曲江国际医疗服务队五百镑，全国盲人福利协会五千镑，公教医疗服务工作二千镑，中华基督教协会五千镑，中华基督教协会联合战时工作委员会一千镑，岭东基督教协会（汕头英国长老会）二千镑，全国基督教青年会二千镑，重庆医院小儿科一万镑，常德战区赈济二千镑，岭南大学五千镑，曲江卫理公会五百镑，其他二千镑，共计十五万镑。

原载《新华日报》1944年2月8日

英红十字会赠我巨款

（中央社据英大使馆讯）伦敦二十一日电：英红十字会战时委员会和耶路撒冷圣约翰教团，应中国红十字会的请求和英红十字会的建议，捐赠中国全国红十字会三百九十五万八千七百六十二元，供云南前线应用。

原载《新华日报》1944年2月22日

来自西方的温暖

（中央社伦敦十三日路透电）联合援华募款会今天为中国举行第二次全英的中国国旗日，并正式宣布募款数额已超过一百万镑。他们并深信有把握募得二百万镑。上次全英的中国国旗日，全英共售出中国国旗四千四百万枚以上，募款会主席克利浦斯夫人曾发出广播演说，向民众呼吁。伦敦和各地方报纸免费供给广告地位的有一千家。

（中央社新德里十二日专电）驻印美军司令部和美红十字会筹募中国医药救济基金，今天特请台维斯杯网球赛我国选手蔡惠全及其他网球健将五人，举行网球赛。场内并发售彩券，每券十卢比，上有印度区各重要军事将领的肖像，中彩者由美国红十字会女士某“赐吻”。

原载《新华日报》1944 年 3 月 14 日

市闻一束

中国红十字会总会举办的春季种痘，陪都方面，由重庆医院、新运模范区诊疗所、沙坪坝诊疗所等办理，一律免费。

原载《新华日报》1944 年 4 月 7 日

英援华募款超过百万镑

（中央社据英使馆讯伦敦六日电）截至三月底为止，联合援华募款运动共已募集一百零二万七千镑。

（中央社昆明七日电）英红会顷汇款国币一百八十八万元，捐赠我红十字会昆明办事处，作为在滇设置滇处站经费。该处决在昆明、曲靖、下关、保山等地。

原载《新华日报》1944 年 4 月 8 日

中国红会募款各方热烈响应

（中央社讯）中国红十字会总会自去冬发动募款后，首先收到新疆省政府捐助国币五万元，接着有广西省政府一万元，中央银行五万元，中央信托局三万八千余元。其他机关厂商接着响应的，还在源源而来。

最近又得英国红十字会捐助二万五千镑，指明用途为办理西南灭虱站和运输所需。兹悉该会本年每月经常开支已达七百万元上下，收支不敷很大。这种伟大慈善救济事业，还有赖于各界热心慈善人士继续援助，踊跃捐输。

原载《新华日报》1944年4月13日

中国红十字会请各界捐物品

（中央社讯）中国红十字会总会，因救护医疗工作范围广泛，每月所需各项物品很多，以前大都由国外捐助。近来因运输困难，来源稀少，库存将有匮乏之虞。该会特发起国内同胞捐助物品运动，举凡汽油、布匹、文具等，都在募捐范围之内，希望各界热心响应，共襄善举。

原载《新华日报》1944年4月22日

快打防疫针

（中央社讯）中国红十字会总会定购的霍乱疫苗已经运到，分配各单位免费注射。在本市方面，有高滩岩重庆医院、夫子池新运模范区诊疗所、沙坪坝诊疗所和重庆市分会医院及诊所等。凡附近学校机关团体等要注射的，可先和该会接洽，一律免费。

原载《新华日报》1944年5月17日

中国红十字会抗战中的努力

（中央社贵阳二十五日电）中国红十字会会长蒋梦麟，在招待新闻界茶会上报告红会抗战七年来的工作说：从二十六年到三十二年间，红会救护总队先后派出一百零八个医务队，到滇、黔、川、桂、湘、粤、赣、浙、皖、闽、鄂、豫、陕等省和各战区，担任救护工作，经诊治的内外科病人，包括军队、平民共约一千万人。所需药品都是美国赠给，每月约达十吨。至于红会的经费，政府每月补助三百五十万元，盟邦美国、英国、加拿大捐助很多，合计每月收入约五百万元。但因战时运输很难，汽油消耗很大，所以每月支出恐不敷在一百五十万元以上，还有赖国内人士的捐助。红会在这种情况下，各级工作人员都能刻苦奉公尽职。

原载《新华日报》1944 年 5 月 26 日

市闻一束

中国红十字会总会在夫子池新运模范诊疗所添设肺痨病科，并聘美籍康医师主持诊断，定十三日开诊。规定每星期二至星期六上午八时至十一时，下午二时至四时，X 光透视时间为下午六时至七时。

原载《新华日报》1944 年 6 月 11 日

陪都市民争看国宾风采

（中央社讯）国宾华莱士副总统到了我战时首都，好消息传出后，全市市民无限欣慰、无限欢迎的热情洋溢在每一角落，今日清早就纷纷聚集街衢等候，希望瞻仰华莱士的风采。上午华莱士驱车过市区时，道旁市民热烈鼓掌欢迎，这种热切感情到处可见。华氏今日依照预定程序，开始访问陪都各界。上午九时前参观美国红十字会。九时半参观美国陆军总部，并参加该部官员的排球赛。比赛进行到激烈阶段时，华莱士曾赤臂交锋，他对运动兴趣的浓厚由此可见。球赛后一直回美大使馆休憩。十时宋外长前往拜会。十一时半华氏拜会孙院长，谈约半小时辞出。十二时华氏拜会孙夫人宋庆龄女士，谈约半小时许。十二时半往应何总长的宴会。

又陪都工商界对华莱士来到这里都感觉兴奋，重庆市商会理事长周懋植，特致函华莱士副总统表示欢迎的热忱。

原载《新华日报》1944 年 6 月 22 日

美红十字会援助我药品二百多吨

（中央社据美新闻处讯）华盛顿廿二日电：美国红十字会宣布，该会在一九四三年十一月到一九四四年五月间，已有药品和一般医院用品二百三十五吨以上，由空中运到中国。

原载《新华日报》1944年6月24日

成都简讯

加拿大红十字会近将在蓉成立分会。

原载《新华日报》1944年8月22日

蒋梦麟到渝主持本届红十字周

（中央社讯）中国红十字会总会第四届红十字周已在一日开幕，该会蒋会长梦麟特由昆明飞到重庆，主持本届红十字周。该会定五日下午四时，假青年会举行茶会，招待各征求队长和新闻界，席间由蒋氏报告会务概况。

原载《新华日报》1944年10月5日

中国红十字会总会举行四届红十字周

（中央社讯）中国红十字会总会第四届红十字周，十月一日起已经开始。该会会长蒋梦麟，副会长杜镛、刘鸿生，五日□请征募队各队长和新闻界人士举行茶会，由蒋会长报告会□概况，大略说：本会经费固定的每月只有七百万元，其余全仗各方捐助和会员的会费，总计每月只收入八千余万元，颇为拮据。至于工作方面，自民国廿六年到三十三年六月止，外科□医人数计八百万一千四百十二人，内科计三百三十六万一千五百十四人，施用X光计七十一万五千〇九十三人，补助士兵特别营养八十四万〇一百九十六人。本会医疗队十三省市共□〇三队，至于本会药品全靠美国红十字会捐赠，每月约十吨。

原载《新华日报》1944年10月6日

红十字会总会扩大征求会员

（中央社讯）中国红十字会总会自从在十月一日开始举行第四届红十字周以来，各地负责征求会员的单位已展开工作竞赛。本市方面，除原聘征求队长外，继又增聘重庆市商会主席周懋植等百余人，正向各阶层中广泛征求。本市征求队已□解会费和捐款者，有贺国光等。至征求会员时期，原定十月三十一日为止，兹因各方纷纷加入，决暂延长结束日期。

原载《新华日报》1944年11月3日

英红十字会帮助服务伤兵经费

（中央社讯）伤兵之友社十五届服务人员训练完毕，学员三十人都在二十三日出发，到四川各县、湖北、陕西和远征军中参加服务工作。又英国红十字会和该社合作组织伤兵服务队四队，每月资助经费三十万元，该社和救世军负担工作。

原载《新华日报》1944年11月24日

中国红十字会努力黔桂前线救护工作

（中央社贵阳十二日电）中国红十字会十二日派医疗队三大队赶到

□□坪、龙里、贵定各地，设站疗治伤病军民，并推进都蜀一带工作。该会四、九两队随军后撤，都留至最后时刻，以致一部份工作人员撤退不及，至今仍下落不明。

原载《新华日报》1944 年 12 月 13 日

战争圈内——塔斯电

美红十字会赠予苏联红十字会一套用以保存血液［的］装置，该装置每天可储四千品脱血浆的装置。

原载《新华日报》1944 年 12 月 27 日

英国援华捐款九千万元分配已定

（中央社讯）英国联合援华募款分配委员会，顷在英大使馆英国红十字会驻华专员办事处开会，讨论最近由伦敦汇来第九次捐款国币九千万元分配问题，出席会议的计有薛穆大使、杭立武、吕斯、英红十字会驻华专员布兰特、郭锦坤。该会因鉴于战区难民之饥寒交迫，指定大宗捐款作为救济之用。

原载《新华日报》1944 年 12 月 30 日

1945 年

英援华十次汇款分配额决定

（中央社讯）商讨英联合援华募款委员会汇华款项分配问题的顾问委员会，最近讨论第十次汇来一亿二千万元的分配，出席的王秘书长、英大使薛穆爵士、英大使夫人、英国红十字会代表、基督教协会代表和郭局长景琨。分配额记：全国难童保育会国币一千万元，中国工业合作协会国币七百万元，抗属生产工作国币一百万元，全国妇女慰劳总会国币一百万元，全国慈幼协会国币五十万元，伤兵之友社国币四百万元，基督教高等教育机关国币八百万元，基督教中等学校八百万元，国际和平医院（按：该院在晋察冀解放区）八百万元。（余略）

原载《新华日报》1945 年 2 月 16 日

市闻一束

重庆红十字分会上月间举行会员大会改选理监后，又在昨天召开理监联席会议，结果选李奎安氏担任该会理事长，并计划发动募捐修筑临江门外的医院。

原载《新华日报》1945 年 3 月 21 日

美红十字会在华活动增加

（中央社据美新闻处讯）美国红十字会在中国的活动比以前增加几倍，工作人员一九四三年是十二人，一九四四年增加到六十六人，自一九四五年上半年起，又有六人来华。另有战地服务所二处成立，目前该会有战地服务所七处，工作人员十人。过去一年内，因该会某地工作人员移动，服务所一处停办，医院人员扩充工作亦暂时停止，后被日军所俘虏。除美方人员外，该会各地站所又雇用中国工作人员三百名。在去年十二月中，前往该会各地站所治疗的，总计达十六万一千五百另三人，平均每一站所每日约有三百五十病人。各地工作人员在一九四四年内所处理的福利事件，计三千三百八十三起，比一九四三年的一百二十七起大为增加。

原载《新华日报》1945 年 3 月 22 日

战争圈内

美新闻处华盛顿二十日电：罗斯福总统今天晚上为红十字会每年募集战时经费运动发表广播演说。

原载《新华日报》1945 年 3 月 22 日

英援华捐款一亿国币分配办法已经决定

（中央社讯）英援华捐款分配顾问委员会最近在中英文化协会举行会议，讨论第十一次汇交款项国币一亿元的分配问题，出席委员英大使薛穆暨夫人、俞鸿钧、董显光、杭立武等。讨论分配结果如下：

全国儿童保护会国币一千一百万元，工业合作国币六百万元，抗属生产工作国币一百万元，全国儿童福利协会国币五十万元，妇女战时赈济委员会国币一百万元，伤兵之友社国币四百万元，基督教高等教育机关国币八百万元，基督教中等学校国币八百万元，全国学生救济委员会国币四百万元，中国红十字会国币二百万元，国际救济委员会国币二百五十万元，麻疯（风）病院国币一百五十万元，全国基督教协进国（救济委员会）国币五百万元，国际和平医院国币七百万元，中国盲人福利社国币一百五十万元，天主教医药工作国币二百万元，广东战区救济国币五百万元，湖南战区救济国币二百万元，贵州战区救济国币一千万元，中国急救战区儿童联合委员会国币四百万元，女青年会重庆会址基金国币一百万元，□光学校（福州）国币二百万元，美国长老会慈善事业国币五十万元，看护教育技术委员会（指定为制服费）国币一百廿万元，曲江青年会救济工作国币五十万元，基督教高等教育机关（特别赠款）国币四百万元，成都五大学肺病学生特别营养费国币一百万元，看护学校补助费国币二百五十万元，中华基督教□进会伤兵输送□国币五十万元，其他国币八十万元。合计国币一亿元。

原载《新华日报》1945 年 4 月 20 日

美红十［字］会捐我巨款救济黔桂湘西难胞

（中央社讯）中国红十字会总会近收到美国红十字会捐助国币二千零廿六万三千元，该款指定作救济黔桂路和湘西难胞医药设备之用。该会已将此款汇到贵阳救护总队部。

原载《新华日报》1945年6月18日

中国红十字会办理收复区医护工作

（中央社讯）中国红十字会总会为了配合善后救济总署的计划，办理收复区民众医药救济。这项工作由黔桂路开始，随收复地区逐步前进，现有六个医疗区队正在各收复区工作。又该会为配合反攻部队，新组织两个流动医疗队，各配给救护车一辆，分在湘西和桂北担任机动性的救护工作。

原载《新华日报》1945年8月3日

中央社贵阳三十日电

红会救护总队部对收复区善后救护工作已积极展开，已随军向杭州、沪杭路沿线、上海等地工作。

原载《新华日报》1945年9月1日

1946 年

国际红十字会二理事来中国

纽约六日电：国际红十字会理事薛奥台特及戴卜二氏自旧金山搭机飞赴中国，考察远东情形。二氏除访问上海外，在返日内瓦国际红十字会总会之前，尚须访问曼谷、西贡、新加坡、印度及开罗各地的红十字会代表。（中央社）

原载《新华日报》1946 年 2 月 8 日

红十字会扩大征求会员

本市消息：中国红十字会黄次咸先生谈：目前红十字会的主要工作之一是征求会员，打算在重庆征求二十万会员，会员可受到免费检查身体等权利。今年准备 DDT 药品为会员杀臭虫，只收费少许。

现正在重庆、北平、上海、汉口、广州等处设区办事处，扩大工作，今后的工作重心，要转入到乡村，为农民服务。（H）

原载《新华日报》1946 年 2 月 21 日

市闻一束

红十字会重庆分会扩大征募会员二十万的运动展开以来，进展颇为顺利。为普遍征求各方意见，该会定今（二十二）日午后六时，假青年会交谊厅，柬邀本市各□负责人及编辑□负责人餐叙，以便聆取各方意见，能有所改进。

原载《新华日报》1946 年 2 月 22 日

美红会运华药品分区发给收复区

汉口十四日电：行政院善后救济总署蒋署长廷黻及美国红十字会驻华分会主任卡尔文，鉴于收复区内的人民急待救济，经往返磋商，决定将美国红十字会原定运往自由区分发之药品及医药器材，转拨给收复区应用，而行总各地分署则负运输之责。美红会因欲使此计划早日实现，乃将收复区内之各省，就地域分为上海、汉口、广州、平津四地。（中央社）

原载《新华日报》1946年3月11日

重庆红十字会设立巡回防疫队

重庆红十字会，（上略）备有杀鼠药炭酸□，已经免费供应一部，其余待索即发。

总会允许发给本会保健药包尚未运到，乃应各单位请求，由本会垫发药包二十八个，现备药包数十个，凡有医护人员之团体，来索即发。如至本年秋季，总会药包尚未运到，即将再由本会自行配备，通知有关学校团体派员来会洽取；若无医护人员之团体，则须经过本会简短之讲习后即可使用。

本会配合重庆市卫生局预防霍乱计划，设立三个注射站，一在黄葛垭医院，一在公园里诊所，一在新运模范区诊所，并于黄葛垭医院注射站之下设立五个巡回防疫队，专为重庆城厢五区市民服务，逐保注射。又在公园里诊所注射站之下，设立巡回防疫队一个，应各单位请求，携带药械前往注射，有远至合川者。

本会领得杀虫新药DDT三十磅，用汽油调配溶液六百磅，按照成本供应各会员，并赠送妇女节制会所办胜利托儿所、华西妇女职校及贫苦市民。

本会黄葛垭医院远在南山，交通不便，决于本年七月迁入城内陕西街预租之万寿宫石阳馆内服务。

中国红十字会重庆分会

原载《新华日报》1946年7月5日

红十字会渝分会商讨医务工作

本市消息：中华红十字会重庆市分会为展开医务工作，近召开了一次会议，由黄次咸总干事报告工作概况。从二月起征募得各种会员达四万五千余人，收入会费及捐款九百五十多万。半年来免费种痘单位达一一四个单位、三万七千五百余人，其所设立的黄葛垭、公园路、新运模范区三诊所，门诊部每日诊治病人约四百名。关于黄葛垭医院，现决定迁入城内陕西街万寿宫石阳馆，拟增设病床一百，以补救各医院病床不足之苦。(H)

原载《新华日报》1946 年 9 月 10 日

社会服务——艰苦挣扎中的红十字医院

红十字医院在民办医药救济事业中有很长一段历史，前次本报介绍过的中央医院社会服务部，就是红十字医院移交过去的。该院战时曾疏散到南岸，上个月才搬出陕西街万寿宫。这地方四围都住的是穷苦人家，另外三个诊所也分布在穷人多的地方。这是一个很大的特点。

自从红十字总会搬走，把医院交由红十字会重庆分会接办以后，医院的经费上遭到很大的困难。因为房舍器材亟待修缮补充，员工开支也是一笔不小的费用。经常费方面，仅由市政府每月补贴五十万元（过去是每月补贴一百万元），红十字总会每季发的一般药品，也只能供给该院消耗药量百分之六十，但是支出却是不容易减少的。虽然从用人方面设法节省，但为了工作，人少就得以较高的待遇聘请能力强和服务热心的人。

他们收费也是和一般医院不同的。如下表：

病等级	病床数	住院费	伙食费	手术费
头等	六	二千四百元	一千五百元	二万元
二等	一六	一千六百元	一千元	一万元
三等	二八	六百元	六百元	五千元

附记：门诊：初诊三百元，复诊二百元。一般用药不取费，取费的按市价减三分之一算。手术费是指大手术。

从这个表上可以看出几个特点：第一个特点，就是三等病房和头、二等病房的收费相差很远，而三等病床最多，几占所有病床五分之三，很明显的他们服务的对象主要是穷人；第二个特点，是住院费与伙食费分开，不吃可以退伙食费，医院代办伙食时，病人可以自己估计一下。

此外，减免费的规定也很广泛，经保甲长证明或自己要求，主治医师批准，即可减免医药或住院费，必要时连伙食费也可酌减。院里医师、护士除了日常工作外，还得抽些时间访问邻近有产妇的人家，送上门去诊断和接生。最近还在计划把病床扩充一倍（一百个），但开办费数字太大，每个病床估计需款二十万，同时该院房舍一半现由赣江中学在用，这计划恐非短期内所能办到。但我想，以他们的热心，这个计划迟早总会实现的。（英）

原载《新华日报》1946 年 11 月 8 日

1947 年

市闻一束

昨日下午三时，红十字会重庆分会在青年大厦四楼召开三十六年度年会，到会员一百余人，报告重庆分会的产生与此届会议改选的情况后，继报告三十五年度的工作概况，该会三十五年度征求加入红会的会员共达四万五千七百零十人。

原载《新华日报》1947 年 2 月 27 日

图书在版编目(CIP)数据

中国红十字运动史料选编(第四辑)/池子华,阎智海主编. —合肥:合肥工业大学出版社,2016.8

(红十字文化丛书)

ISBN 978-7-5650-2915-8

Ⅰ.①中… Ⅱ.①池…②阎… Ⅲ.①红十字会—史料—中国—1924-1932 Ⅳ.①D632.1

中国版本图书馆 CIP 数据核字(2016)第195992号

中国红十字运动史料选编(第四辑)

池子华 阎智海 主编

责任编辑	章 建 张 燕
出版发行	合肥工业大学出版社
地　　址	(230009)合肥市屯溪路193号
网　　址	www.hfutpress.com.cn
电　　话	总 编 室:0551-62903038 市场营销部:0551-62903198
开　　本	710毫米×1000毫米 1/16
印　　张	30.25
字　　数	502千字
版　　次	2016年8月第1版
印　　次	2016年8月第1次印刷
印　　刷	合肥星光印务有限责任公司
书　　号	ISBN 978-7-5650-2915-8
定　　价	68.00元

如果有影响阅读的印装质量问题,请与出版社市场营销部联系调换。